전주대학교 문화산업 총서 ❼

전북전통문화론

전주대학교 문화산업 총서 ❼
전북전통문화론

초판 인쇄 2009년 6월 23일
초판 발행 2009년 6월 30일

지은이 송화섭 이태영 곽장근 김일권 류장영
펴낸이 최종숙
편 집 권분옥 이소희 이태곤 추다영
디자인 홍동선 이홍주
마케팅 문택주 안현진 심용창

펴낸곳 글누림출판사
주 소 서울시 서초구 반포4동 577-25 문창빌딩 2층
전 화 02-3409-2055(편집), 2058(마케팅)
팩 스 02-3409-2059
등 록 2005년 10월 5일 제303-2005-000038호
홈페이지 www.geulnurim.co.kr
전자우편 nurim3888@hanmail.net

값 20,000원
ISBN 978-89-6327-033-3 03380
      978-89-6327-026-5 세트

이 책은 전주대학교 X-edu 사업단의 지원으로 제작되었습니다.

전주대학교 문화산업 총서 ❼

전북전통문화론

송화섭 · 이태영 · 곽장근 · 김일권 · 류장영

축사

전주대학교 X-edu 사업단이 지난 5년간의 성과를 모아 문화산업 총서를 발간하게 됨을 진심으로 축하드립니다. 문화콘텐츠는 21세기 국가경쟁력과 문화산업에 중요한 자양분입니다. X-edu 사업단은 문화콘텐츠의 중요성을 인식하고 사회적·경제적 요구와 대학 교육을 접목시킨 전통문화콘텐츠 인력양성사업을 2004년부터 매년 50억 원의 사업비를 투자하여 진행해 왔습니다. 우수학생을 유치하고, 교육역량을 강화하며, 내실 있는 교육을 통해 전주대학교는 최고 수준의 문화콘텐츠 특성화대학으로 탈바꿈하였습니다. 특히 2006년에는 전국 최초로 문화산업대학을 신설하였고, 2008년에는 취업률 전국 1위라는 의미 있는 성과를 거두기도 하였습니다.

대학의 중심은 교수와 학생입니다. 학생들의 취업률만큼이나 중요한 것이 교수의 연구능력입니다. X-edu 사업단 소속 교수들이 지난 5년간 교육현장에서 보여준 열정과 능력은 우리 전주대학교의 중요한 자산입니다. 이번에 발간하게 되는 문화산업 총서는 그 가시적인 결과물인 동시에 한 대학의 지적 재산을 넘어 우리나라 문화산업 전반에 중요한 성과물로 기록될 것입니다.

지방대학이라는 어려운 여건 속에서도 전주대학교가 문화콘텐츠 분야에서 우수 인력을 양성하고 배출할 수 있었던 것은 X-edu 사업단의 체계적인 교육프로그램과 학생들의 자발적인 참여, 교수들의 헌신적인 노력이 삼위일체가 되었기 때문입니다. 전주대학교는 5년간의 누리사업을 통해 한층 업그레이드되었고, 그 성과를 내실 있는 교육을 통해 다시 사회로 환원시키는 데 최선의 노력을 다할 것입니다.

여러 가지 어려움 속에서도 X-edu 사업단을 전국 최고의 누리사업단으로 발전시킨 주명준 단장님 이하 사업단 모든 교수님들께 깊은 감사의 말씀을 전합니다.

전주대학교 총장 이 남 식

발간사

　전주대학교의 누리사업단인 전통문화 콘텐츠 X-edu 사업단이 문화산업 총서를 펴내게 된 것을 자랑스럽게 생각합니다.
　누리사업은 지방대학이 어려움에 직면하게 되자 교육부가 지방대학의 혁신역량을 강화할 필요를 절감하여 실시한 국책사업입니다. 누리사업으로 인해 지방대학의 역량이 크게 강화되었음은 주지의 사실입니다. 전주대학교는 문화콘텐츠산업의 세계화 추세에 발맞춰 이에 대한 준비를 오래 전부터 해 왔습니다. 그 결과 2004년 교육부의 지방대학혁신역량강화사업으로 당당히 선정되었고, 5년에 걸쳐 무려 341억 원을 투자한 우리 대학 역사상 초유의 대형프로젝트가 진행되었습니다.
　X-edu 사업단은 전라북도의 전통문화를 오늘날에 되살려 디지털 콘텐츠로 제작하는 교육을 통해 학생들의 취업 경쟁력을 높이고 나아가서는 지방산업 발전에 기여하는 인재를 육성할 뿐만이 아니라 지방의 경제 활성화에 도움을 주기 위해 노력하였습니다. 우리는 지난 5년 동안 교수와 학생 및 산업체의 전문가들이 삼위일체가 되어 디지털 콘텐츠기술의 전수와 전라북도의 전통문화 발굴, 그리고 문화산업 발전에 필요한 인력양성에 줄곧 매진하였습니다. 그 결과, 지금은 '전통문화!' 하면 전주대학교 X-edu 사업단을 떠올릴 정도로 그 위상을 확고히 할 수 있게 되었습니다. 이는 우리가 배출한 학생들이 다양한 분야의 문화콘텐츠 산업 현장에 진출하여 활동

하고 있음을 통해 확인할 수 있습니다.

X-edu 사업단에서는 학생들이 문화산업 분야의 새로운 지식을 습득하고 학습 능력을 향상시킬 수 있도록 5년간 매학기 문화산업 관련 교재 편찬을 지원하는 프로그램을 마련하였습니다. 교수들로부터 공개적으로 저술계획서를 받아 엄격한 심사를 거쳐 출판비를 지원한 것입니다. 마지막 학기에는 그동안 개발된 교재 중 10권을 엄선하여 전주대학교 문화산업 총서를 발간하기에 이르렀습니다. 이로써 5년 동안 계획하고 가르쳤던 우리 대학의 문화산업 교육 역량을 마무리하게 되어 전주대학교 구성원 모두와 함께 기쁘게 생각합니다.

그동안 X-edu 사업단을 위하여 물심양면으로 도와주시고 실질적으로 지휘해 주신 전주대학교 이남식 총장님께 깊은 감사를 드립니다. 그리고 문화산업 총서를 계획하고 간행하는 모든 과정을 직접 책임지고 수행한 팀장 이용욱 교수님께 깊이 감사드립니다. 약 반년에 걸쳐 전주대학교 문화산업 총서 발간을 위하여 수고하신 글누림 출판사의 최종숙 사장님과 편집부 선생님들께도 심심한 사의를 표합니다.

전주대학교 문화산업 총서가 이 분야에 관심 있는 모든 분들에게 크게 도움이 되기를 간절히 소망합니다.

전주대학교 전통문화콘텐츠 X-edu 사업단장 **주 명 준**

머리말

글로칼시대의 화려한 출발을 기대하며

이 책은 전주대학교 문화산업 총서로 출간되는 책이다. 문화산업은 문화를 상품성이 있는 가치로 만들어 생산, 유통, 소비시켜 재화를 만드는 것이 본질이다. 지금까지는 문화를 산업화한다는 것은 전근대적인 사고였다. 아직도 수공업 제품을 만들어 재화를 만들어야지, 문화를 산업화한다는 것은 빛 좋은 개살구라는 게 산업계의 반응이다. 제품의 구매력은 있으나 상품의 가치가 단기성이고, 투자의 위험성이 높다는 것이다. 그러다보니 콘텐츠산업은 벤처기업들만이 도전장을 내밀고 모험을 하고 있을 뿐 대기업에서는 아직도 적극 나서지 않는 게 현실이다. 그러나 최근 한류문화의 붐을 타고 한국문화를 콘텐츠산업화 해야 한다는 논리가 설득력 있게 회자되고, 대학에서도 문화콘텐츠학과가 만들어져 전문 인력들이 배출되고 있다. 정부에서도 한국문화콘텐츠진흥원을 설립하여 문화예술 분야에서 문화산업을 적극 지원하기 시작하였다.

어쨌든 최근 문화콘텐츠산업이 뜨고 있는 현실에서 중앙 정부와 지방 정부는 대등한 관계에서 출발할 수 있다. 인터넷 혁명으로 전 세계 문화체들과 실시간으로 소통할 수 있는 글로벌시대가 열렸고, 인터넷을 통하여 문화상품을 전 세계에 소개하여 판매할 수 있는 여건도 조성되었다. 이제 지방정부들도 문화콘텐츠산업에 적극 동참하여 지역문화산업의 경쟁력을 갖추고 글로칼시대를 열어야 한다. 이제 지방은 더 이상 낙후된 농촌이 아니라 전 세계로 선진할 수 있는 지역이 되고 있다. 글로칼(glocal)은 '세계화 시대의 지방'이라는 뜻의 합성어이다. 지방의 문화자원을 관광상품 또는 제품으로 개발하여 전 세계를 향하여 주목받은 수 있도록 하자는 것이다. 글로칼의 목표는 지역문화의 경쟁력을 높여 지역문화의 원형을 발굴하여 국내외 관광객을 대상으로 상품의 구매성을 극대화하는 일이다.

그런데 각 지방마다 경쟁력 있는 지역문화를 문화콘텐츠로 제작하여 문화상품으로 만드는 곳은 극히 찾아보기 힘들다. 근래 지방정부들은 수억에서 수십억에 이르는 대형 예산을 투자하여 지역축제를 개최하는 게 고작이다. 지역축제들은 예산낭비가 심하고 소비성이 높은 이벤트행사로 치러지고 재생산성이 뒤떨어져 글로칼과는 거리가 멀다. 지역축제의 세계화 전략을 내놓고 외국인을 끌어들이지만 자발적으로 오는 외국인이 없는 게 우리의 지역축제 현실이다. 사고의 전환이 필요하다. 이제 지방정부들도 문화로 재화를 모으는 산업화 전략을 짜는 드림팀을 구성하여 지역문화의 산업화를 고민할 시점에 이르렀다. 전라북도에는 세계유형문화유산인 고창의 고인돌이 있는가 하면, 무형문화유산의 걸작인 판소리가 있는데도 불구하고, 이러한 문화자원으로 외국인을 관광객으로 끌어들여 상품을 판매하는 일에는 매우 소홀히 하고 있다. 농촌이 더 이상 촌스러운 곳이 아니다. 이제 지방도 전략과 경쟁력을 갖춰 글로칼시대의 바다로 나아가야 한다. 전라북도가 근대 산업화 과정에서 미개발의 덕을 보는 측면도 있지만, 도민들의 전통예술지수가 타도에 비하여 높은 탓에 전통문화의 원형이 잘 보존되어 있는 곳이다. 문화콘텐츠산업에서 제일 중요한 것이 원천소스이다. 재료가 좋아야 상품의 가치가 높다는 뜻이다. 전북지역의 문화원형을 발굴하여 산업화하려면 전통문화에 대한 탐색이 선행되어야 한다. 이 책이 전북지역의 전통문화를 모두 실은 것은 아니다. 각 시·군별로 특징지을 수 있는 소재를 선택하여 싣고자 했으며, 전북지역에서 대표 상품으로 브랜드화할 수 있는 주제를 지원받아 실었다.

그동안 소외되어 왔던 전라북도 동부권의 가야문화의 널리 알리는 데 앞장선 군산대학교 곽장근 교수가 「전북 동부 산악지대의 가야와 가야문화」을 주셨고, 완판본의 소중함을 널리 일깨우는 데 앞장서 온 전북대학교 이태영 교수가 「전라북도 완판본 한글고전소설」을 주셨고, 고구려 고분벽화의 천문도를 연구하시는 한국학중앙연구원 김일권 교수가 「임실 소충사 28수의 천문비 고찰」을 주셨고, 전라북도 도립국악원 국악관현악단장이신 류장영 선생이 「전라북도의 소리문화」라는 글을 지원하여 명실상부한 전북전통문화론이라는 명제를 달아서 책을 내게 되었다. 이 지면을 통하여 옥고를 지원해 주신 4명의 필자들에게 다시 한 번 깊이 감사드린다. 이 책이 전북지역 문화콘텐츠 산업에 일조할 수 있다면 더 이상 바랄 게 없다. 그동안 전주대학교 전통문화콘텐츠 X-edu 사업을 선도해 오신 이남식 총장님과 주명준 단장님께서 전통문화를 콘텐츠산업화하는 길을 일깨워주신 데 감사드린다. 그리고 이 문화산업총서를 내는 데 적극 앞장서서 노력해 오신 이용욱 교수에게도 감사드린다. 그리고 글누림출판사의 최종숙 사장님과 편집과 교정을 담당해 준 이소희 선생에게도 감사의 마음을 전한다.

필자들을 대표하여 **송 화 섭**

전주대학교 문화산업 총서 ❼

CONTENTS

축 사_4
발간사_6
머리말_8

Chapter ❶ 한국의 고인돌문화와 고창 고인돌___19

1. 고인돌문화의 재인식ㆍㆍ19
2. 한국 고인돌의 유형과 분포ㆍㆍ20
3. 강해문화(江海文化)의 특성을 보여주는 고인돌ㆍㆍ23
4. 고인돌의 구조ㆍㆍ25
5. 고인돌 덮개돌의 상징ㆍㆍ29
6. 고인돌의 기능ㆍㆍ32
7. 고인돌 형태와 새로운 명칭 검토ㆍㆍ34
8. 고인돌의 부장품과 그 연대ㆍㆍ38
9. 고인돌은 언제부터 만들어졌는가ㆍㆍ40
10. 고인돌과 암각화ㆍㆍ41
11. 고인돌은 해양문화의 산물ㆍㆍ43

Chapter ❷ 전주음식의 DNA와 진화___47

1. 전주음식의 역사적 흐름ㆍㆍ47
2. 전주음식의 발상지는 교동과 남문 밖 시장ㆍㆍ53
3. 음식의 외식화와 장시문화ㆍㆍ57
4. 전주의 특산물은 콩과 콩나물ㆍㆍ61
5. 전주음식문화의 형성 배경ㆍㆍ66

6. 전주의 대표적인 브랜드음식 ·· 74
7. 전주음식문화의 진화 ·· 85

Chapter ❸ 순창의 성황신앙과 민속___89

1. 순창 성황대신사적기의 가치 ·· 89
2. 고려시대 성황신앙의 이해 ·· 90
3. 순창의 성황신앙 ·· 94
4. 순창의 성황신과 민속 ·· 105
5. 순창읍 석인상은 성황신상 ·· 113

Chapter ❹ 지리산의 노고단과 성모천왕___115

1. 왜 지리산인가 ·· 115
2. 통일신라시대 남원과 지리산 ·· 116
3. 지리산 산신, 노고와 성모 ·· 120
4. 지리산권에서 노고·성모 신앙의 역사와 유적 ·· 133
5. 지리산 노고단과 성모천왕의 원형적 모습 ·· 142
6. 한반도의 성산, 지리산 ·· 145

Chapter ❺ 『심청전』 인당수의 역사민속학적 고찰___147

1. 『심청전』의 시대적 배경‥147
2. 『심청전』 인당수의 내용 분석‥148
3. 역사 속의 인신공희와 인당수‥152
4. 환황해권의 해상항로와 인당수‥161
5. 『심청전』 인당수와 인신공희의 해양문화적 성격‥170
6. 변산반도의 해양민속과 심청의 관련성‥174
7. 인당수는 부안 위도 해역에 위치‥179

Chapter ❻ 마을숲의 역사와 상징___183
－수구막이숲을 중심으로

1. 마을숲의 역사‥183
2. 마을숲의 연구사 검토‥185
3. 마을숲 조성의 배경과 전개‥188
4. 마을숲의 상징과 의미‥195
5. 마을숲의 성격‥201
6. 마을숲은 풍수비보문화‥204

Chapter ❼ 김제 벽골제와 수리농경___207

1. 벽골제는 최대 규모의 간척사업 ·· 207
2. 마한 벽비리국과 벽골제 ·· 213
3. 김제 벽골제와 수리민속 ·· 217
4. 벽골제 단야설화와 쌍룡숭배 ·· 220
5. 줄다리기와 농경의례 ·· 226

Chapter ❽ 무주 지방의 디딜방아뱅이___235

1. 조선시대 최대의 적 전염병 ·· 235
2. 왜 디딜방아를 훔치는가 ·· 236
3. 부남면 유평리·대소리의 디딜방아뱅이 ·· 240
4. 산간지방의 액막이, 디딜방아뱅이 ·· 249
5. 디딜방아뱅이는 주술적인 치료행위 ·· 252

Chapter ❾ 전북 동부 산악지대의 가야와 가야문화___255

1. 전북 동부 산악지대의 가야고분 ·· 255
2. 남강 유역 가야의 발전과정과 그 성격 ·· 258
3. 금강 상류지역 가야의 발전과정과 그 성격 ·· 267
4. 섬진강 유역 백제와 가야의 역학관계 ·· 277
5. 운봉고원·진안고원의 가야고분에 관심을 ·· 287

Chapter ⑩ 전라북도 완판본 한글고전소설___291

1. 완판본의 개념 ‥ 291
2. 완판본 발달의 배경 ‥ 292
3. 간기에 나오는 방위별 책(책방) 분포 ‥ 303
4. 완판본 한글고전소설의 종류 ‥ 306
5. 완판본 한글고전소설과 책방 ‥ 312
6. 완판본 한글고전소설의 의의 ‥ 316
7. 완판본은 한글 고대소설의 백미 ‥ 322

Chapter ⑪ 임실 소충사 28수 천문비 고찰___325

1. 구한말의 호남의병장 정재 이석용 ‥ 325
2. 소충사 건립과 28수 천문비 검토 ‥ 327
3. 28수와 천문사상 ‥ 335
4. 28의사 조의단의 성립과 28수비 대응 문제 ‥ 338
5. 소충사 28수 천문비의 역사적 의의 ‥ 341

Chapter ⑫ 전라북도의 소리문화___345

1. 전라북도의 자연환경과 문화권역 구분 ·· 345

2. 전라북도와 전통음악 ·· 347

3. 전라북도의 판소리 ·· 349

4. 전라북도의 산조 ·· 364

5. 전라북도의 농악 ·· 371

6. 전라북도의 민요 ·· 375

7. 전라북도의 무악 ·· 379

Chapter ⑬ 전북지역의 통과의례와 관혼상제___383

1. 통과의례란 무엇인가 ·· 383

2. 전북지역의 관혼상제와 통과의례 ·· 386

3. 한국문화의 특질은 조상숭배 ·· 406

Chapter ❶ 한국의 고인돌문화와 고창 고인돌

1. 고인돌문화의 재인식

그동안 한반도에 분포하는 고인돌은 지역적 분포에 따라 북방식과 남방식, 형태에 따라서는 바둑판식, 탁자식이라는 용어가 꼬리표처럼 달려 있었다. 고인돌이란 용어도 지석묘에 대한 우리말이다. 지석묘는 고인돌의 일본식 표현이지만, 고인돌 역시 일본식 용어의 우리말 표현일 뿐이다.[1]

일제시대 이후 사용해온 지석묘와 고인돌이라는 용어와 북방식과 남방식, 바둑판식과 탁자식이라는 용어 사용은 변함없이 지속되어 왔다. 고인돌의 유형이 다양함에도 불구하고, 모든 고인돌은 탁자식과 바둑판식으로 획일화된 채 그 정체성이 상실되었다. 이제 이러한 용어사용을 식민지문화 청산 차원에서 재검토할 때가 왔다. 고인돌이 우리나라뿐만 아니라 요녕, 길림지방과 동남아시아 일대에서도 발견되고 있기 때문에 고인돌의 루트와 계통에 대한 연구도 필요한 시점에 왔다. 고인돌이 한반도에 한정하여 분

---

[1] 고인돌을 일본에서는 '지석묘(支石墓)'라고 부르고, 중국에서는 '석붕(石棚)', '대석개묘(大石蓋墓)'라고 부르며, 세계적으로는 Dolmen이라는 용어를 사용한다.

포하는 것도 아니고, 북방식 고인돌이라 해도 북방에서 내려온 것이 아니고, 남방식이라 해도 한반도 남쪽에만 분포하는 문화가 아니다. 한반도의 북방이라면 몽골, 러시아 등 시베리아 지대를 말하는데 알타이와 바이칼호를 중심으로 하는 북방지역에서는 아직까지 고인돌이 발견된 바가 없다.

따라서 한반도 고인돌의 북방전래설은 논리적으로 성립되지가 않는다. 결국 일제시대에 만선사관의 시각에서 고인돌을 바라보면서 한반도의 고인돌은 우물 안의 개구리가 되었다. 일제의 한반도 정체성론이 고인돌문화에 대입되면서 한반도 고인돌의 정체성이 모호해졌고, 그 범위가 한반도와 만주 일대로 축소되었다. 고인돌의 발굴 자료는 박물관에 전시하는 유물에 불과할 뿐 청동기시대 고인돌사회를 복원하는 데 크게 기여하지 못하였다. 고인돌은 대체로 청동기시대의 유물·유적이지만, 오늘날의 한국의 역사를 바로 볼 수 있는 원형질이기도 하다. 그 중심에 고창이 있다. 고인돌이 세계문화유산으로 선정된 것은 고창을 중심으로 강화, 화순 고인돌이 가진 문화적 가치 때문이다.

2. 한국 고인돌의 유형과 분포

고인돌은 전 세계에 분포하는 거석문화다. 서유럽 지역은 스페인, 프랑스를 비롯하여 포르투칼·덴마크·네델란드·영국·스웨덴 남부 등 상당히 북유럽까지 분포하며 지중해의 미노르카·말타 그리고 흑해지역의 카프카즈에도 있다. 또 아프리카의 이디오피아·수단에도 드물게 있으며, 팔레스타인·이란·파키스탄·티벳·인도에도 분포한다.[2] 우리나라가 속한 동아시아에서는 인도네시아, 인도, 말레이시아, 태국, 라오스, 중국 남부 등

주로 벼농사지대에서 고인돌이 발견되고 있다. 아직도 인도, 인도네시아 원주민들은 고인돌을 축조하는 장례풍습을 전승해오고 있기도 하다.

동남아시아에서 가장 많은 고인돌이 분포하는 곳이 인도네시아 열도이다. 인도네시아에서 우리나라 고인돌문화와 연결 짓자면 동남아시아 거석문화가 북상한 것이라는 관점이다. 한마디로 동남아시아의 고인돌문화가 쿠로시오 난류를 따라 벼농사 문화와 함께 북상한 것으로 보인다. 말레이시아 보르네오섬, 태국의 메콩강, 베트남, 라오스, 중국 남부 지역에서 고인돌이 분포하고 있는 것이 그러한 사례를 입증해 준다. 고인돌이 동남아시아에서 해류를 따라 북상하였음을 보여주는 곳이 중국 절강성 일부와 일본 규슈 사가지역, 오키나와, 제주도 등지에서 발견되는 고인돌을 통해서 알 수 있다. 일본과 중국 남부의

인도네시아 숨바섬 탁자식 고인돌

인도네시아 숨바섬의 판석지주형 고인돌

고인돌은 쿠로시오 난류를 따라 올라오는 인근의 해역에 위치하고 있다. 일본 규슈 사가현의 고인돌이 청동기시대에 한반도에서 건너간 것으로 보는 시각도 있으나, 그 지역이 쿠로시오 해류이동권에 들어 있다는 사실을 간과해서는 안 된다.

---

2 임영진, 「유럽의 거석문화」, 『세계 거석문화와 고인돌』, 2004, 25면.

인도네시아 숨바섬의 지상석곽형 고인돌

고인돌로드(dolmen-road)는 동남아시아에서 북상하는 바닷길이며, 이 해로가 중국 남해서 동해로 기류이동을 하면서 한반도 서해 항로를 타고 전라남도, 전라북도의 연안을 따라 북상하여 발해만까지 거슬러 올라간다. 발해만을 통하여 압록강 깊숙한 곳까지 고인돌이 침투해 들어가고 있다.[3] 고인돌은 우리나라에서 전남, 전북지역에 고인돌이 집중 분포하는 것도 이러한 해류이동에 따른 것이다. 바닷길을 따라서 서해로 들어온 고인돌은 보성강, 영산강 유역 등 서남해안으로 따라 올라오면서 고창, 부안지역과 강화도, 한강 유역을 경유하여 압록강, 난하 유역까지 북상하면서 고인돌문화를 전파하게 된 것이다. 중국 동북부의 요령성과 길림성에서도 고인돌이 분포하는 것도 고인돌의 해양문화적 특성을 보여준다.[4] 일반적으로 흔히 고조선, 고구려 문화를 언급할 때에 북방문화에 포위된 채 해석하고 논리를 피력하는 경우가 있다. 그러나 요녕지방과 길림지역의 고인돌은 위치상 북쪽지역에 분포할 뿐이지 실질적으로는 남방지역에서 바닷길따라 북상하여 발해만의 하천유역을 통하여 내륙으로 진입하여 정착한 거석문화라 할 수 있다.

---

3 유태용, 『한국 지석묘 연구』, 주류성, 111면.
4 송화섭, 「한반도 고인돌의 남방문화론」, 『한민족연구』 제1호, 2006, 한민족학회.

3. 강해문화(江海文化)의 특성을 보여주는 고인돌

한반도 남부지역에는 4만여 기 이상의 고인돌이 분포하고 있다. 분포지역은 주로 서해안과 연결된 유역인데, 전라남도 보성강, 섬진강, 영산강 유역과 전라북도 인천강, 동진강, 만경강 유역, 경기만의 강화도, 북한강, 남한강 유역과 북한의 대동강, 압록강 유역 등지에 분포하고 있다. 이와 같이 고인돌이 해안 인접지역이거나 바닷가에서 하천을 따라 거슬러 올라가거나 해안선을 따라 분포하는 것 자체가 고인돌이 해양문화와 관련이 있음을 보여준다. 고인돌이 바닷길따라 북상하면서 하천 유역에서 강물따라 살기 좋은 곳을 찾아 들어간 곳에 정착하여 고인돌문화권을 형성했다고 보아야 한다. 강해문화라는 관점에서 고인돌을 접근하려는 것도 고인돌이 집중 분포하는 곳이 해역과 그 인근이기 때문이다. 이러한 고인돌 분포의 특징은 해안을 통해서 내륙으로 전파해갔음을 보여주는 증거라 하겠다.[5]

동북아시아에서 고인돌의 중심은 한반도 남부지역이다. 그 가운데 전라남·북도 해역에 4만여 기의 고인돌이 집중 분포하고 있으며, 남해안, 영산강, 보성강 유역에서만 1만 5천여 기가 집중분포하고 있다. 특히 영산강 유역과 남해안 일대에 집중분포하고 있다[6]는 점은 강해문화권에서 고인돌을 바라보아야 한다는 관점을 제시해주고 있다. 전남 화순의 고인돌군이 영산강유역과 관련되어 있다면, 전라북도 고창지역 고인돌은 인천강과 관련이 있다. 부안군 하서면 일대 변산반도의 고인돌도 동진강 유역과 관련성이 있다. 이렇듯 고창, 부안지역 고인돌은 바다와 하천유역을 중심으로 분포권을 형성하고 있다. 강해문화권의 관점은 단순히 고인돌이 바다와 연

---
5 이영문, 『한국 지석묘 사회 연구』, 학연문화사, 2004, 25면.
6 이영문, 위의 책, 83면.

결된 하천유역에 분포한다는 것보다 그 주변의 평지, 구릉지역에서 농경생활을 했다는 것과 연결 짓는 것이 고려되어야 한다. 이처럼 고인돌이 해양문화와 연계되어 있다는 사실은 전 세계적으로 분포하고 있는 고인돌문화권의 특성이기도 하다.

고인돌이 위치하는 지세는 지역에 따라 조금씩 차이가 있지만 거의 하천이나 바닷가 옆의 구릉지대이거나 드물게는 산계곡이나 산능선에도 분포한다. 그런데 낮은 구릉지대에 분포하는 고인돌과 산 능선에 분포하는 고인돌에서는 약간의 차이점이 나타나기도 한다. 산기슭과 낮은 구릉지역에 지석묘를 조성하는 문화와 산능선에 고인돌을 조성하는 문화는 서로 다른 집단의 지석묘 방식일 수 있다. 왜냐하면, 낮은 구릉지대의 고인돌들이 떼지어 분포하고 있다면, 구릉의 정상이나 산능선에 분포하는 고인돌은 대체로 1기의 고인돌이 위치하는 특징이 나타나기 때문이다.

말레이시아 보르네오섬에서 본 반월형석도형의 반월형철도

일단 바닷가에 분포하는 고인돌의 유형이 모두 같은 것은 아니다. 서로 다른 고인돌문화를 가진 집단이 겹쳐서 정착생활을 하면서 생긴 유형일 수 있다. 고창지역의 지세는 완만한 야산의 구릉지형을 특징으로 하고 있다. 당시에는 이러한 구릉지형이 농사짓고 살기에 좋은 지리적 여건이었을 것이다. 고인돌의 군집현상은 사람들이 모둠살이를 했다는 증거이며, 당시 사람들이 도작농경을 바탕으로 정착생활을 했다는

지금도 말레이시아인들이 사용하는 반월형철도

근거이기도 하다. 고인돌집단이 도작농경을 했다고 보여주는 농경도구가 반월형석도와 삼각형석도이다. 반월형석도는 반달돌칼이라 할 수 있는데, 반월형석도는 손에 쥐고 벼모가지만 딸 수 있는 농기구이다.

반월형석도는 오른손에 쥐고 서서 누렇게 익은 벼이삭을 따서 벼 둥그리에 담을 때에 쓰는 수확구였던 것이다. 구릉지대에서 재배하는 벼는 육도(陸稻) 또는 천도(天稻)라는 구릉지형에서 자라는 벼품종이었을 것이다. 수도 재배가 아니라 육도재배는 벼의 품종이 다른 것으로 볼 수 있다. 고창에서도 청동기시대 고인돌을 축조하는 사람들은 돌괭이로 땅을 파서 파종을 하고 돌칼로 벼이삭을 따면서 생활하는 방식이었을 것이다. 기후상으로는 1모작이었지만, 농경도구의 미흡으로 벼의 대량생산이 불가능하였을 것이며, 벼와 옥수수, 보리, 밀 등을 재배하였을 것이다. 벼와 잡곡을 구릉지대에 동시에 재배했다고 본다. 벼 외에 보리, 콩, 옥수수 등은 밭작물인데, 벼도 처음에는 밭작물과 함께 육도재배 방식이었을 것이다.[7]

4. 고인돌의 구조

고인돌무덤은 무덤방과 덮개돌과 굄돌로 구조화되어 있다.

무덤방은 지상석곽형과 지하석관형이 있다. 지상석곽형은 소위 탁자식 고인돌의 구조에 나타나고, 지하석관형은 바둑판식 고인돌에서 나타난다. 탁자식 고인돌에서 석곽식이 아닌 두 개의 판석을 양쪽에 세웠고 그 위에 얇고 넓은 판석을 올려놓는 탁자형도 발견된다. 이러한 고인돌은 강화도

---

7 송화섭, 앞의 논문 참조.

일대와 연천, 포천, 철원 등 북한강유역의 고인돌 구조에서 나타나는 특징이다. 이러한 판석지주형의 고인돌은 지상석곽형의 구도를 갖춘 곳도 있지만 그것과 다른 구조도 있다. 이러한 고인돌이 경기 북부지역에 집중 분포하는 것은 바다를 통해서 경기만으로 들어와 해상세력이 북한강 유역 일대에 정착해 살면서 만든 고인돌 형태였을 것이다. 이러한 유형의 고인돌이 주로 북한강 이북쪽에 분포하는 성향이 높다. 이러한 판석지주형 고인돌은 군집이 아니라 단독으로 조성되는 특징이 있다. 무덤방이 지하에 조성되는 경우, 석관묘 형태의 매장주체부가 묘역 중심에 조성되어 있고, 크기는 시신장 또는 세골장 두 유형이 있다. 이 무덤방 위에는 뚜껑돌이 덮여 있으며, 그 주변에는 자연석 또는 깬돌 잡석이 무덤방 묘역에 깔려 있다.

이렇듯이 고인돌의 덮개돌은 사실상 무덤방과는 별개가 될 수 있다. 지상석곽형 고인돌은 그 자체가 무덤방일 수 있지만, 매장주체부가 지하에 있으면서도 지상석곽형 덮개돌을 조성할 수 있기 때문이다. 위에서 언급한 판석지주형 고인돌의 경우, 지상성곽형으로 분류할 수 있으나, 처음부터 두 개의 판석을 세우고 지하에 무덤방을 둘 수 있기 때문이다. 왜냐하면 판석지주형 고인돌은 군집이 아니고 한 기가 조성되는 성향이 높기 때문이다. 한강 이북쪽에 나타나는 판석지주형 고인돌은 이러한 유형에 속한다. 크고 작은 판석이 축조의 구조를 갖춘 고인돌이다. 덮개돌이나 판석지주 모두 자연석으로 만든 것이 보편적이나 중국 요녕지방의 와방점 대자유적, 장하 백점자 유적, 장하 대황지 유적, 개주 석붕산 유적, 대석교 석붕욕 유적, 해

고창 죽림리 큰돌덮개돌 고인돌

성 석목성 유적[8] 등지의 판석형 지주와 덮개돌은 돌을 반듯하게 깎아서 축조한 것으로 보이는 형태들이다. 이와 달리 소위 남방식고인돌은 덮개돌이 큼직한 자연석은 가공한 흔적이 거의 없는 자연석을 덮개돌로 올려놓은 방식이며, 무덤방을 지하에 둔 형식이다. 이러한 무덤방은 지하매장형이며, 덮개돌은 사실상 무덤방과는 별개로 보아야 한다. 남방식고인돌의 경우, 지주석이 탁자형태로서 4개의 기둥돌을 세우는 방식이 있는가 하면, 받침돌을 놓고 그 위에 덮개돌을 얹혀 놓는 바둑판식이 있다. 탁자식은 판석지주식과 다른 구조로서 4개의 기둥돌이 석주 형태로 세워진 것이라면, 판석지주식은 두 개의 판석만 세워져 있는 형태로 탁자식으로 분류하는 것은 곤란하다. 기둥돌이 지석이기는 하지만 남방식에서 보편적으로 나타나는 받침돌과는 다르다. 판석지주식의 경우, 제주도 용담동에 보이는 위석식 고인돌은 판석지주형으로 분류할 수 있지만, 또 다른 형태의 고인돌이다. 이와 같이 고인돌 덮개돌 구조에 따라 여러 유형의 고인돌이 분류될 수 있다.

고창 도산리 판석지주형 고인돌

　덮개돌과 괸돌은 한 세트로 이해해야 한다. 괸돌은 지주석 또는 지석, 받침돌, 고임돌로 분류할 수 있다. 괸돌의 동사는 '괴다'로서 덮개돌을 괴거나 받치는 기둥역할을 하지만, 고인돌 구조에서는 덮개돌과 괸돌은 한 유형의 고인돌로 보아야 한다는 것이다. 괸돌의 구조로 고인돌을 분류한다면, 탁자

---

8 하문식, 『고조선 지역의 고인돌 연구』, 백산자료원, 1999.

식과 변형탁자식, 판석지주식과 지상석곽식, 바둑판식으로 구분할 수 있다.

탁자식은 집에서 식탁으로 사용하는 탁자형태이어야 한다. 우리나라에서는 잘 나타나지 않는 형태이다. 인도네시아 숨바섬에서 정확한 탁자식 고인돌들이 조성되어 있다. 우리나라에서는 변형탁자식으로 4개의 기둥돌 위에 바둑판식의 덮개돌을 얹혀놓는 방식이 고창지역에서 나타나지만, 엄밀한 의미에서는 탁자식이라고 말하기는 어렵다. 판석지주식과 지상석곽식은 굄돌이 두 개의 판석으로 되어 있느냐, 아니면 두 개의 판석 앞뒤를 작은 판석으로 막아서 지상석곽식으로 조성하였느냐는 차이가 된다. 한반도 한강 이북지역에서 보편적으로 등장하는 판석지주식은 지상석곽식으로 보기에 너무나 높고 큰 판석을 세우고 그 위에 덮개돌을 올려놓는 방식이 있는데, 이러한 형식은 정확하게 말하면, 지상석곽식으로 분류하기에는 애매한 측면도 있다.

그러나 넓은 의미에서 판석지주식은 지상석곽식으로 분류할 수 있다. 지상석곽식 고인돌은 석곽이 굄돌이 되는 것이며, 그 위에 덮개돌을 얹혀놓는 방식이라 할 수 있다. 고창의 고인돌에서는 두 유형이 동시에 같은 지역에서 나타난다. 죽림리 고인돌군에서는 지상석곽식이 명확하게 보이는가 하면, 도산리 고인돌은 판석지주형이다. 도산리 고인돌은 죽림리의 지상석곽식과 형태상 분명한 차이를 보여줘 지상석곽식도 변형으로 보아야 할지 아니면 다른 유형의 고인돌로 보아야 할지 더 검토되어야 한다. 판석지주형이나 지상석곽식 모두 시신방은 지상

제주시 용담동 위석식 고인돌

위에 만들어진 것으로 보는 것에는 차이는 없지만 전체적인 구도상 판석지주식은 석곽형과는 약간 차이가 있다는 점이다.

이와 달리 제주도에서는 위석식 고인돌을 볼 수 있다. 이 위석석고인돌은 여러 개의 판석은 받침돌로 둘러 세우고 그 위에 덮개돌을 올려

인도네시아 숨바섬 위석식 고인돌

놓는 방식으로 무덤방을 지상에 조성하는 것으로 볼 수 있으나, 지하에 두는 방식도 있다. 이러한 유형의 괸돌은 판석형으로 분류할 수 있다. 그러나 진정한 괸돌은 바둑판식에 나타난다. 소위 바둑판식의 고인돌은 자연석 괸돌을 4개 이상 6~7개까지 받혀놓는 경우가 있다. 바둑판식의 괸돌은 말 그대로 바둑판의 받침돌과 같은 형태로 만들어졌다. 그런데 바둑판식도 괸돌이 석주형으로서 4개의 입석을 세워 만든 변형바둑판식도 나타나고 있다. 그러나 바둑판식은 기본적으로 자연석의 받침돌로 만든 것이다.

5. 고인돌 덮개돌의 상징

첫째, 고인돌은 죽은 자의 집이다.

고인돌은 기본적으로 무덤이다. 무덤은 죽은 자의 집 또는 신전(神殿)이다. 단지 봉분 형태냐 고인돌 형태냐 하는 차이가 있을 뿐이다. 고구려 고분벽화처럼 화려한 신전이 있는가 하면, 소위 탁자식고인돌은 사묘 같은 건축물 구조를 하고 있다. 인도네시아 숨바섬의 탁자식 고인돌의 경우, 다

양한 암각화와 문양으로 장식된 신전과 흡사한 고인돌도 있다. 실제 고인돌의 무덤이 지하매장형일 경우, 그 위에 설치되는 고인돌의 구조물은 상징적일 수 있다. 기본적으로 장례 방식은 시신장이냐 세골장이냐 하는 점과 지하석관묘냐 지상석곽식이냐 하는 기준에 따라 죽은 자의 집 형태가 다를 뿐 고인돌은 죽은 자의 집, 신전, 사묘라는 데에는 이의가 없다. 세골장(洗骨葬)은 3년 만에 자기 집을 마련하는 방식이다.

풍수지리에서 말하는 음택(陰宅)은 무덤이 죽은 자의 집이라는 점을 분명히 해준다. 사람이 살고 있는 집이 있듯이, 죽은 자에게도 집을 만들어 주는 것인데, 무덤 또는 사묘 형식을 갖추는 방식이다. 중국에서는 고인돌을 석붕(石棚)이라고 부르는 것도 돌집(또는 石祠廟)이라는 뜻을 함축하고 있다. 석사묘는 돌로 만든 사묘를 말하는데, 중국 개주의 석붕산 고인돌은 마치 석사묘라 해도 틀리지 않는 구조물을 보여주고 있다. 이 석붕산 고인돌과 관련하여 다음과 같은 전설이 내려오고 있다. "중국 동북지역의 요령성 개주 석붕산 고인돌에는 세 신녀(神女)가 고인돌 축조 내기를 하여 맨 먼저 만든 사람이 하늘나라(天界)로 가고 나머지는 한을 품고 새가 되어 울고 있다."는 전설이다.

둘째, 고인돌은 배이다.

고인돌의 덮개돌이 배 형상이라는 해석이 있다. 인도네시아 숨바섬 사람들은 실제 고인돌을 배라고 인식하고 있다. 그리고 배를 엎어놓은 것처럼 비슷하게 만들었다. 그곳 사람들은 자기가 살고 있는 집과 마을도 배라고 인식하고 있다. 고인돌이 무덤이라는 전제 하에 해양민족이 가진 타계관으로 볼 수 있다. 섬사람들은 사람이 죽으면 저승세계로 가는데 배를 타고 간다는 믿음이 형성될 수 있었을 것이다. 반구대 암각화에 배 문양이 등장하는데, 이러한 배문양이 영혼을 천계로 천도하는 문양이라고 해석하는 것과 마찬가지이다. 죽은 영혼이 천계 여행을 하는데 배로 표현한 것은 해양활동을 하는 사람들의 타계관으로 보아야 한다.

　제주도에서 고인돌을 '돌배'라고 부르는 것도 이러한 섬사람들의 생사관에서 기인한 것으로 보아야 한다. 제주도의 고인돌 덮개돌을 영혼을 천도하는 돌배라고 인식하는 것은 동남아시아에서 해상활동을 하는 항해자들이 제주도까지 전파해온 것에서 기인할 수 있다. 한반도 남부해안지역에서 채집되는 불교연기설화 가운데 돌배(石舟)에 불상을 싣고 오는 이야기가 있다. 석탈해신화에도 탈해왕이 배에 실려 해안에 당도하고 있다. 이러한 돌배의 출항지가 중국 보타도이다. 사실상 돌배는 실용적인 배라기보다는 신령스러운 상징성을 가진 배라고 본다. 고인돌 덮개돌을 배라고 인식하였다면, 동남아시아에서 고인돌을 축조하는 사람들의 타계관에서 비롯된 것이며, 죽은 자의 집인 고인돌이 천계로 항해한다고 믿어왔던 사람들의 믿음에서 비롯된 것으로 보아야 한다.

　셋째, 고인돌 덮개돌은 거북이다.

　이융조는 고인돌 덮개돌을 거북이라는 견해를 밝힌바 있다.[9] 그런데 청동기시대에 거북형상의 바윗돌을 신성하게 여겼음을 보여주는 고인돌 덮개돌이 경북 영천 보성리에서 발견되었다. 보성리의 돌거북은 마을 입구에 위치해 있는데, 이 돌거북의 등에는 청동기시대 암각

부안 구암리 거북형상 고인돌

---

9 이융조, 「양평 양덕리 고인돌 발굴보고」, 『한국사연구』 11, 한국사연구회, 1975.

화가 새겨져 거북신앙의 역사가 청동기시대까지 올려 잡는 근거를 제시하고 있다.[10] 이러한 사례는 부안군 상서면 구암리에서도 발견된다. 구암리에는 남방식 고인돌군이 분포하고 있으며, 이로 인하여 龜岩里라는 지명이 생겨난 것인데, 일제시대부터 九岩里로 고쳐서 불러오고 있다. 구암리의 고인돌 덮개돌이 마치 돌거북 형상과 흡사하다는 인식은 오래전부터 내려온 것임을 알 수 있다.

경남 김해에 구지봉(龜旨峰)에 위치한 고인돌은 거북등 형상과 차이가 있음에도 거북으로 인식해온 것은 고인돌과 거북등을 동일시하는 거북신앙이 상고시대부터 내려왔다고 보아야 한다. 고인돌의 덮개돌이 거북등처럼 생긴 것도 있지만, 선사시대부터 거북은 상서로운 영물로 숭상되어온 전통이라는 관점에서 이해해야 한다. 지금도 거북은 풍요다산과 장수(長壽)의 상징으로, 재부의 상징으로 인식하는 전통에는 변함이 없다. 이처럼 고금을 막론하고 거북이는 인간에서 신성한 영물로 상서로운 존재다.

6. 고인돌의 기능

고인돌의 기능은 크게 두 가지로 나눌 수 있다. 하나는 무덤으로서 고인돌과 다른 하나는 제단으로서 고인돌이다.

충북 제천 황석리고인돌에서 거의 완전한 사람 뼈가 출토되어 무덤으로 판명되었다. 그 후 고인돌의 기능을 무덤으로만 해석하는 경향이 일반적이었다. 고인돌을 무덤으로 해석하는 기준은 먼저 사람 뼈가 발견되는 것을

---

10 송화섭, 「한반도 선사시대 기하문암각화의 유형과 성격」, 『선사와 고대』 5집, 한국고대학회, 1993.

비롯하여 한 곳에 떼를 이루고 있다는 점과 일정한 크기의 무덤방과 그 안팎에서 부장품이 발견되고 있다. 소위 지하무덤방이 있는 남방식고인돌은 마치 공동묘지처럼 한 곳에 떼 지어 있어서 마을공동체가 형성되어 있었고, 그러한 정착생활을 한 사람들의 무덤고인돌로 밝혀졌다. 강화도 오상리 고인돌은 남방식이 아니라 지상석곽식이며, 한곳에 집중적으로 떼 지어 분포함으로서 고인돌의 형식과 관계없이 고인돌사회에는 공동체사회가 형성되어 있음을 알 수 있다.

　이러한 유형과 달리 1기의 고인돌이 독립적으로 조성된 사례가 있다. 주로 한강 이북지역에서 발견되는 소위 탁자식 고인돌은 떼 지어 분포하는 것과는 전혀 다른 양식이다. 고인돌의 형식을 보면, 지상석곽식 고인돌에 속하는데 무덤이라기보다는 제단과 같은 성격이 강하게 드러난다. 제단식 고인돌은 구릉 정상부분에 1기가 조성되는 특징이 있으며, 그곳은 먼 곳까지 조망할 수 있는 지리적 위치에 있다. 고인돌의 형태도 탁자형(또는 벤치형) 고인돌로서 제천의식을 거행하는 제단의 구조를 보여주고 있다. 이러한 제단구조의 고인돌은 고창 도산리, 고수 마당바위와 강화도 부근리 고인돌이며, 요녕지방에 분포하는 고인돌도 제단식 고인돌의 유형에 속한다.

　이러한 제단식 고인돌은 청동기시대 고인돌사회에서 제천의례를 치르는 공간으로 사용된 곳으로 추정된다. 고인돌의 형식도 제단(祭壇) 형태를 띠고 있으며, 그곳은 어디나 쉽게 바라볼 수 있는 조망권이 확보되어 있다. 제단식 고인돌의 구조도 마치 사묘와 흡사한 모습을 보여줘 고인돌사회에서 제천의식이 행해졌음을 유추할 수 있는 자료가 된다. 고인돌사회는 정착농경사회이며, 노동력 동원이 강력하게 요구되고, 촌락공동체사회가 유지되어야 하는 현실에서 사회운영의 원리 수단으로서 제천행위가 행해졌던 것이며, 그러한 모습이 제단식고인돌을 통해서 유추할 수 있다는 것이다.[11] 제단식 고인돌은 고대국가 성립과정에서 행해진 제천의식 이전 단계의 제천행위가 행해졌음을 보여주는 것이라 하겠다. 스톤헨지 같은 거석유적을 태양숭배사상과 관련시키는 것과 같은 이치라 하겠다.

7. 고인돌 형태와 새로운 명칭 검토

지금까지는 고인돌의 형태에 따라서 탁자식·개석식·바둑판식 고인돌로 분류해왔다. 고인돌 형태에 대한 기존 이론을 재검토해보고 어떠한 방식으로 고인돌문화를 접근할 것인가에 대한 방안을 제시해보고자 한다.

고창 입석지주식 고인돌

탁자식 고인돌은 판판한 굄돌을 세워서 땅 위에 상자처럼 네모꼴의 돌방[石室]을 만들고 그 위에 덮개돌을 올려놓은 것으로 마치 탁자나 책상 모양을 하고 있다. 오늘날 남아 있는 것은 덮개돌 밑에 굄돌이 3~4개 있는 것도 있지만, 대부분은 덮개돌의 무게를 받고 있는 긴 벽 쪽의 굄돌만 남아 있고 나들이문의 역할을 한 판석은 파괴되어 없어진 곳이 많다. 이러한 탁자식 고인돌은 식탁처럼 4개의 기둥이 안정적으로 받치고 있는 양식과 달리 2개의 판석을 굄돌로 받쳐놓은 탁자 형태를 취하고 있다. 이러한 탁자식 고인돌은

---

11 송화섭, 「제의와 신화」, 『한국전통문화론』, 북코리아, 2006.

고창 도산리·강화 부근리·은율 관산리·강동 문흥리 등 주로 한강 이북 지역에서 분포하여 북방식이라는 이름이 붙여졌지만 그보다 더 중요한 것은 대체로 1기씩 독립적인 분포상 특징을 보여주고 있다는 점이다.

한반도에서 보여주는 탁자식 고인돌은 4개의 석주가 받치고 있는 입석지주식이 아니라 2개의 넓은 판석을 괴어놓은 판석지주식이라 할 수 있다. 이러한 판석지주식은 앞뒤에 작은 판석을 대어 지상석곽식으로 사용한 것이 분명해 보이는데, 중심축은 두 개의 판석으로 보여 판석지주식이라 해도 좋을 듯하다. 그리고 이러한 판석지주식 고인돌이 구릉 정상부 중심에 1기씩 분포하여 '산지형고인돌'이라는 이름을 사용하는 것도 바람직하다고 본다.

바둑판식 고인돌은 땅 위에 놓인 3~4개 또는 그 이상의 받침돌이 덮개돌을 받치고 있는 모습이 마치 바둑판같아서 붙여진 이름이다. 고인돌의 덮개돌이 바둑판 모습을 보여주지만, 엄밀한 의미에서는 바둑판보다는 큰 돌무덤이라는 표현이 더 적절할 수 있다. 덮개돌이 받침돌보다 훨씬 큰돌 형태를 보여주는 게 일반적이다. 이러한 형식의 고인돌은 무덤방이 지하에 설치된 것으로 무덤방의 구조는 돌덧널형·돌널형·구덩이형 등 여러 가지가 있다. 무덤방은 시신장용과 세골장용으로 만들어져 있다. 이러한 고인돌은 주로 한강 이남의 남부지역에서 분포하여 남방식 고인돌이라는 이름을 사용하고 있지만, 이러한 남방식 고인돌들이 대체로 평지를 낀 산기슭이나 평지지대에 분포하고 있다. 이러한 분포상의 특징을 고려한다면, 남방식의 고인돌을 '평지형고인돌'이라는 용어를 사용하는 것이 오히려 적절한 표현일 수 있다.

개석식 고인돌은 땅 위에 커다란 덮개돌만 드러나 있고 무덤방은 땅 속에서 찾아진다. 개석식은 무덤방과 잡석 위에 판판하고 넓은 덮개돌을 올려놓은 것을 말하는 것으로 남방식 계통에 속한다. 개석식 고인돌은 주로 남방식 고인돌과 혼재하여 분포함으로서 '평지형고인돌'로 분류할 수 있다. 이와는 다른 형태로 위석식 고인돌이 있다. 현재 위석식 고인돌은 제주도에서만 발견되는 독특한 형태의 고인돌인데, 여러 개의 판석을 덮개돌의 가장자리를 돌아가면서 받치고 있는 형식으로 무덤방은 지상에 설치하는 방식과 지하에 매장부를 두는 방식이 있다. 이러한 위석식은 동남아시아와 중국 남부에서도 발견되고 있다.

고인돌은 무덤방이 지상에 있느냐 지하에 있느냐 하는 차이에 따라 형식 분류를 할 수 있다. 평지형 고인돌은 대부분 큰돌 덮개돌을 작은 받침돌이 괴고 매장주체부는 지하에 두는 형식이며, 주로 논과 가까운 평지, 하천을 따라 주변에 배치되어 있다. 산지형 고인돌은 판석지주형과 입석지주식이 있는데, 우리나라에서는 주로 판석지주식 고인돌이 지상석곽형 고인돌로 만들어지는 것이 일반적이다. 산지형 고인돌은 야트막한 야산의 중심부 또는 산등성이를 따라 분포하는 특징을 보여준다. 산지형 고인돌은 구릉의 정상부에 1기가 존재하거나, 그곳에서 빙 둘러 주변 지역이 한 눈에 들어올 수 있도록 조망권이 좋은 높은 지대에 위치하고 있다.

일반적으로 고인돌무덤은 고인돌 자체가 무덤일 수 있고, 무덤방 보호시설물일 수도 있다. 지상석곽형은 무덤방이 지상에 조성될 수 있으나, 입석지주형이라면 무덤방이 지하에 둘 수도 있다. 이럴 경우 지표상에 조성된 고인돌은 무덤의 상징적 건조물 또는 보호시설물일 수 있다. 앞에서 언급한 것처럼 덮개돌 구조물이 신전 또는 사묘와 같은 성격의 축조물일 수 있다는 점이다. 이러한 신전·사묘 같은 고인돌 모습이 한반도 남부지역에서는 매우 미약하지만, 동남아시아에 분포하는 고인돌에서는 쉽게 예측된다. 요녕지방의 고인돌에서는 신전 또는 사묘와 흡사한 고인돌 구조를 발견할 수 있다. 그런 점에서 이미 청동기시대부터 고인돌은 무덤이었고, 신전과 사묘 같은 모습을 갖추었음을 알 수 있다.

이러한 구도는 기본적으로 지하에 매장주체부를 만들어 석관에 뼈를 넣고 그 위에 판석으로 석관과 잡석을 덮은 후에 고인돌을 축조하는 방식과 지상에 덮개돌과 판석을 이용하여 석곽을 만들고 시신을 넣고 앞뒤에 작은 판석을 대고 무덤방을 만드는 방식이다. 제주도처럼 위석식 고인돌이 무덤방을 만들고 무덤방으로 들어가는 석문을 조성한 사례도 있다. 매우 특이한 사례로서 판석지주식 고인돌과 바둑판식 고인돌이 결합된 형태가 고창에서 발

고창 죽림리 고창식고인돌

견되고 있다. 고창에서는 한강 이북지역에 분포하는 판석지주형 고인돌이 등장하는가 하면, 한강 이남지역에서 분포하는 소위 남방식 고인돌인 큰돌덮개돌고인돌도 분포하고 있다. 그런가하면 판석지주형과 큰돌덮개돌이 조합된 '고창식 고인돌'도 보이고 있다. 이러한 고인돌은 고창 죽림리 고인돌군 1지구에서 발견되는데, 하부구조는 두 개의 판석으로 지석을 사용하였고, 덮개돌은 남방식 큰돌 덮개돌을 얹은 방식이다. 이러한 고인돌은 다른 지역에서는 잘 나타나지 않는 형식이다. 고창지역은 지상석곽식, 판석지주형, 입석지주형, 큰돌덮개돌형 등 다양한 고인돌이 분포하여 가히 고인돌박물관이라 할 수 있을 정도로 다양한 고인돌이 분포하고 있는 곳이다.

8. 고인돌의 부장품과 그 연대

고인돌을 발굴하는 과정에서 무슨 부장품이 어떻게 놓여 있는지를 파악하게 되면 당시의 사회상을 이해할 수 있을 것이다.

피장자의 신분에 따라 부장품에 차이가 있을지라도, 부장품이 놓인 곳을 보면 매우 흥미롭다. 주로 장식품과 예술품은 주로 머리 쪽에 놓여있고, 마제석검은 허리 부분에서, 토기는 다리 부근에서 발견된다. 부장품은 대부분 토기와 마제석기 등 석기제품이 출토되고 있는데, 토기는 민무늬토기와 붉은간토기가 출토되고 있으며, 마제석기는 석검과 석촉이 주류를 이룬다. 흥미로운 것은 허리춤에 석검이 놓여 있다는 점인데, 고인돌 당시에 석검을 허리에 착용하고 다녔음을 보여주는 것이라 하겠다. 마제석검은 석검 자체가 무기로 사용되기도 하였지만, 상징적 장엄구 또는 의기로 사용되었다는 시각도 있다. 그러나 마제석검이 시신의 허리춤에서 발견되었다는 사실은 실용적인 도구로서 사용된 것이며, 일정한 연령에 이른 남자라면 마제석검을 허리춤에 차고 다니는 것이 생활화되어 있었던 것으로 보인다. 남자들이 마제석검을 허리에 차고 다니는 것이 보편적인 생활관습이었는지 정확하게 알 수 없지만, 고인돌에서 석검, 석촉이 보편적으로 출토되고, 발굴과정에서 허리춤에 석검이 놓여 있다는 점은 그러한 시사점을 보여준다. 마제석검과 마제석촉은 남자들의 사회적 신분이나 사회적 권위의 상징물이었다고 본다. 석검과 석촉을 부장품으로 묻어준 것은 남자의 사회적 권위가 영생하도록 한 것이었겠으나, 고창지방의 고인돌무덤에서는 부장품이 거의 출토되고 있지 않다는 점은 또 다른 고인돌사회의 궁금증을 불러일으키고 있다.

그런데 지석묘에서 청동유물의 출토는 고인돌사회에서 청동유물을 활용하는 집단이 존재하였거나 또 다른 관점으로는 석기시대에서 청동기시대로 전환을 의미한다. 한반도에서 고인돌 축조는 신석기시대 후기부터 초기철기시대까지 조성된 것으로 보았다.[12] 초기철기시대는 기원전 3세기 전후의 시점인데, 이 시기에 비록 드문 현상이지만 전라남도 해안지역 일대에 분포하는 남방식고인돌에서 비파형 동검·청동 화살촉·비파형 투겁창이 집중적으로 발견되고 있다. 비파형 동검은 요녕지방에서 출토되는 유물인데, 이러한 유물이 전남 해안지역의 고인돌에서 출토된다는 점은 전남지역의 고인돌에서 비파형동검과 청동제 동모, 청동촉이 출토되는 것은 요녕지방의 청동기문화의 남래설을 따를 수 있고, 아니면 청동기문화를 가진 고인돌축조 집단이 자체적으로 발전시킨 문화일 수 있다. 그러나 종래의 설은 요녕지방의 비파형동검문화의 남래설이 우세하나 전남지역 고인돌축조집단이 요녕지방의 청동기문화를 수용하였다는 방증자료가 명확해야 할 것이다. 기원전 3세기를 전후로 석기시대에서 청동기시대로 전환되고 있는데, 이 시점에서 한반도 고인돌사회에 북방계 또는 남방계의 비파형동검문화가 수용되었고, 점차 토착세력들에 의하여 세형동검문화가 발전되어 갔다고 본다.

　이밖에도 곱은옥이나 대롱구슬 등의 치레걸이와 짐승뼈(사슴뼈·소뼈·새뼈)·다슬기 등이 발견되었다. 이러한 옥제품은 고인돌사회에 이미 전문적인 장인집단이 존재하였고, 수공업도 상당한 수준으로 발달하였음을 알 수 있다. 또 고인돌무덤에서 붉은간그릇, 붉은흙이 출토되거나 푸른색의 옥장식품이 등장하였음은 장례 의식에서 신앙과 상징의 체계가 성립되어 있음을 알 수 있다.[13]

---

12 유태용, 『한국지석묘연구』, 주류성, 2003, 114면.
13 하문식, 앞의 책 참조.

9. 고인돌은 언제부터 만들어졌는가

고인돌 축조 연대에 관해서는 신석기시대 후반부터 청동기시대 후반까지 보는 설이 유력하다. 그러나 고고학적으로 뚜렷하게 연대설정을 일치하는 견해는 없다. 그러나 고인돌의 부장품이 거의 대부분 석기, 토기제품이라는 점에서, 그리고 석기제품 가운데 석검과 석촉이 무기라기보다는 사냥구, 위엄구라는 점에서 볼 때, 사회조직이 형성되기 이전에 씨족사회에서 조성한 생활문화라고 보아야 한다. 신석기시대는 씨족사회의 혈연적 구성이 사회조직을 형성하였다면, 부족사회에서는 청동기문화가 발생하면서 지연적인 사회조직이 출현하게 되었다고 본다.

고인돌에서 청동기유물이 출토하는 기원전 3세기경에 비로서 고인돌사회 기반 위에 청동기문화가 전개되었다고 보여진다. 따라서 석기문화 중심의 고인돌문화가 형성될 때에는 비조직적이었고, 비정치적인 사회형태였으며, 생업중심으로 사회발전이 추구되었을 것이다. 따라서 고인돌은 족장의 무덤이 아니라 고인돌사회에서 일반인의 무덤이었을 것이며, 씨족의 규모와 가계의 권위, 재력의 정도에 따라 고인돌의 규모가 크고 작았을 것이다. 고인돌이 집더미만한 것도 있는가 하면 길 옆에 초라한 고인돌이 분포하는 것도 그러한 사실을 입증해주고 있다.

우리나라에서 고인돌은 대체로 기원전 10세기 이전 신석기시대 후반부터 기원전 3세기경까지 역사를 갖고 있다. 기원전 3세기경부터는 석기문화에서 청동기문화로 교체하기 시작하면서 고인돌문화는 한반도에서 서서히 자취를 감추게 된 것이다. 한반도에 정착해 살던 고인돌집단들이 씨족집단에서 부족사회로 전환되면서 농업생산력이 향상되고 사회조직화에 따른 정치적 역량이 신분계층을 형성하고 지배층과 피지배층의 계층구분이 청동기문화로 발전을 촉진시켰던 것이다.

　김병모 교수에 따르면, 충북지역 고인돌무덤에서는 유럽인의 뼈가 출토되었다는 보고를 하였다. 고인돌문화가 해양루트를 통해서 청동시대부터 전파해왔음을 말해주는 것이기도 하다. 반구대 암각화에서 사람들이 배를 타고 항해하는 모습에서 해양항로를 따라 문화교류가 이뤄졌음을 알 수 있는데, 동남아시아에서 바닷길을 따라 고인돌문화를 가진 집단이 들어왔다고 보는 것이다. 이때에 전파해왔다고 보는 것이 고인돌과 벼농사와 난생신화라는 주장이 제기되었다. 이러한 난생신화가 한국고대 건국신화를 형성하는 주체였다는 사실을 간과해서는 안 될 것이다. 동남아시아 고인돌이 기원전 10세기에 조성된 것으로 우리나라보다 연대가 늦다는 것을 예로 들어 고인돌의 한반도 자생설을 주장하는 견해도 있지만, 고인돌이 분포하는 지역적 특성과 형태 등을 고려하면 동남아시아에서 바닷길을 따라 전파해 온 것으로 보인다.

10. 고인돌과 암각화

　고인돌 암각화는 고인돌에 새겨진 바위그림과 성혈조각 등을 말한다.
　첫째, 바위구멍은 성혈, 알구멍 또는 Cup-mark라고 부른다. 바위구멍은 한반도 남부지방에 광범위하게 분포하고 있다. 특히 고인돌 덮개돌에서 많이 발견되고 있으며 산 계곡이나 정상의 바위 면에 조각된 사례도 많다. 성혈은 단순한 바위구멍과 상징적 구도를 갖춘 바위구멍으로 구분된다. 단순한 바위구멍은 일정한 정형 없이 한두 개씩 조각된 경우도 있지만 많게는 크고 작은 바위구멍이 군집상태로 발견되기도 한다. 상징적 구도를 갖춘 바위구멍은 다중동심원과 함께 조각된 함안 도항리의 암각유적, 바위구멍끼리 선각으로 연결된 영일 칠포리의 암각유적, 별자리 형상을 새긴 듯한 영일 오줌바위 유적, 삼각형 구도의 바위구멍이 조각된 익산 미륵산과 고령 지산동의 가야고분 출토 뚜껑돌 등에서 다양한 성혈암각이 발견되고 있다. 윷판형 암각화도 일종의 바위구멍 암각에 포함된다.

둘째, 고인돌시대의 암각화이다. 암각화가 위치하는 곳은 첫째, 물이 흐르는 하안의 암벽이나 산의 계곡에 위치한 자연석에 조각된 경우가 많다. 울주 천전리와 대곡리, 고령 양전동과 안화리, 경주 금장대, 영일 칠포리, 안동 수곡리 등이 그러하다. 둘째, 암각화가 고인돌 덮개돌에 조각된 사례이다. 고인돌은 주로 남방식이며 영일 인비리와 칠포리, 여수 오림동, 경주 안심리, 함안 도항리 등에서 발견되고 있다. 셋째, 암각화가 거주공간에 가까운 암석 별봉에 위치한다. 경북 영주 가흥동과 전북 남원 대곡리의 암각유적이 그러하다. 경주 금장대 유적도 사실은 하안의 암면이지만 금장대라는 커다란 별봉의 상단에 위치하는 것으로 남원 대곡리 봉황대가 갖는 지형적 여건과 흡사하다.

암각화가 위치·분포하는 특징은 남방식 고인돌이 강줄기를 따라 배치·분포하는 지리적 여건과 비슷하다는 점이다. 우리나라의 고인돌은 하천유역이나 산기슭을 끼고 있는 구릉지 또는 산 경사면에 주로 분포하고 있는데 한반도 남부에 분포하는 암각화의 분포 역시 이와 같은 지리적 상황과 일치하고 있다. 이러한 점에 비추어 우리나라의 암각화는 청동기시대 고인돌사회에 제작된 것으로 추정해도 무리는 따르지 않으리라 본다.

암각화가 고인돌시대에 조각된 것으로 보려는 것은 고인돌 덮개돌에 새겨진 암각화에 마제석검과 마제석촉이 등장하고 있다. 이러한 자료는 영일 인비동 고인돌에서 마제석검 2점, 석촉 1점이 발견된 것을 비롯하여 포항

칠포리에서는 변형 마제석검과 석촉, 여수 오림동 고인돌에서는 마제석검이 조각되었다. 이 석검·석촉 문양은 고인돌 부장품으로 출토되는 것인데, 고인돌에 부장하고 싶은 욕망은 있었지만 부장품으로 묻을 수 없는 상황이어서 고인돌 덮개돌에 조각한 것으로 볼 수 있다. 그런데 단순히 조각해놓은 것이 아니라 석검이 가진 상징성이 내포되어 있다고 보는 것이다. 인비리의 경우 석검의 손잡이에 장식이 있는데, 이 손잡이가 검날과 분리되면서 검파형(劍把形) 문양으로 독립하여 새로운 신상암각화로 변모하여 간 것이다. 이러한 검파형 암각화가 경주, 포항, 고령, 영천 등지에서 독자적인 암각문화권을 형성하고 있는 것이다.[14]

이 밖에 고인돌 부장품으로 붉은간토기와 붉은색 흙이 출토된다. 붉은간토기는 겉면에 산화철을 발라 광택이 나게 구운 토기로 가끔 완전한 것이 발견된다. 붉은간토기는 영혼을 담은 그릇을 보여진다. 이미 고인돌사회에서 붉은색이 축귀를 하고 영혼을 평안한 세계(태양=극락)로 천도하는 인식이 있을 수 있다. 장례식은 죽음으로 끝나는 게 아니라 영혼불멸사상이 싹트고 있었으며, 붉은간그릇은 영생의 사유의식을 담고 부장된 것으로 보인다. 그리고 고인돌 하부구조에 붉은 흙이 뿌려져 있는 것도 벽사(辟邪)의 의미를 갖고 있는 것으로 해석된다. 고인돌사회라 할지라도 오늘날과 같이 영혼천도와 영생기원하는 의식이 장례식에서 행해졌을 가능성은 얼마든지 있다.

11. 고인돌은 해양문화의 산물

이제 한반도 고인돌문화에 대한 냉철한 분석과, 분석하는 데 균형감각이

---

14 송화섭, 「한국 암각화의 신앙의례」, 『한국의 암각화』, 한길사, 1996.

필요한 시점이다. 그동안 대륙적인 시각에서 고인돌을 바라보았다면, 이제 해양적인 시각에서 고인돌을 바라보자는 것이다. 한반도는 지리적으로 대륙은 1면만 연결되어 있다면, 해양은 3면으로 둘러 쌓여있고, 그 속에 고인돌이 분포한다는 사실이다. 그동안 고인돌의 분포가 한반도라는 지역적 범주에서 벗어나지 못하고 남방식(바둑판식)과 북방식(탁자식)이라는 유형으로 획일화 시켜버린 경향이 없지 않다. 다양한 형식의 고인돌무덤이 분포하고 있음에도 틀에 박힌 연구가 고인돌문화를 축소시키고 그 속에 갇혀버린 꼴이 되었다. 고인돌무덤이 해양루트를 통하여 한반도에 전래해왔다면 열린 사고와 소통의 시각에서 고인돌을 올바르게 이해하려는 관점을 가져야 할 것이다.

한반도의 고인돌문화는 자생한 것일까 전파해온 것일까. 고인돌의 분포도와 고인돌의 형태를 보면, 고인돌의 전파론이 우위를 점한다. 고인돌 전파론의 대한 근거를 몇 가지로 정리해보면 다음과 같다.

첫째, 한반도 고인돌은 서남해안에 집중 분포한다. 고창, 화순, 강화가 지리적으로 해안유역이거나 섬이며, 강해문화권에 속하는 곳이다. 이러한 곳에 고인돌이 집중 분포하고 있다는 것은 고인돌이 바다를 통해서 내륙으로 진입해갔음을 입증하는 것이다.

둘째, 한반도 고인돌은 북쪽에서 내려온 게 아니라 남쪽에서 올라왔다는 사실이다. 고인돌은 만주, 몽골, 러시아 일대에서는 발견되지 않는다. 반면에 인도네시아, 인도 등 동남아시아에는 고인돌의 조밀도가 높고, 지금도 고인돌의 장례풍습을 가진 곳도 있다.

셋째, 고인돌은 도작농경문화와 관련성이 깊다. 고인돌 자체가 노동력 동원 체제를 말해주는 것이기도 하지만, 고인돌의 대표적 부장품인 반달돌칼은 벼이삭을 따는 농경도구로서 유구석부와 더불어 원시 농경단계의 농경도구이다.

 넷째, 한반도 고인돌의 형태를 살펴보면, 고인돌문화를 가진 다양한 집단이 각각 바닷길을 통하여 한반도로 올라와 하천유역에 정착생활을 해왔다. 고인돌이 하천 주변과 해안지역에 주로 분포하는 것도 그러한 배경이다.

 다섯째, 기존의 고인돌 형태였던 남방식(바둑판식) 고인돌은 주로 낮은 평야지대 인근에 분포하는 경향이 있어 '평지형고인돌'로 분류할 수 있고, 산등선과 구릉 정상부에 1~2기씩 조성되는 북방식(탁자식) 고인돌은 '산지형고인돌'로 분류할 수 있다. 또한 고인돌의 구조상 판석지주식, 입석지주식, 큰돌덮개돌식 등 고인돌의 정체성을 드러낼 수 있는 방향으로 명칭의 재검토가 필요하다.

Chapter ❷ 전주음식의 DNA와 진화

1. 전주음식의 역사적 흐름

전주의 역사는 백제시대부터 역사기록에 등장한다. 통일신라시대에는 지방통치조직으로 9주 5소경을 두었는데, 전주에 완산주(完山州)를 두었다. 통일신라기부터 전주에 지방세력이 존재했었으나, 실질적으로 전주가 역사의 중심에 자리 잡기 시작한 것은 후백제시대부터다. 900년에 견훤이 전주에 후백제의 도읍을 정하면서, 전주에는 도성이 들어섰고, 후백제의 왕족과 귀족들이 거주하는 도읍이 된 것이다. 비록 36년의 짧은 왕조의 역사일지라도 전주가 왕도였음은 분명하고 국가운영체제를 갖춘 왕조국가였다. 전주사람들이 왕도의 전통을 유지하면서 품격 있는 전주를 갖추기 시작한 것도 후백제시대라고 보아야 한다. 역사상 우리나라에서 두 왕조가 한 도시에서 출현한 곳은 전주 밖에 없다. 후백제 왕도세력이 조선왕조를 일으킨 주체라고 해도 과언이 아니다. 전주시가 '천년전주'라는 슬로건을 내건 것도 1000년경부터 1910년경까지 900여 년간 우리나라 역사의 중심이었음을 내세우고자 하는 것이다.

후백제는 고려 초에 전주에 도읍을 정한 나라였다. 지금 전주의 토박이들은 후백제 견훤왕조의 후예들이며, 전주이씨, 전주최씨, 전주김씨, 전주유씨 등 토성들이 대표적인 후예들이다. 이 후예들은 고려시대에 사성을 받았지만, 기본적으로 견훤왕조의 혈통과 가문을 이어온 사람들이다. 후백제의 왕조세력은 고려시대에 내내 왕도의 전통을 이어왔으며, 조선왕조의 창업 주체로 참여하였다가, 조선후기에 이르러서는 전라도에서 가장 많은 과거합격자를 배출하는 지방권세가들의 전통을 유지해왔다. 전라도에서 과거급제자의 배출은 전주와 나주가 쌍벽을 이루었다. 고려 초에 지방제도를 12목 체제로 개편하면서 전주(全州)와 나주(羅州)에 목사를 파견하였다. 12목의 설치는 지방세력의 건재를 인정하는 정치적인 행정개편이었다. 전라도의 근본은 고려시대부터 성립되었다고 해도 과언이 아니다. 전주와 나주의 명성은 조선시대까지 끊임없이 전라도의 근본을 유지시켜 갔다.

고려시대부터 조선시대까지 전주의 중심은 옥류동이었다. 옥류동은 조선시대에 자만동이었고, 오늘날에는 풍남동·교동으로 일컬어지는 한옥마을 일대다. 한옥마을 일대가 고려시대 중심적인 도시공간이었다는 사실은 격자형 도로망으로 확인된다. 고려 말에 현재 중앙동에 T자형 도로망의 전주부성이 조성된 것이다. 고려시대 전주의 도시 중심이 어디에 있었는지 『완산지』에 나타난다. 내용인즉 "전주의 중심이 동쪽에 위치하여 서쪽을 향하고 있었는데 언제 남향이 되었는지 알 수 없다."는 내용이다. 후백제 당시까지는 전주성 아래 산자락에 마을이 조성되었는데, 고려 말 전주목의 치소가 설치되고 전주의 도시가 팽창하면서 행정의 중심이 산지에서 평지로 내려온 것이다. 1388년 안찰사 최유경이 평지에 전주부성을 조성하면서 도시의 중심이 이동한 것이다.

한마디로 후백제의 산지도성(山地都城) 구도가 고려 말을 기점으로 평지부성(平地府城)으로 전환된 것이다. 그 시점은 1388년 이전일 수 있다. 왜냐하면 1018년(현종 9)에 비로소 지방제도를 정비하고 지방관을 파견하고 있기 때문이다. 이때에 전주에 안남도호부를 두고 지방관을 파견하고 있기 때문이다. 1388년에 본격적인 관아부성의 필요에 따라 축성이 이뤄졌다고 보는 것이다. 전주부성은 전라도 관찰사가 집무하는 전라감영과 전주 부윤이 집무하는 관아와 객사가 위치하는 읍치로서 전라도 행정의 중심이었다. 전주부성은 고려 말부터 조선후기까지 500여 년 동안 전주의 노른자 위에 위치하고 있었으며, 지금도 그곳을 중앙동이라고 부르고 있으며 가장 번화한 시가지를 유지하고 있다.

좌동향서(左東向西)의 전주, 후백제의 도성(都城)이 승암산과 기린봉 사이에 조성되었고, 자연스럽게 그 산 아래에 마을이 조성된 것이다. 승암산 동쪽에 위치한 견훤궁터는 전주성(全州城)의 중심이었으며 그 아래로 마을이 형성되어 있었다. 승암산의 지맥이 발산으로 이어지고 발산 아래 마을이 옥류동이었다. 그곳이 고려시대에 왕도의 전통이 깃든 중심이었음은 이목대(李穆臺)에 세워진

동고산성에서 출토된 전주성 명문의 수막새

"穆祖大王舊居遺址"라는 비문을 통해서 확인된다. 목조대왕은 이안사를 말하고 이안사는 태조 이성계의 고조부이다. 이안사가 고려말에 발산(鉢山) 아래에서 살았으며 그곳을 이목대라고 한 것이다. 그래서 발산을 발리산(發李山), 즉 이씨가문의 발상지라는 표현으로 쓰기도 하다. 그곳의 지명이 옥류동이었다. 옥류동은 한벽루를 지은 월당 최담의 비문에 표기되어 있다. 월

전주의 주산 성황산

당 최담은 조선왕조 건국 당시 이성계를 도운 개국공신이다.

전주의 주산이 성황산(城隍山, 현 승암산)이라면, 옥류동(玉流洞)의 주산이 발산이었다. 발산 아래 옥류동은 후백제 당시부터 왕도의 중심이었고, 그곳을 격자형으로 도시구획하여 사람들이 살았다. 이목대(李穆臺)에 고려 말 이안사가 살았다는 목조대왕 구거 유지의 비는 그 지역의 역사성을 말해준다. 이목대가 위치한 곳은 옥류동(玉流洞)이었다. 발산 아랫마을 옥류동은 전주음식의 발상지라 해도 과언이 아니다. 전주성황제신문에 등장하는 음식처럼 옥류동 사람들은 음식을 매우 풍성하고 맛깔스럽게 해먹고 살았음을 알 수 있다. 고려시대 옥류동은 조선시대에 자만동(滋滿洞)이라고 불렀고, 근대화 과정에서 교동(校洞)이라고 불렀다. 교동은 향교가 있는 마을이라서 붙여진 것인데, 향교골이라고 부르기도 한다. 이곳의 물은 매우 맑아 예부터 물맛이 좋았다고 보아야 한다. 물맛으로 음식의 품격을 모두 대변할 수 있는 것은 아니다. 품격 있는 음식을 만들어 먹을 수 있는 경제적인 능력도 비례한다.

이중환이 『택리지』에서 "전주는 인구가 많고 재화가 아주 많이 쌓여있고, 서울과 다를바가 없으니 진실로 하나의 큰 도회지라 하겠다."고 기술하고 있는데 이러한 전통은 고려시대까지 거슬러 올라간다. 이규보(1168~1241)가 쓴 『동국이상국집』 남행월일기에는 "전주는 혹 완산(完山)이라 일컫는데, 옛날 백제의 땅이다. 인구가 많고 집들이 즐비하여 고국의 풍모가 있는 고로 그 백성들이 어리석지 않고 순박하며, 아전들이 모두 점잖은 사대부와 같아 몸가짐이 바르고 자상하다."고 기술해놓았다. 다시 이규보는 같은 책에서 당시에 전주사람들의 음식문화를 소개하고 있다. 비록 제물이지만 전주음식이 얼마나 화려하고 품격 있는 산해진미였는지 이규보가『동국이상국집』의「전주성황제신문」에서 밝혔다.

> 全州城隍에게 바치는 致告文
>
> 삼가 채소·과일과 맑은술을 제수로서 城隍大王의 영전에 제사지냅니다. 내가 영전에 이 고을에 부임하여 나물끼니도 제대로 계속하지 못하였는데, 어떤 사냥꾼이 사슴 한 마리를 잡아와서 바치기에 내가 그 이유를 물었더니, 그가 이 고을에는 예부터 매월 초하루에 저희들로 하여금 사슴 한마리와 꿩·토끼를 바쳐 제육을 충당하게 하고 그런 뒤에 衙吏들이 公俸을 받아서 酒饌을 갖춰 성황에 제사를 지내는 것이 하나의 관례였습니다. 내가 怒하여 매질하면서 꾸짖기를, 네가 어찌 나에게 알려 허락도 받지 않고 이런 짓을 하느냐. 무릇 제 고을의 선물꾸러미나 청탁고기를 거절하지 않고 이런 짓을 살찐 노루, 매끈한 토끼, 곰발바닥, 코끼리 발가락, 바다의 상어·숭어, 메기·잉어와 새벽비둘기, 야생고니 등 맛난 음식을 불러들여 수두룩 앞에 쌓아놓은 자들이여 차마 그 진미를 홀로 다 먹을 수 없어서 대왕에게 바치는 것이 마땅하겠지만……

위의 내용은 1200년대 초 음식문화를 통해서 전주의 위상과 사람들의 권세가 얼마나 높았는지를 보여준다.

첫째, 당시 전주에서는 성황제가 삭망제의로 관례화되어 있었던 것으로 보인다. 고려시대부터 성황제는 단오절 성황제로서 음력 5월 1일부터 5일까지 거행하는 게 관례였는데, 전주에서는 매월 초하루에 성황제를 지내고 있다.

둘째, 성황제의 주체가 관청의 아리들이다. 아리는 관아의 이서(吏胥)들을 말하는데, 전주고을이 서리, 향리들이 받은 공봉의 일부를 떼어서 성황대왕에게 바치는 제물을 마련하여 극진하게 제사봉행을 하는 관행이 있었다. 아리들은 주도적으로 성황제를 봉행했다는 사실은 전주 성황제가 국제관사의 관습이었다.

둘째, 여러 고을에서 제물의 선물꾸러미를 가져오고 청탁고기를 바치고 있다. 이 청탁고기는 전라도 지방에서 나지 않는 코끼리 발가락, 상어, 곰발바닥 등 어류·조류동물의 고기들이 포함되어 있다. 이러한 사실은 주변 고을에서 전주 성황제에 선물을 바치는 관행이 있었고, 이러한 관행은 전주의 지방세력들이 그만큼 권세가 높았음을 뜻한다. 비록 제물일지라도 코끼리 발가락을 제물로 올렸음은 외국상인들이 바친 물품으로 해석된다.

셋째, 고려시대 전주사람들이 타 지역에 비하여 풍성한 음식을 차려먹는 관행이 하나의 전통이었던 것으로 보인다. 이규보가 지방관리들이 공봉으로 차리는 성황제물이 너무나 풍성하여 하급관리들을 꾸짖고 있는데, 중앙에서 파견된 이규보의 눈에는 경제적인 낭비였던 것으로 보이겠지만, 전주의 향리들은 이러한 관행이 일상화되어 있었던 것이다.

이렇듯이 고려시대 전주음식은 매우 풍성하였고, 음식에 맛과 권세가 담겨있었다. 이러한 전통은 후백제시대 왕도를 배경으로 태동했다고 보아야 한다. 당시에 왕족과 귀족들이 먹었던 음식문화가 오늘날 전주음식의 모태가 되었다 해도 과언은 아니다. 밥상은 그 집의 품격과 체통과 전통을 파악할 수 있는 가늠자이기도 하다. 전주에서 르네상스시대가 전개되었던 시기는 고려시대라고 본다. 후백제가 멸망한 이후 고려시대에 전주에 둥지를 틀고 살아온 사람들의 품격과 권세를 위의 자료를 통해서 짐작해볼 수 있다.

2. 전주음식의 발상지는 교동과 남문 밖 시장

「전주성황제신문」의 음식문화는 옥류동시대의 상차림이라 할 수 있다. 옥류동시대는 후백제에서 고려시대까지 500여 년의 역사시대를 말한다. 옥류동은 지금의 교동이라 하였다. 음식이 물맛과 직접 관련이 있다는 점에서 전주의 물길을 알아볼 필요성이 있다.

전주천은 임실 슬치 고개에서 상관으로 경유하여 내려와 하천을 이룬다. 옛날에 전주천은 한벽당에서 굽이 돌아 옥류동과 오목대, 가락대, 노송대 앞으로 흘러서 검암천과 합수하여 전주천으로 흘러갔다. 노송대는 현재 전주고등학교가 위치하는 곳을 옛날에는 물왕멀, 즉 물왕마을(水王村)이라 하였다. 이 지역은 예부터 물맛이 좋았던 것으로 보인다. 전주천의 맑은 물이 오목대 앞으로 흘렀다는 내용이 『완산지』에 기록되어 있다. "남대천은 옛날 오목대 아래로 흘러가서 하천을 이루었고 물길이 지금도 남아있다. 오늘날 민가 사이에서 1척 남짓 땅을 파보면 왕왕 모래와 자갈들뿐이다. 이것을 생각해보면, 옛날 물이 푸른 밭 같은 구릉으로 흘러서 이렇게 변하였다는 것이 거짓이 아니다."라는 내용이다. 이 내용은 천 년 전 전주와 지금의 전주와는 다르다는 것을 말해준다. 고려시대 전주의 중심이었던 옥류동 아래로 하천이 흘렀고 그 건너에 고려 말부터 전주의 도심이 형성된 것이다.

옛 옥류동과 현재의 중앙동은 사이에 하천을 경계로 도시발달이 이뤄졌다. 하천 동쪽에 위치한 옥류동이 산지형 도성마을이었다면, 하천 서쪽에 위치한 중앙동은 평지형의 부성마을이 된 것이다. 『완산지』에 따르면, 중앙동은 처음에 밭 같은 구릉이었다고 표현하고 있다. 고려 말까지도 논밭이었던 중앙동에 부성을 조성하면서 부성도시 형태를 갖춘 것이다. 그곳의 땅이 砂礫土(모래와 자갈)라는 것이다. 오랜 세월동안 승암산과 기린봉 쪽에서 오랜 세월동안 물에 쓸려 내려온 모래와 자갈이 쌓여 지층을 이룬 곳이 현재의 중앙동 일대라고 본다. 전주시가지가 사역토 또는 사질토였음은 '모래내'라는 하천지명을 통해서 알 수 있다. 따라서 옥류동과 중앙동은 지형과 지질부터가 달랐기에 물맛도 달랐으리라 본다. 옥류동은 평상화강암과 편암, 규암층을 보여주는데, 중앙동 일대는 충적층이다.[1] 충적층에는 사역토가 주 지층을 이룬다.

  지층에 따라 수질도 다르다고 보아야 한다. 그렇다면 옥류동의 샘물과 중앙동의 샘물이 같다고 볼 수 없다. 두 곳은 물맛에서도 차이가 있다. 그동안 전주 사람들이 콩나물국밥을 선호한 이유가 전주시내 지하수에 철분이 많아서 철분을 중화시키기 위하여 콩나물국밥을 먹는 습관이 생겨났다고 했다. 또 다른 설에는 풍토병 때문에 콩나물국밥을 먹었다는 이야기도 있다. 전주 부성 중심의 시가지는 사력토라서 샘을 파면 물위에 붉은색의 철분이 뜬다는 것이다. 이 철분은 지하의 충적층을 이루고 있는 사력토 또는 단사(丹砂)에서 나오는 철분이었을 것이다. 단사는 자사(紫砂)라기도 하는데 철분 함유량이 매우 높다. 1960년대까지도 전주시내에 위치한 우물가에서는 우물에 빨갛게 뜨는 철분을 제거하는 별도의 여과장치를 해놓았다고 한다. 우물가에는 넓은 토관이 있고 그곳에 숯, 모래, 자갈 등을 넣은 여과장치를 만들어 물을 걸러 마셨다는 이야기이다.[2] 그런가 하면, 철분이 든 물로 기른 전주콩나물은 다른 지역의 콩나물보다 맛이 훨씬 좋기에 콩나물국밥이 맛있다고 한다. 전주시내의 지층이 사력토라는 점을 감안하면 이러

---

1 전주시사편찬위원회, 『전주시사』 지리편, 1986, 64~69면.
2 박인기(64세) 증언, 현재 전주시 서신동 거주.
    전주비빔밥 전문점을 경영하는 정영자 사장의 경험담이다. 전주비빔밥 홍보차 일본에 갔었는데, 현지에서 일제 식도를 구입하여 사용하다가 그냥 식기도구와 함께 전주에 가져와 사용하였다고 한다. 그런데 일본에서는 괜찮게 쓰던 식도에 녹이 스는 현상을 발견하고서 전주 우물물에 철분이 많다는 사실을 알게 되었다고 증언하고 있다.

한 주장은 설득력이 있다.

그렇다면 전주에서 콩나물국밥이 성행한 것은 중앙동시대의 음식문화라 할 수 있다. 1388년 전주부성이 들어서면서 도시설계의 구도에 따라 전조후시(前朝後市) 형태의 부성구조를 갖춘다. 풍남문을 경계로 전주부성 전면에는 객사, 감영과 동헌을 조성하고, 풍남문 밖에는 시전을 두는 방식이다. 시전은 점포를 둔 시장을 말하는데 오늘날 전주 남문 밖 시장, 즉 남부시장을 말한다. 전주가 평야지대인 우도와 산간지대인 좌도와 만경강으로 서해와 연결되는 곳에 위치하여 물산이 풍부한 곳이며, 충청도, 경상도, 전라도에서도 큰 고을에 속하여 사람들의 왕래가 빈번하고, 교통이 발달한 곳이었다. 조선 초에 서거정이 쓴 『사가집』 권10에 "전주부는 땅이 넓고 백성이 많이 모여살고 일이 번성하여 번거롭다. 서울에서 충청도를 경유하여 호남에 가고 영남에 사는 사람들이 모두 경유한다. 진실로 관리들과 수레들이 달려와 운집하는 곳이다."는 내용에서 전주가 삼남지방에서 큰 도시였음을 알 수 있고, 수레의 운집은 곧 상인들이 운집으로 전주에서 장시가 발달하고 시전이 크게 조성되었다고 본다.

조선시대 전주의 번화가는 전주부성의 안팎 마을과 교동과 풍남동, 그리고 남부시장이었다. 1960년대까지도 전주사람들의 거주생활권은 교동과 풍남동이었으며, 경제생활권은 남부시장 중심의 사대문 성문 밖 시장이었다. 실질적으로 조선시대 최고의 번화가는 교동과 풍남동 그리고 남문 밖 시장이었다. 그곳에 사람들이 모여들었고, 음식점이 생겨나기 시작한 것이다. 이러한 전통 때문인지 전주의 대표적인 전통음식점들이 남부시장 주변에 몰려있다. 음식점은 기본적으로 장사를 잘해서 수익을 보는 것이 목적인데, 전통음식점이 남부시장 주변에 포진하고 있는 이유가 신선한 식재료를 손쉽게 구할 수 있는 유통 환경과 그곳이 전주시가지의 중심이었기에 음식점들이 영업하기에 좋은 입지조건이었을 것이다. 전주음식이 맛있는 요인 가운데 하나가 신선하고 품질 좋은 식재료에 있다. 좋은 식재료를 구입하는 데 돈을 아끼지 않았던 관행이 음식점 점주들의 철학이었던 것이다. 지금도 소문난 음식점들은 남부시장의 새벽 장보기를 한다. 전주부 인근 자연마을에서 남부시장으로 반입되는 신선한 식재료를 구입하기 위하여 점주들이 새벽부터 장터에 모여든다. 남부시장 근처에 자리 잡은 '반야(飯野)'라는 돌솥밥집은 식탁에 삭힌 발효음식을 올리지 않는다. 아침에 남부시장에서 구입한 채소를 겉절이로 내놓는 것을 고집하는 음식점이다. 오로지 신선한 야채를 사용한다.

　전주 남부시장은 상설시장이었기에 항상 상인들의 왕래가 빈번하고 사람의 운집이 많아서 커다란 상권이 형성되었다고 보아야 한다. 그러다보니 상인들의 숙식을 해결할 수 있는 주막집과 음식점이 함께 발달하였다. 처음에는 주막과 주점에서 술과 음식을 함께 파는 방식이었다. 주막집과 선술집에서 술과 함께 내놓는 국밥, 국수가 성행하였고, 장날에는 비빔밥도 만들어 파는 장사도 등장하였다. 시장음식의 특성은 박리다매이다. 이윤이 적더라도 많이 판다는 것이다. 국밥, 국수, 비빔밥이 시장음식으로 제격이다. 거기에서 푸짐한 인심이 피어난다. 전주부성의 남문인 풍남문 밖에 대형시장이 조성되고 그곳에서 전주콩나물국밥과 콩나물비빔밥의 꽃피우게 된 것이다. 시장음식가운데 대표 음식이 돼지순대국밥, 소머리국밥인데, 전주에서 콩나물국밥이 시장음식으로 발달한 것도 전주콩나물로 만든 콩나물국밥이 맛이 있었고, 그 국물맛을 상인들이 퍼트린 것으로 보아야 한다.

　전주콩나물에 대한 과학적인 실험이 뒤따라야겠지만, 철분이 많은 물로 기른 콩나물이라서 맛이 있는지, 아니면 옥류동에서 맑은 물로 길러서 콩나물이어서 맛있는지 모르지만, 전주 콩나물국밥은 대표적인 장시음식(場市

飮食)으로 발달하였고, 지금은 전국에서 가장 명성이 높은 콩나물국밥으로 자리 잡았다.

3. 음식의 외식화와 장시문화

한국 음식사에서 외식은 근대화 이후의 일이다. 외식은 집 밖에서 돈을 주고 음식을 구매하는 행위를 말한다. 외식은 음식의 상품화와 화폐의 유통이 전제되어야 한다. 전통문화 가운데 집안과 마을 단위로 가족 또는 마을주민들이 공식하는 경우는 있었다. 집안에서는 결혼, 회갑, 칠순 등 잔

1920년대 전주남부시장

치음식과 제사음복이 그러한 사례에 속하고, 마을에서는 세시풍속에 따른 삼짓날, 단오절, 백중절에 주민 모두가 공식(共食)하는 관행이 있다. 이와 같이 전통사회에서 공동체생활을 하는 관행과 달리 외식은 음식이 상품화되고, 그 음식을 화폐로 구매하면서 생겨난 매음매식 행위이다. 따라서 음식의 외식화는 상거래 및 화폐경제의 발달과 맞물려 있다.

조선중기 이전에는 물물교환 형식이었으나 화폐는 조선 중기 이후에 본격적으로 주조되어 통용되었다. 숙종 2년(1676)에 주조한 상평통보가 만들어지면서 상품유통체계의 발달을 가져오게 된다. 또한 수공업의 발달은 상품을 제조하는 수공업자와 판매를 전담하는 상인들이 늘어나면서 상품을

거래하는 향시(鄕市)가 발달하게 된다. 수공업의 발달과 상품경제의 발달은 향시에서 화폐유통을 더욱 활성화시켰으며, 물자유통과 교환행위를 주도하는 상인들이 전국 향시를 이동하면서 상품경제 발달을 주도한다. 전국적으로 정기시장으로 열리고, 장시가 점차 5일장으로 정착해갔다. 5일장에서는 물자의 수요와 공급이 활발하게 이뤄졌다. 장시의 발달은 도시중심으로 발달하면서 점포들이 들어서는 상설시장이 생겨난다. 『만기요람』에 등장하는 전국의 대표적인 향시에 전라도에서는 전주읍내장과 남원읍내장이 제일 규모가 컸다. 전라도 감영이 있는 전주에 상설시장이 생기지만 군현단위에는 시장이 형성되지 않는 시점이었다.

조선후기 지방 시장을 돌아다니며 상업경제를 발달시킨 주제인 보부상들은 역원을 중심으로 정보교환과 투숙을 하면서 유통경제의 중추적인 역할을 수행하였다. 보부상들은 주로 지방의 향시를 돌아다니거나 정기상설시장을 중심으로 행상을 하는 전문상인들이다. 보부상들은 일반적으로 등짐장수 또는 봇짐장수라 불렀다. 보부상들이 주로 공적인 숙박 장소로 활용한 역원에는 상인들에게 편의를 제공하고, 물건을 생산, 판매하는 점막이 병행되었다. 이러한 점막과 주막집에서 국밥과 탁배기술을 파는 관행이 장시문화를 촉발시키는 계기를 가져왔다. 장시의 발달은 생산유통의 거래가 활발해질수록 시장에서 활동하는 사람들이 늘어나고 시장에서는 손쉽게 만들 수 있는 음식점과 주막집이 늘어나게 된다.

조선후기 상설시장에서 상점과 점막과 주막은 시장음식을 생성시킨 동력이었다. 점막은 숙식을 제공하는 곳이라면, 주막은 주점이었다. 주점은 상점 사이에 자리를 잡거나 가판으로 국밥과 술을 팔던 모습이 조선후기 풍속화에 등장한다. 풍속화에는 주막에서 술을 팔거나 거리의 좌판에서 술을 파는 그림도 있으며, 사람들이 야유회에서 고기를 구워먹는 모습도 있다. 본격적인 외식은 시장에서 술과 음식을 사서 먹는 것에서 그 기원을 찾는다고 해도 틀리지는 않을 것이다. 이러한 장시의 음식문화와 전통이 남아있는 곳이 전주 남문 밖 시장이다. 전주읍내장은 전주 남문 밖 시장을 중심으로 동문 밖, 서문 밖, 북문 밖에 상설시장이 생겨났다. 장시에서는 물자교환과 상거래만이 이루어지는 게 아니라 간이음식을 사고파는 행위도 이루어졌다. 주로 주막에서 술과 음식을 함께 파는 방식이었다. 화폐경제가 발달하면서 처음에는 상인들을 대상으로 팔던 술과 음식을 점차 일반인들에게도 팔기 시작하면서 시장음식이 발달하게 된다.

음식의 외식화는 집 밖에서 화폐를 지불하고 음식을 사먹는 것을 말하는데, 조선시대에 화폐경제가 시작된 이후에 시장 또는 연희를 공연하는 놀이판 등의 가판에서 술을 팔거나 주막에서 술을 파는 것이 효시가 된다. 탁배기술과 함께 곁들여 팔았던 것이 소머리국밥과 돼지머리와 내장을 넣은 순대국밥, 돼지국밥이었는데, 전주에서는 콩나물국밥이 유명하였다. 전주 교동 인근에서 생산된 콩나물이 상품의 가치로서 으뜸이었고, 콩나물을 식재료로 만든 콩나물국밥과 콩나물비빔밥을 즐긴 것이다. 시장에서 돈이 도는 것이 단지 상품거래에만 있는 게 아니라 음식을 사고파는 행위도 큰 몫을 차지하였다. 음식문화는 시장을 중심으로 발달하였고, 음식이 상품으로 판매된 곳도 시장이 최초의 공간이었을 것이다. 따라서 음식의

김홍도의 주막 그림

외식화는 상설시장과 5일장에서 시작되었다고 해도 틀림은 아니다. 조선시대까지도 돈을 주고 음식을 매매할 수 있는 곳은 시장이 아니면 없었을 것이다. 그런 점에서 음식의 외식화는 화폐유통과 장시문화와 점막과 주막이 발달하면서 시장음식 생성의 배경을 갖게 되었다고 본다.

전주음식도 그 예외는 아니라고 본다. 전주에서 음식의 외식화는 화폐가 유통될 수 있는 시장이 그 근원지라고 본다. 전주에는 전주부성의 사대문 밖에 시장이 형성되어 있었다. 풍남문 밖에는 남문 밖 시장(현 남부시장), 완동문 밖의 시장은 현재 동부시장, 북문 밖 시장은 현재 중앙시장, 서문 밖 시장은 우시장이었으나 현재 그 자취는 사라진 상태이다. 남문 밖 시장은 2일장으로 생활용품과 곡식을 거래하는 상점이 많았고, 동문 밖 시장은 9일장으로 한약재와 특용작품이 판매되었고, 서문 밖 시장은 7일장으로 소금과 깨와 같은 양념류와 어물전의 상점이 많았으며, 전주천변에는 우시장이 조성되었다. 북문 밖 시장은 7일장으로 포목점과 잡곡을 거래하는 싸전이 조성되어 있었던 곳이다. 특히 전주의 남문 밖 시장인 현 남부시장은 조선시대 삼남지방의 3대 시장 가운데 하나였다. 장날마다 항상 성시를 이루었고, 물류유통도 활발하게 전개되었던 곳이다. 조선후기의 근대화 과정에서 물류유통의 중심은 남부시장으로 결집되었고, 1894년경부터는 다른 세 곳의 시장은 기능이 약화되고 남문 밖 시장으로 통합되는 현상이 나타났다.

보부상들이 몰려들고 온갖 물품의 거래가 활발하게 거래되면서 장안에 화폐가 돌고, 그곳을 찾은 장사꾼들과 소비자들을 대상으로 간이형 음식점이 처음으로 만들어져 외식할 수 있는 곳은 주막이었다고 본다. 그 주막은 술과 음식을 팔던 곳인데, 그 음식은 국밥, 국수같이 손쉽게 만들던 음식이었다. 1927년에 『별건곤』이라는 잡지에 전주의 대표적인 음식이 '탁배기국'이라고 기록되어 있다. 이 탁배기국은 뚝배기국을 가리키고, 그 국은 콩나물국밥이었던 것으로 보인다. 그렇다면 왜 전주에서 콩나물국밥이 성업하게 된 것일까.

4. 전주의 특산물은 콩과 콩나물

전주에서 생산되는 콩은 무려 15가지에 이른다. 콩나물로 재배되는 콩은 준저리콩(노란콩나물콩), 눈검쟁이콩, 쥐눈이콩(꺼멍콩나물콩), 오리알태, 백태, 청태 등이다. 옛날에는 건넌방 윗목에 콩나물시루를 방에 놓고 시시때때로 콩나물을 길러서 먹었다. 콩나물콩은 가을 수확 후에 바싹 말려야 콩나물이 잘 자란다. 콩나물콩은 콩알이 잘수록 콩나물이 잘 자란다고 한다. 콩알이 잘수록 콩이 잘 자라기 때문에 노란콩나물 가운데 백태와 눈검쟁이를 더 비싸게 팔았다고 한다. 노란콩나물콩은 콩나물밖에 못 기르기 때문에 가장 많이 사용한다고 한다. 쥐눈이콩(꺼멍콩나물콩)도 서리태라 하여 콩나물콩으로 재배하는 곳이 많다. 시장 콩나물가게에서 콩나물시루를 보면 콩나물껍질이 검은 것은 쥐눈이콩으로 보아야 하고, 노란색은 노란콩나물콩으로 보아야 한다. 콩나물은 논과 밭에 재배하는 게 아니라 집안, 그것도 방안에서 길러 먹을 수 있는 채소이기에 한국 사람들은 사시사철 길러서 먹었다. 밭에서 얻은 콩을 방에서 콩나물로 길러 먹는 지혜가 있었던 것이다.

전주 남부시장 콩나물

전주콩나물은 처음에 후백제 도성의 중심이었던 옥류동(玉流洞), 즉 오늘의 교동사람들이 집에서 길러먹었던 것이었으나, 콩나물을 시장에 내놓고 팔거나, 국밥으로 팔면서 그 맛이 알려지고 명성을 얻기 시작한 것으로 보인다. 요약한다면, 교동산 콩나물을 남부시장에서 콩나물국밥으로 끓여 판 것이 으뜸이었던 것이다. 현재 전주 남부시장에 판매되는 콩나물들은 완산동과 서학동 일대에서 콩나물을 전문적으로 기르는 사람들이 판매하고 있다고 해도 과언이 아니다. 남부시장에서 오랫동안 콩나물국밥집으로 명성을 유지하고 있는 현대옥은 완산동 콩나물을 쓰는 것을 고집하고 있다. 지금은 전주콩나물국밥의 명성이 전국적으로 확대되고 전주에서도 콩나물국밥 거리가 동문사거리를 중심으로 조성되면서 콩나물을 대량생산하는 기업형 조합이 결성되는 상황에 이르렀다. 처음에는 교동 쌍샘거리에서 생산되던 콩나물이 남부시장 주변 완산동, 서학동으로 확대되더니 전주콩나물국밥의 명성이 알려지면서 전주 전역으로 확대된 것이다.

이렇듯 전주의 특산물은 콩나물이라 할 수 있다. 전주의 대표음식인 콩나물국밥과 콩나물비빔밥도 전주산 콩나물을 넣어야 제 맛이다. 교동에서 기른 콩나물을 넣고 지은 밥을 비비고, 콩나물국을 끓여서 국물로 맛을 내야 콩나물국밥이다. 한마디로 전주에서 샘물로 기른 콩나물로 국밥을 끓여야 전주콩나물국밥이지 전주산 콩이라 해도 물이 바뀌면 제 맛이 날 턱이 없다. 전주에서는 콩나물로 만들어 먹는 음식도 다양하다. 콩나물밥, 콩나물죽,

전주비빔밥

콩나물국밥, 콩나물비빔밥, 콩나물국, 콩나물김칫국, 콩나물무침, 콩나물김치, 콩나물잡채 등이다. 지금도 전주의 여러 식당에서는 이러한 음식들이 식탁에 오른다. 콩나물국밥, 콩나물비빔밥은 상품화된 음식으로 대표적이며, 한정식에서 식사로 나오는 콩나물죽이 있는가 하면 콩나물밥 전문점도 있다. 콩나물국은 돼지불고기와 돌솥밥, 비빔밥에 항상 곁들여 나온다. 특히 돼지불고기집에서는 냉콩나물국을 궁합음식으로 내놓는다. 그리고 콩나물무침과 콩나물잡채는 상시적으로 식탁에 오르는 반찬이다.

아무래도 전주콩나물국밥이 명성을 얻기 시작한 곳은 남부시장이고, 전국적인 유통망을 가진 보부상들이나 장사꾼들이 전주콩나물국밥을 널리 알리는데 크게 기여하였던 것으로 보인다. 전주 콩나물국밥이 이미 조선후기에는 전국적으로 명성을 얻었던 것으로 보이며, 1929년 12월 1일자로 발간된 『별건곤』이라는 잡지 「천하팔도명식물예찬(天下八道名食物禮讚)」이라는 칼럼에 소개되고 있다. "탁백이국"이라는 이름으로 소개된 콩나물국밥을 발췌하여 소개한다.

탁백이국은 원료가 단지 콩나물일 뿐이다. 콩나물을 솟헤 너코(시래기도 죠금 넛키도 한다) 그대로 푹푹 살머서 마눌 양념이나 죠금 넛는 등 마는 등 간장은 설넝탕과 한가지로 大禁物이요 소곰을 쳐서 휘휘 둘너 노흐면 그만이다. 元來 달은 채소도 그러하겠지만 콩나물이라는 것은 가진 양념을 만히 너어 맛잇는 장을 쳐서 잘 만들어 노아야 입맛이 나는 법인데 全州콩나물국인 탁백이국만은 그러치가 안타. 단지 재료라는 것은 콩나물과 소곰뿐이다. 이것은 분명 전주콩나물 그것이 달은 곳 것과 품질이 달은 관게이겠는데 그러타고 전주콩나물은 류산암모니아를 쥬어서 길은 것도 아니요 역시 달은 곳과 물로 길을 따름이다. 다가치 물로 길으는데 맛이 그렇게 달으다면 결국 全州의 물이 죠다고 하지 않을 수 없다. 그런 것은 엇잿든 그처럼 맨콩나물을 푹신 살머서 소곰을 쳐가지고 휘휘 내져어 노흔 것이 그와같이 맛이 있다면 신통하기가 짝이 없는 것이다. 이 신통한 콩나물국밥을 먹는 법이 또한 운치가 있다. 아츰 식전에 그러치 아니하면 子正後에 일즉 일어나서 쌀쌀한 찬 기운에 목을 웅숭커리고 탁백이집을 차져간다. 탁백이집이라는 것은 서울가트면 선술집이다.

전주콩나물국밥

전주 콩나물국밥은 솥에 콩나물을 넣고 김치시래기와 마늘양념을 조금 넣는 둥 마는 둥 하고서 소금으로 간을 맞추는 것이 전부다. 콩나물국을 끓이는데 장(醬)은 금물이고 반드시 소금(鹽)으로 맛을 내어야 한다. 맨 콩나물을 푹신 삶아서 소금을 치는 일 밖에 없는데, 다른 곳과 맛이 다르다니 신통할 수밖에 없다고 하였다. 전주콩나물국밥의 맛이 어디에서 나오는 것일까. "다가치 물로 길으는데 맛이 그렇게 달으다면 결국 全州의 물이 죠다고 하지 않을 수 없다." 역시 전주콩나물국밥의 맛은 콩나물 맛이었고, 콩나물은 물맛이었다. 전주 콩나물 국밥의 맛이 다른 곳과 차별이 날 정도로 다르다면, 결국 전주의 물이 좋다고 할 수 밖에 없는 것 아니냐고 강변하고 있다. 그 물맛은 기린봉과 성황산 골짜기에서 내려오는 물이 으뜸이라고 말하고 있다. 성황산은 전주의 주산으로서 현재는 승암산이라고 부르고 있는데, 성황산과 기린봉 사이에는 후백제 견훤궁터가 있는 곳이다. 성황산과 기린봉의 아랫마을이 풍남동과 교동이다. 이 마을에서 기른 콩나물이 일품이었고, 전주콩나물국밥의 맛을 좌우하였다. 전주콩나물국밥은 다른 어느 지방에서도 흉내 낼 수 없는 독특한 맛의 별미였다. 탁백이국(콩나물국밥)은 아침 식전인 새벽녘에 쌀쌀한 기운이 감돌 때에 콩나물국밥이 감칠맛이 나고 운치가 있었던 것이다.

이 콩나물국밥을 즐긴 사람들이 새벽녘의 남부시장 사람들이었다. 시장에는 동트기 전에 새벽에 분주하게 움직이는 사람들이 있다. 소비자들에게 팔 과일과 채소, 곡물 등 농산물과 해산물을 운반하고 경매하고 정돈해 놓는 사람들이 있다. 이들은 남들이 잠든 새벽 내내 이마에 땀을 훔치며 부지런히 움직이면서 물건을 사고, 팔고 하는 생산자와 중간상인과 소매상인들이다. 이들이 대충 당일에 팔 물품을 정리해놓고 나면 아침에 해가 뜨는 시각이다. 새벽일을 마치고 해뜨기 전에 시장사람들이 먹는 밥이 콩나물국이었다. 해장국이라는 말도 여기에서 나왔다. 해장국은 '해가 뜰 쯤에 장터에서 먹는 국밥'이라는 축약어이다.

요즘에는 해장국이 밤늦게까지 술을 마신 사람들이 속풀이로서 해장국을 먹는 것으로 본질이 전도(顚倒)되었지만, 술 취한 사람들이 속풀이용으로 먹는 것과는 거리가 먼 음식이 해장국이었다. 새벽에 장터에서 부지런히 물건을 나르고 바쁘게 움직인 사람들이 해뜨기 전에 허기진 배고픔을 채우고자 먹는 간이음식이 해장국이었고, 전주에서는 콩나물국밥이 제격이었던 것이다. 해장국을 '장을 해독시키는 국밥'이라고 주장하는 술꾼들은 더 이상 해장국의 명예를 훼손하는 일은 없어야 한다. 술로 찌든 내장을 풀어주어야 한다는 억지가 등장하기 시작한 것은 1970년대 초이다. 당시 나이트클럽에서 밤늦게까지 술 마시고 춤추던 사람들에게 새벽녘에 따뜻한 국물로 취기를 풀어주던 콩나물국밥이 성행하면서 속풀이 해장국으로 대중화된 것이다. 전주의 경우, 관광호텔 주위에 욕쟁이 할머니집이 들어선 것이 그 사례다. 밤새 술 마시고 충혈된 눈으로 국밥집에 들어선 젊은 사람들에게 욕밖에 더 나올게 없지 않았을까.

지금도 남부시장에는 국밥집이 성업 중이다. 콩나물국밥과 순대국밥을 파는 집이 중심인데, 전주 남부시장에서 먹을 수 있는 별미 국밥이 콩나물국밥이었다. 이제 콩나물국밥집은 남부시장을 떠나 전주시 전역에서 퍼져 있으며, 특히 동문사거리 근처에 왱이집을 중심으로 콩나물국밥집 거리가 조성되어 있다. 또한 전국적으로 전주콩나물국밥 전문점들이 생겨나고, 전주에 본점을 둔 체인점형의 콩나물국밥집이 문전성시를 이룬다. 그러나 분명한 것은 전국 어느 곳의 콩나물국밥이라 해도 전주에서 기른 콩나물을 원료로 끓인 콩나물국밥이 전주콩나물국밥의 정통이라 할 수 있다. 그래서 서울에서는 매일 아침 전주콩나물을 공수하여 파는 국밥집이 등장하고 있다.

5. 전주음식문화의 형성 배경

1) 물이 좋은 전주의 풍수지리

후백제시대 성황산과 기린봉 사이에서 흘러내려온 물이 좋았다고 하는데, 이 두 산의 아랫마을이 풍남동·교동, 노송동이다. 교동을 옥류동이라고 불렀듯이, 노송동 일대를 물왕마을이라 했다. 구전으로는 후백제 견훤왕이 조성한 도성이 물왕마을에 있었다고 하나 근거자료는 없다. 다만 그곳에 이룬 촌락의 물의 수질이 좋아서 물이 으뜸이라는 의미에서 물왕마을(水王村)이라 했을 것이다.

풍수지리의 기본은 배산임수이다. 좌향으로 배산은 북쪽이어야 하고, 임수는 남쪽을 향하는 곳이 길지다. 그런데 전주는 그것과는 거꾸로 되어 있다. 한마디로 배역지지(背逆之地)라는 뜻이다. 주산이 남동쪽에 위치하고 주산 뒤쪽에서 물이 내려온다. 남동쪽에 위치한 성황산을 배산(背山)으로 하고 그 쪽에서 물이 흘러 전주천(全州川)을 이루고 그 물줄기가 북서쪽으로 향하고 있다. 전라북도에서 이러한 지세를 가진 곳이 전주와 순창이다. 두 곳 모두 음식 맛이 좋은 고을이다. 순창은 고추장의 명성이 높지만, 전주의 장맛도 으뜸이었다. 이와 같이 음식의 맛을 내는 비결 가운데 하나가 풍수지리적인 자연환경과 관계가 깊은 것으로 보인다. 임실 슬치고개에서 내려온 전주천은 전주의 성황산 아래 한벽당 앞으로 흘러 내려가

1800년대 전주고지도

고, 성황산과 기린봉 사이에서 수원을 이룬 물줄기는 모래내와 검암천을 이루고 다시 전주천과 합수하여 큰 물줄기를 만든다. 이러한 구도로 본다면, 전주는 행주형 지세(行舟形地勢)가 된다.

전주를 완산주라고 했던 것은 전주부성을 완만한 산세가 병풍처럼 빙 두른 곳이라는 자연지리적 환경을 두고 한 말일 것이다. 이러한 전주의 지세를 상공에서 바라본다면, 마치 여자의 자궁지형과 같은 것이다. 자궁지형은 사람살기에 좋은 곳이라는 뜻을 담고 있다. 자궁은 태아가 잉태하여 10개월간 생명체로서 살고 있는 공간이다. 자궁은 태아가 성장할 수 있는 모든 조건이 갖추어진 곳이듯이, 전주도 사람살기에 가장 이상적인 공간이라는 뜻이 온고을에 담겨있다고 해도 과언이 아니다. 사람이 거주하는 첫 번째 조건은 물(水)이 좋아야 하고, 산세가 좋아야 하는데, 전주는 두 가지를

모두 갖추고 있다. 전주가 배역지지라 할지라도 사람이 살기 좋은 이상적인 공간이었다. 자궁에서 태아가 완전한 사람으로 성장하듯이, 전주에서 음식은 가장 맛깔스럽게 숙성될 수밖에 없을 것이다. 자궁지형은 음식이라는 관점에서 그릇지형이라 할 수 있다. 그릇 속에 위치한 전주에서 음식은 사람의 입맛에 알맞게 자연숙성되는 발효음식이라 할 수 있다.

전주 사람들은 전주음식의 맛을 한마디로 '깊은 맛'이라고 표현한다. 깊은 맛은 겉절이 음식이 아니라 속절이 음식으로서, 사람이 먹기에 알맞게 숙성된 맛이라는 뜻을 담고 있다. 이러한 음식의 깊은 맛은 여인의 손맛보다 자연이 만들어낸 조화의 음식이라 할 수 있다. 이러한 조화의 음식이 전주비빔밥이라 할 수 있다. 전주비빔밥은 하루아침에 그냥 나온 것이 아니다. 전주비빔밥은 천지음양과 인간의 정성이 빚어낸 조화의 음식이라 하지 않을 수 없다.

2) 깊은 맛은 장맛에서 나온다

음식 맛은 장맛에서 나온다는 게 통설이다. 장(醬)의 원료는 메주콩이다. 동짓달에 들어서면 메주콩을 구해서 메주를 만드는 게 집안의 대사였다. 가마솥에 메주콩을 삶아서 콩이 알맞게 삶아지면 절구통이 삶은 콩을 넣고 절구공이로 찧는 일이 집집마다 벌어지는 진풍경이었다. 절구통에서 찧어진 메주콩은 떡판에 떠내어 직사각형으로 메주를 만들고, 아랫목에 볏짚을 깔고 그 위에 늘어놓는다. 볏짚을 메주 밑에 까는 이유는 볏짚 속에 든 곰팡이균이 메주에 이식하여 푸른곰팡이를 만들어 내기 때문이란다. 그래서 메주가 방안에서 어느 정도 굳어지면 볏짚으로 메주걸이를 만들어 마루 기둥 사이에 선을 걸어 달아놓거나 방구석에 장목을 세우고 메달아 놓거나 집의 처마 밑에 메달아 놓았다. 집집마다 메주 뜨는 냄새가 고약했지만, 장 만드는 과정이기에 피할 길도 없었다. 겨우내 적당한 온도에서 곰팡이가 슬고 바싹 건조되면 우물가에서 지푸라기로 수세미를 만들어 메주를 씻어 채반에 올려놓아 물기를 뺀다. 이 메주와 장물을 넣어서 간장과 된장을 만든다.

반찬이 화려한 전주비빔밥

해가 바뀌면 곰팡이가 뜬 메주로 장 담그는 손길이 바쁘다. 대체로 장은 말날에 담가야 좋다고 하고, 뱀날과 쥐날에는 장 담그기를 피했다. 장이 부정 타지 않게 하기 위해서다. 장 담그는 데 택일만 하는 게 아니라 고사(告祀)도 지내고 곰팡이가 핀 메주를 큰 장독에 넣고 소금물을 넣은 뒤 숯과 붉은 마른고추를 띄워놓기도 하고, 그것도 못미더워서 아예 장독 아가리에 금줄을 둘러놓기도 하고, 한지로 버선모양을 오려 거꾸로 붙여 잡귀를 방지할 정도로 장 담그는 데 정성을 쏟는다. 장맛을 내는 일이 모든 집안일의 기준이 되는 것이다. 장맛이 좋으면 집안일도 만사형통이다. 『증보산림경제』에 "장은 모든 맛의 으뜸이요, 인가의 장맛이 좋지 않으면 채소와 좋은 고기가 있어도 좋은 음식을 만들 수 없으며, 고기가 없다 해도 여러 가지 좋은 장이 있으면 반찬걱정이 필요 없다."고 적고 있다. 장맛이 변질되면 집안에 우환이 끼지 않을까 두려워 할 정도로 장 담그는 데 신경을 쓴다.

한국인들이 장 담그기에 정성을 쏟는 것은 장맛이 음식 맛을 좌우하는 한국음식의 특성 때문이다. 콩으로 메주를 쑨 뒤 3개월간 띄운다. 파란곰팡이가 잘 뜬 메주를 깨끗하게 씻어서 장독에 넣은 뒤 소금물을 부어 2개월 정도 숙성시킨 뒤에 분리하여 간장을 만들고 된장을 만드는 것이다. 지역에 따라 장을 뜨는 시점에 다르고 장맛도 다르다. 장독에서 메주를 꺼내어 옹기에 치대어 눌러 넣으면 된장독이 되고, 간장은 메주찌꺼기를 체로 걸러낸 뒤, 가마솥에 넣고 달여서 장독에 다시 부어 넣어둔다. 고추장은 고추장용으로 동그란 메주를 만들어 건조시킨 뒤에 가루를 내어 찹쌀밥과 고춧가루를 섞어서 잘 띄우면 고추장이 된다. 이렇게 만든 된장, 간장, 고추장을 보관 관리하는 곳이 장독대이다. 장을 넣어둔 항아리들이 집적된 곳이라 하여 장독대라 하였다. 장은 띄우는 것으로 끝나는 게 아니다. 햇빛을 잘 쐬게 해주어야 하고, 통풍이 잘되게 해야 하고, 장에 물이 들어가서는 안 된다. 그래서 어머니들은 장독대를 닦을 때에 호스로 물을 뿌리지 않고, 물기 있는 헝겊으로 걸레질하듯이 정성들여 옹기를 닦는 일을 게을리 하지 않았다. 장은 정성을 들이지 않으면 쉽게 변질될 수 있기 때문이다.

된장, 간장, 고추장은 콩을 원료로 만들기 때문에 단백질 성분이 높아 예부터 '밭에서 나는 고기'라 하였다. 장맛은 콩의 품질이 좋아야 하지만, 장맛은 역시 물맛이 좌우한다. 『규합총서』에 "장을 담그는 물은 특별히 좋은 물을 가려서 써야 장맛이 좋다."고 기술해 놓았다. 순창고추장도 맛있는 이유는 좋은 물맛에서 기인하듯이, 물맛이 좋은 전주에서 담는 고추장도 맛이 있었다고 한다. 고추장만 맛있는 게 아니라 된장과 간장도 맛있다고 해야 논리가 맞다. 왜냐하면 된장, 간장, 고추장은 한 세트이기 때문이다. 앞에서 언급하였지만, 순창과 전주는 풍수지리적인 구도도 흡사하지만, 물맛이 좋은 고을이라서 음식문화가 발달하였다고 본다. 순창의 옛 이름이 옥천(玉川)이었고, 전주에서 가장 오래된 마을이 옥류동이었듯이, 이미 지명에서 물맛이 좋은 고을의 음식 맛이 좋을 수밖에 없음을 입증해주고 있다. 전주의 대표음식인 비빔밥도 고추장 맛이 좌우한다. 지금도 성미당에서는 연초에 고추장을 담그는 일이 대사요, 통과의례가 되었다. 그 고추장에서 깊은 맛이 우러나온다고 한다. 그 깊은 맛은 말로 형언하기 어려운 신비스러운 맛이라 할 수 밖에 없다.

3) 한식과 한정식의 차이

전주의 진정한 음식 맛은 한식에서 나온다. 왜 전주음식이 맛있냐는 답변이 궁색할 때가 많다. 백반상에 음식의 가짓수가 많이 등장하는 것에서 원인을 찾는 사람들이 있지만, 사실은 신선한 식재료와 장맛에서 전주음식의 진가가 나온다고 해도 과언이 아니다. 전주 밥상

전주한정식

에 오르는 발효음식과 모든 찌개와 반찬은 장맛이 좋기에 음식 맛이 좋았다고 말할 수 있다. 백반상의 음식 맛은 장맛이 좌우한다고 해도 과언이 아니다. 이러한 관점에서 전주음식의 명성은 콩나물국밥과 콩나물비빔밥에 있는 것은 아니다. 맑은 물로 기른 콩나물을 원료로 사용하고, 간장, 된장, 고추장을 맑은 물로 만들고 숙성에 좋은 공간에서 발효시키기 때문에 그 깊은 맛이 나온다고 해야 한다.

전주에서 깊은 맛을 제대로 맛보려면 백반상을 받아야 한다. 전주의 진

정한 음식브랜드는 한식백반이다. 지금도 옛날 도청주변에는 백반집이 자리를 잡고 있다. 상업화된 백반집의 역사는 전주음식의 외식화 과정에서 가정식 백반이 상업화하여 외식으로 전환된 것이다. 이러한 백반의 외식화는 전주음식의 맛을 내는 백반이어야 한다. 가정식 밥상이 상품화 된 것이 백반이라면 진정한 전주식 백반을 보전하는 일에 관심을 가져야 한다. 전주음식 맛은 전주 사람들이 가정에서 먹는 방식으로 먹을 수 있는 가정식 백반 전문점이 있어야 한다. 한식은 계절음식이라서 계절마다 밥상에 오르는 음식의 종류가 다르다. 같은 된장찌개라도 재료가 다르다는 것이다. 일반적으로 한정식을 백반보다 한수 우위에 놓는 경향이 있다. 한정식은 가격이 비싸고, 한식은 가격이 낮다. 그럴 수 있는 일이지만, 한정식은 백반을 변형시켜 만든 술상이다. 한정식은 일제시대에 일본인을 접대하기 위한 술상문화가 발달하면서 태동한 것이다. 한정식은 밥상이 아니라 주안상에서 비롯된 것이며, 한정식이라는 용어도 한국의 한식과 일본의 정식의 조합어이다.

한식은 가정식 밥상이라면 정식은 일본식 밥상이다. 한정식은 일본인들이 한국음식을 즐길 수 있도록 만든 술상 겸 밥상이지 궁중음식에서 나온 것은 아니다. 한정식을 살펴보면, 가운데에는 술안주에 좋은 요리를 놓고, 한식에서 등장하는 반찬은 술상 양쪽 가장자리에 배치해 놓는다. 한마디로 한정식은 요리상이며, 요정(料亭)에서 처음 만들어지기 시작하였다. 요정은 일제시대에 요릿집이자 고급술집이었다. 일제 강점기 때 조선왕조가 해체되고서 관아의 기녀들이 권번이라는 기생조직에 편입되면서 요정집의 술상에 불려나가 술시중을 들고 노래를 부르고 웃음을 판 역사가 한정식의 역사라 할 수 있다. 한정식집은 고급스럽고, 백반집은 저급하다는 인식은 바뀌어야 한다. 백반이 일제시대에 외식화하는 과정에서 술상화되었고, 한식이 요릿집에서 요리상으로 만들어지면서 한정식이 탄생하게 된 것이다. 이와 달리 한식은 대체로 1950년대 초에 생계형으로 가정식 백반이 외식화 과정에서 상품으로 등장하게 된다.

전주에서 한정식집으로 가장 먼저 문을 연 곳이 행원이다. 행원은 1960년대 당시 가장 번화가였던 풍남문 거리에 문을 열었고 지금도 그곳에 있다. 행원에는 권번과 요정이 있다. 요정의 행랑채가 권번이다. 이 권번은 기생들의 대기소이기도 하고, 춤과 노래를 연습하는 기생학교의 기능도 하였으나, 주로 밤에 요정으로 불려 나가는 일이 주업이었다. 1970년대까지도 행원은 지방유지들이 들락거리는 음식점이었지 일반 서민들에게는 문턱이 높은 곳이었다. 당시 중앙에서 손님들이 전주에 내려오면 저녁식사를 대접할 곳은 오로지 행원 밖에 없었다. 이러한 부러움의 전통으로 한식집에서 고급스러운 음식점을 표방하기 위해서 한정식 전문점이라고 쓰거나 한식정식이라고 쓰는 것은 잘못된 것이다. 이러한 현상은 한식의 식민지화 현상이다. 다만 술상으로 갈 것이냐, 밥상으로 갈 것이냐는 구분을 명확히 하고, 한식이 한정식을 따라 갈 것이 아니라, 당당하게 백반상으로서 한식의 경쟁력을 갖추어야 한다. 이 길만이 한식의 식민지근대화론에서 탈피하는 길이다.

행원 안에 있는 전주권번

6. 전주의 대표적인 브랜드음식

1) 한식

한식(韓食)은 한국의 전통음식이란 말이며, 백반(白飯)은 흰밥과 여러 가지의 반찬을 묶어서 부르는 말이다. 백반상은 세계적으로 희귀할 정도로 반찬이 많이 나오는 음식이다. 밥과 국에 수십 가지의 반찬이 함께 따라 나오는 나라는 전 세계에서 한국 밖에 없다. 외국은 요리 중심으로 음식이 차려지는 데 비하여 우리나라에서는 밥과 국을 포함하여 수없이 많은 반찬이 밥상에 오른다. 이처럼 밥과 국과 다양한 반찬이 동시에 한상에 올려놓는 음식문화는 한국이 낳은 세계문화유산이라 해도 과언이 아니다. 한국에서 음식문화의 명성이 가장 높은 곳이 전주라는 데 이의를 다는 사람이 없다. 그리고 백반이 그 음식문화의 중심이어야 한다.

우리나라에서 한식이 가장 걸지게 나오는 곳은 전라도의 전주와 나주이다. 전주와 나주는 전라도를 대표하는 옛 고을이었다. 두 곳은 고려시대에 목사가 파견되었던 행정의 중심이었으며, 조선시대에는 전라도를 총괄하는 감영이 전주에 들어선 것이다. 전라도의 행정, 경제의 중심이 전주를 중심으로 전개되었다. 전주 한식의 진정한 맛은 가정에서 나온다. 장맛과 음식맛은 가문과 집안의 품격을 대외적으로 표방하는 가늠자 역할을 하였다. 앞에서 고려시대 성황제의 제물을 차린 것을 보면서 전주음식이 품격을 갖추고 있었다고 표현한 바 있다. 후백제의 전통을 간직해온 전주 사람들은 가정에서 먹는 일상식에도 품격을 유지하려고 했었다. 그런 점에서 전주음식의 정통성은 '전주 가정식 백반'에 있다고 해도 과언이 아니다. 집안에서 품격을 갖춘 백반 상차림이 전주의 가장 상징적인 음식문화라 할 수 있다.

음식이 상업화되면서 연중 똑같은 반찬을 내놓는 집이 있는가 하면, 계절의 변화를 음식으로 느낄 수 있도록 하는 가정식 백반집이 있다. 전주 한식에 대한 인식이 비빔밥과 국밥에 비하여 훨씬 떨어지지만, 진정한 음식의 마니아들은 한식집을 찾아간다. 밥상에서 진정한 계절의 변화를 체험하고 고향의 어머니 손맛을 느낄 수 있기 때문이다. 가정식 백반상에 무슨 음식이 오르는지 전주 가정식 전문점인 죽림집의 사례를 들고자 한다.

죽림집은 1950년대 중반에 문을 열었다. 현재 주방을 책임지고 있는 김산옥 씨는 시어머니에게 음식을 배워 2대째 음식을 만드는 주인이다. 죽림집의 특징은 계절음식이 밥상에 오른다. 계절의 변화를 음식의 미각으로 느낄 수 있도록 백반상을 차려 내놓는다. 주로 젓갈, 탕, 찌개, 무침, 전, 조림, 김치, 겉절이 등이 백반상

구 도청 앞 한식거리에 위치한 죽림집

의 중심적 반찬이다. 김치는 봄에 나박김치, 여름에는 오이김치, 열무김치, 가을에는 무청김치, 경종배추김치, 겨울에는 김장통배추김치, 동치미, 고들빼기김치가 밥상에 오른다. 죽림집에서 유일하게 밥상에 오르지 못하는 음식이 있다. 깍두기다. 깍두기는 전라도에서 김치 축에 끼지 못하기 때문에 올리지 않는다고 한다. 찌개와 무침도 계절마다 바뀐다. 겨울에는 묵은지 찌개가 올라오면, 여름에는 민물새우탕이 오르고, 된장찌개도 계절마다 찌개 속에 들어가는 재료가 다르다.

죽림집의 전 맛도 일품이다. 봄에는 유명한 전주 미나리, 머루대 새순을

가정식 백반 전문점. 죽림집 한식상차림

부쳐 먹고, 달래, 냉이, 질경이, 담뱃대나물도 무침으로 오르고, 햇 야채전이 갖가지 등장하고, 여름에는 호박전, 깨전, 부추전이 오르고, 가을에는 가지전, 호박전, 양애전이 밥상에 오르고, 겨울에는 홍어전, 명태전, 상어전이 밥상에 오른다. 한겨울에는 12가지의 재료를 넣은 '느리미전'이라는, 다른 집에서 맛보기가 쉽지 않은 정월 대보름 음식도 내놓는다. 탕도 계절 따라 다르게 오르는데, 깨탕은 단골로 오르고, 가을에는 버섯탕, 겨울에는 토란탕이 밥상에 오른다. 죽림집 주인 김산옥 씨는 시어머니에게서 배운 음식솜씨를 그대로 내놓는다. 다른 한식집에서는 찾아보기 어려운 장조림과 멸치짠지를 내놓는다. 쇠고기로 만든 장조림을 귀한 음식으로 여기고 있으며, 멸치볶음이 아니라 멸치짠지를 만들어 내놓는 것도 시어머니의 방식이다.

　죽림집에서는 음식으로 계절의 변화를 느낄 수 있다니 진정한 한식의 명소라 하지 않을 수 없다. 김산옥 여사는 시어머니에게 배운 대로 손님들에게도 가족 대하듯 한다. 제철 맛있는 음식이 식탁에 오르면 손님에게 친절하게도 제철음식을 가리키며 지금이 제 맛 철이니 먹어보라고 권유한다. 마치 음식해설사처럼 미각을 돋구어주는 일도 마다하지 않는다. 경종배추김치를 밥상에 내놓고서 손님에게 권유하는데, 그 말을 듣고 김치를 씹어보니 맛이 상큼하다. 그리고 찬바람이 불면 미꾸라지탕(추어탕)을 먹어야 한다고 가까운 지인들에게 전화를 걸기도 한다. 김산옥 씨는 때를 놓치지 말고 제철음식을 먹어보라고 귀띔해준다. 제 철에 제 맛을 내는 음식을 먹어야지, 철모르는 음식은 팔지 않겠다는 고집이 강하다. 죽림집에서는 1년 내내 같은 음식이 밥상에 오르는 것은 별로 없다. 죽림집을 비롯한 한국식당, 한밭식당 등도 구 도청 앞에 자리하고 있는 백반전문점이다. 이 음식점들은 전주 남부시장에서 새벽장을 보면서 신선한 식재료를 구입하여 30여 가지에 가까운 반찬을 만들어 내놓고 있다. 백반상에는 가족들에게 먹이는 음식이라는 정성이 깊게 스며있다.

　그래서 백반은 정성과 슬로우푸드형 음식이라 할 수 있다. 정성에는 인본주의 정신을 담겨있다. 사람을 중시하는 음식상이 백반상이라 해도 과언이 아니다. 주부가 음식을 만드는데 가족들이 먹은 음식이라는 생각을 갖고 음식을 만든다. 가족들의 건강뿐만 아니라 음식의 즐거움을 창출해내는 효과를 음식으로 한다는 점이다. 그렇기 때문에 음식 반찬 하나하나에 정성이 깃들고 생명력을 담보하는 숨이 깃들어 있는 것이다. 가족중시는 인간중시를 전제로 한다. 가족들이 음식으로 건강을 유지해야 하기에 음식이 약식(藥食)이 될 수밖에 없는 것이다. 더욱이 웰빙시대에 전주음식을 약식화하는 음식상품으로 개발한다는 것은 음식브랜드에서 매우 중요한 과제일 것이다. 전주가정식 백반은 절기식으로 보존하고 상품화하도록 해야 한다. 절기에 따라 음식의 식재료가 달라지고 발효음식을 제외한 기본반찬은 계절을 달리하며 식단에 오르도록 해야 한다.

2) 콩나물국밥과 비빔밥

전주비빔밥과 국밥은 콩나물을 재료로 한다. 그리하여 콩나물국밥과 콩나물비빔밥이라고 해야 옳다.

전주를 대표하는 음식이 비빔밥이고, 비빔밥은 전주의 대표적인 문화브랜드로 정착된 상태이다. 전국 어디를 가도 전주식 비빔밥이요, 일본 식당에서도 '전주비빔밥'이라는 메뉴가 등장하고, 비빔밥 전문점이 개설될 정도로 대중적 인기가 높다. 전주비빔밥의 명성은 유럽으로 뻗어가서 웰빙음식으로 즐기는 마니아들이 늘어나고 있다. 가히 전주비빔밥이 글로벌시대에 세계음식으로 발돋움하고 있는 것이다. 이제 전주는 비빔밥의 메카가 되었다. 그래서 전주에 찾아오는 사람들은 '전주식 비빔밥'을 꼭 한번은 먹고 싶어 한다. 전주에는 비빔밥을 전문으로 내놓는 집이 있지만, 집집마다 맛이 조금씩은 다르다. 한마디로 전주비빔밥은 만드는 집에 따라 조리법이 약간씩 다르다.

일제시대까지 전주에서는 탁백이국(콩나물국)이 비빔밥보다 더 유명했다. 당시에 비빔밥은 전주보다도 진주가 더 유명했다. 지금도 진주비빔밥은 만들어지고 있지만, 비빔밥하면 전주라는 등식이 형성되었다. 전주 사람들이 비빔밥을 상품화하고 세계적인 상품으로 만드는 데 선도한 것이다. 전주

사람들은 언제부터 비빔밥을 즐겨 먹었을까? 이와 관련하는 역사기록은 없다. 다만 작촌 조병희 선생은 『완산 고을의 맥박』에서 1920년대 전주비빔밥 이야기를 기술해놓은 것이 전주비빔밥의 유일한 역사적 사실이다. 3가지의 이야기를 싣는다.

(가) 남부시장의 비빔밥을 비비는 솜씨는 천하일품이었다.
건장한 사내가 양푼으로 왼손에 받혀들고 오른손아귀로 꼭 쥔 수저 두가락으로 양푼을 빙빙돌리며 비벼대는데 한참 흥이 나면 콧노래를 부르기도 하고 치뜨린 양푼이 허공을 빙빙돌기도 하였다.
—「온유한 마음으로 멋과 맛을 챙기는 고장 전주」 가운데 일부

(나) 음식점에 들리게 되면 넓다란 양푼을 손에 받혀들고 꼭 쥔 숟가락 두어개로 비빔밥을 비벼대는 장정을 보게된다. 흥이 나면 콧노래를 부르기도 하고 빙빙 돌렸던 양푼을 허공에 빙빙 돌렸다가 다시 손으로 받혀들고 비벼대는 솜씨는 남밖장만이 가지고 있는 정경이었다.
—「1920년대 전주 남밖장의 추억」 가운데 일부

(다) 싸리비 다 팔때까지 쪼그리고 있었더니 발도 저리고 허기가 몰려와 장마당의 비빔밥집을 찾아들어선다. 치마 길이만큼이나 긴 앞치마를 두른 주모가 넓다란 바재기를 손에 받쳐들고 숟가락 두 개로 밥을 비벼대다가 말미에 참기름 한방울 떨어뜨려 내놓는 비빔밥은 남밖장의 별미였다.

(가), (나), (다)의 내용은 전주비빔밥의 발상지가 남부시장이라는 것을 확인시켜주고 있다. 비빔밥을 만드는 방식도 양푼비빔밥이었다. 두 개의 숟가락을 든 장정이 양푼 안에 든 밥을 비벼댄 후에 참기름 한 방울 떨어트려 내놓는 비빔밥이 일미였다고 하고 있다.

그동안 비빔밥의 기원에 대하여 조선시대 음식사서인 『시의전서』에 등장하는 골동반이 전주식 비빔밥의 효시라는 주장이 있지만, 골동반과 비빔밥과는 만드는 방식도 먹는 방식도 전혀 다르다. 전주비빔밥의 골동반 근거설은 실체가 없는 것이다. 정말 전주비빔밥은 뿌리도 없는 것일까. 민속이란 쓰여지지 않는 역사일 뿐 근원이 없는 것은 아니다. 지금까지 전주비빔밥의 유래에 대하여 궁중음식설·농사음식설·제사음식설·거지음식설까지 제기하는 사람들이 있지만 정확한 근거나 자료를 갖고 이야기를 하는 것은 아니다. 궁중음식설이라면 왕실에 진상하는 음식이기에 문헌기록으로 나올 법한 데 남아 있는 기록이 없다. 그리고 전주에서 조상제사를 지낸 뒤 음복하면서 비빔밥을 만들어 먹었다는 풍속도 없다. 농사음식설이라면 도성과 부성에서 살았던 전주 사람들이 농사를 지으며 비빔밥을 해먹었겠느냐 하는 점이다. 거지음식설은 터무니없는 비빔밥의 중상모략이다. 전주비빔밥의 명성은 전주읍성의 안팎에서 찾아야 한다. 전주비빔밥의 기원은 시장음식설이 가장 유력하다. 전주식 비빔밥은 전주읍성을 중심으로 하는 전주 문 밖 장(장마당)에서 그 해법을 찾아야 한다.[3]

전주의 남부시장은 조선시대 삼남지방에서 가장 번창하였던 최대 규모의 시장이었다. 전주는 감라감영이 있었던 행정의 중심이었으며, 좌도와 우도 지역의 정점에 위치하여 물산이 풍부하고 상업적 유통이 활발하였다. 전국의 장사꾼들이 장날에 몰려들어 좌판을 벌이고 사람들이 몰려와 구매가 이뤄지는 광경은 풍남문 밖 전주천변의 장관이었다. 시장에는 사람들로 붐비고 구경거리에 시간가는 줄 모르는 게 장터풍속이다. 장터에 사람들이 붐비면 으레 주막과 국밥집이 들어서게 되어 있다. 시장에 국밥집이 등장

---

3 송화섭 외, 『전주음식』, 민속원, 2008.

한 것은 1800년대 무렵이다. 국밥(湯飯)은 처음에 역을 중심으로 여행자들에게 숙식을 제공하는 방식이었으나, 18세기에 장시가 발달하면서 시장에 객주집과 주막이 들어선 것이다.[4] 시장의 선술집인 주막에서 국밥을 만들어 팔던 것이 국밥전문점으로 바뀐 것이다. 전주의 탁백이국도 처음에는 선술집에서 팔았던 것이었다. 18세기 말에는 5일장이 정착하면서 시장의 국밥문화가 더욱 번창한 것이다. 국밥은 시장음식으로서 안성맞춤이다. 왜냐하면 수많은 사람들의 시장기를 해결하려면 시장 속 밥집은 속성상 속전속결과 대량생산 방식이어야 한다. 남부시장의 콩나물국밥은 중탕식으로 콩나물을 몽땅 솥에다 넣고 삶아서 찬밥을 말아주는 방식이며, 콩나물비빔밥은 앞의 자료에서 알 수 있듯이 커다란 양푼에 비벼서 작은 양재기로 나누어 파는 방식이었던 것으로 보인다. 시장에서 수많이 오가는 사람들을 대상으로 빨리 만들어 팔 수 있는 음식은 국밥과 국수와 비빔밥이 적격이었을 것이다. 국밥, 국수, 비빔밥은 만들기도 쉽고 먹어치우는 속도가 백반보다 훨씬 빠르다. 3가지는 시장음식으로서 대량생산, 속전속결, 박리다매 방식이 가능한 시장음식이라 할 수 있다. 바삐 오가는 사람들에게 걸죽하게 차린 음식을 팔 여유가 없었던 것이다.

그래서 전주의 콩나물국밥과 콩나물비빔밥이 남부시장의 시장음식에서 유래되었다는 주장을 제기하게 되는 것이다.

지금도 대규모 군중이 운집하는 행사장에 가보면 비빔밥을 무료로 제공하는 광경을 종종 목격할 수 있다. 요즘 비빔밥이벤트로 2,000명분 비빔밥을 만드는데 대형 함지에 밥과 각종 나물을 넣고 비비는 방식도 따지고 보면, 양푼비빔밥의 부활이라 할 수 있다. 시장음식은 시장을 오가는 사람들

---

[4] 김상보, 『조선시대의 음식문화』, 가람기획, 2006, 153면.

이 쉽게 사서 먹을 수 있는 간이음식이어야 한다. 콩나물 국밥과 비빔밥은 풍남문 밖의 남부시장의 장터에서 먹어야 제 맛인데, 비빔밥이 남부시장을 떠나 풍남문 안으로 들어오면서 개별적으로 그릇비빔밥이 상품화되었다. 지금도 남부시장의 중탕용 콩나물국밥이 전주식 국밥의 대세를 장악하고 뚝배기에 콩나물국밥을 내놓고 있는 데 비하여 비빔밥은 고급화되고 화려해지면서 그릇도 놋쇠그릇을 사용하고 있다. 콩나물비빔밥의 맛은 남부시장에서 손으로 비벼내는 수제품 비빔밥이었을 터인데, 지금은 반수제품으로서 실제 밥을 비비는 주체는 손님이다.

다른 지역에서도 비빔밥과 국밥이 있지만 굳이 전주식 콩나물 국밥과 비빔밥의 연원을 꼽는다면 남부시장 밥집에서 유래되었다는 게 가장 설득력이 있다. 옛날 같지는 않지만 지금도 전주 남부시장에는 콩나물국밥집이 성행하고 있다. 콩나물국밥집은 성업하지만 비빔밥집은 자취를 감추었다. 전주에 있는 비빔밥집은 전주식 비빔밥집이지 시장 속에 있다고 결코 품질이 낮은 음식은 아니다. 오리지널 전주식 콩나물비빔밥과 콩나물국밥은 아직도 남부시장에 살아 있다.

전주의 콩나물국밥은 두 유형이 있다. 시식용과 해장국용이다. 지금 전주시내에는 남부시장의 중탕식 콩나물국밥이 대세를 장악하고 있다. 처음 콩나물해장국을 만들어 팔던 삼백집식보다 시식용 콩나물국밥인 남부시장식을 더 선호하고 있다. 해장국용은 아침 속풀이용이라면, 시식용은 점심 때에 한 끼 식사로서 먹는 음식을 말한다. 지금 동문사거리 일대 왱이집을 중심으로 콩나물국밥집이 성업 중에 있다. 이 거리는 남부시장과는 조금 떨어져 있지만 전주부성 완동문 거리이다. 해장국용 콩나물국밥은 즉열식으로 즉석에서 콩나물을 넣고 끓여 내놓는 방식이다. 이러한 콩나물국밥도 한일관, 삼일관, 삼백집 등에서 지속적으로 손님들에게 내놓고 있다.

전주의 음식점에서 내놓는 비빔밥도 크게 두 유형이 있다. 하나는 비빔밥이요 다른 하나는 비빌밥이다.

비빔밥은 주인이 손님에게 비벼진 상태로 바로 먹을 수 있는 상태로 내놓는 것이라면, 비빌밥은 비벼진 상태의 밥이 아니라 흰 쌀밥에 여러 가지 나물과 고추장, 참기름을 넣어 손님들이 처음부터 손으로 비비는 방식이다. 두 비빔밥의 장단점이 있다. 앞에서 남부시장에서 비빔밥을 만드는 광경을 기술한 내용에 따르면, 비빔밥은 비벼서 내놓는 방식이 진정한 전주비빔밥이었던 것 같다. 따라서 비빔밥이 전통적인 방식이라면, 비빌밥은 전통비빔밥이 상품화되고, 현대화된 방식이라 할 수 있다. 손님들이 스스로 비빔밥을 비비면서 먹는 것이 문화체험으로도 좋은 일이지만, 진정한 전주비빔밥의 정도에서는 벗어난 것이다. 그런데도 최근 전주비빔밥은 손님이 스스로 밥을 비비는 방식으로 정착되어 가고 있다.

성미당 비빔밥은 1차적으로 곧바로 지은 밥에 찹쌀고추장과 참기름을 넣고 비벼낸 후에 그 위에 여러 나물을 올려놓고 다시 비비게 하는 방식으로 내놓고 있다. 그래서 편의상 비빌밥과 비빔밥이라는 표현을 사용하였다. 비빔밥은 놋그릇을 뜨거운 물에 데워서 온기가 유지된 상태에서 비벼진 밥을 내놓는 것이며, 돌솥비빔밥은 처음부터 돌솥에 밥을 짓고 그 위에 여러 나물을 넣어 비비는 방식이다. 전주비빔밥에서 비빔밥이냐 비빌밥이냐를 구분하는 것은 전통적인 것이 현대적으로 변화해간 것이라 할 수 있다. 비빔밥과 비빌밥 가운데 어느 쪽이 맛있냐고 묻는다면 먹는 사람의 취향이 다르기에 할 말이 없다. 그런데 전주비빔밥의 맛은 장맛이 마무리한다. 전주에서 만든 고추장을 넣어 비비고 마지막으로 고소한 참기름으로 비빔밥의 맛을 결정짓는다.

전주비빔밥에는 왕도도 없고 정석도 없다. 집집마다 비빔밥을 만드는 방식에 다소 차이가 있기 때문이다. 비빔밥을 지을 때에 육수를 쓴다는 사람도 있고, 그냥 맑은 물을 밥을 지어 내놓는 집도 있다. 다만 전주콩나물을 반드시 쓴다는 특징이다. 그래서 전주비빔밥은 남부시장의 비빔밥 전통을 이어오고 있으며, 좀 더 구체적으로 표현한다면 전주비빔밥은 콩나물비빔밥이라 할 수 있다. 콩나물을 처음부터 넣고 밥을 짓는 방식이 있는가 하면, 밥을 짓고 나서 콩나물을 넣는 방식이다. 콩나물을 많이 삶아놓고 시간이 지나면 콩나물 맛이 날아가기에 처음부터 콩나물을 넣어서 가마솥밥을 한 후에 큰 양푼에 퍼서 비비는 방식이었으나, 상품화되면서 콩나물을 넣어서 밥 짓기를 하지 않고 별도로 콩나물을 삶아서 지은 밥에 콩나물을 넣는 방식을 택하는 곳이 많다.

  전주의 콩나물국밥과 콩나물비빔밥이 남부시장의 장터음식이었지만, 지금은 세계적으로 명성 높은 전주의 전통음식이 되었다. 이 두 음식이 한국음식의 대명사가 될 수 있었던 것도 단순히 비빔밥과 국밥이 그 이유가 되지 않는다는 점이다. 맛있는 물로 담근 장맛과 맑은 물로 기른 콩나물 맛 등이 자연환경과 조화롭게 어우러지면서 전주의 음식 맛을 내는 것이지 다 똑같은 국밥과 비빔밥이 아닌 것이다. 전주 콩나물국밥과 콩나물비빔밥은 이제 한국을 대표하는 세계적인 음식상품화로 발전하였다. 이처럼 시장음식을 세계적인 음식명품으로 발전시킨 것도 전주 사람들의 문화적 능력이다. 외식산업이 성장하는 요즘에, 전주음식의 현대화와 상품화에 새로운 사업방식과 경영마인드와 마케팅 전략을 수립하여 모든 세계인들이 극찬하는 음식문화를 조성해야 한다.

7. 전주음식문화의 진화

전주음식은 꾸준히 진화하고 있다. 전주음식은 18세기 장시가 발달하면서 남부시장에서 꽃피웠다고 해도 과언이 아니다. 국밥(湯飯)이 조선시대에 역원을 중심으로 객주집에서 술과 함께 판매되었으나 5일장이 정착하면서 봇짐장수들이 전국적인 유통망을 형성하고 음식문화도 더불어 발달하였다. 전주에서는 남부시장에서 처음으로 콩나물국밥을 팔았다. 시장은 돈이 돌기 때문에 음식을 만들어 팔 수 있는 환경이 조성되었고, 국밥, 국수, 비빔밥이 시장음식으로 팔렸다. 한말까지만 하더라도 소시민들이 음식을 돈으로 사먹을 수 있는 음식점이 없었다. 음식의 외식화도 화폐경제의 발달과 함께 간 것으로 보아야 한다. 시장국밥과 비빔밥은 일란성 쌍둥이의 시장음식이라 할 수 있다. 돈으로 음식을 사먹는 관행은 불과 200여 년 전에 시작된 것으로 보아야 하며, 향시(鄕市)의 발달과 더불어 시작되었다. 전주의 대표적인 향시는 남부시장이었다.

전주콩나물국밥은 1927년에 쓴 『별건곤』이라는 잡지에 소개되었고, 전주비빔밥의 최초 기록은 작촌 조병희 선생이 쓴 『완산 고을의 맥박』에 나온다. 그가 쓴 남부시장의 견문기에는 젊은 장정이 양푼비빔밥을 만드는 장면이 비교적 상세하게 기술되어 있다. 전주 콩나물국밥과 비빔밥은 전주 남부시장에서 처음 만들기 시작한 것이다. 일반적으로 전주비빔밥의 효시로 꼽는 골동반(부빔밥)은 전주비빔밥과 거리가 먼 음식이다. 골동반은 음식을 만드는 방식이나 먹는 방식도 비빔밥과 전혀 다르다. 전주를 대표하는 콩나물국밥과 콩나물비빔밥은 전주부성 안팎에서 찾아야 한다. 전주비빔밥과 콩나물국밥은 풍남문 밖에 남부시장이 발상지가 된다.

시장음식으로서 순대국밥이 등장한 것은 콩나물국밥보다 후대의 일이다.

근대화 과정에서 남문 밖의 시장음식이 풍남문을 통하여 전주부성 안으로 들어온 것이다. 화폐경제의 발달과 음식의 외식화에 따라 음식점이 하나둘씩 생겨난 것인데, 시장음식 외에 음식점이 상업화된 것은 일제시대 일본인들이 즐겨 찾던 요릿집 또는 기생집이었다. 이러한 기생집 요리가 오늘날 한정식의 원조가 된다. 일제시대에 일본사람이 선호하는 방식으로 바뀐 것이 한정식이다. 한식이 한정식으로 진화한 것이지만, 한정식은 밥상보다도 술상에 비중을 더 둔 주안상이라 할 수 있다. 실제 전주에서 백반집과 비빔밥과 콩나물국밥집이 상업화된 것은 6·25동란 이후 피폐한 생활고를 극복하기 위하여 음식솜씨가 좋은 사람이 음식점을 내면서 시작되었다고 해도 과언이 아니다. 이처럼 국밥집과 비빔밥집이 진화하고 한식이 술상과 밥상을 겸하는 한정식으로 진화한 것도 전주음식의 발달을 가져온 것이다. 콩나물국밥과 콩나물비빔밥에 한정된 콩나물이 돼지불고기와 돼지갈비전골과 돌솥밥과 짝을 맞추어 궁합음식으로 정착한 것도 전주음식의 진화라 할 수 있다.

 30여 년 전부터 전주에서는 돼지불고기가 성업하였고, 돼지갈비찜이 성업하였다. 이 두 돼지불고기의 스프가 콩나물국물이요, 콩나물을 넣어 육수로 활용하고 있다. 전주에서 가장 히트 친 한양불고기, 광양불고기, 명랑불고기 등이 성업 중이고 이러한 집에서는 고추장양념불고기와 차가운 콩나물국물을 함께 내놓는다. 돼지불고기와 콩나물국물의 궁합이 전주돼지불고기집을 띄운 것이다. 최근 성업 중인 남노갈비도 돼지갈비 전골인데, 남노갈비도 전골에 콩나물을 육수와 함께 넣고, 별도로 차가운 콩나물국물을 내놓는다. 돼지불고기와 돼지갈비 전골은 음식 맛의 포인트가 콩나물과 콩나물국물에 있다는 점이다. 이 밖에 아구찜과 생태찜, 미더덕찜 등 생선찜과 생선탕에 콩나물이 반드시 들어가고, 최근에 생겨난 뼈다귀 감자탕에서도 국물 맛은 역시 콩나물이 낸다. 콩나물장사를 해서 망한 사람이 없다고 하듯이, 콩나물을 식재료로 하는 음식점이 전주에서 성업 중이다.

　전주의 콩과 콩나물이 특산물이라고 할 정도로 콩나물을 길러서 먹고 콩으로 두부를 만들어 파는 전문점이 생겨나고 있다.

　전주에서 콩나물 외에 콩을 원료로 가공하는 음식은 흑두부보쌈과 전골, 순두부, 콩국수, 청국장, 된장찌개 등을 들 수 있다. 전주에서 여름철 메밀 콩국수는 대표음식으로 소바와 함께 성업하는 음식으로 자리 잡았고, 사계절 판매 성업 중인 순두부와 겨울철에 구수한 맛을 내는 청국장은 콩나물 음식과 함께 전주대표음식으로 진화하고 있다. 전주에서는 슬로우푸드가 뜨고 있다. 최근 콩돈이 개발되어 콩을 고기처럼 만들어서 만들어 파는 음식점까지 생겨나고 있다. 전주에서는 콩을 재료로 만드는 콩국수, 순두부, 청국장, 된장국 등이 있는가 하면, 콩나물국을 돼지불고기와 돼지갈비전골과 궁합음식으로 내놓거나 콩나물국으로 육수를 내어 만드는 음식이 성행하고 있다. 이 모든 전주음식은 전주산 콩과 맑은 물로 기른 콩나물이 있기에 가능한 일이다. 좋은 물로 전주에서 기른 콩나물이 진정한 전주콩나물의 제 맛을 낸다. 전주에서 나도는 "콩나물장사를 해서 망한 사람이 없다"는 이야기가 뜬소문 같지는 않다.

Chapter ❸ 순창의 성황신앙과 민속

1. 순창 성황대신사적기의 가치

1992년에 발견된 순창 성황대신사적 현판은 고려시대 순창에서 성황신앙이 어떻게 전개하였는지를 밝혀주는 중요한 사료이며, 더 나아가 우리나라 성황신앙사의 흐름을 짚어볼 수 있는 성황대신사적기(城隍大神事跡記)로서 문화재의 가치가 높다.

일반적으로 성황신과 서낭신을 혼동하는 경우가 많고, 성황신을 산신과 동일시하거나 자연신으로 보는 경향도 없지 않다. 그러나 이 현판에는 1281년 순창의 성황신에게 성황대왕, 1297년에 성황대부인의 존호를 가(加)하는 내용이 들어있다. 또한 순창설씨 가문의 역사적 실존인물인 설공검을 성황대왕으로 가봉한다는 내력도 들어있고, 성황대부인과 관련된 대모산성의 대모이야기도 들어있다. 실제 순창읍에는 대모산성이 있고, 성황대부인을 추적할 수 있는 성쌓기설화가 전해오고, 대모암이 위치하고 있다. 그리고 현판에는 매년 5월 단오절(5. 1~5. 5)에 순창의 호장, 향리집단이 고려시대부터 조선시대까지 성황제를 주도해 왔다는 역사가 그대로 기록되어 있다.

순창 성황대신사적기는 성황제의 본질이 무엇인가, 고려시대 이후 성황신앙이 어떻게 전개되었는지, 순창군민의 정서에 성황신은 어떤 존재인지 파악할 수 있는 내용이 담겨있다. 그 내용은 단지 순창에 한정된 것이 아니라 한국 성황신앙사의 실상을 규명할 수 있는 매우 중요한 자료라 할 수 있다. 그런 점에서 사료적 가치가 매우 높은 문화재라 할 수 있다.

2. 고려시대 성황신앙의 이해

첫째, 우리나라의 성황신앙은 10세기 초에 중국에서 들어왔다. 신라 말 각 지방세력들은 신라정부에 반정부적 성향을 가진 집단으로 성장하였고, 정치, 경제, 군사적 역량을 가진 지방세력들은 독립적인 국가를 형성할 정도로 세력을 키워갔다. 후삼국시대의 사회혼란을 극복하고 고려가 건국한 이후에도 독자적인 지방세력들은 자신들의 정신적 구심력이 필요하였던 것이다. 고려가 중앙집권화 정책을 추진하는 상황에서도 지방세력들은 자신들의 재지기반을 강화하는 방편으로 성황신앙을 수용하였고, 전국 향촌사회에서 재지기반을 가진 지방세력들은 성황당을 조성하여 정신적인 지역수호체계를 갖춘 것이다. 중국에서 성황신앙이 처음 들어온 시점은 고려 혜종조(943)에서 성종 15년(996)의 50년 사이로 추정하고 있다. 문헌상 최초의 성황당 기록은 고려 성종(981~997)에 태조 아들 욱(郁)이 사수현(泗水縣)으로 유배를 갔는데, 유언으로 자신을 현의 성황당 남쪽 귀룡동에 엎어서 묻어주기를 바라는 데서 알 수 있다. 고려의 지방세력들은 읍치성곽을 조성하면서 성황사를 세우고 춘추제사를 봉행한 것이 하나의 관례[1]였다.

둘째, 성황은 고려시대 지방의 읍치세력을 위한 지역수호신이었다. 기본적으로 성황은 성곽수호신을 가리킨다. 읍성이 조성된 지방도시의 토호세력들은 중국 성황신앙의 도입에 따라 읍성 밖에 읍치성황당을 조성하고 읍치 차원에서 성황제를 주도하였다. 이러한 성황신앙의 성격을 중앙집권세력보다 상대적으로 지방세력들이 더 선호하였고, 그들은 성황제를 통하여 자신들의 재지기반을 적극 강화해 갔다. 따라서 고려시대 성황제의 주체는 지방의 호장과 향리세력이라 할 수 있으며, 이들은 명분상 성황제가 향촌사회의 안정과 풍요를 실현시킬 목적을 내세우고 있지만, 궁극적으로는 자기 가문의 입지와 지방세력의 권력화에 더 큰 의미를 부여하고 있었다.

셋째, 성황당은 영웅적인 인물을 사후에 배향하는 묘당이다.

고려시대 성황신은 중국 도교신앙과 사묘(祠廟)제도의 영향에 따라, 기본적으로 사당에 인물 배향을 전제하고 있다. 중국에서 성황묘는 도교 성전에 속한다. 성황묘도 사원처럼 영웅적인 인물을 배향하고 참배하는 곳이다. 이러한 중국 성황신앙의 전통이 우리나라에 그대로 수용되었다. 따라서 성황당은 기본적으로 사후의 인물을 배향하는 사당이라 할 수 있다. 어떠한 인물을 성황신으로 배향하느냐는 지방토호세력인 호장과 향리집단과의 밀접한 관계가 있다. 이러한 지방세력이 내세운 인물이 사당에 배향되는 경우가 많은데, 지역 출신의 문무백관이나 영웅적인 인물을 인격신(人格神)으로 배향하는 사례가 일반적이다. 배향 인물은 현감 또는 장군, 충신 등 그 지역출신으로 영웅적인 인물, 무장으로서 지역수호에 앞장선 인물, 지역발전에 공로가 큰 인물이 성황신으로 배향된다. 순창설씨 가문의 충신 설공검이 순창의 성황신으로 배향된 것이나, 태인 현감 신잠이 태인 성황

---

1 『고려사』 63, 예지5 잡사.

신으로 배향된 사례가 그러하다.

넷째, 성황당에는 신상과 화상이 봉안되어 있다.

성황사당의 주신은 인물이고, 신상은 소상, 목각상, 소조목각상으로 봉안된 곳이 많다. 또한 성황신상은 부부신상 또는 가족신상으로 조성되는 경우가 일반적이다. 부부신상은 중국의 영향을 받은 것이지만, 성황신을 부부신상으로 봉안한 곳이 많다. 부부신상은 성황대왕과 성황대부인이 설정되어 있듯이 남신과 여신의 구도가 일반적이다. 부부신상 외에 한 가족이 성황신으로 등장하는 경우도 있다. 부부와 형제, 자매가 함께 성황신으로 등장하는 경우이다. 순창성황신은 부부신상이며, 소조목각상이었다고 전한다. 전주성황신은 경순왕 가족 5인이 성황신이다.

성황사당에 목각성황신상을 봉안하는 형식이 고려시대 유풍이라면, 조선시대에는 정부가 성황신앙을 음사로 규제하면서 신상을 철폐시키고 위판으로 대체하라는 조치를 취한다. 이러한 중앙 정부의 조치에 따라 성황신상을 훼철시키고 위판을 설치하거나 화상으로 대체하는 곳이 많았다. 그러나 지방세력 가운데 정부의 훼철 조치에도 불구하고 성황신상을 그대로 보존해온 곳도 많았다.

다섯째, 고려시대 성황제는 이원화되어 있었다. 고려 말 호장과 향리들이 주도하는 전통적인 제의방식과 지방관리들이 주도하는 유교식 제의로 구분되어 있었다. 실제 전통적인 성황제는 각 지역의 향리들이 연출을 맡았다면, 무당들은 제의를 주관하고 음주가무를 전담하였다. 성황제는 개인적인 성황신에 대한 제사이지만, 향촌사회의 축제로서 진행되었고, 세시풍속과 겹쳐져 지역축제의 형태를 띠었다. 5월 단오절의 성황제는 풍농기원으로서 기우제라는 점에서 무당이 동원된 것이지, 무당들이 성황제의 주체는 아니었다. 고려시대 성황제의 두 축은 호장-향리의 지방세력과 무격,

재인들이었으며, 음주가무 중심의 축제 형태였다.

고려 말 성황제가 극성을 부리면서 성황제에 참가하는 자들이 신분을 가리지 않았고, 성황신의 영험력에 국왕도 감응하여 성황묘에 감사하는 제사를 올리는 경우도 있었다.[2] 이처럼 성황제가 국제(國祭) 성격을 띠고 규모가 커지면서 혼란스럽고 제물낭비가 심하여 사회적 폐해를 가져오는 상황에 이르렀다. 지방관리들은 이러한 폐단을 경계하면서 관 주도로 성황제가 지내기 시작하면서 성황제가 이원화되어 갔다. 조선시대 성리학자들은 지방세력을 통제하고 중앙집권화를 추진하면서 성황제를 음사로 규제하고 지방관이 주도하는 삼단일묘제의 유교식 제사로 사전을 정착시켜 갔다. 따라서 사전정비에 따라 조선시대 성황제는 국제관사(國祭官祀)로 제도화되어 갔다.

여섯째, 고려시대 성황제는 단오절의 세시풍속으로 정착되었다.

단오절은 음력 5월 1일~5월 5일의 기간을 말한다. 단오절은 알려진 것과 달리 벼농사를 생업으로 하는 남방계통의 세시풍속이라 할 수 있다. 생업으로 본다면, 단오절은 논에 모내기를 한 직후인 농한기와 겹친다. 모내기를 마친 농민들이 벼농사의 풍년을 기원하는 기우제가 단오제의 핵심이었다. 수리농사를 짓는 우리나라 지형에서 여름철 강우량은 농사의 풍흉을 가늠할 수 있는 절대적 기준이 된다.

단오절 기우제의 풍속을 살펴보면, 남자들은 산에 올라가 돼지를 잡아 희생의례를 지내고 솔가지를 쌓아놓고 불 지피는 게 관행이었고, 부녀자들은 치를 들고 개울에 들어가 물을 흩뿌려 주술적으로 비가 오는 의식을 전승해왔다. 이러한 민속에서 단오절 기우풍속에 담긴 백성들의 심성을 엿볼 수 있다. 단오절 성황제도 단지 성황신에 대한 제사 외에 무당들의 도우의

---

2 『고려사』 권63, 지17, 25 ; 『고려사』 권98, 열전11, 17.

식(禱雨儀式)이 핵심적이었다. 향촌사회에서 농사의 풍흉은 사회안정이냐 불안이냐와 직결되는 사안이었기에 호장-향리집단이나 농민들에게 단오절은 큰 명절에 속했다고 볼 수 있다.

3. 순창의 성황신앙

1) 순창 성황대신사적 현판(淳昌 城隍大神事跡 懸板)

순창 성황대신사적 현판은 1992년 순창설씨 제각에서 발견되었다. 현판의 크기는 가로 180cm, 세로 54cm이다. 세로 크기는 28cm, 26cm의 송판 2개를 위 아래로 연결한 것으로 재질은 송판이다. 송판의 재질과 판각 상태가 매우 양호하다. 이 현판은 다른 성황사에서 보이는 중수기, 중창기와 다름없지만, 현판에는 고려시대부터 조선시대에 이르는 순창 성황신앙사를 기술하였을 뿐만 아니라 후대에 보완되는 내용은 계속 추기하여 정리해놓고 있다. 현판 내용에는 건물의 중수 과정에 따른 내용보다는 성황신의 사적에 관한 내용이 주류를 이루고 있다.

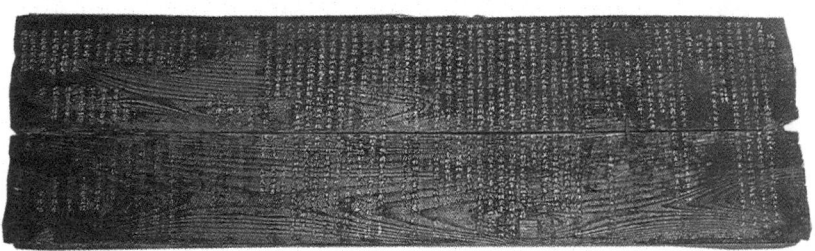

순창 성황대신사적 현판

이 현판 내용에서 고려시대 순창 성황신앙의 내력이 두 가지가 나타난다. 하나는 이두문이고, 다른 하나는 연대기이다.

이두문(吏讀文)은 신라시대 설총이 만든 이후에 고려시대에 문자의 뜻을 전하는 표기로 사용해왔다. 이두문은 현판의 곳곳에 등장하고 있는데, 설총의 후예인 순창 설씨 집안의 성황사당의 현판에 이두문이 등장하고 있다는 것이 매우 흥미롭다. 현판에는 고려시대부터 순창 성황신에게 대왕, 대부인의 존호를 가봉하는 첩문에 등장하는 이두문을 그대로 정리하여 판각해놓았다. 이러한 사실은 고려시대의 이두문으로 쓴 순창 성황신앙사가 조선후기까지 전해왔다는 데 의미가 있다.

연대기는 순창 성황신앙사를 연대순으로 정리해놓은 것을 말한다. 『고려사』 권125 열전 권18에 전하는 실존인물 설공검(1224~1302)을 성황대신으로 배향하거나, 고종 원년(1214)에서 가정 42년(1563)까지 350년간 성황신앙의 전통이 순창에서 명맥을 이어왔음을 기록하고 있다. 또한 지원 18년(1281, 충렬왕 7년)에 국가에서 순창 성황당에 대신을 가봉하는 첩문을 보내왔는데, 이 첩문의 연대가 『고려사』 권29 충렬왕 7년 정월조에 "병오일에 중외의 성황, 명산대천으로 사전에 올라있는 것은 모두 덕호를 가하였다"[3]는 기사와 일치하고 있다. 또한 순창 성황대부인에게 삼한국대부인의 존호를 가한 것은 대덕 원년(1297, 충렬왕 23)이다. 이때부터 가정 42년(1563)까지 성황대부인이 성황당의 주신으로 배향되었음을 밝히고 있다. 이처럼 현판 내용의 연대기를 통해서 고려시대부터 순창의 성황신은 성황대왕과 성황대부인이 부부신상으로 배향되어 있었으며, 순창지역에서는 대왕과 대부인을 乾坤 관계로 설정하고 있음이 현판에 등장하고 있다.[4]

---

3 『고려사』 권29 충렬왕 7년 정월조.
4 『城隍大神事跡』, 「…抑亦乾坤神像敬以改美之」.

이처럼 현판에 등장하는 연대가 『고려사』에 등장하는 기사와 일치하고, 순창의 성황대왕과 대부인에게 국가에서 사전에 등재해놓고 존호를 가했던 것은 고려시대에 순창의 성황제가 국제관사(國祭官祀)로 전행되었음을 말해준다. 고려시대의 문헌기록과 국가에서 내려온 첩문을 이두문으로 기록한 순창 성황대신사적 현판은 사료적 가치가 매우 높다.

2) 순창 성황신앙의 전개

순창의 성황신앙은 1563년(명종 18년)이 전환기의 시점이다. 현판 내용(7행)에 순창 성황신앙의 역사는 고종 원년(1214)에서 가정 42년(1563)까지 350년의 기간이라고 밝히고 있다. 고종 원년은 설공검이 태어난 시기(1224년, 고종 11)의 왕의 원년이다. 현판 내용 7행에 설공검을 성황대왕으로 가봉한 해는 1281년(충렬왕 7년)으로 가정 계해(1563)까지 350년, 현판 내용 14행에 성황대부인에게 삼한국대부인의 존호를 내린 해는 1296년(충렬왕 22년)으로 가정 계해(1563)까지 282년의 성황신앙사가 기록되어 있다.

이 두 성황신의 역사를 각각 가정 계해(1563년)까지 명시하고 있는 것은 고려정부가 첩문을 순창 성황신에게 내려 보내 국제관사로 관리한 기간이라 할 수 있다. 현판에는 순창의 성황제가 가정 계해(1563)에 국제 혁파 이후에도 지역 향리들과 주민들이 성황신의 영험을 받들어 정성껏 치제하고 성황사를 관리해왔다는 내용이 기록되어 있다. 현판 내용 20행부터는 설씨 문중의 설공검을 성황신으로 받들게 된 내력, 매년 단오절에 성황제를 지내는 모습과 방식, 산성대모에게 제를 올리는 동기와 모습, 성황대신사적 현판을 개간한 역사와 주체, 성황사가 낡아서 호장과 무격들이 돈을 모아

개수를 하고 화려하게 단청하였다는 내용, 성황당을 개수하면서 성황신상을 새롭고 아름답게 다시 제작하여 봉안하였다는 내용, 호장과 향리들이 지속적으로 성황제의 전통을 이어왔다는 내용이 정리되어 있다. 이러한 순창 성황신앙의 역사는 건륭 8년(1743) 계해년 단양절에 조정옥이 짓고 호장 최대겸이 삼가 썼다는 내용이 현판 47행까지 기록되어 있다.

성황대신사적 현판에는 성황제의 국제관사가 혁파된 1563년(가정 계해) 이후 1743년(건륭 계해)까지 순창 성황제와 성황당을 지켜온 지방관리와 호장, 부호장 등 지역인사들의 명단이 수록되어 있다. 또한 1633년에 낡은 현판을 새롭게 제작한지가 111년이 지났다는 사실도 밝혀놓고 있다. 1743년은 비좁았던 옛 성황당을 철거하고 새롭게 중건한 해이고, 성황신상도 새롭게 제작하여 봉안하고, 현판도 새롭게 제작하였다고 본다. 이처럼 대대적인 성황당 중건 공사는 지방세력들이 총 동원되었고, 단오제에 맞추어 10일 만에 완공해놓고 있다. 그만큼 성황제를 중시하였음을 알 수 있다. 1743년 5월에 순창 성황당은 성황당, 성황신상, 현판 등 모든 것이 새롭게 조성되었다. 이 대역사에 동참한 사람들의 직책과 이름을 현판에 모두 기록해놓았다.

1743년 5월 이후 10여 년이 지난 건륭 19년(1754, 영조 30)에 지진으로 사당이 갑자기 무너져 다시 개건하였고, 그 후 70여 년이 지난 1823년 다시 무너졌는데, 도광 3년(1823, 순조 23) 5월 단양절 성황제에 맞추어서 6방관속들이 재물을 모아서 좀 더 크게 개건하였음을 추기하고 있다. 1754년과 1823년의 개건은 자연재해로 다시 개축한 만큼 1743년에 만든 현판의 뒷부분에 추가로 개축의 사유와 개건 방식, 주체의 이름을 기록해놓았다.

이러한 사실로 비추어 볼 때, 순창의 성황신앙사는 1563년을 기점으로 전기와 후기로 나누어 볼 수 있다.

전기는 설공검을 성황대왕으로 봉작하는 1281년 이후부터 1563년까지로 고려시대 성황신앙의 전통을 담아놓고 있다. 고려정부는 1563년까지 순창의 성황신에게 첩문을 내려 보내 봉작을 하고 존호를 가하는 국제(國祭)의 대상으로 순창 성황신을 관리하였다. 왕이 송악성황을 우두머리로 전국 명산대천에 봉작을 가할 때, 1281년 순창 성황대왕에게 금자광록대부삼한공신 문하시중이라는 존호를 가하고, 1297년 성황대부인에게는 삼한국대부인의 존호를 가하는 교지를 내렸다.

조선 건국 후에 성리학자들은 무격들이 주도하는 난잡한 성황제의 폐해를 지적하면서 고려시대 성황신앙의 전통을 폄하하는 상소를 빈번하게 올린다. 조선이 유교를 이념으로 성립된 국가이기에 유교이념에 맞는 국가제사로 정비해야 한다는 주장이 끊임없이 제기된다. 조선 정부는 건국 직후에 성황신앙 개혁의 기본 방향을 마련한다. 성황제는 국가와 지방관이 치제토록 하고, 성황신에게는 봉호를 폐지하고 신격은 군현명의 신으로 바꾸고, 성황신상을 철거하고 위판으로 대체하라는 공문이 전국의 각 성황당에 내려진다. 그리고 민간에서 행하는 성황제는 모두 음사로 규정하게 된다. 이러한 지침은 명의 홍무예제에 기초한 것으로, 전국 군현의 성황당에 조치가 내려졌으나, 성황제를 주도해 온 토성이족들의 반발로 즉각 시행된 것은 아니었다. 왜냐하면 성황제가 지방세력의 기반 유지와 밀접한 관련이 있기 때문이다.

현판 25행에 따르면 능성양씨의 양응정 군수가 순창에 부임하면서 무당들이 주도하였던 성황제를 음사(淫邪)로 규정하여 바로잡는다. 양응정 군수는 성황제를 삭망제의로 바꾸고, 관에서 제물을 정결하게 준비시켜 믿을 만한 아전에게 제사를 정성껏 봉행하도록 지시를 내리고 있다. 이처럼 순창 성황제가 유교식으로 정비된 시점이 1563년(명종 18)이었을 것으로 추정된다. 이 시점에서 유교식 성황제가 유지되다가 임진왜란, 정유재란, 병자호란을 겪는 과정에서 중앙의 지방통제가 약화되고 지방관들이 성황제를 소홀히 하면서 성황제가 중단되고 당우가 소홀하게 관리되었다고 보여진다. 성황제는 중앙에서 파견된 지방관과 향촌사회에 재지기반을 가진 토호세력들과 갈등 요인의 가운데에 놓여 있었다.

1563년 이후 혼돈기를 겪으면서 사회혼란을 이유로 순창 성황제가 100년간 중단되었던 사실이 현판에 나타난다. 1563년 이후 1633년(숭정 6년, 인조 11년)에 호장 임명룡, 이방 최원립, 부이방 최신 등이 힘을 합쳐서 현판을 다시 개간하면서 그 뜻이 영원히 전승해주기를 간절하게 소망하고 있는 데서 알 수 있다.

조선후기 중앙의 지방 통제가 약화되자 지방의 호장, 향리집단이 다시 성황제를 주관하고 나선다. 순창에서 그 시점은 1743년이다. 이 해에 전천총, 전호장들이 앞장서서 성황사를 중건하고, 성황신상을 다시 제작하고 현판을 다시 판각하면서 성황사는 화려하게 부활된다. 이처럼 순창 성황제가 1563년을 기점으로 고려시대의 무속식 성황제에서 조선시대의 유교식 성황제로 전환되었다가, 1743년 다시 호장, 향리들과 무속인들이 힘을 합쳐 성황제를 주관하고 있다. 성황사, 성황신상, 성황당 현판을 모두 새롭게 개수한 것은 순창군민들의 성황신에 대한 공경의식과 지역공동체 유지에 대한 열정이 높은 데서 기인하는 것으로 본다. 순창에서는 조선 초에 성황신앙에 대한 음사 규제로 일시적으로 중단되고, 유교식 제사를 봉행한 적은 있지만, 성황신상과 위패를 모셔놓고 성황신앙의 전통이 물 흐르듯이 보존해왔다. 이러한 사실은 1743년 이후에도 두 차례에 걸쳐 성황당이 자연재해로 붕괴되었는데도 재물을 모아서 개건하고 있는 데서 알 수 있다. 이처럼 순창 성황신에 대한 지역주민들의 마음과 정성이 현판에 그대로 스며있다.

3) 순창의 성황신

일제시대까지도 순창의 성황사에는 사모관대를 착용한 남신상과 홍삼쪽 두리 차림의 여신상의 목각상이 있었다고 한다. 두 신상은 성황대신사적에 명기된 성황대왕과 성황대부인 신상(神像)이었음이 분명하다. 과연 순창고을의 성황대왕은 누구이고 성황대부인은 누구인가.

(1) 성황대왕

성황대신사적 현판 내용 첫들머리에 설공검의 인품을 소개하고 있다. 그 동기는 설공검이 순창의 성황신이기 때문이다. 그 내용은 이러하다.

> 고려 설공검은 樞密院 副使 愼의 아들이다. 신의 어머니 趙氏는 네 쌍둥이로 여덟 아들을 낳았다. 그 가운데 세 아들이 과거에 올라서 國大夫人에 봉해졌다. 신이 그중 하나다. 공검은 고종 때 과거에 올라 벼슬이 參理에 이르렀을 때, 나이가 많아서 물러나기를 비니 中贊을 加職하여 치사케 하였다. 죽은 뒤 文良의 시호를 내리고 忠烈王의 廟廷에 배향하였다.
>
> 공검은 청렴하고 정직하여 사물을 대할 적에 공손하였으며, 몸가짐을 검소하게 하였다. 朝官중에 6품 이상의 관원이 親喪을 당하면 평소에 서로 알지 못하였을지라도 반드시 素服을 입고 가서 조문하였다. 자기를 방문하는 사람이 있으면 貴賤을 따지지 않고 신을 거꾸로 신고 급히 나가 맞이하였다. 언젠가 병이 들어 누워 있을 때 蔡洪哲이 가서 진찰을 하였다. 공검이 베 이불을 덮고 왕골 자리에 거처하여 쓸쓸하기가 중이 사는 것과 같았다. 채홍철이 나와서 탄식하기를 '우리들이 공을 바라보니, 이른바 "땅벌레가 黃鶴에 비교되는 것과 같다."고 하겠다'고 하였다.

이 사적은 『동국여지승람』 순창군 인물조에 있는 내용을 발췌하여 실었다고 밝히고 있으나, 같은 내용이 『고려사』 권125 열전 권18 설공검전에도 실려 있다.

위의 인물평전을 살펴보면, 설공검이 순창의 성황신으로 배향된 이유가 들어 있다. 설공검은 모든 백성들에게서 존경받는 모범적인 관리였다는 게 직접적인 요인이었다.[5] 공검은 청렴·정직·공손·검소한 생활을 실천하는 관리로서, 평범한 사람이 할 수 없을 정도의 모범적인 모습으로 모든 백성들이 공경한 인물이었다고 본다. 오죽하였으면 채홍철이 탄식하기를 그 품행이 황학(黃鶴)에 비유된다고 하였겠는가. 이처럼 모든 백성들로부터 존경받는 설공검을 순창 성황신으로 배향하는 데 모든 지역주민들이 동의하였다고 본다.

설공검은 순창군 사람이다. 아버지 신(愼)은 과거에 급제하여 추밀원 부사를 지냈다. 아버지 신의 배려로 조교동감무(調喬桐監務)를 제수 받아 관직에 등용된다. 설공검은 몽고섭정 하에 있던 원종 12년(1271) 군기감(軍器監)의 신분으로 왕세자 심(諶)을 모시고 몽고에 들어간다. 세자의 몽고행은 몽고의 부마국으로서 왕의 친자와 귀족, 관료들을 볼모로 보내는 납질(納質) 관행에 따른 것이다. 설공검은 세자 심이 원종 15년(1274) 8월에 귀국할 때까지 4년간을 함께 생활하고 돌아온다. 이때에 설공검은 세자와 긴밀한 유대관계를 맺는다.

세자 심이 귀국한 그 이듬해(1275)에 충렬왕으로 즉위하였으며, 이러한 인연으로 공검은 충렬왕의 총애를 받아 1278년에 밀직부사에 오르고 1279년에는 지밀직사사에 오른 뒤 감찰대부(監察大夫), 지첨의부사참리(知僉議府事

---

5 徐永大, 「韓國과 中國의 城隍信仰 比較」, 『中國史硏究』 12집, 2001, 183면.

參理)까지 승진하였다. 그가 나이가 들어 관직을 고사하였으나 충렬왕은 그의 인품을 높이 평가하여 첨의중찬을 가직하여 치사(致仕)케 하였다. 첨의중찬은 문하시중과 동일한 최고관직으로 정1품에 해당하는 관직이다. 공검은 충렬왕의 신임을 받아 사후에 충렬왕 묘정에 배향되었다. 충렬왕의 묘정에 배향될 정도였으니 순창 고을에서는 어찌하였겠는가.

설공검은 가문의 영광뿐만 아니라 지역주민들도 국가적 영웅으로 칭송하였을 것이다. 충렬왕의 묘정에 배향되었던 공검을 순창 성황신으로 배향하자는 지역민들의 의견도 제기되었을 것이다. 이러한 배경에는 당시 순창 고을에서 옥천 설씨가 가장 영향력 있는 문벌지족 가운데 하나였기 때문에 가능했을 것이다. 현판 내용 가운데 "城隍本郡薛門之長巍巍門閥之族"이란 구절[6]이 그것을 말해주고 있다. 이 구절은 고려시대 성황신이 地方의 문벌지족과 연관되었음을 말해주는 것이며, 순창에서는 설씨가문이 성황신의 주체가 되었음을 뜻한다.

순창 설씨의 입향조(入鄕祖)는 설자승이다. 그는 고려 인종 4년(1126) 이자겸의 난을 피하여 순창으로 내려오면서 세거를 시작하였다. 설자승이 순창에 정착한 이후, 고려시대에 설씨가문에서는 8명의 문과급제자를 연이어 배출하고 있다.[7] 이러한 가문의 명성은 순창 향촌사회에서 가장 영향력 있는 권세지가로 성장하게 되었고, 대를 이어 중앙관직에 진출하면서 명망 있는 문벌지족으로 성장하였을 것이다. 옥천설씨 가문에서는 신의 아들 인검·공검 형제가 동시에 과거에 급제하면서 가장 큰 명성을 떨쳤을 것이다. 이러한 사회적 분위기에서 설공검을 순창의 성황신으로 배향하는 데

---

6 『城隍大神事蹟』, 「…今我大哉城隍本郡薛門之長巍巍門閥之族性…」.
7 高麗時代 淳昌薛氏 家門의 文科及第者 名單.
　薛子升(入鄕祖)-薛挺淑(子升의 子)-薛宣弼(挺淑의 子)-薛愼(宣弼의 子)-薛公儉 仁儉(愼의 子)-薛之沖(公儉의 子)-薛安統(之沖의 孫)-薛疑(安統의 子)

큰 어려움은 없었을 것이다.

　문제는 설공검을 순창의 성황신으로 처음 봉했느냐 하는 점인데, 현판 내용에 순창 성황신앙사는 고종 원년(1214)년부터 가정 42년(1356)년까지 350년이라고 밝히고 있다. 설공검(1224~1302)이 배향되기 이전부터 순창에는 성황신이 있었는데, 1281년에 국가에서 성황신을 국제관사의 대상으로 포함시키고, 성황대왕으로 격상시켜 봉작한다는 것이다. 왕이 교지를 내려 가봉한 작위는 '金紫光祿大夫 三韓功臣 門下侍中'이다. 1281년은 왕이 국내 명산대천에 가봉하면서 순창 성황신에게 첩문을 내려 보낸 시점이지 설공검을 성황신으로 배향한 시점은 아니다. 1281년은 설공검이 서거하기 10여 년 전 일이다. 그 이전에 순창의 성황신이 인물이었는지, 자연신이었는지는 알 수 없다. 인물을 사후에 성황신으로 배향하려면 신격화될 정도의 인물이어야 하는데, 그러한 요건을 충족시킬 만한 인물이 보이지 않는다. 고려 말 설씨가문에서 가장 출중한 인물이 설공검이다. 그가 순창의 성황신으로 배향된 시점은 1302년 이후이어야 하는데 현판에도 설공검을 성황대왕으로 배향한 시점은 나오지 않는다.

(2) 성황대부인

　현판에 성황대왕과 성황대부인이 등장하고 있다. 이 두 성황신은 남신과 여신이며, 순창 성황사에는 건곤신상(乾坤神像)으로 봉안되어 있다. 이러한 관습은 고려 말 성황신을 부부로 봉안하는 관행에 따른 것인데, 성황신을 부부로 배향하는 방식은 원나라의 성황신앙의 영향을 받은 것으로, 원에서는 1329년 성황신을 호국보령왕(護國保寧王)으로 가봉하면서 호국보령왕비(護國保寧王妃)라는 존호를 동시에 가봉한 것에서 알 수 있다. 현판 내용으로 볼 때, 순창 성황신이 부부로 성립되는 시점은 고려 말이다. 성황신에게 대왕으로 승격시켜 봉작하는 시점이 1281년이고, 성황대부인에게 존호를 가하는 시점은 1297년이다. 순창 성황대부인에게 내린 존호는 삼한국대부인이다. 현판에는 성황대부인에게 존호를 내린 절차가 나타나는데, 원정 2년(1296, 충렬왕 22년) 왕이 순창 성황대부인에게 존호를 가하라는 왕지(王旨)가 있었고, 그 이듬해인 대덕원년(1297, 충렬왕 23년)에 신하가 왕에게 보고를 하고 순창 성황사로 첩문을 보내고 있다. 순창 성황사에는 남신과 여신이 동시에 배향되어 있었으나, 성황대왕에게는 1281년, 성황대부인에게는 1297년에 존호를 가한 것으로 보아야 한다.

대덕 원년(1297)에 순창의 여성황신에게 내린 존호가 "城隍大夫三韓國大夫人"인데, 해석을 놓고 성황대부인을 남신으로, 삼한국대부인을 여신으로 보는 시각도 있는데, 남성황신은 성황대왕으로 1281년에 가봉된 것이며, 1297년에는 성황대부인에게 삼한국대부인의 존호가 내려진 것으로 보아야 한다.[8] 그렇다면 『고려사』 열전에는 훌륭한 인물을 낳아 기르고 출세시킨 여성들에게 국대부인(國大夫人), 진한국대부인(辰韓國大夫人), 변한국대부인(卞韓國大夫人), 삼한국대부인(三韓國大夫人) 등의 존호를 부여하는 기록이 나타난다.[9] 순창 성황대부인에게 삼한국대부인의 존호를 가하였음은 이름이 명시되지는 않았지만 설공검처럼 실존인물일 가능성도 있다. 현판 내용에 설신의 어머니 조씨부인은 네쌍둥이의 8명 자녀를 낳고 그 가운데 3명을 등과시킨 위대한 능력을 발휘한다. 그 능력을 인정받아 국대부인으로 봉해졌다고 본다.[10] 조씨부인은 순창의 여성황신으로 배향될 수 있는 자격 요건을

---

8 『城隍大神事跡』.
「淳昌城隍大夫三韓國大夫人 右貼成上爲白臥乎事叱段 元貞二年 王旨復申大德元年十一月初九 名山大川神祇加上尊號令」.
9 金甲童, 「高麗時代 淳昌의 地方勢力과 城隍信仰」, 『韓國史研究』 97집, 1997, 89면.
10 『城隍大神事跡』.
「高麗薛公儉樞密院副使愼之子愼母趙氏四乳而生八子三子登科封國大夫人愼其一也」.

갖추었다고 본다. 그런데 설공검과 조씨부인은 부부관계가 아니라 손자와 할머니 관계라서 맞지가 않는다.

그런데 현판 내용에 조씨부인처럼 자녀 9명을 거느리고 지역수호에 크게 공헌하는 산신 대모가 등장하고 있다. 그 대모신은 지역공헌도가 높은 영신이라 군의 태수가 친히 제사를 올리는 관행이 있었다. 산신 대모가 누구인지는 명시하지 않았다. 대모신에게 제사를 지낸 시기가 元初이니, 그 시점은 1281년 전후 시기일 수 있다. 순창 남성황신에게 성황대왕을 가봉하는 시점에도 여성황신이 존재하고 있었으며, 여성황신은 대모산성의 대모였다고 본다. 처음에는 순창 성황신에게 존호를 내린 후, 16년 뒤 1297년에 대모산신에게 성황대부인과 삼한국대부인의 존호를 내리고 있다. 대모신은 단순한 자연신으로서 산신이 아니라, 순창고을에서 9명의 아들을 낳고 성곽을 가진 채 많은 곡식을 비축할 정도의 재력을 가진 가문의 부인을 신격화한 것으로 해석된다. 현판의 산성대모는 산성을 가진 가문의 부인이라고 해석할 수 있는데, 순창고을에서 막강한 경제력을 가진 가문의 부인을 대모로 신격화하여 산신으로 숭배해온 것으로 보인다.

그렇다면 이러한 대모는 고려 말 순창고을에서 찾아야 맞다. 그런데 대모를 유추할 수 있는 성곽설화가 대모산성에서 전승해오고 있다. 대모산성의 성곽설화를 통해서 고려 말 순창의 여성황신을 추적할 수 있을 것이다.

4. 순창의 성황신과 민속

순창지역의 민속 가운데 성황신과 관련하는 유적과 유물이 있다. 하나는 순창읍의 홀어미산성이고, 다른 하나는 석인상을 들 수 있다. 홀어미산성에는 성황신과 관련하는 성곽설화가 전해오고, 순창읍 남계리와 순화리에는 성황신과 관련된 석인상이 세워져 있다.

1) 대모산성의 성곽설화

순창에서는 대모산성을 '홀어미산성'이라고 부른다. 산성 대모가 홀어머니라는 뜻이다. 대모산성 관련설화는 현판 내용에 등장하는 명문화된 설화와 구전설화가 있다. 먼저 성황대신사적 현판에 등장하는 산성대모전설은 다음과 같다.

> "옛사람들이 전해오기를 산성 대모가 원나라 초기에 9명의 아들을 데리고 성곽을 쌓고 군에 웅거하면서 많은 곡식을 비축하였다. 이를 관가에 귀속시켜서 나라의 곡식이 되게 하였다."[11]

대모산성 설화의 시대적 배경은 원초(元初)이다. 원초는 중국에서는 송원 교체기이고, 고려에서도 원종에서 충렬왕으로 왕위가 교체되는 시점이라 할 수 있다. 이 시기에 9명의 아들을 거느리고 경제력을 가진 토호세력의 가문에서 신격화된 대모를 찾아야 한다. 9명의 아들은 가문의 권세와 번창을 말해주는 것이며, 산성에 비축된 곡식은 재지기반을 가진 토호세력의 경제적 능력을 말해준다. 실제 대모산성에는 국가의 곡식을 보관하였던 군창이 있었다.[12] 결과적으로 현판에 등장하는 산성대모는 유력한 순창지방의 문벌지족의 대부인이며, 홀어미산성이 말해주듯이 대모는 홀어미 또는

---

11 『城隍大神事跡』.
　「古人云山城大母元初率其九子嚴築城基爲郡雄居多儲穀物因屬官家己成國穀」.
12 『新增東國輿地勝覽』 淳昌郡 古蹟條.

과부가 전제되어 있다. 그런 점에서 대모는 자손을 많이 거느린 홀어머니에서 찾아야 한다.

순창에서 전승되고 있는 대모산성의 성곽설화는 성쌓기전설이다.

"이 곳에 젊어서 과부가 된 양씨부인(신씨, 설씨)이 홀로 살고 있는데 그녀의 옆집에 살고 있던 설씨 총각(생원, 상처한 홀아비)이 그녀와 결혼하여 함께 살 것을 요구하자 양씨과부는 그런 말은 두 번 다시 하지 말라고 정색하며 거절하였다. 그러자 설씨총각은 양씨과부에게 우리 내기를 해서 진 사람이 이긴 사람 하자는 대로 말을 듣기로 하자고 요구하였다. 내기란 양씨과부는 이곳에서 성을 쌓고 설씨총각은 나막신을 신고 서울에 다녀오기로 하였다. 만약 설씨총각이 서울에 갔다 오기 전에 성을 다 쌓으면 결혼을 안 할 것이고 성을 쌓지 못하면 결혼을 허락한다는 것이다. 그리하여 두 사람은 내기를 하게 되었는데, 양씨부인이 성을 다 쌓고 미리 치마폭의 흙을 털기 전에(부인이 마지막 성돌을 채 올리기 전에) 설씨총각이 서울에 다녀왔던 것이다. 성이 완전히 완성된게 아니어서 설씨총각은 양씨과부에게 자기와 결혼해줄 것을 강요하게 되었다. 어쩔 수 없이 말을 안 들어 줄 수 없게 되어버렸다. 양씨과부는 수절을 하면서 살기로 하였는데, 그러면 훼절하게 되므로 정절을 지키고자 돌을 나르던 치마를 뒤집어쓰고 그 산(대모산) 아래 흐르던 강물(鏡川)에 몸을 날려 빠져죽고 말았다."고 전한다.[13]

대모산성의 성쌓기설화는 현판의 대모설화와 오뉘힘내기설화가 결합된 이중구조를 보여주고 있다. 오뉘힘내기설화의 주체는 남매이며 힘내기를 하다 비극적으로 결말을 맺는 전설이다. 대모산성의 축성주체도 청혼하는 총각과 열녀로서 성쌓기를 겨루는 것이 오뉘힘내기설화와 동일하다. 축성

---

13 韓國精神文化硏究員, 『韓國口碑文學大系』, 全羅北道 南原郡 5-1, 1989.
　全北大學校 博物館, 『淳昌地方의 傳統文化開發을 위한 硏究』, 1982, 41면.
　임석재, 『韓國口傳說話-全羅北道編-』, 평민사, 1993, 38면.
　윤영·조정현·최웅범, 『조선민간전설』, 1990, 244면.

주체의 남녀 구도는 설씨총각과 양씨과부, 남성황신과 여성황신, 설씨가문과 양씨가문의 구도로 설정되어 있다. 양씨과부 외에 또 다른 성씨도 등장한다. 현판의 산성 대모는 9명의 아들을 거느린 과부이다. 구전설화에서도 산성대모는 정절을 지키는 열녀과부로 묘사되어 있다. 홀어미산성의 홀어미는 정절을 지킨 열부로 보인다. 대모산성의 성쌓기설화에 등장하는 성씨가문은 대모를 실존인물에서 찾을 수 있는 가능성을 시사하고 있다.

현판에서 대모는 9명의 아들을 거느리고 관가에 곡식을 댈 정도의 경제력을 가진 홀어미이고, 구전설화의 대모는 산성의 주체이지만 정절을 지킨 과부이다. 산성대모는 고려 말을 시대적인 배경으로 다음 세 요건을 갖춘 인물이어야 한다. ① 자손이 번창한 집안, ② 경제력을 가진 순창 토호세력, ③ 정절을 지킨 열부과부의 부인으로 요약될 수 있다. 청혼하는 총각은 설씨 가문의 인물 하나로 설정되어 있지만, 수절하는 과부는 양씨·설씨·신씨 가문의 부인들이 등장하고 있다. 이 세 가문은 고려시대에 순창고을의 토성 가문들로서 남원양씨, 경주설씨, 고령신씨 집안으로 모아진다. 이 세 가문 가운데 대모에 가장 근접하는 인물은 고려 말에 정절을 지킨 과부는 양씨부인이다. 즉 남원양씨 가문의 열부이씨이다.

그는 1379년 우왕대에 일어난 정변으로 시아버지 양이시와 남편 양수생을 잃고 혈혈단신으로 개성에서 시댁이 있는 남원으로 내려온다. 당시 남원은 왜구 아지발도와 이성계 장군이 황산에서 대치하는 불안한 상황이었다. 그는 잠시 교룡산성에서 은거하다가 안전한 곳에 새로운 삶터를 잡기 위하여 비홍치재를 넘어서 순창으로 피난해 왔다. 그가 비홍치에 올라서 새로운 삶터를 점정한 곳이 현재 동계 귀미마을이다. 이 마을은 남원양씨의 집성촌이다. 이러한 역사적 사실을 입증해주듯 귀미리 마을 입구에는 열부이씨에게 내린 정려가 세워져 있고, 열부이씨에 대한 문헌설화가 있으며, 그가 개성에서 내려올 때 가슴에 품고 온 시아버지와 남편의 과거합격증이 국가문화재 보물로 지정되어 있다. 그가 열부이씨라는 사실은 남편과 사별한 뒤 친정의 적극적인 개가 권유도 뿌리치고 유복자를 생남하여 양씨의 제사가 끊이지 않도록 하겠다는 강한 의지로 대신할 수 있다. 그녀는 "충신은 두 임금을 섬기지 아니하고 열녀는 두 남편을 섬기지 아니한다."는 굳은 결심으로 천신만고 끝에 남편의 고향인 남원으로 내려오는 감동적인 이야기의 주인공이다. 이러한 열부이씨의 전기는 1760년 경신판 『옥천군지(玉川郡誌)』의 열부이씨전과 열부이씨묘명에 실려있다.[14]

열부이씨가 후손들이 세거할 터를 잡은 곳이 순창군 동계면 귀미리이다. 열부이씨는 순창에서 남원양씨의 입향조가 되었고, 온갖 역경과 고난의 시련을 극복하면서 순창에서 자손을 크게 번창시킨다. 이러한 열부이씨의 감동적인 역사는 남원양씨 가문이 번창한 조선시대에 지역주민들이 그를 존경하고 위대한 어머니(대모)로서 공경하는 마음을 갖게 만들었다고 본다. 지역주민들이 열부이씨를 대모로 섬겼음은 그녀가 남원으로 내려와 잠시 머물렀던 교룡산성 근처를 '대모도(大母島)'라 부르고, 그녀가 처음 터를 잡고 판 것으로 알려진 공동우물을 '대모샘'으로 부르는 데서 알 수 있다.[15] 대모산성의 산신인 대모는 자손을 번창시킨 과부라는 면에서 열부이씨와 일치하고, 대모라는 신격을 가진 것도 일치하고 있다.

현판의 산성대모와 구전설화를 내려오는 대모산성의 성쌓기설화를 종합하여 분석해보면, 대모는 열부이씨로 귀결된다. 열부이씨를 양씨부인이라 한 것은 양씨가문의 부인이란 뜻이다. 성쌓기 설화에 등장하는 설씨총각이 성황대왕을 지칭하는 것이라면, 양씨부인은 성황대부인을 지칭하는 것으로

---

14 玉川鄕土文化硏究所, 『國譯 玉川郡誌』, 열부이씨편, 1997.
15 전국향토사연구전국협의회, 『육백년을 지켜온 한성받이 마을』, 1996, 38면.

해석된다. 순창 성황사에는 부부성황신상이 봉안되어 있었는데, 성황대부인상의 앞에 놓인 위패에 '양씨부인신위(楊氏夫人神位)' 표기되어 있었다고 한다. 결론적으로 남원양씨 가문의 입향조인 열부이씨가 대모산성의 대모신이었으며, 성황사에 배향된 여성황신이었다고 본다. 순창의 여성황신이 1297년에 성황대부인 삼한국대부인의 존호가 내려지지만, 양씨부인이 성황대부인으로 편입된 시점은 1563년 또는 개간 1743년 그 사이로 추정된다.

2) 순창읍의 쌍석인상

고려시대에 순창 성황사에는 목각성황신상이 봉안되어 있었다. 현판에 등장하는 순창 성황신은 성황대왕과 성황대부인이고, 이 남신과 여신은 건곤신상이었다. 건곤신상은 부부신상으로 해석된다. 성황신상을 부부신상 또는 가족신상을 봉안하는 관행은 고려시대의 전통이다. 부부신상은 상주 성황사와 태인 성황사에서 찾아볼 수 있고, 가족신상은 전주의 성황사, 영흥 성황사에서 찾아볼 수 있다. 조선 초에 성리학자들이 앞장서서 성황제를 음사로 규정하고 각 성황사에 봉안된 성황신상을 철거하라는 조치에 따라 위패로 대체하는 곳이 많았다. 그러나 순창 성황신상은 1743년경까지 지속적으로 봉안되어 있었던 것으로 보인다. 성황신상은 사당에 봉안하는 신상이므로 사당 밖에 조성되는 사례는 거의 찾아볼 수 없다.

그러나 순창읍 남계리와 순화리에는 성황신상으로 추정되는 2기의 석인상이 있다. 순창에서는 이 두 석인상을 석장생이라고 표기하고 있으나, 석장생과 거리가 먼 석인상이다. 이 석인상은 장생, 장승도 아닌 미륵불에 가깝다. 순창의 쌍석인상이 위치하는 곳을 고려하면, 익산 동고도리에 위치하는 쌍석불의 기능과 흡사하다. 동고도리의 쌍석불은 수구막이형 미륵입석불이다. 순창의 쌍석인상도 북쪽 지세의 공허함을 보완하고 풍수적 재난을 방지할 목적으로 세운 수구막이 석인상이라 할 수 있다. 쌍석인상 가운데 남계리 석인상은 백호와 목에 두른 삼도와 수인, 혜안의 미소를 머금은 듯한 눈맵씨와 익살스러운 입모양에서 불상의 특징도 찾아볼 수 있다. 그런 점에서 도상에 약간의 차이는 있지만, 남계리·순화리 석인상은 익산 동고도리 미륵불과 같은 계통으로 보인다. 그러나 순창에서는 쌍석인상을 석장생으로 표기해 놓고 있다.

남계리 석인상

이 두 석인상은 다른 지역에서는 찾아볼 수 있는 독특한 순창 얼굴상이라 할 수 있다. 그 원형은 순창 성황신상에서 본뜬 것으로 본다. 다음 세 가지 관점에서 쌍석인상을 성황신상으로 추정할 수 있다.

첫째, 남녀 한 쌍으로 세워져 있는 건곤석상이란 점이다. 순창읍 쌍석인상은 얼굴에서 남녀 식별이 분명하다. 순화리 석상이 남자이고, 남계리 석상은 여자이다. 순창의 성황신상이 건곤신상이듯 쌍석인상도 건곤신상이다. 또한 남계리 석인상은 석불상과 조합된 형상이지만, 순화리 석인상은

순화리 석인상

얼굴상만 조각한 점에서 성황대왕의 목각상을 그대로 조각해놓은 듯하다.[16]
두 석인상이 건곤신상으로 거리를 두고 마주보게 세워 놓은 것은 수호신상

의 성격을 드러낸 것인데, 성황신 자체가 지역 수호신이란 점에서 수구막이 기능을 가진 성황신상을 세워놓은 것으로 보인다.

둘째, 순창 성황신상처럼 얼굴에 연지곤지가 그려진 점이다. 두 석인상의 얼굴상은 다른 지역에서는 나타나지 않는다. 순창에서만 볼 수 있는 석인상이라는 특징이 두 석인상 얼굴에 연지곤지가 조각되어 있다. 지역주민들은 순창 성황신상 모두에 연지곤지가 찍혀 있었다고 기억하고 있다. 이러한 성황신상을 고을의 수호신상으로 조각하면서 미륵불의 도상과 조합시켜 독특한 인형상을 조각한 것이다. 따라서 두 석인상은 불상과 성황신상이 조합된 불상형 성황신상이라 할 수 있다.

셋째, 지역주민들이 남계리 석인상을 당각시라고 부르는 점이다. 일제시대 1940년경 성황사가 헐리기 전 당우 안 정면벽에는 붉은 헝겊의 신주에 설씨대왕신위(薛氏大王神位), 양씨대부인신위(楊氏大夫人神位)라는 신위명이 쓰여 있었고 그 앞에는 좌측에 사모관대를 한 남신상(男神像), 우측에는 원삼쪽두리를 쓴 여신상(女神像)이 있었다고 한다.[17] 순창 사람들에게 성황신상은 신랑·각시였음을 증언을 통해 알 수 있다. 주민들은 신상의 의형(儀形)이 마치 살아있는 사람 모습과 흡사하였다고 증언하고 있는데, 현판 내용에도 분장해놓은 건곤신상이 마치 살아있는 모습이어서 눈을 비벼볼 정도였다[18]고 기술해놓았다. 지금도 순창에서는 예쁜 여자를 보면 '당각시 닮았다'고 할 정도이니 성황목각상이 얼마나 아름다웠는지 짐작이 가고도 남는다. 성황 여신은 대부인의 존호를 받았지만, 신상은 각시처럼 조각해놓은 것으로

---

16 순창 성황사에 봉안된 목각성황신상은 기본적으로 통나무의 상단에 얼굴상만 조각하고 몸체는 조각하지 않고 의상을 입혀놓은 것으로 보인다. 이러한 조각양식은 의상을 입히는 목각성황신상에서 일반적으로 찾아볼 수 있는 유형이다.
17 楊萬鼎, 앞의 글, 61면.
18 『城隍大神事蹟』, 「抑亦乾坤神像 敬而改美之 其粉面儀形 恰似生貌 令人拭目」.

보인다. 순창에서는 남계리 석인상이 서 있는 곳을 '각시수페'[19]라고 부르고 있는데, 이러한 지명은 남계리 석인상이 성황당의 여신상, 즉 성황대부인을 본떠 조각한데서 생겨났다고 본다.

지금도 남계리의 당각시상은 정말 예쁘고 보면 볼수록 사랑스럽다.

5. 순창읍 석인상은 성황신상

순창 성황대신사적 현판에는 고려 말부터 조선후기까지 전승되어온 순창성황제의 역사와 연행방식과 제의 주체를 기록해 놓았다. 현판 내용에는 성황대왕과 성황대부인에게 존호를 내렸던 첩문 내용과 지역주민들이 성황신을 받드는데 얼마나 정성을 다했는지 리얼하게 묘사되어 있다. 현판이 설씨제각에서 나왔고, 첫들머리에 설공검의 인품을 정리해놓아 공검이 성황신이었음을 명시하고 있다. 고려 말에 옥천설씨[20]는 순창의 문벌지족이요, 명망가문으로서 위세를 떨치고 있었다. 따라서 성황신과 성황제는 고려시대 향촌사회의 재지기반을 가진 토호세력들과 직접 관련이 있음을 알 수 있다.

성황당에 봉안된 성황신은 부부신상인데 현판에는 건곤신상으로 표현되어 있다. 이 부부성황신에게 성황대왕과 성황대부인의 존호가 내려진 것이다. 성황대왕은 설공검이 분명하나, 성황대부인의 가문은 등장하지 않는다. 현판에 산성 대모의 전설이 등장하는데, 산신 대모가 여성황신이며, 성

---

19 각시수페는 '각시상이 있는 숲'을 말한다. 수페는 '숲'의 사투리다. 남계리 석인상과 순화리 석인상 사이에는 고을숲이 조성되어 있었다.
20 옥천은 순창의 옛 고을명이다.

황대부인의 신격을 부여하고 삼한국대부인의 존호를 가한 것으로 본다. 실제 대모산성에는 성쌓기설화가 전승하고 있고, 그 설화에 대모는 홀어미이고 양씨부인으로 묘사되어 있다. 홀어머니 양씨부인을 려말선초기 순창에서 찾는다면, 남원양씨의 가문을 일으킨 열부이씨일 가능성이 크다.

려말선초에 순창지방에서는 설씨가문과 양씨가문이 대표적인 문벌지족이었다. 대모산성 성쌓기설화의 주인공은 설씨총각과 양씨부인이며, 성황당에 배향된 성황신의 위패에는 설씨대왕과 양씨부인이라고 표기되어 있다. 이처럼 현판과 성황신으로 등장하는 양씨부인은 동계면 귀미리에 남원양씨의 터를 잡은 열부이씨라고 본다. 열부이씨가 처음 터를 잡은 귀미리에 '대모샘'이 있다. 그녀가 대모로 숭상된 것이다.

성황신은 읍성의 지역수호신으로 군현의 성황사에 봉안되는 것이 일반적인 경향이었다. 순창에서도 성황당에 성황신상이 봉안되어 있었다. 현판에 순창 사람들이 성황신과 성황제에 대한 대를 잇는 애정과 열성은 매우 공경할 정도였다. 순창 사람들은 성황신이 영험하다고 믿었으며, 이런 믿음은 성황신상을 풍수비보 기능의 수구막이 석인상으로 조각하여 세워놓을 정도로 깊었다. 이런 배경은 순창의 성황신은 실존인물로서 가문과 관련된 것이 직접적인 동기였을 것이다. 성황제를 주도하는 문벌지족은 가문의 영광이요, 지역민들은 단오절 기우제에 참여하여 풍농기원하는 마음을 성황신에게 의탁하는 기회였을 것이다. 이처럼 역사적 의미를 가진 두 곳의 석인상을 '석장생'이라고 표기해 놓은 것은 순창문화의 정체성을 상실시키는 것이다. 하루 빨리 바로 잡기를 바랄 뿐이다.

Chapter ❹ 지리산의 노고단과 성모천왕

1. 왜 지리산인가

지리산에는 노고단과 천왕봉이 있다. 노고단의 산신은 노고이고, 천왕봉의 산신은 성모천왕이다. 노고와 천왕은 계통이 다르다.

두 산신이 언제 지리산의 산신으로 들어섰는지 정확히 알 수 없으나, 통일신라 남원경의 설치와 삼산오악의 배치와 관련이 있는 듯하다. 지리산권에 속한 남원은 신라가 9주 5소경을 배치할 때 남원경이었고, 신라가 3산 5악을 전 국토에 배치하면서 남악을 지리산에 두었다. 따라서 지리산에 성모천왕과 노고단이 설치된 시기는 통일신라시대로 추정된다. 노고는 신라의 건국설화에 등장하는 노구와 같은 계통으로 보이고, 성모는 통일신라 이후 신라의 호국산신으로 등장하고 있다. 이러한 관점에서 본다면, 노고단의 노고는 성모천왕보다는 선행하는 산신이라 할 수 있다.

지리산의 산악숭배는 노고신앙의 기반 위에 통일신라 직후 성모신앙이 정착되었다고 본다. 노고와 성모천왕은 지리산 산신의 이중적 구조를 보여준다. 노구·노고는 삼국시대에는 마고 계통의 산신으로 추정되고, 통일신라 이후에 지리산 남악에 신라계의 도불적 산신이 들어선 것으로 보여진다. 도불적 산신이란 통일신라기 경주에서 성행하였던 도교와 불교가 중첩된 중국계 산신을 말한다.

이 글에서는 지리산권의 토착신앙이라 할 수 있는 노고신앙을 살펴보고, 지리산권에서 성모신앙이 어떻게 전개되었는지를 규명해보려고 한다.

2. 통일신라시대 남원과 지리산

남원은 통일신라가 전국에 5소경을 배치하였을 때 남원경의 지명이다. 신문왕 5년(685)에 남원경을 설치하였으니, 남원은 1322년의 역사를 가진 고을이다. 소경의 성격과 기능에 대해서는 신라의 수도가 한반도 동남쪽 구석에 위치하여 중앙의 귀족을 소경에 이주시켜 정치적 지배력을 강화했을 것이라는 주장[1]과 피정복지역의 지배층을 회유 감독하고 견제하기 위하여 소경을 설치하였다는 주장[2]이 제기되었다. 소경은 왕경의 하위적 개념으로 5소경에는 신라의 정치적 지배력을 가진 귀족을 파견하여 지방세력을 견제하고 감시하였던 것으로 보인다. 남원이 신라의 변경에 위치한 중요한 군사적 전략 거점이었다는 사실은 백제 무왕과 신라의 진평왕이 운봉의 아막성에서 치열한 전투를 벌인 사실[3]에서도 알 수 있다. 아막성이 있는 운봉 고원에는 가야계 고분과 신라계 고분[4]이 혼재하고 있다. 이러한 현상은 백

---

1 藤田亮策,「新羅九州五京攷」,『朝鮮學報』5집, 1953.
2 임병태,「新羅小京攷」,『역사학보』35·36합집, 1967.
3 『三國史記』新羅本紀 제4진평왕조.
「秋八月 百濟來攻阿莫城 王使將士逆戰 大敗之」.

제, 가야, 신라가 운봉고원을 서로 차지하려고 치열한 전투를 벌인 사실에서 알 수 있다. 남원지역은 삼국통일 이전부터 국가적 거점이었음을 알 수 있다. 신라가 남원에 소경을 설치한 것도 군사적 거점지역에 정치적 지배력을 강화하려는 목적이었을 것이다.

신라 소경의 설치가 변경의 군사적, 지리적 요충지에 중앙권력을 파견하여 지방통제력을 강화하려는 수단이었음은 주지의 사실이다. 남원경의 설치는 물리적 지배력 강화라고 한다면, 남악은 정신사상적 통제력을 강화하려는 수단이었을 것이다. 남원경은 남원·운봉지역을 정치적 통제 장치라 한다면, 남악은 지리산의 전통적인 산악숭배의 기반을 장악하려는 수단으로 해석된다. 신라가 삼산오악제도와 대·중·소사의 제사체계를 도입하면서 경주권의 삼산을 대사(大祀)로 선정하고 전국토의 군사적 요충지에 위치한 오악에 사전에 편입시켜 통제 관리하였다고 보면 틀림은 없을 것이다.

신라정부의 소경 설치는 새로운 점령지에 신라의 정치, 사회, 문화를 옮겨놓기 위한 하나의 방편이었다. 그런 의미에서 왕경 중심의 삼산여신과 선도산 성모대왕이 지리산의 산신으로 옮겨온 것은 신라 왕경세력의 영향력 확대시키는 방식이라는 점에서 당연한 것일 게다.[5] 경주지역의 삼산오악과 대중소사 체계가 도교적 불교문화를 동반하였고, 도불적 산악숭배가 자연스럽게 지리산권에 이식되었다고 본다. 노고신앙적 기반 위에 신라 왕경에서 성행하였던 도불적 산신숭배의 한 유형인 성모신앙이 지리산권에 유입된 것이다. 이러한 신라 경주권의 성모산신상이 지리산권에서 다양한 마애불이 조성되는 동기를 유발하였을 것이다.

통일과정에서 신라에 흡수된 고구려, 백제, 가야의 신세력을 소경에 분

---

4 곽장근, 『전북 동북부지역 고분연구』, 서경문화사, 2001.
5 이인철, 『신라정치제도사연구』, 일지사, 1993, 186면.

산 배치하였다[6]는 주장도 있지만, 경주 남산에 분포하는 마애불과 흡사한 불상조각이 지리산권에 집중 분포하고 있다는 사실에 주목해야 한다. 특히 여원치 마애불이 남산에서 찾아볼 수 있는 조각양식이고, 여원치의 산신연기설화는 경주권 삼산의 호국여신연기설화와 기본적으로 같다는 점이다. 이런 점에서 지리산권의 산신숭배는 신라적 성향이 매우 강하다. 신라의 왕경 세력이 남원 소경에 사민되었음은 신라 사찬 공영의 아들 옥보고가 지리산 운상원에 들어가 거문고를 연구하였다는 사실과 신라왕이 직접 윤흥에게 명하여 지리산에 들어가 거문고 타는 법을 배워 오라고 지시한[7] 사실만으로도 충분하다. 이 사실은 신라 왕경과 남원 소경의 긴밀한 관계를 상징적으로 말해준다.

남원경 설치 이후에 신라의 불교문화가 끊임없이 지리산으로 이동해왔으며, 지리산 일대에 분포하는 마애불도 통일신라기 경주 남산에 조성된 마애불상과 동일한 계통의 불상조각이라 할 수 있다.[8] 지리산의 마애불상들은 경주권의 도불적 산악숭배가 지리산에 이식시켰음을 말해주는 근거가 된다. 왜 통일신라 시기인 9세기경에 남원 지리산 일대에 불교문화가 융성하였는가[9]에 대한 설명은 남원 소경의 정치적, 문화적 배경과 관련시켜 해석할 수밖에 없을 것이다.

신라의 왕경인들이 소경으로 사민되었고, 소경에는 왕경을 모방한 행정도시를 조성하고[10] 왕경처럼 6부의 행정조직도 갖추었다고 본다.[11] 통일신

---

6 강봉룡·서의식, 『뿌리깊은 한국사 샘이깊은 이야기』, 솔, 2002, 95면.
7 『三國史記』 卷 第32 雜志 第1 樂志.
  「羅人沙飡恭永子玉寶高 入地理山雲上院 學琴五十年 自製新調三十曲傳之續命 得傳之貴金先生 先生亦入地理山」
8 지리산 여원치 마애불, 사석리 마애불, 노적봉 마애불은 통일신라 후기의 조각 전통을 잇고 있는 것으로 고려초의 작품으로 추정하고 있다(국립전주박물관, 『전라북도의 불교유적』, 2001, 430면 참조).
9 곽동석, 「전북지역 불교미술의 흐름과 특성」, 『전라북도의 불교유적』, 국립전주박물관, 2001.
10 이종욱, 『신라의 역사 2』, 김영사, 2002, 222면.

라기 경주의 격자형 계획도시가 남원에서 찾아볼 수 있다는 사실은[12] 경주에서 지방관리들이 파견된 행정촌이 남원에 있었음을 말해준다. 이러한 왕경세력들의 이주와 함께 그들의 정신문화인 불교의 신앙체계와 사상적 기반도[13] 전이해 온 것으로 보아야 한다. 남원 실상사(實相寺)의 개창과 지리산권의 마애불조성도 그러한 관점에서 볼 필요성이 있다. 화엄종이 오악 배치와 깊은 관련성이 있으며, 화엄십찰을 오악을 중심으로 배치한 것도 그러한 사실을 입증한다.[14]

오악 가운데 남악을 지리산에 두고, 그곳에 실상사를 조성한 것은 신라 화엄사상의 이식을 말해준다. 신라가 통일 후 화엄십찰을 오악을 배치한 것은 전제왕권의 강화와 밀접한 관계가 있다. 오악의 전국 배치는 화엄밀교체계에서[15] 일통삼한의식을 강화하고 권력의 집중화를 추구할 의도하에서 추진된 것이다. 경주 선도산의 성모대왕이 지리산의 성모천왕으로 옮겨 온 것도 화엄밀교체계에서 바라보아야 한다.

선도산의 성모는 중국계의 도불적 여산신이다. 선도산 성모는 호국신으로 신격이 높아 경명왕 때에 대왕의 공작을 받아 성모대왕에 오른다. 이 성모대왕이 신라가 남원경과 남악을 설치한 후에 지리산권의 토착적인 산신숭배를 포용하면서 성모천왕으로 등극한 것이다. 지리산의 천왕봉과 성모천왕이라는 명칭도 이때에 처음 붙게 되었다고 본다. 결과적으로 신라는 삼산오악을 배치하여 만다라적 세계를 구현하고 불교의 사상적 통일을 성취시키고, 전제왕권을 강화하려는 데 의도와 목적이 있었다.

---

11 이인철, 앞의 책, 189면.
12 이경찬, 「남원 격자형 도지구획의 구성체계에 관한 역사적 고찰」, 『대한건축학회논문집』, 1997.
13 양기석 외, 『新羅 西原小京硏究』, 서경출판사, 2001, 84면.
14 이기백, 「신라 오악의 성립과 그 의의」, 『신라정치사회사연구』, 1984, 214면.
15 洪潤植, 「新羅 華嚴思想의 社會的 展開와 曼茶羅」, 『三國遺事와 韓國古代文化』, 원광대 출판국.

3. 지리산 산신, 노고와 성모

1) 지리산권에서 노고신앙의 전통

노구는 『삼국사기』 신라본기 시조혁거세왕조에 처음 등장한다. 노구는 왕의 출현을 돕는 신화적인 여신임은 분명해 보인다. 그런데 문헌기록에 노고는 등장하지 않는다. 그렇지만 문헌과 구전자료를 종합해보면, 노구는 해안가에 해신으로 등장하고 왕권과 관련성이 있는 것이라면, 노고는 주로 내륙 산간지방에서 산신으로 등장하는 경우가 일반적이다. 지리산권에서도 노고가 산신으로 등장하고 있다. 대표적인 것이 지리산의 노고단이며, 주변 장수, 진안, 남원, 순창 등지에 고당(姑堂), 노고산(老姑山), 고성(姑城), 노고산성(老姑山城) 등이 관련유적으로 등장하고 있다.

그럼 지리산권에서 노고 계통의 산신이 어떠한 모습인지 관련설화를 살펴보자.

> (A)-① 왜구의 노략질이 잦아지자 우왕은 북쪽에서 국경을 방어하고 있던 이성계장군을 征倭元帥로 삼아 남원 운봉에 급파하였다. 나라의 명을 받은 이성계 장군은 활 잘쏘는 병사 수백명을 거느리고 남쪽으로 달려와서 운봉 황산에 진을 치고 왜병이 오기를 기다리고 있었다. 왜장 아지발도이 16세 어린소년 대장으로 高麗를 치러간다는 말을 들은 누이가 간곡하게 부탁하였다. "고려에 가거든 부디 荒山에 조심하라." 이 말을 들은 아지발도는 누이의 말에 오히려 노기를 띠고 소리쳤다. "장부가 출정하는데 누님은 그 무슨 요망한 언사요 황산이고 뭐고 내가 가는 곳에 무슨 대적이 있으리오."
> 이렇게 호기있게 소리치고 출정했지만 아지발도는 은근히 누이의 말이 걸리는 바가 있었다. 남해안으로 상륙한 아지발도

는 전진해 마산·진주 등의 평야에서 무심히 진격해오다가 하늘에 높이 솟을 智異山을 쳐다보고 산천땅을 들어서니 산악의 험준한 기운에 정신이 壓氣를 받았다. 그러자 마음속에 꺼림칙하게 남아있던 황산을 조심하라는 누이의 말이 생각났다. 아지발도가 산세를 살피며 행군하다가 보니 길가에 호호백발 할머니(老嫗)가 짤막한 쇠막대기를 짚고 걸어간다. 아지발도는 나이많은 늙은이가 지형, 지세, 지명에 대해 잘 알 것이라 생각하고 행군을 잠시 멈추고 물었다. "여보시오 할머니, 고려에 황산이란 산이 어디에 있습니까?" 할머니는 아지발도를 흘깃보더니 쇠막대기로 산천 왕산을 가리키며 대답했다. "저 산이 왕산이라는 말을 들었으나 이 쇠막대기가 이렇게 닳도록 팔도강산을 주름잡고 다녔어도 황산이 있다는 말은 듣느니 처음이요."

아지발도는 이 말을 듣고 오래 고민하던 수수께끼가 풀린 듯 속으로 쾌재를 불렀다. 그렇게 군사들을 재촉하여 함양을 불사르고 팔량치를 넘어 운봉에 황산이 있는지는 묻지도 않고 황산밑으로 덤벼들었으니 이성계장군의 번개같은 화살에 황산대첩의 피바위라는 전설이 남게 되었다.[16]

(A)-② 옛날에 八公山 밑에 한 늙은 내외가 살았는디 하루는 이 노인들이 내기를 했더랍니다. 할미니는 독으로 성을 쌓고 할아버지는 서울까지 갔다오기 내기를 했더랍니다. 할머니는 하루 새에 성을 다 쌓고 할아버지는 하루 만에 서울까지 갔다왔는디 결국 할머니가 이기고 말았답니다. 이 성은 할머니가 싸서 할미城이라 부른다.[17]

(A)-③ 주생면과 연결된 대강면 水鴻里에 할미城이 있는데 그 내용은 이렇다.

---

16 남원시, 「지리산 산신과 노구할머니」, 『남원의 마을유래』, 1998, 71면.
17 『임석재전집 7-전북편Ⅰ-』, 평민사, 1990, 38면 ; 오종근, 「장수지방의 민속문화」, 1998, 48면.

남원 양사언이라는 사람이 여기로 피난을 와서 살았는데 부인은 하루아침에 치마에다가 돌을 담아 성을 쌓았고 양씨는 굽나막신을 신고 서울을 갔다왔다고 한데 지금 그 성터가 할미성이다.[18]

(A)-④ "이 곳에 젊어서 과부가 된 양씨부인(신씨, 설씨)이 홀로 살고 있는데 그녀의 옆집에 살고 있던 설씨 총각(생원, 상처한 홀아비)이 그녀와 결혼하여 함께 살 것을 요구하자 양씨과부는 그런 말은 두 번 다시 하지 말라고 정색하며 거절하였다. 그러자 설씨총각은 양씨과부에게 우리 내기를 해서 진 사람이 이긴 사람 하자는데로 말을 듣기로 하자고 요구하였다. 내기란 양씨과부는 이곳에서 성을 쌓고 설씨총각은 나막신을 신고 서울에 다녀오기로 하였다. 만약 설씨총각이 서울에 갔다 오기 전에 성을 다 쌓으면 결혼을 안 할 것이고 성을 쌓지 못하면 결혼을 허락한다는 것이다. 그리하여 두 사람은 내기를 하게 되었는데, 양씨부인이 성을 다 쌓고 미리 치마폭의 흙을 털기 전에(부인이 마지막 성돌을 채 올리기 전에) 설씨총각이 서울에 다녀왔던 것이다. 성이 완전히 완성된게 아니여서 설씨총각은 양씨과부에게 자기와 결혼해줄 것을 강요하게 되었다. 어쩔 수 없이 말을 안들어 줄 수 없게 되어버렸다. 양씨과부는 수절을 하면서 살기로 하였는데, 그러면 훼절하게 되므로 정절을 지키고자 돌을 나르던 치마를 뒤집어 쓰고 그 산(대모산) 아래 흐르던 강물(鏡川)에 몸을 날려 빠져죽고 말았다."고 전한다.[19]

(A)-①은 운봉고원에서 피바위와 관련하는 노구설화이며, (A)-②는 장

---

18 최래옥, 「할미성의 부부힘내기」, 『한국구비문학대계』 5-1, 남원군편, 1980, 155면.
19 韓國精神文化硏究院, 『韓國口碑文學大系』, 全羅北道 南原郡 5-1, 1989.
   全北大學校 博物館, 『淳昌地方의 傳統文化開發을 위한 硏究』, 1982, 41면.
   임석재, 『韓國口傳說話-全羅北道編-』, 평민사, 1993, 38면.

수군 팔공산 자락에서 전승해오는 할미성 이야기, (A)-③은 남원시 대강면 비홍치성에서 전해오는 고성 이야기, (A)-④는 순창읍 홀어미산성 이야기이다. 위의 구전설화를 분류해보면, (A)-①②③④는 주체가 할미 또는 홀어미로서 여산신이다. 여기에서 굳이 분류해본다면, 할미는 노구(老嫗)를 지칭하고 홀어미는 노고(老姑)를 지칭하는 것으로 보인다. 이 노구와 노고는 동일한 계통의 산신으로 볼 수 있다. 노구가 신라의 건국설화에 등장하고 있기 때문에 노고신앙의 역사도 깊다고 할 수 있다. (A)-①의 노구는 신라 삼산여신과 동일한 계통의 산신이다. (A)-②③④는 산성을 쌓고 지키는 산신이자 수호신의 모습이다. 따라서 노구와 노고는 여산신이며, 지역수호신이라는 관점에서 보아야 한다.

지리산권에서 할미성·홀어미성의 축성연대는 매우 오래되었다. 위의 설화 가운데 순창의 홀어미산성은 발굴 결과 백제시대에 축조한 산성으로 밝혀졌다.[20] 위의 전승설화가 백제시대 성곽설화라고 단정할 수는 없지만, 산성의 주체인 노고신의 역사는 백제시대까지 올라갈 수 있다. 왜냐하면, (A)-①의 산신 노구가 백제 온조왕 대에 등장하고 있기 때문이다.[21] 노구는 『삼국유사』 혁거세설화와 석탈해, 김알지 등의 건국설화에도 등장하여 삼국시대부터 국가적 수호신이었음을 알 수 있다.[22] 신라와 백제가 치열하게 영토전쟁을 벌인 남원, 운봉지역에 할미성, 홀어미산성이 산성 수호신으로 등장하는 것은 삼국시대의 전통이라 할 수 있다.

물론 노고와 노구가 삼국시대의 산신이요 호국신이냐는 좀 더 면밀한 검토가 필요하지만, 노구와 노고는 같은 계통의 산신임에는 분명해 보인다.

---

20 순창군·호남문화재연구원, 『淳昌 大母(홀어미)山城』, 2004.
21 송화섭, 『백제의 민속』, 주류성, 2006, 141면.
22 송화섭, 「한국고대사회에서의 성모와 노구」, 『백산학보』 64집, 2002.

(A)-①②③④에서 부부 또는 총각과 과부가 등장하고 성쌓는내기를 하는 것은 오뉘힘내기설화를 차용한 것으로 매우 후대적이다. 홀홀단신의 노구와 노고는 역사성을 가진 여산신이라는 사실을 부정하기는 쉽지 않다.

(A)-①은 여원치 마애불 명문 내용과 흡사하다. (A)-①에 등장하는 산신할머니인 노구를 여원치 마애불의 금석문에는 "道姑"라고 표현하고 있다. 도고는 도교의 여산신으로 노고와 같은 표현이다. 중국의 도교에서는 자고, 마고, 하선고, 노모 등이 있는데[23] 도고는 도교의 여신을 총칭하는 표현으로 보인다. 여원치 마애불을 도고라고 기록한 금석문과 지리산의 산신을 노고라고 표현한 구전설화(A-②)는 양자가 고려말 황산대첩에서 이성계를 도와준 호국여신이다. 그렇다면 도고는 황산대첩에서 홀연히 출현하여 도운 여신을 마애불기 명문에 기록한 것이다. 여원치 마애불이 고려시대 작품으로 추정하고 있기 때문에 도고신앙의 역사를 신라 말 고려 초까지 올려 잡을 수 있다면, 노고신앙도 그 시점까지는 올려잡아도 문제는 없을 것이다. 그렇다면 도고는 경주의 삼산 여신 및 선도산 성모신앙과 관련이 있으며, 이 경주권의 도불계 호국산신이 지리산권에서 도고로 표현되었다 해도 과언은 아닐 것이다.

다만 지리산권에서 노고는 '홀어미'로 지칭되고 있는데, (A)-④의 자식을 거느린 홀어머니의 모습은 혁거세와 알영을 낳은 선도산 성모와 흡사하다. 『삼국유사』 선도성모수희불사조에서 성모는 홀어머니로 묘사되어 있다.

(A)-②③④는 오뉘힘내기설화의 변형으로, 오뉘 대신에 노부부와 총각과 과부가 주인공으로 등장하고 있다. 이 힘내기 전설은 지리산권에서 전

---

[23] 김영재, 『고려불화 실크로드를 품다』, 운주사, 2004, 177면.

승하고 있다. 실제 힘내기 설화가 전승되는 곳에 산성이 있다. (A)-②는 장수 팔공산에 위치하고, (A)-③는 남원 대강면 비홍치에 위치하고, (A)-④는 순창읍 대모산성(홀어미산성)에 위치하고 있다. 양사언 부부의 힘내기 설화가 전승하고 있는 비홍치성을 고성(姑城) 또는 노고성(老姑城)[24]이라 불리고 있다. (A)-④에서 대모산성의 주체인 대모는 자식 9명을 낳고 거느린 홀어미이다. 대모산성의 오뉘힘내기설화에서 설씨총각과 양씨부인이 주인공인데,[25] 여기에서 축성 주체인 양씨부인은 순창군 동계면 귀미리의 남원양씨 집성촌을 이룬 '이씨부인'이라는 실존인물이다. 이 이씨부인은 실제 홀어미로서 남원양씨 가문을 번창시킨 인물이다. 지금도 귀미리에는 이씨부인이 팠다는 '대모샘'이 있다. 그런 점에서 대모, 노고, 홀어미는 동일한 의미를 가진 신격으로 해석된다.

지리산권에는 할머니(老嫗)가 쌓은 할미성이 다수 분포한다. 이밖에 남원 동면의 할미성,[26] 남원 운봉의 할미성,[27] 순창읍의 홀어미산성,[28] 진안 마령의 할미성[29] 등 지리산문화권에 분포하는 할미성은 기본적으로 할머니 또는 홀어미가 성을 쌓은 주체라는 점이다. 지리산권의 할미성은 합미성(合米城)으로 불려지는 곳이 많다. 합미성은 곡물을 쌓아놓은 산성을 말하는데, 이처럼 노구가 모은 산성의 곡물이 관가의 국곡[30]으로 쓰였음은 군량미·

---

24 비홍치성은 할미성, 홀에미산성, 합민성, 합미성 등으로 불려지고 있다(한병옥, 『남원지방을 중심으로 한 성곽의 추적연구』, 신아출판사, 1997, 167면).
25 전북향토문화연구회, 『순창군 문화유적지표조사보고서』, 1989, 250면.
26 동면의 할미성은 팔량재 서북쪽에 위치하여 팔량치성, 합미성, 성산리산성으로 불려오고 있다. 이 할미성은 전북과 경남의 동계에 위치하고 있다(한병옥, 앞의 책, 86면). 또한 이 할미성은 삼국시대에 축성된 테머리산성으로 추정하고 있다(전북대 박물관, 『남원지방문화재지표조사보고서』, 1987, 32면 참고).
27 전북대박물관, 앞의 보고서 ; 운봉읍 장교리에 위치하여 장교리산성, 방학산성, 합미산성 등으로 불리고 있다(한병옥 앞의 책 참조).
28 순창군·호남문화재연구원, 『淳昌 大母(홀어미)山城』, 2004.
29 진안군·진안문화원, 『진안군향토문화백과사전』, 2004, 778면.
30 『文獻備考』 권2 대모산성조.
「代母山城 在郡西四里 石築 周七百八十尺 內有池泉各一元初有老嫗率箕九子 築城居此 儲穀物 仍爲官穀 今廢」

구휼미로 쓰였을 가능성이 높다. 따라서 할미신은 산성을 쌓는 산신이요, 곡물을 비축하고 전쟁에 대비하는 지역수호신이란 사실을 말해준다. 그런 점에서 본다면, 지리산문화권에서 대모, 노모·노고·도고, 홀어미산신 등은 동일계 산신이라 할 수 있다.

현재 지리산 노고단에는 노고신을 모시는 제단과 돌탑이 조성되어 있다. 노고단에는 노고에게 제사를 봉행하는 산제단과 돌탑이 있다. 노고단 같은 명칭은 노고산[31] 또는 고당이라는 이름으로 곳곳에 나타난다. 지금도 완주군 운주면 원고당 마을에서는 노고신에게 제사를 지내고 있다. 이 마을은 주산인 신선봉에서 산신제를 지내고 노고신을 모신 고당(姑堂)에서 다시 당제를 지내고 있다.[32] 원고당의 마을신앙은 도교적인 색채가 무척 강하다. 원고당의 산신은 선도산 성모계통의 도교계 여신이라 할 수 있다. 원고당의 당제는 선도산 성모계 산신숭배의 잔형으로 보인다.

선도산 성모계의 산신숭배가 통일신라기에 경주에서 남원으로 이동하여 지리산문화권에서 마애불 산신 외에 마을산신에 이르기까지 다양하게 확산되었음을 알 수 있다. 이러한 사실은 통일신라기 이후 남원 중심의 지리산문화권에서 경주 지역의 성모계 여신이 할미, 홀어미, 도고, 노구, 노고 등으로 다양하게 전승해 왔음을 보여준다.

지리산권에서 전승해 온 노고신앙의 특징을 축약하여 정리해 볼 수 있다.

지리산의 성모천왕과 노고단의 산신은 통일신라기 9주 5소경이 설치된 이후, 국가 차원에서 남원경이 위치하는 지리산을 오악의 남악으로 포함시켰고, 삼산오악의 사상적 체계를 성립시키면서 경주 지역의 불교적 산신체계가 지리산으로 전파해왔다고 보는 것이 옳다고 본다. 경주 남산처럼 지

---

31 진안군 진안읍 군상리 노계동 북쪽에 위치하고 있는 산.
32 송화섭, 「완주의 마을신앙과 그 유적」, 『완주의 문화유산Ⅰ』, 완주문화원, 1998, 284면.

리산 정상부 곳곳에 마애불이 조성된 것[33]과 실상사를 조성한 것도 신라계 불교사상의 전파를 의미한다.

 경주 중심의 삼산오악체제를 구축하면서 신라의 산악숭배가 남원에 유포되었다고 보는 것이다. 지리산에 전파된 경주권의 산악숭배는 마애불 조성과 남악제사라 할 수 있는데, 지리산권의 마애불은 신라의 도불적 산악숭배가 남원지방에 유포되었음을 가장 실증적으로 보여준다. 그 가운데 여원치 마애불은 경주지역의 도불적 산악숭배가 남원지역으로 전파해왔음을 보여주는 상징적인 도불유적이다. 지리산 산신으로 등장하는 노구와 성모의 이중적인 구조는 지리산 산신의 역사를 말해준다. 노구는 신화적 요소가 강한 산신이라면, 성모는 도불적인 요소가 강하다. 노고단의 산신이 불교수용 이전의 토착적인 산신이라면, 성모천왕은 통일신라 불교문화가 융성할때에 지리산에 옮겨온 산신이라 할 수 있다.

 지리산권에서 홀어미산성에 축성된 성곽이 백제시대의 산성으로 판명되었고, 노구가 삼국시대 건국신화에서 보조적인 역할을 하고 있다는 점에서 불교수용 이전의 마고산신과 관련이 있다고 보여진다. 노구·노고 등의 마고신이 지리산의 산신이었으나 통일신라 시기에 남원경과 남악을 설치하면서 도불계 산신인 성모천왕을 지리산의 산신으로 섬기게 된 것이라고 본다.

2) 지리산권에서 성모신앙의 전통

 지리산은 한반도 남부지역에서 제일 높은 산이요, 호남·영남의 경계에

---

33 여원치 마애불처럼 산신숭배와 불상이 결합된 남원지역의 마애불은 주천면 호기리 마애불, 남원시 제바위 마애불, 대산면 신계리 마애불, 사매면 노적봉 마애불, 산내면 정령치 마애불, 수지면 견두산 마애불, 대강면 사석리 마애불 등에서 찾아볼 수 있다(국립전주박물관, 『전라북도의 불교유적』, 2001 참조).

걸쳐있는 성스런 영산으로 인식되어 왔다.[34] 지리산의 영산 인식은 노구, 노고와 같은 마고신화적 전통이 깃들어 있었는데, 신라통일 직후에 삼산오악(三山五岳)과 대사(大祀)·중사(中祀)·소사(小祀)의 사전제도를 도입되면서 도불적인 산악숭배로 변모하여 성모천왕의 신격을 얻게 되었다.

그동안 지리산 성모천왕에 대하여 고려 태조의 어머니인 위숙왕후설, 석가모니의 어머니인 마야부인설, 법우화상이 주장하는 팔도무당시조설 등이 수백 년 동안 교차되어 왔다.[35] 통일신라 이후 성모천왕이 지리산 산신으로 어떻게 투영되어 있는지 관련 자료를 분석해보고자 한다.

> (B)-① 옛날 개국조사 도선이 지리산 주인 성모천왕이 은밀히 부탁하기를 "만약 삼암사를 창건하게 되면 삼한이 합하여 하나의 나라가 될 것이고 전쟁은 자연스럽게 종식이 될 것이다."이라 하였다.[36]

> (B)-② 세상사람이 전하기를 지리산 고엄천사에 법우화상이 있었는데 하루종일 한가롭게 도를 행하고 있었다. 홀연히 산간에 비가 내리지 않았는데, 이상스럽게도 물이 불어있었다. 그 내력을 알고자 천왕봉에 정상에 올랐다가 키가 크고 힘센 여성을 보았다. 스스로 성모천왕이라 하였다. 인간세상에 내려와 군과 더불어 인연을 맺고자 물의 술수를 적용하였다면서 스스로 중매를 하였다. 드디어 부부로서 집을 짓고 사는데 슬하에 딸 8명을 낳아 자손이 번식하였다.[37]

---

34 頭流山은 멀리 해국에 있어 수백여리를 뻗치어 호남·영남 두 경계의 진산이 되고 그 아래에 수십 고을이 옹위해 있으니. 반드시 크고 높은 신령이 있어 운우를 일으키고 정기가 저축되어 영원토록 백성에게 복리를 끼쳐 주어 마지 않을 것이다(金馹孫,「續頭流錄」,『續東文選』제21권).
35 金映遂,「智異山 聖母祠에 就하여」,『진단학보』11집, 진단학회.
36 『東文選』 第68卷 靈鳳山龍岩寺重創記.
 「昔開國祖師道詵 因智異山主聖母天王密囑曰若創立三嚴寺 則三韓合一國 戰我自然息矣」
37 李能和,『朝鮮巫俗考』第15章 法祐和尚條.
 「世傳 智異山古嚴川寺 有法佑和尚者 峨有道行一日閑居 忽見山間不雨而張尋其來源 至天王峰頂見一長身大力之

(B)-③ 천왕봉의 정상에 올라보니 나무판자집이 있는데, 성모사라 부른다. 사당안에는 돌로 된 소상이 안치되었는데, 흰옷을 입은 여상이다. 성모가 누구인지 알지 못하고 있다. 혹은 고려 태조의 어머니라고 하는데 왕을 낳고 어질게 키워 삼한을 통일하게 되었다. 이러한 연고로 사당에 존안되었다.[38]

(B)-④ 해공과 법종이 먼저 성모묘에 들어가 작은 부처를 받들고 날씨가 개게 해달라고 기원하였다. 속설에 이렇게 하면 날이 갠다고 합니다. 관대를 갖추고 손을 씻은 후에 돌층계를 올라서 묘당에 들어가 과일을 차려놓고 성모에게 고유하였다. 사당안 벽에는 두 승려의 화상이 그려져 있었다. 소위 성모라는 석상이 있었다. 눈과 눈썹 쪽진머리 모두 분으로 도색하였다. 또한 묻건데 성모를 세상사람들이 무슨 신이라 하느냐 하니 대답하기를 석가모니의 어머니 마야부인이다.[39]

(B)-⑤ 성모사가 두 개가 있다. 하나는 지리산 천왕봉에 있고, 하나는 함양군 남쪽 엄천리에 있다. 고려 이승휴의 제왕운기에 태조의 어머니가 위숙왕후라고 한다.[40]

(B)-①②③④⑤를 몇 가지로 정리하면 다음과 같다.

첫째, 지리산의 산신은 성모천왕이란 점이다. (B)-①에서 지리산의 주신

女 自言聖母天王 謫降人間 與君有緣適用水術以自媒耳 送爲夫婦構室居之 生下八女子孫蕃衍」

38 金馹孫, 『濯纓集』 續頭流山錄.
「登天王峰之上 有板屋 乃聖母祠也 祠中 安石塑 爲白衣女像 未知聖母是何人 惑曰高麗王太祖母 爲生育賢王 能統三韓 故尊祀之」

39 金宗直, 『佔畢齋集』, 頭流山錄.
「空宗先詣聖母廟 捧小佛而弄之 余以爲戱 問之 云 俗云如是則天晴 余冠帶盥洗 捫石磴入廟以酒果告于聖母曰 (中略)有二僧繪畵其壁 所謂聖母乃石像 而眉目髻鬟 皆塗以粉黛(中略)又問聖母 世謂之何神也 曰 釋迦之母摩耶夫人也」

40 『東國輿地勝覽』, 咸陽郡 祠廟條.
「聖母祠有二 一在智異山天王峰頂 一在郡南嚴川里 高麗李承休帝王韻紀 太祖之母威肅王后也」

이 성모천왕임을 분명하게 밝히고 있다. 이 내용에 도선국사가 지리산 성모천왕과 소통하면서 삼한통일을 기원하고 있음은 라말려초에 지리산의 산신이 성모천왕이었고, 삼한통일의 위업을 태조 왕건의 모친인 위숙왕후를 지리산 성모천왕으로 신격화시키는 동기였을 것이다. 성모천왕의 위숙왕후설은 (B)-③에서 왕을 낳고 어질게 키웠다는 점을 고려하였는데, 이러한 위숙왕후의 생육신은 신라 건국신화에 등장하는 노구와 같은 성격을 보여준다. 마고계 산신과 성모계 산신의 전환점이 라말려초로 보는 이치이기도 하다.

둘째, (B)-②는 천왕봉 정상에 올랐다가 키가 크고 힘센 여성을 보았다는 게 핵심이다. 여기에서 성모천왕은 매우 신통력이 있고, 힘이 세고, 키가 큰 여자이다. 이러한 여자는 마고(麻姑) 같은 존재이다. 따라서 (B)-②는 마고산신이 통일신라 이후에 성모천왕으로 바뀌었음을 시사하는 내용이다.

셋째, (B)-③은 김일손이 1489년(성종 20)에 지리산에 올랐는데, 성모천왕을 모시는 성모사가 판잣집으로 세워져 있고, 그 안에 흰옷을 입은 석상이 있다고 하였다. (B)-④에서도 김종직이 1472년(성종 3)에 지리산에 올랐을 때 3칸의 성모묘가 있었음을 밝히고 있다. 조선전기까지도 지리산 천왕봉에는 산신각이 있었음을 알 수 있다. 이 산신각 내에 두 승려화상이 벽에 걸렸고, 불상같은 석상이 놓여있었다는 내용이다. 1472년에는 세칸의 묘당이었는데, 1489년에는 한 칸의 판잣집이었다는 사실은 조선전기에 유학사상에 위배되는 산신각, 성황사 등에서 신상을 훼철하면서 훼손되었을 가능성을 보여준다. 관에서 못질로 폐쇄시킨 고려시대 성모묘를 천왕봉 아래 엄천리 사람들이 다시 판잣집으로 복원하는 갈등이 김종직의 『유두유록』에 등장하고 있다.

넷째, (B)-④에서 성모묘에 작은 부처상이 있었는데, 이 부처상은 (B)-

③의 성모 석상을 가리키는 것으로 보인다. 성모묘에 봉안한 석상은 흰옷을 입힌 여상과 동일하다고 보여진다. 석상이 성모천왕상이고, 성모천왕을 마야부인이라고 한 것은 석가모니를 낳고 기른 생육신(生育神)의 신격이 석상에 투영되어 있었던 것이다. 그런 점에서 조선전기에도 지리산의 성모천왕은 노구 신격의 이미지를 유지하고 있었다고 볼 수 있다.

다섯째, (B)-③에서 성모천왕상은 흰옷을 입은 여성상으로 표현하였고, (B)-④에서 성모석상은 분칠해놓은 모습이다. 성모천왕상을 백의여상이라고 한 것은 백의관음보살을 연상시켜 준다. 성모천왕의 백의여상은 고려시대 성행하였던 관음신앙의 영향을 받아 백의관음보살상을 성모묘에 봉안한 것으로 보인다.

좀 더 구체적으로 지리산 성모천왕의 실체를 들여다보자.

위의 사료는 라말려초기에서 려말선초기까지 지리산의 산신에 대한 역사를 기술한 것으로 보인다. 신라 말에 이미 지리산의 산신은 성모천왕이었다. 그런데 고려시대에 지리산 성모천왕은 고려 태조모 위숙왕후냐, 석가모니의 모 마야부인이냐로 설왕설래했었던 것 같다. 성모천왕의 위숙왕후설과 마야부인설은 성인의 어머니를 신격화한 동기를 "왕을 낳고 어질게 키웠다"는 내용에 두고 있다. 고대국가에서 왕을 낳고 어질게 키우는 생육신 또는 양육신의 신격은 노구가 갖고 있다. 이러한 사실은 신라의 건국신화에 등장하는 노구로서 설명이 충분하다. 이러한 신화적인 여신이 성모산신에 투영되었고, 그런 나머지 경주의 선도산 성모도 혁거세와 알영 이성(二姓)을 낳는 모습으로 『삼국유사』에 기술되어 있다. 이러한 성모신이 통일신라 직후에 삼산오악의 배치에 따라 지리산으로 옮겨와 성모천왕으로 등극하였고, 생육신인 노구는 하위신의 존재로 전락했던 것이다. (B)-②에서 지리산의 성모천왕이 키가 크고 힘이 세고 신통력을 부리는 여성이라는 사실이 마고신과 성모천왕이 결합된 모습임을 말해준다. 마고는 생육신으로서 노구와 산신으로서 노고의 응신하는 모습을 지리산의 산신숭배에서 찾아볼 수 있다.

이러한 성모천왕의 정체성은 민간계층에서는 성모천왕을 마야부인으로 믿고, 김종직과 이승휴 등 유학자들은 위숙왕후라고 믿고 있는 혼란을 가져왔다고 본다.[41] 또한 B-③의 "未知聖母是何人"과 B-④의 "聖母世謂何神也"고 하였듯이, 조선시대에도 사람들은 지리산 성모천왕에 대하여 잘 모르고 있었음을 알 수 있다.

그렇다면 과연 성모천왕의 실체는 무엇인가.

우선 위에서 제시한 사료 가운데에서 성모천왕이 누구인지 찾아보자. 지리산 천왕봉의 정상에 건립된 성모묘·성모사에 봉안되어 있던 석조상이 "白衣女像"이라는 점이다. 사묘는 중국에서 전래한 도교식 신당이다. 천왕봉 정상의 성모사에 봉안된 석상은 부인상인데,[42] 그 부인상을 백의여상이라고 한 것은 백의관음보살상을 신상으로 봉안한 것으로 보아야 한다. 백의관음보살상은 불상이지만, 사묘에 봉안한 백의여상은 도교적인 여신상으로 볼 수도 있다. 관음보살의 여성화는 중국에서 시작된 것이며, 여성상·부인상의 백의관음보살상이 중국에서 신라 경주로 건너왔고 다시 남원 지리산까지 옮겨왔다고 본다. 이러한 신라의 도불적 산악숭배의 전통은 『삼국유사』 선도성모수희불사조에 그대로 묘사되어 있다. 경주 선도산 성모가

---

41 『續東文選』 卷之二十一 錄.
「問諸居民 以神爲摩耶夫人者, 誣, 而佔畢金公, 吾東方之博通宏儒徵諸李承休帝王韻紀 以神爲麗祖之妃威肅王后者, 信也」

42 『續東文選』 卷之二十一 錄.
「上峰頂 頂上有石壘 僅容一間板屋 屋下有石婦人像 所謂天王也」

지리산 천왕봉의 성모사에 돌로 만든 성모천왕상으로 봉안되었다고 보는 것이다.

또한 성모천왕의 체구는 장신이며 대력지녀(大力之女)로 표현되어 있다. 이러한 표현은 이미 고려시대에 백의관음보살이 마고와 결합하여 '힘센 거인여성'으로 묘사되어 있었다고 보아야 한다. 이러한 사실은 고려불화의 백의관음보살도에서 확인되고 있다. 다른 설화자료에 따르면, 성모천왕의 키가 36척에 다리가 15척이나 되는 거구이다. 이러한 거구의 모습은 마고에서도 찾아볼 수 있고, 관음보살상에서 찾을 수 있다. 마고는 삼국시대를 배경으로 하고 있다면, 관음보살은 당송대, 즉 통일신라, 고려시대를 배경으로 하고 있다. 이러한 배경은 중국에서 성모신앙이 신라에 전해 올 때에 이미 도불적 산신이었고, 마고와 성모가 조합된 신격을 갖추고 있었다고 보여진다.

이러한 도불 산신이 성모천왕에 중첩되어 나타난다. 성모가 불교적 산신이라면, 마고는 도교적 산신이라 할 수 있다. 이러한 성모와 마고가 성모천왕에 동시에 투영되어 있으며, 이 산신신앙과 관음신앙이 접맥되면서 성모천왕상을 백의여상으로 조상한 것으로 보인다. 따라서 지리산의 성모천왕산은 관음보살의 응화신이라는 관점에서 볼 수도 있다. 천왕봉 성모사의 백의여상은 백의관음보살상의 민간 신앙화된 석불상이라 할 수 있다.

4. 지리산권에서 노고·성모 신앙의 역사와 유적

지리산의 노고단을 이해하려면 여원치 마애불과 관련 명문에 나타나는 도고라는 산신의 이해가 전제되어야 하고, 성모천왕을 이해하려면 『삼국유사』 선도성모수희불사조에 등장하는 성모를 먼저 파악하지 않으면 안 된다. 이 두 자료를 통해서 지리산의 노고단과 천왕봉에 깃든 산악숭배를 살펴보려 한다.

1) 여원치 마애불과 노고신앙

지리산권에서 신라의 산신숭배를 가장 단적으로 보여주는 산신상이 여원치 마애불이다. 여원치 마애불은 통일신라시대 삼산오악의 배치에 따라 경주 지역의 산신숭배가 그대로 남원소경에 확대된 것을 보여주는 불상이다. 남원권의 지리산에는 유독 다른 지역보다 마애불들이 많다. 특히 여원치 마애불과 신계리 마애불, 노적봉 마애불은 경주 지역의 마애불에 비하여 조각기법이 조금도 뒤떨어지지 않는다. 지리산 일대의 마애불들은 라말려초 이후 남원지역에서 마애불을 어떻게 인식하고 신앙의 대상으로 섬겼는지 짚어볼 수 있게 한다.

여원치마애불 옆에는 1901년(광무 5)에 기록한 마애불기의 명문이 있는데, 이 금석문은 남원 지역에서 이 마애불을 어떻게 인식해왔는지를 단적으로 보여주는 내용이다.

그 명문 내용은 다음과 같다.

> (C) 무릇 이산의 뿌리는 덕유산으로 맥은 지리산에 이어져 있다. 여원이라는 이름은 어떠한 뜻에서 취하였을까. 길옆 바위면에 여자상 조각이 있었고 또한 보호각을 설치하여 감싸고 있었는데, 파괴되고서 기와와 주춧돌이 남아있을 뿐이다. 대저 이로 인하여 여원치라는 지명이 내려졌나보다. 그렇다면 누구의 영상일까운

성지를 살펴보면, 가라사대 옛날 홍무19년 을미(1379)에 우리 성조께서 대장의 임명을 받들고 동쪽으로 갔을 때에, 이 고개에 거의 올라왔을 즈음 도고가 나타나 대첩일시를 알려주고 홀연히 사라져 보이지 아니하였다. 이것은 산신의 현령이 바르고 명쾌하도다. 그런 까닭에 도고의 모습을 영상으로 새기고 각을 지어 받들게 된 것이다. 옛 노인들이 전하기를 지금 500여 년이 이르렀음에도 없어지지 아니하고, 보호각이 부서졌음에도 아직 그 상은 남아있다. 아직도 비바람의 침노를 면치 못하고 또한 이끼가 그 진영을 가리어 부식시키고 있으니 어찌 탄식하지 않을 수 있겠는가. 내가 감정이 일어나 이곳으로 넘어와 물로 씻어내고 자세히 살펴보니 완연히 산신의 진면목을 보는 것 같았다. 이에 공봉장을 불러 옛 주춧돌기둥에 새로운 대들보를 걸어놓고 기와를 바꾸어 고쳐놓으니 보기가 좋았다. 아하! 흥하고 폐하는 것은 운수에 달렸느니라. 어찌 감히 정성이 작다고 칭하리오.[43]

(C)는 여원치 마애불을 소개한 내용인데, 여원치는 남원에서 운봉으로 넘어가는 고개를 말한다. 이 마애불은 고갯길을 넘어가는 9부 능선의 도로변에 위치하고 남향한 암면에 불상이 조각되어 있다. 마애불은 하체가 매몰되어 확인할 수 없으나 입상으로 추정되고, 희미하지만 두광의 모습이 있고, 얼굴의 볼이 두툼하게 살찐 모습이며, 입술도 두툼하니 미감이 좋다. 얼굴의 살찐 모습으로 코가 작아 보이고 양쪽 귀도 어깨까지 길게 늘어뜨렸다. 목에는 삼도를 둘렀고 법의는 통견이며, 오른손은 가슴에 대고 있으며, 왼팔은 절단된 모습이다. 마애불 앞에는 돌기둥이 있고, 마애불 암면에

---

43 夫此山祖德裕 而連脈於智異者也 名以女院取諸何意 路傍石面 有女像影刻 又閣而庇之 破瓦遺礎尙存焉 盖想因此錫地名者也 然則其誰之像也 謹考雲城誌 有曰 在昔洪武十五年乙未 我聖祖受鉞東往之時 登臨于此時上 則有一道姑 告以大捷日時 因忽不見 此直山神之顯靈也明矣 所以有影其像而閣奉之 信有瞻慕之蹟也 古老相傳之說 至于 今五百餘年而不泯 然閣廢而只存遺像 未免風雨之所侵僕 亦爲苔蝕而掩眞影曷勝歎裁 余有興感於斯越而 審之洗而看之 則完然如覩山神之眞面目矣 於是乎 名工捧匠 仍舊礎而棟焉 掛新樑而瓦之煥然而改觀之效 嗚呼 興廢由數之存焉 豈敢有微誠之可稱哉 光武五年辛丑七月 雲峰縣監 朴貴鎭記

는 가구물을 설치할 수 있는 홈이 파여 있어서 예전에는 보호각이 있었음을 알 수 있다.

이 여원치 마애불은 지리산의 산악숭배 경주지역의 불교적 산악숭배의 전통을 그대로 보여주는 불상이다. 먼저 명문 내용에서 신라계 성모신앙의 요소를 추려본다면 다음과 같다.

첫째, 마애불을 "有女像影刻"으로 표현하고 있다. 이 마애불상을 여성상으로 인식하고 있다는 뜻이다. 여원치의 산신이 여성이라는 점은 경주 삼산 여신과 선도산 성모와 동일한 계통으로 보아야 한다. 여원치 마애불의 여상과 지리산 성모사의 여상은 기본적으로 같은 여신상이라 할 수 있다. 선도산 성모를 여신으로 인식하였던 신라의 불교적 산신관이 지리산의 여원치마애불에 영향을 미친 것으로 본다. 또한 불상의 여성화가 통일신라에서 진행된 것을 고려하면, 여원치 마애불의 여상 인식도 라말려초기까지 올려 잡을 수 있다.

둘째, 마애불의 "道姑"라는 인식이다. 도고는 도불계 여신으로서 도교의 마고와 불교의 성모가 결합된 신격으로 보인다. 도고는 『삼국유사』 선도성모수희불사의 내용에서 선도산 성모가 자신이 여선(女仙)이라고 밝힌 것과 같다. 선도산 성모의 여선상 표현과 여원치 마애불의 도고상 표현은 동일한 산신 계통을 보여준다. 마애불 명문에 도고를 산신(山神)이라고 분명히 밝혀, 도고신앙이 황산대첩 당시부터 조선후기까지 전해왔음을 알 수 있다. 여기에서 도고는 마고와 성모가 조합된 성모천왕이라 해도 크게 틀리지는 않을 것이다.

셋째, 도고는 "告以大捷日時因忽不見"하는 영이로움을 보여준다. 도고는 이성계가 여원치 고개에 올랐을 때에 갑자기 나타나 대첩의 일시를 알려주고 홀연히 사라진다. 이 내용은 경주의 삼산 여신 가운데 한 여자가 홀연히 나타나 김유신이 적국의 사람에게 유인당하는 계략을 알려서 발길을 돌리게 했던 것과[44] 같은 스토리의 전개다. 여원치의 산신도 이성계가 여원치에 오르는데 홀연히 나타나 왜군의 동향과 대첩의 일시를 알려주고 사라진다. 이와 같이 경주의 삼산 여신과 여원치의 산신은 동일한 호국여신이라 할 수 있다.

이상의 내용은 1901년에 쓴 마애불 관련 명문에 근거한 것이지만, 여원치 마애불이 조성되던 라말려초기 산신숭배의 전통을 읽어볼 수 있다.

첫째, 여원치 마애불은 8세기경 경주지역의 산악에 조각된 여래상과 동일한 양식이다. 이러한 불상양식은 남원경 설치 이후 경주권의 불교문화가 남원에 전파되었고, 이러한 배경에서 9세기경부터 지리산 일대에 마애불이 조성된 것으로 본다. 마애여래상이 산악의 정상부에 산신으로 조각되어지는 시점은 통일신라이다. 경주 남산의 마애불 조각은 불교와 토착신앙이 조합된 신불습합(神佛習合)의 전형이다.[45] 여원치 마애불도 토착 산신과 도불 산신이 함께 투영되어 있음을 보여주는 좋은 사례다. 이러한 방식은 경주의 선도산 성모설화에서 그 원형을 찾아볼 수 있다.

둘째, 신라 하대에 밀교가 성행하면서 중국 민간에서 성행하던 도불신앙이 신라 경주지역의 민간신앙에 영향을 주었고, 그 영향으로 선도산 성모신앙이 성립되었다고 본다. 『삼국유사』 선도성모수희불사조에 중국 제실의 딸 파소가 신선술을 발휘하여 신라로 건너와 선도산 성모가 되었다고 밝히고 있다. 선도산 성모는 중국의 천선성모와 같은 존재이며, 지리산 성모천왕과 여원치의 도고 역시 이러한 도불 계통의 여산신으로 보아야 한다.[46]

---
44 『三國遺事』 紀異第一 金庾信條.
「至骨火川留宿 又有一女忽然而至(略)我等奈林穴禮骨火等三所護國之神 今敵國之人誘郞引之郞不知而進途」
45 강우방, 『한국 불교조각의 흐름』, 대원사, 1885, 387면.
46 文暻鉉, 「新羅人의 山岳 崇拜와 山神」, 『新羅思想의 再照明』, 신라문화선양회, 1991, 33면.

셋째, 여원치 마애불은 통일신라의 도불적 산악숭배가 조선시대까지 줄곧 전승해왔음을 보여준다. 이러한 사실은 마애불 관련 명문에 도고와 여상 외에 다른 산신의 명칭이 등장하지 않고 있기 때문이다. 이런 관점에서 본다면, 여원치 마애불은 지리산의 성모천왕과 동일한 계통의 산신이다.

넷째, 여원치 여산신이 경주 삼산의 호국여신과 출현방식이 같다. 이성계는 여원치 산신의 도움으로 황산대첩에서 승전한다. 왜구들이 황산대첩에서 패전한 뒤 패전요인을 지리산 산신이 천우신조하여 이성계를 도왔다는 판단 하에 천왕봉에 올라가서 성모천왕 석상을 파손한 사례도 있다.[47] 이러한 사실은 여원치 산신은 경주 삼산여신의 전통을 잇는 호국여신이라는 점을 말해준다.

2) 신라 삼산여신 및 선도산성모와 성모천왕

여원치 산신과 경주의 삼산여신은 동일한 계통의 산신이고, 경주의 선도산 성모대왕과 지리산의 성모천왕은 같은 계통의 산신이다. 이러한 사실은 다음의 관련 자료에서 유추해볼 수 있다.

> (D) 郎이 기뻐하여 친히 白石을 데리고 밤에 떠나서 고개위에서 막 쉬고 있을 때에 두 여자가 나타나 김유신을 따라왔다. 골화천에 이르러 유숙하매, 또 한 여자가 홀연히 와서 公이 三娘子와 더불어 기쁘게 이야기 하였다. 그 때에 낭자들이 맛있는 과일을 드리니 유신공이 받아먹고 마음으로 서로 허락하고 그 情을 이야기 하였다. 娘들이 고하되 "유신공이 말하는 바는 이미 알고 있다.

---

47 金宗直,「遊頭流錄」.
　「所謂聖母乃石像 以眉目髻鬟 皆塗伊粉黛 頂有缺畵 問之 云 太祖捷引月之歲 倭寇登此峯 斫之而去 和黏復屬之」

원컨데 유신공이 백석을 잠시 따돌리고 우리와 함께 수풀 속에 들어가면 다시 사정을 상세하게 말하겠다"고 하고 뒤이어 함께 들어갔다. 娘들은 금방 신령스러운 모습으로 변하여 말하기를 "우리들은 奈林·穴禮·骨火 등 三所의 護國神인데 지금 敵國사람이 당신을 유인하는데 당신이 알지못하고 따라 가므로 우리가 郞을 만류시키려고 이곳까지 왔습니다"라고 말을 마치자 사라지고 보이지 아니하였다. 유신공이 이 말을 듣고 놀라 엎드려 두 번 절하고 나와서 골화의 숙소에 묵으면서 백석에게 말하기를 "지금 타국으로 가면서 필요한 문서를 가지고 오지 않았으니 나와 함께 집으로 돌아가 가지고 오자"하고자 함께 집으로 돌아왔다.[48]

(E) 眞平王朝에 智惠라는 비구니가 있었다. 현행이 많은 여자로 안흥사에 거주하였다. 새로히 불전을 수리하려다가 힘이 미치지 못하였다. 꿈에 한 女仙이 자태가 아름다운 모습을 갖추고 주옥으로 수식하고 와서 위로하면서 가로되 "나는 仙桃山 神母이다". 네가 佛殿을 수리하려 하는 것을 기뻐하여 金十斤을 시주하여 돕고자 하니 마땅히 내 자리밑에서 金을 취하여 主尊三像을 분식하고 壁上에는 五十三佛과 六類聖衆과 諸天神과 널리 五岳神君을 그리고 매년 春秋二季의 十日에 善男善女를 모아 일체의 중생을 위하여 占察法會를 베풀어 恒規를 삼으라 하였다. 지혜가 놀라 깨어 무리를 데리고 神祠座下에 가서 黃金一百六十兩을 파서 얻어 일을 추진 성취하니 모두 神母의 지도한 바에 의한 것이다. 그 사적은 있으되 법사는 폐지되었다.

神母는 본래 中國 帝室의 딸로서 이름은 婆蘇이다. 일찍이 神仙의 術法을 배워 海東에 來往하여 오랫동안 돌아가지 아니하였다. 그러므로 父王이 편지를 소리개발에 매어 부쳐 가로되 소리개가 머므는 곳에 집을 지으라 하였다. 파소가 편지를 보고 소리개를 놓으니 이 산에 날아와 멈추므로 드디어 집으로 와서 地仙이 되었

---

48 『三國遺事』卷第一 紀異 第二 金庾信條.

다. 그래서 산명을 西鳶山이라 하였다. 신모가 오랫동안 이 山에 雄據하여 나라를 鎭護하니 靈異가 매우 많았다. 나라가 선 이래로 항상 三祀의 하나였다. 그 차서에서 군망의 산이었다. 제 54대 景明王이 매사냥을 좋아하여 일찌기 이 산에 올라와 매를 놓아버리고 神母에게 기도하여 가로되 내일 매를 다시 얻으면 爵을 封하리라 하였더니 갑자기 매가 날아와서 책상 위에 앉았으므로 大王의 爵을 봉하였다. 婆蘇가 처음 辰韓에 도착하자 聖子를 낳아 동국의 처음 임금이 되었으니 아마 赫居世와 閼英 二聖의 나온 바이다. 그러므로 계룡・계림・백마 등의 칭이 있으니 계는 서쪽에 속하는 까닭이다. 일찍이 제천선녀를 시켜 깁을 짜서 비색으로 물들여 조복을 만들어 남편에게 주니 국인이 이로 인하여 비로소 그 신험을 알았다. 또 국사에 사신이 가로되 식이 政和年中에 송에 사신을 보내어 佑神館에 참배하였던바 一堂에는 女仙像을 안치하였다. 館伴學士 王黼가 "이것은 貴國의 神인데 공은 아느냐"하고 드디어 설명하되 "옛날 中國帝室의 딸이 바다에 떠서 辰韓에 이르러 아들을 낳았는데 海東의 始祖가 되었다. 여자는 地仙이 되어 仙桃山에 있으니 이것이 그 像이다"하였다. 宋使 王襄이 高麗에 와서 東神聖母를 祭祀지낼때에 그 祭文에 「賢人을 낳아 나라를 시작하였다」는 문구가 있다.[49]

(D)는 경주 외곽지역에 배치된 혈례, 골화, 나력 세 곳의 산신 내용이다. 이 산신은 젊은 여성의 산신으로서 호국신이다. 김유신이 산길을 걸어가는데 홀연히 등장하여 적국의 유인책에 걸려들고 있음을 알려주면서 적군의 계략에 말려들지 않도록 도와주고 사라진다. 이 내용은 삼국통일 이전에도 젊은 여성을 호국산신으로 숭배하는 관행이 신라사회에 존재하였음을 보여준다.

(E)는 통일신라 이후에 신라의 여산신이 불교적 산신으로 변화하였음을

---

49 『三國遺事』 卷 第五 感通 第七 仙桃聖母隨喜佛事.

보여주는 내용이다.

여기에서 신모는 본래 중국 왕실의 딸이며, 자신이 파소라고 밝히고 있다. 신모는 신선의 술법을 체득하여 신라로 온 뒤 중국으로 돌아가지 않고 신라의 산신이 되었다. 선도산 성모는 서연산에 오랫동안 웅거하면서 나라를 진호하는 호국신이다. 이 선도산 성모가 도불적 산신이라는 사실은 신모가 황금 일백육십량을 희사하여 불전을 수리하고 일체중생을 위하여 점찰법회(占察法會)를 크게 일으키는 것으로 알 수 있다. 그런데 선도산 성모는 도교계 산신이면서 불전을 수리하고 점찰법회를 주도하는 불교적 산신으로 중첩하여 나타난다. 따라서 선도산 성모는 도교의 여선이면서 불교의 관음보살상을 동시에 갖고 있다고 보아야 한다.

선도산 성모는 우아한 풍채와 아름다운 자태를 가졌으며, 빛깔이 영롱한 비취색의 구슬로 쪽진 머리를 장식한 용모(風婥約 珠翠節鬟)를 갖추었다. 이러한 아름다운 옥구슬과 보석으로 치장한 관세음보살상 모습이기도 하지만, 머리에 쪽을 찌고, 머리는 허리까지 늘어트리고 비단 같은 광채 나는 옷을 입은 아가씨의 마고(麻姑)도 아름다운 모습으로 치장하기는 마찬가지이다. 중국 황제의 딸 파소는 마고와 관음이 결합된 산신이었으며, 그 모습으로 신라의 선도산 성모로 정착하였다는 해석이다. 그런 점에서 신통력을 가진 마고와 자비로운 모습의 관음이 선도산 성모에 동시 투영되어 있다고 보여진다. 따라서 지리산 성모천왕도 마고산신과 관음산신이 겹쳐있다고 해도 과언이 아니다. 이러한 중국의 산신숭배는 라말려초 시기에 해상교역이 빈번하게 이뤄지면서 중국 보타락가산 계통의 도불적 관음신앙의 영향을 받은 것으로 보인다.[50]

---

50 신라의 商人들이 중국 唐나라에 들어가 오대산을 들렀다가 돌아오는 길에 觀音像을 배에 싣고서 주산군도의 보타락가산을 출발하였으나 출발하자마자 岩礁(후에 新羅礁로 명명)에 걸려 좌초당하자 관음상을 사찰

(D), (E)의 공통점은 삼산 여신과 선도산 신모 모두가 젊은 여성이란 점이다. (D)의 삼낭자는 세 명의 아가씨이며, 중국에서는 아가씨의 여신을 낭낭(娘娘)이라고 부른다. 삼산의 여신이 젊은 낭자이듯이, (E)의 선도산의 산신 파소도 중국 왕실의 딸로 표현되었고, 홀로서 서해를 건너온 낭낭과 같은 여신이었을 것이다. 삼산의 여신과 선도산 성모는 부부로 등장하는 것이 아니라 홀로 단신이거나 낭자들만 등장하고 있다. 지리산권에서 등장하는 할미와 홀어머니도 이러한 계통의 여신이라 할 수 있다. 선도산 성모가 홀로 단신이면서 혁거세와 알영을 낳는 신격은 노구적인 성격이 강하다. 그러면서도 한편으로는 여성관음신앙에서 아기 낳은 것을 관장하는 송자관음의 모습도 보인다.[51] 선도산 성모를 통해서 신라의 여러 불신 가운데 얼마나 다양한 민간신앙이 중첩되어 있는지를 알 수 있다.

5. 지리산 노고단과 성모천왕의 원형적 모습

그동안 지리산 산신의 정체에 대하여 위숙왕후설, 팔도무조설, 마야부인설 등 다양한 관점에서 해석해왔다. 이러한 산신은 성모천왕에 대한 응용일 뿐 본질 규명과는 거리가 멀다. 지리산의 산신은 노고단의 노고와 천왕봉의 성모천왕 그 자체에서 실체를 찾는 방법이 최선이라고 본다.

지리산에는 노고단이 있고, 이 제단은 노고신에게 제사를 지내는 곳이다. 노고난의 산신은 여자 산신으로서 마고계통의 산신이다. 마고 계통의 산신으로 노구와 노고가 있다. 노구는 해신의 성격이 강하고 노고는 산신

로 옮기었다는 관음연기설화가 서긍이 쓴 『선화봉사 고려도경』에 수록되어 있다.
51 김영재, 『고려불화 실크로드를 품다』, 운주사, 2004, 173~177면.

의 성격이 강하다. 지리산의 노고단도 마고계 산신단이라 할 수 있다. 마고는 중국에서 전래한 산신이다. 중국에도 마고산이 있고, 산 정상에는 마고단이 있다.[52] 중국의 마고단(麻姑壇)[53]은 지리산은 노고단과 큰 차이는 없을 것이다. 중국에서 마고신앙은 삼국시대 신선신앙과 결부지어 등장하는 경우가 많다. 중국에서 마고는 젊은 아가씨이며, 여자 신선으로서 아름다운 미모의 여인이며, 다양한 신통력을 가진 소유자이다.[54] 이러한 마고의 모습을 지리산 천왕봉에서 찾아볼 수 있다. (B)-②의 "천왕봉 정상에 올라갔다가 키가 크고 힘센 여성을 보았다."는 내용은 마고 같은 성모천왕의 모습이다.

마고는 전국 각지에서 다양하게 등장하고 있다. 신격은 마고할미이다. 마고할미는 도술을 잘 부리고, 신이한 능력의 소유자로서 힘이 세고 거구의 모습이다. 우리나라에서도 삼국시대에 노구가 등장하는 것을 보면, 마고신앙도 삼국시대까지 올라간다고 해도 틀리지는 않을 것이다. 따라서 지리산권에서도 마고계통의 노고신이 삼국시대 산신으로 존재하였으며, 통일신라 이후 불교 수용으로 노고산신이 성모천왕으로 승격되었다고 본다. 지리산권에서 등장하는 할미, 홀어미 산신은 마고계통의 노구·노고로 보이고, 통일신라 이후 경주지역의 도불적 산신숭배가 지리산권으로 이동해와 백의관음보살로 전환된 것으로 보인다.

요약하건데, 지리산 산신의 구분은 통일신라 시기에 9주 5소경 설치와 삼산오악의 배치를 분기점으로 본다. 남원경과 남악 배치 이전에 지리산 산신은 마고 같은 신격의 노고가 산신의 중심이었으나, 통일신라 이후 도불 계통의 선도산 성모대왕이 지리산 산신으로 자리를 잡았다고 본다. 그

---

52 『撫州南城縣麻姑山仙壇記』, 「…南城縣有麻姑山 頂有古壇 相傳云…」.
53 서영대, 「한국과 중국의 마고신」, 변산반도 해양문화포럼 발표문(부안) 참고, 2007.
54 서영대, 앞의 논문 참조.

후로 지리산의 산신은 관음산신의 성격을 강하게 띠었다고 본다. 이러한 사실은 선도산 성모가 우아하고 아름다운 자태를 가졌고 빛깔이 비취색 구슬로 쪽진머리를 장식한 모습(風婷約 珠翠飾鬢)이라는 표현으로 알 수 있는데, 이 모습은 마고의 자태와도 흡사한 모습이다. 그러나 라말려초 이후에 지리산의 성모천왕은 고려시대 백의관음신앙을 더 강하게 받았다고 볼 수 있다.[55] 이를 입증하는 것이 지리산 천왕봉 성모사에 봉안된 백의여상이 말해준다. 다른 한편으로 이 백의여상은 도고상으로 구현되어 여원치 마애불에도 등장하였다고 본다.

굳이 계통을 구분한다면, 노고단의 노고신은 도교 계통의 마고 산신이라 할 수 있으며, 천왕봉의 성모천왕은 불교 계통의 관음산신이라 할 수 있다. 그러나 라말려초의 시대적 배경이 그러하듯이 도교와 불교가 분리되지 않은 중국의 도불계 산신숭배가 신라 경주에 이입되고 그러한 산신신앙이 지리산으로 이동해와 도불적 성모천왕으로 자리를 잡은 것이다. 그리하여 고려시대 민간불교가 융성하던 시기에 관음신앙과 노고산신이 결합한 관음산신이 지리산 천왕봉의 산신이었다고 본다. 지리산권에서는 마고신앙의 영향으로 노고와 동일한 노모, 마고, 노고, 노구, 도고, 대모 등의 명칭이 오늘날까지 전해오고 있다. 아울러 라말려초기에 이러한 노고신앙적 바탕위에 선도산 성모대왕 계통의 도불적 산신들이 지리산권에서 다양한 마애불들이 조성되는 동기를 유발하였다고 본다.

---

55 송화섭, 「한국고대사회에서 성모와 노구」, 『백산학보』 64집, 2002.

6. 한반도의 성산, 지리산

지리산권에는 마고계통의 노고・노구신과 신모계통의 성모천왕이 있다. 먼저 노고신은 노고단을 중심으로 할미성, 합미성, 홀머니산성 등에서 산신으로 등장하고 있다.

이러한 노고 산신은 삼국시대 수호신의 전통을 가진 산신이며, 이러한 산신 신앙의 기반 위에 통일신라기에 5소경과 삼산오악이 배치되면서 경주 선도산의 도불적 산악숭배가 지리산으로 이식되어 성모천왕이 성립되었다고 본다. 경주의 삼산여신과 선도산 성모가 지리산으로 이식되었다는 사실은 여원치 마애불을 예로 들었다. 이처럼 선도산의 성모대왕이 남원경의 남악으로 이동해 와 지리산의 성모천왕이 되었으며, 삼산여신의 모습은 여원치 마애불에 스며있다. 여원치 마애불은 지리산에서 경주계 불교적 산악숭배의 전형을 보여주는 대표적 불교유적이다. 통일신라 이후 고려, 조선시대에 걸쳐서 지리산 성모천왕의 실체에 대한 논란을 지속해왔으나, 지리산 천왕봉의 성모사에 봉안된 "흰옷을 입은 여상"이란 사실에서 백의관음보살을 성모천왕의 중심에 자리 잡았다고 보았다. 이 백의여상은 돌에 흙을 입힌 여선상이었고 도불적인 여신상이었던 것이다.

천왕봉의 여상은 여원치 마애불과 같은 여상이다. 천왕봉의 성모천왕상은 백의관음보살이 산신으로 응신하여 하얀 옷을 입은 여성으로 다룬 것이라면, 여원치 마애불은 마고계통의 여자 신선이 불상으로 구현되었다고 보여진다. 그러나 도불은 분리되는 것이 아니라 미분화된 산신으로서, 경주 선도산 성모가 여선상으로 묘사되었듯이 지리산의 성모천왕도 백의관음보살과 도고상으로 다룬 것은 도불의 미분화를 상징한다.

Chapter ❺ 『심청전』 인당수의 역사민속학적 고찰

1. 『심청전』의 시대적 배경

국내에서 심청은 18세기에 쓰여진 『심청전』에 처음 등장하지만, 『심청전』의 첫들머리는 송태조입국지초(宋太祖立國之初)[1]로 시작된다.

송의 태조는 960년에 즉위하여 975년까지 재위하였으므로, 『심청전』의 시대적 배경은 960년대(고려 광종 11년, 峻豊元年)초라 할 수 있다. 『심청전』의 본질은 중국 남경상인들이 고려시대에 개성으로 오고가던 항해상에서 겪은 인신공희의식을 설화로 엮은 것이다. 『심청전』 중반부에 심청은 공양미 300석을 사찰에 시주하기로 하고 남경상인들에게 팔려가 인당수에 몸을 던져 바다 속 용궁에 갔다가 다시 인당수 해역에서 연꽃 위에 환생한다는 내용이 핵심이다. 이 남경상인들이 주로 왕래하는 항로는 중국 항주만에서 한반도 서남부로 올라오는 황해남부 사단항로이며, 인당수도 그 항로상에 위치하는 것으로 보아야 한다.

---

[1] 송동본 1장에는 송태조입국지초에서 좀 더 구체적으로 대송원풍년간이라는 시기가 좀 더 구체적이다. 송나라의 元豊年間이면, 1078년에서 1085년 사이를 말한다. 이 시기는 고려 문종 32년에서 선종 2년 기간이다.

『심청전』의 공간 배경은 서해상이고, 시간적 배경은 라말려초이다. 환황해권에서 라말려초기의 항로는 황해 중부 횡단항로와 황해 남부 사단항로가 가장 빈번한 해양교통이었다. 두 항로는 모두 중국을 오가는 바닷길로서, 풍랑으로 항해가 매우 어려운 지점에서는 해신에게 제사를 지내는 관행이 있었고, 그곳은 인당수와 관련이 있다고 보여진다. 그동안 심청 연구는 국문학적인 시각에서 근원설화와 텍스트를 분석하는 경향이었으며,[2] 주로 효녀 심청에 포커스가 맞추어져 있었다. 그러다 보니 인당수에 관하여 집중적인 연구[3]가 쉽지 않았다. 이 글에서는 송과 고려의 해양 교류사적 관점에서 해상항로에 위치하는 인당수란 어떠한 곳이고, 그곳에서 어떠한 방식의 인신공희가 전개되었는지 살펴보고, 심청이가 해신으로 환생하였다는 해양신앙의 관점에서 이야기를 풀어가고자 한다.

2. 『심청전』 인당수의 내용 분석

『심청전』에서 인당수라는 명칭이 등장하는 곳은 크게 4단락으로 나누어

---

[2] 그동안 대표적인 심청전 연구는 송경락, 「심청전연구」(고려대 대학원 석사논문, 1967), 신동익, 「심청전의 설화적 고찰」, 『육사논문집』 7집(서울, 1969), 인권환, 「심청전 연구사와 그 문제점」, 『한국학보』 9집(일지사, 1977), 정하영, 「심청전의 제재적 근원에 관한 연구」(서울대학원 논문, 1983), 조동일, 「심청전의 비장과 골계」, 『계명논총』 7집(계명대, 1971), 황패강, 「심청전의 구조」, 『한국학보』 7집(일조각, 1977), 최운식, 『심청전 연구』(집문당, 1982), 유영대, 『심청전연구』(문학아카데미, 1989) 등이다. 이와 같은 국문학계의 심청전 연구는 판본 연구, 근원설화, 효의 주제, 설화적 텍스트 의미 분석에 중점을 둔 경향이었다. 심청전의 배경설화에 대한 현장조사연구는 최운식이 1995년 백령도에서 심청전설을 조사한 결과를 「백령도지역의 '심청전설' 연구」, 『한국민속학보』 제7호,(한국민속학회, 1996)에 보고하였고, 2000년에는 전남 곡성군의 학술용역에 따라 연세대학교 사회발전연구소가 『효녀 심청의 역사적·국문학적 고증』이라는 현장조사보고서를 펴냈다. 이 보고서는 심청전에 등장하는 심청을 곡성 출신의 실존인물이라고 밝혀보려는 의도를 둔 시론적 성격이 강한 보고서에 지나지 않는다. 이와 같은 심청전의 지역 연구는 예산군과 충남발전연구원 부설 충남역사문화연구소가 펴낸 『예산군의 효행과 우애』, 예산)이라는 보고서도 있다. 이 보고서에는 사재동, 「'원홍장전'의 실상과 '심청전'의 관계」, 허원기는 「심청전의 근원설화와 원홍장이야기」를 연구 보고하였다.

[3] 인당수에 관한 본격적인 연구는 없으나, 최운식은 1995년 백령도의 현지조사에서 '인당수의 위치와 특징'을 「백령도지역의 '심청전설' 연구」, 『한국민속학보』 7호에서 처음으로 밝혀놓았다.

정리해볼 수 있다.

(가) 우리는 남경 뱃사람들입니다. 인당수의 용왕님은 사람을 제물로 받기 때문에 온몸에 흠하나 없고 효성과 정절을 갖춘 행동을 하는 십오 세나 십육 세 먹은 처녀가 있으면 많을 돈을 주고 살 것이니 있으면 대답을 하시오! 뱃사람들은 소리 높여 외쳤다. "몸 팔처녀 없습니까." 심청이 이 말을 반겨듣고 외쳤다. "저기 가는 저 어른들! 이런 몸도 사겠소?"⁴

(나) "이윽고 배가 한 곳에 당도하였는데 이곳이 인당수였다. 폭풍우가 크게 일어나고 바다의 용들이 싸우는 듯, 벼락이 내려치는 듯, 크고 넓은 바다 한가운데 바람이 불어 큰 파도가 일어나고 폭풍우에 안개마저 자욱하게 끼어 있었다. 갈 길은 천리만리나 남고 사방이 검게 저물어 어두워지고 하늘과 땅이 소리 없이 잠기었다. 사나운 물살은 떠들어와 배 앞부분에 탕탕 부딪히고 물결이 우르르르르 출렁거렸다. 선장의 명령을 듣고 사공 몇몇이 몹시 허둥대며 돛을 달아올리고 단을 놓고 고사지낼 물건들을 차렸다. 한 섬의 쌀로 밥을 짓고 소한마리를 잡고 동이에 물을 가득 담았다. 다섯 색깔의 탕국과 세 가지 색깔의 과일을 방향 찾아 갈라놓고 산돼지 잡아 큰칼 꽂아 기고 있는 것처럼 받쳐놓았다. 그리고는 심청을 목욕시켜 깨끗한 옷을 갈아입혀 뱃머리에 앉혔다. 선장은 옷과 관을 갖추어 차리고 북채를 두 손에 쥐고 북을 두드렸다. (…중략…) 뱃머리에서 심청은 샛별 같은 눈을 감고 치마폭을 무릅쓰고 끝없이 넓고 푸른 바다의 갈매기처럼 떳다 물에 풍! 빠졌다.⁵

(다) 오늘 열두시에 하늘이 낸 큰 효녀인 심낭자가 인당수로 들것이니 여덟 선녀로 하여금 호위하게 하여 수정궁에 모셨다가 인간세상으로 되돌려 보내되 시각을 조금이라도 어기거나 물 한 점을 묻히거나 모시기를 잘못하면 남해용왕은 큰 벌을 받을 것이

---

4 이태영·최동현·유종국 외, 『현대어역본 심청가』, 민속원, 2005, 191면.
5 이태영·최동현·유종국 외, 위의 책, 206면.

며, 수국의 모든 신하들은 죄를 면치 못하리라! (중략) 남해용왕이 옥황상제에게 명령을 받고 심청을 되돌려 보낼때에 연꽃봉오리에 고이 모시고 두 선녀로 하여금 모시게 하였다. 두 선녀가 정성스럽게 아침 저녁으로 심청의 식사를 받들어 모셨으며 두 선녀가 정성스럽게 아침 저녁으로 심청의 식사를 받들었으며, 황금과 구슬 등의 보배를 많이 갖추어 들고 함께 인당수로 나왔다. 바다에 연꽃봉오리가 꿈같이 번뜻했다."[6]

(라) 남경으로 장사를 떠났던 뱃사람들은 억십만금의 이익을 내고 고국으로 돌아오다 인당수에 도착하였다. 인당수에서 용왕께 제사를 지내고 다시 제물을 정성스럽게 차려 심낭자의 혼을 불러 슬픈 말로 위로하였다."[7]는 내용이 있다.

(가), (나), (다), (라)의 인당수 관련 내용을 정리해보면 다음과 같다.

(가)는 심청이를 인당수 용왕에게 제물로 바치려는 주체는 남경[8] 상인들이다. 남경 상인들이 항해 도중 풍랑을 만나 어느 섬이나 육지에 정박하고서 인신제물을 구하는 광경이다. 이때가 송태조입국지초라 하였으니 960년경이다. 고려 광종 11년(峻豊元年)이다. 송대에 중국 남경 상인들이 고려 수도 개성으로 향하는 도중 항로상에서 거친 풍랑을 만나 대피한 뒤에 해신에 바칠 제물로 처녀를 구하는 내용이다.

(나)는 남경 상인들이 항해 도중 배 위에서 폭풍우와 사나운 풍랑으로 위태로운 상황에 빠지자 해신에게 제사상을 차려놓고 심청이를 바다에 빠뜨리는 직전의 광경이다. 상인들이 직접 선상에서 해신에게 제사를 지내는 모습이지만, 제물을 차린 제사상을 보면, 마치 해안마을에서 소와 돼지를

---

6 이태영·최동현·유종국 외, 앞의 책, 209면.
7 이태영·최동현·유종국 외, 위의 책, 215면.
8 남경(南京)은 중국 송의 수도이다. 북경에 대비하여 남쪽의 수도라는 의미를 갖고 있다. 이곳은 항주만과 연결된 양자강 강안에 위치한 해상교통의 출발지이기도 하다.

잡고 무당이 주도하는 서해안의 풍어제를 연상시켜준다. 소를 잡을 정도라면 큰 별신굿이다. 『심청전』에서 항해를 하다가 풍랑을 만나 뱃길의 안전과 풍랑을 잠재우려는 고사 내용이지만, 내용상으로는 어촌에서 지내는 해신제를 기술한 내용이다. 아직도 서해안의 별신굿형 풍어제에서는 소와 돼지를 제물로 사용하는 곳이 많다.

(다)는 심청이가 인당수에 몸을 던진 후의 용궁 이야기이다. 심청이가 몸을 던진 곳이 인당수라면, 용궁은 인당수 아래에 있다고 보아야 한다. 연꽃봉오리가 피어난 그 해역에 용궁의 수정궁이 있다는 것이다. 옥황상제는 남해용왕에게 용궁의 수정궁에 잘 모셨다가 인간세상으로 다시 돌려보내라는 분부를 내린다. 남해용왕은 심청이를 인간세상에 돌려보낼 때 황금과 구슬 등 보배를 많이 갖춰 연꽃봉오리에 고이 모셔 인당수에 돌려보내고 있다. 심청이는 용궁에서 진귀한 보물을 몸에 장식하고 인당수에 화려하게 환생한다. 바다 위의 연꽃봉오리[9]에 환생한 심청은 황후가 아니라 해신(海神)이었다. 남경 상인들이 다시 귀환하면서 인당수에 이르러 다시 심청에게 제사를 지내고 있다. 이는 인당수가 해로상에서 특정한 해역에 위치하고 있음을 의미한다.

(라)에서 "남경으로 장사를 떠났던 상인들이⋯⋯"에서 남경은 개경으로 바꾸어 보아야 한다. 심청이를 돈주고 산 사람들은 남경 상인들이다. 중국 남경 상인들이 배를 타고 개성으로 향하다가 항해 도중에 용왕의 제물로 심청을 구하여 인당수에 빠뜨렸으니, 남경 상인들이 향한 곳은 고려의 수도 개성이다. 고려의 수도 개성을 개경(開京)이라 불렀다. 남경의 뱃사람들이 개성으로 장사를 갔다가 엄청난 돈을 벌어 고국으로 돌아가는 귀로에

---

9 연꽃이 바다에서 필수는 없다. 연꽃이 가진 불타세계의 상징이라면, 인당수의 해역은 연화양(蓮花洋), 연화세계라는 상징적인 공간으로 보아야 한다.

다시 인당수에 들어서 심청에게 간단한 고사를 지낸다는 내용이다. 따라서 『심청전』의 인당수는 중국 남경에서 고려의 개성 사이에 위치하는 항로상에서 찾는 것이 옳다.

    이 내용은 다음과 같은 줄거리로 요약된다.
    고려시대에 중국의 남경 상인들이 황해 남부의 사단항로를 이용하여 고려의 수도 개성으로 장사를 하러 다녔는데, 풍랑이 매우 심한 인당수에 이르러서 사람을 용왕에게 희생 제물로 바치는 제사를 봉행하고, 개성에서 많은 돈을 벌어서 다시 귀환하던 길에 인당수에 들러서 심청의 혼을 불러 위로의 제사를 지냈다는 내용이다.
    그렇다면 핵심 포인트는 고려시대에 중국 남경에서 고려 개성으로 향하는 해양항로와 항로상에서 폭풍우가 일어날 때 풍랑이 심한 인당수 해역, 사람을 희생 제물로 바다에 빠뜨리는 인신공희라 할 수 있다. 이 세 가지를 밝힌다면 『심청전』의 근원적인 배경이 밝혀지리라 본다. 그럼 먼저 역사기록으로 등장하는 인신공희의 사실을 살핀 뒤에 환황해권의 항로상에서 인당수의 위치를 찾아보고자 한다.

3. 역사 속의 인신공희와 인당수

1) 통일신라시대의 인신공희

    통일신라시대에 인신공희의 역사는 『화랑세기』 예원공조와 『삼국유사』 기이편 제이 진성여왕 거타지조에 등장한다.

(마) 그때 풍랑을 만났는데 뱃사람이 여자를 바다에 빠뜨리면 된다고 생각하였다. 공이 막으며 "인명은 지극히 중한 데 어찌 함부로 죽이겠는가?" 하였다. 그때 양도 또한 선화로서 같이 배를 타고 있었는데, 다투어 말하기를 "형은 여자를 중하게 여기기 때문에 주공을 중하게 여기지 않습니까? 만약 위험하면 장차 어떻게 하시겠습니까?" 하였다. 공이 침착하게 말하기를 "위험하면 함께 위험하고 안전하면 함께 안전하여야 한다. 어찌 사람을 죽여 삶을 꾀하겠는가?" 하였다. 말을 마치자 바람이 고요하여졌다. 사람들은 해신이 공의 말을 듣고 노여움을 풀었다고 생각하였다.[10]

(마) 내용은 진덕여왕 2년(태화 2년)인 648년의 일이다. 이 내용은 김춘추가 외교를 목적으로 당나라에 건너가는 도중에 일어난 이야기이다.

고구려와 백제의 협공을 받아 위기에 처한 신라가 당에 건너가 구원을 요청하는 긴박한 상황이었다. 당도 고구려에 대응하고자 신라와 친교관계를 갖는 것이 좋다는 판단 아래 김춘추가 나서서 당에 건너가 나당군사동맹을 맺게 되는 시점이다.[11] 이 시점은 삼국통일 이전이다. 김춘추는 남양만의 당항성에서 산동반도로 건너갔을 가능성이 크다. 당항성은 백제의 영토였으나 고구려의 공격으로 개로왕이 서거한 후 웅진으로 천도하면서 당항진을 내주었다. 백제는 신라와 라제동맹을 맺고 당항진을 회복하였으나 다시 진흥왕 시절에 신라에게 점유권을 빼앗기고 만다. 신라는 남양만의 당항성(黨項城 또는 唐城)[12]을 대당교통로로 활용하면서 당과 교역을 추진하고 신라의 국제적인 위상을 높였다.

---

10 『花郎世記』風月主 禮元公條.
「途遇風浪 舟人以爲女可入海 公拒之曰 人命至重 豈妄殺乎 時良圖亦以仙花同舟爭之曰 兄以重女而不重主公乎 若危則將奈何 公晏然曰危則俱危 安則俱安 寧有殺人而謨生乎 言訖而風靜 人以爲海神聞公之言而息怒」.
11 강봉룡·서의식, 『뿌리깊은 한국사 샘이깊은 이야기』, 통일신라·발해, 솔, 2002, 117면.
12 윤명철, 『고구려 산성과 해양방어체제 연구』, 백산자료원, 2000, 556면.

김춘추 일행이 당으로 건너갈 때, 당항성에서 출발하여 산동반도의 등주로 건너 간 것으로 보인다. 이 바닷길은 황해 중부 횡단항로인데, 이 바닷길은 한성백제 당시에 중국의 동진과 교섭하던 시기에도 이용하였던 해상항로이다.[13]

(마)는 삼국시대부터 서해를 건널 때에 해신에게 여자를 희생 제물로 바치는 관행이 있었음을 말해준다. 항해 도중에 풍랑이 일어나면, 여자를 해신에게 제물로 바치는 기왕의 관습이 있었는데, 어찌 고귀한 생명을 제물로 바치느냐 하면서 반대하는 내용이 함께 담겨있다. 따라서 신라시대에도 해신에게 인신공희하는 관습이 전해왔지만 부정적인 반작용도 있었음을 알 수 있다. 그렇다면 삼국통일 이전부터 황해 중부 횡단항로에는 여자를 해신에게 바치는 인당수가 있었음을 알 수 있다.

이와 같은 인당수 관련 내용은 삼국통일 이후에도 유효하다. 『삼국유사』 기이편의 진성여왕 거타지조에는 신라 사신이 황해 중부 횡단항로를 건너면서 풍랑을 만나서 인신공희의식을 거행하는 내용이 있다.

진성여왕 거타지 설화의 내용은 다음과 같다.

(바) 신라 진성여왕 때의 아찬 양패는 왕의 막내아들이었다. 당나라에 사신으로 갈 때, 후백제의 해적들이 津島에서 길을 막는다는 말을 듣고 활 잘 쏘는 사람 50명을 뽑아 따르게 하였다. 배가 鵠島에 이르니 풍랑이 크게 일어나 10여 일 동안 묵게 되었다. 양패는 이것을 근심하여 사람을 시켜서 점을 치게 하니, 섬에 있는 神池에 제사를 지내는 것이 좋겠다 하였다. 이에 못 위에 제물을 차려 놓으니, '못의 물'이 한 길이 이상이나 용솟음쳤다. 그날 밤 꿈에 한 노인이 나타나서, 활을 잘 쏘는 사람 하나를

---

13 윤명철, 『장보고시대의 해양활동과 동아지중해』, 학연문화사, 2002, 68면.

이 섬에 남겨두면 순풍을 얻을 것이라 하였다.

양패가 잠에서 깨어 그 일을 좌우에게 말하고, "누구를 남겨 두는 것이 좋겠소?" 하고 물으니, 여러 사람이 말했다. "木簡 50개에 각각 저희들의 이름을 써서 물에 넣어 제비를 뽑는 것이 좋겠습니다." 양패는 이 말을 따랐다. 군사 居陀知의 이름이 물에 잠기었으므로, 그 사람을 남겨두니 바람이 홀연히 일어나 배는 지체 없이 항진하였다. 거타지는 조심스럽게 섬 위에 서 있었다. 갑자기 노인 하나가 못에서 나오더니, 거타지에게 말했다. "나는 西海若이오. 사미가 해뜰 때에 하늘에서 내려와 陀羅尼의 주문을 외면서 못을 세 번 도는데, 우리 부부와 자손들이 물 위에 뜨게 되오. 그러면 사미승은 내 자손들의 간을 빼어서 다 먹어버렸습니다."

진성여왕 재위(887~896) 기간에 신라의 아찬 양패가 견당사로서 배를 타고 당나라로 건너가는 도중에 겪은 이야기이다.

아찬 양패 일행은 경기만에서 산동반도로 건너가는 황해 중부 횡단항로를 이용하고 있다. 이 항로는 경기만에서 출발하여 약간 북상한 후 옹진반도에서 백령도를 거쳐서 직횡단하여 산동반도의 등주 또는 석도로 들어가는 뱃길이다. (바)에서 양패 일행이 풍랑이 일어 정박한 곳이 혹도라는 곳이다. 혹도(鵠島)는 백령도를 가리킨다. 『신증동국여지승람』에 백령도는 원래 고구려의 혹도였는데, 고려시대에 백령진(白翎鎭)을 두었다는 기록이 있다. 혹도는 후삼국시대에도 황해 중부 횡단항로에서 매우 중요한 물표 역할을 하였던 섬으로 알려졌다. (바)에서 후백제 해적의 공격을 대비하기 위하여 활을 잘 쏘는 궁수 50명을 선발하여 따르게 하고 있다. 이 항로는 경기만 남부 당항성에서 출발한 배가 백령도(혹도)를 경유하여 산동반도의 등주로 향하는 해상항로이며, 이 항로상에서 풍랑을 만나 신지에서 해신에게

제사를 지내고 있다.[14]

아찬 양패의 일행이 황해 중부 횡단항로를 건너다가 풍랑을 만나 백령도에서 10여 일 동안 머물면서 점을 치고 신지(神池)에서 해신제를 지낸다. 해신제를 지내자 신지의 물이 한 길이나 용솟음 치고 있다. 해신이 희생제물을 요구한다는 뜻일 게다. 양패가 꿈을 꾸었는데, 노인이 등장하여 풍랑을 진정시키려면 활을 잘 쏘는 사람을 남겨놓기를 요청하고 있다. 그리하여 양패는 궁수 50인에게 목간에 이름을 써넣어 바다 위에 띄워놓고서 그 가운데 가라앉는 목간의 주인공이 백령도에 남도록 하였다. 거타지의 목간이 잠기고, 그는 백령도에 남게 된다. (바)에서 점을 치고 목간에 이름을 써서 바다에 수장시키는 행위는 사람을 해신에게 제물로 바치는 상징성을 갖고 있다. 여기에서 희생의 대상은 여자가 아닌 남자다.

그동안 고려시대 서해안의 해저유물이 발굴되면서 고려청자와 목간이 동반 출토하는 경우가 많았다. (바)의 내용처럼 통일신라 말에 당나라로 건너가는 사람들이 목간에 이름을 쓰고 점친 관행이 있었던 것은 해저유물의 목간 출토를 통해서 입증되고 있다. (마)처럼 항해상에서 여자를 인신공희 하는 풍속이 있었는가 하면, (바)처럼 군사(남자)를 인신공희하는 관행도 있었다고 본다. 이 인신공희를 하는 공간은 백령도 해역의 신지이다. 이 신지가 황해 중부 횡단항로상에서 인당수할 수 있다. 인당수의 백령도설의 근원이 신지이다. 통일신라시대 경기만 당항성에서 출발하거나, 고려시대 개성의 예성강 벽란도에서 출발하여 등주 또는 밀주, 석도를 향하여 항해하려면 백령도 앞바다를 지나는 직항로를 이용해야 한다. (마)의 김춘추 일행도 백령도 신지를 지나가면서 풍랑을 만나 인신공희의 필요성을 느꼈고,

---

[14] 윤명철, 앞의 책, 394면.

(바)에서도 목간투장으로 대신하였지만, 거타지가 섬에 남은 것은 인신공희의 간접표현이다.

(마), (바)는 통일신라시대 경기만 당항성에서 황해 중부 횡단항로를 통하여 산동성 등주항으로 가는 바닷길이며, 항로상에서 백령도를 경유하고 그 해역의 신지(神池)에서 해신제를 지낸 것이다. 따라서 백령도의 신지는 『심청전』의 인당수와 같은 곳으로 볼 수 있다.

2) 고려시대의 인신공희

고려시대 중국과 해상교통로는 산동성보다는 절강성에 비중이 높아진다. 통일신라시대 장보고의 해상활동이 등주, 석도, 밀주 등 산동반도 중심으로 전개되었다면, 고려시대의 해상교통은 복건성의 천주, 절강성의 항주, 소주, 명주 등 항주만을 중심으로 전개되었다. 이러한 배경에는 두 가지 요인이 있다. 하나는 해양교통의 발달로 아라비아 상인들이 인도양을 넘어 자바, 수마트라, 캄보디아 등 남해 일대까지 상업시장을 확대되면서 8세기에 남중국의 무역시장이 활발히 전개되었다는 점이다.[15]

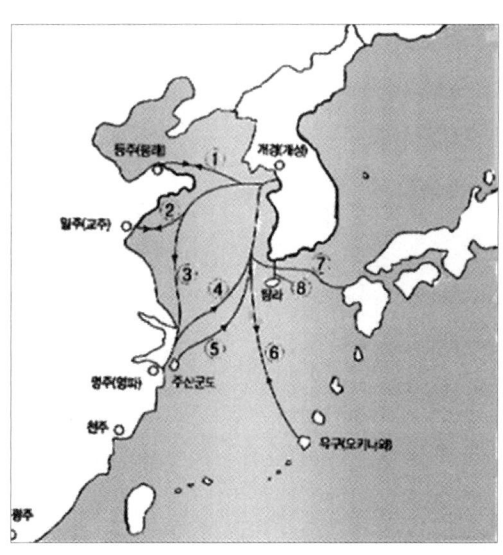

고려시대(10~14C)의 동아지중해 무역항로

---

15 김문경, 「7~10세기 신라와 강남의 문화교섭」, 『중국의 강남사회와 한중교섭』, 집문당, 1997, 148면.

다른 하나는 송 태조의 영향이 크다. 후주를 계승한 송의 태조 조광윤은 친위부대인 금군조직과 회수에서 양자강에 이르는 해안의 소금 생산지를 인수받아 군사력과 경제력을 갖춘 막강한 왕조를 건설한다. 송 태조는 해상무역을 중시하는 해양정책을 강력하게 추진한다. 그는 왕조의 건국 직후에 상세의 규례를 정하고 971년에 무역업을 전담하는 시박사(市舶司)를 광주, 천주, 항주, 명주, 밀주 등에 설치하여 해상무역정책을 강력하게 추진하였다.[16] 이러한 해양무역의 활성화로 아라비아 상인들은 해양실크로드라는 남해로를 따라 중국해역을 징검다리로 하여 대규모 상단이 고려에 내왕하기도 했고, 중국의 무역상들이 직접 대규모의 상단을 꾸려 고려와 무역을 주도하였다. 고려시대 100~300여 명을 태운 공무역선이 해상교역을 주도하였는가 하면, 송상(宋商)들과 아라비아, 동남아 상인들의 민간교역도 활발하게 전개되었다.

『고려사』에 따르면, 1012년부터 1278년까지 266년간 송나라 상인이 129회에 걸쳐 5,000명이 왔다. 이때 온 상인들은 절강성, 복건성, 광동성 등 주로 강남 출신이었다.[17] 이처럼 중국의 강남지역과 고려 사이에 해상교역이 빈번해졌고, 강남 상인들이 고려로 건너오는 정기항로의 활성화와 그에 따른 해양문화도 발달하였다고 본다. 강남 상인들은 두 해상항로를 주로 이용하였다. 하나는 동중국해 사단항로이다. 이 항로는 광동성과 복건성 상인들은 주산군도 보타도에서 배를 타고서 소흑산도를 거쳐서 변산반도의 위도, 고군산도 등을 거쳐 개성으로 향하는 바닷길이고, 다른 항로는 황해 남부 사단항로이다. 이 항로는 항주만의 소주, 항주, 명주의 무역상들이 월주계에서 출발하여 소흑산도와 위도, 고군산도를 경유하여 예성강 벽란도

---

16 강봉룡, 『바다에 새겨진 한국사』, 한얼미디어, 2005, 184면.
17 김상기, 「고려의 해상활동」, 『동방사논총』, 서울대출판부, 1984, 453면.

로 향하는 바닷길이었다.

　송은 고려와 교역에 필요한 편의를 돕고자 명주에 고려와 교역을 전담하는 고려사(高麗司)를 설치하고, 고려관(高麗館)을 건립하기도 하였다.[18] 그만큼 송과 고려는 공무역과 민간무역이 성행하였고, 명주에서 출발하여 주산군도 보타도에서 바람을 타고 건너오면서 인적, 물적, 문화적 교류도 발달하였다고 본다. 이를 기념하듯 최근 한중 양국은 고려관을 영파(명주)에 복원해놓았다.

　고려시대의 인신공희는 『심청전』이 대표적이다. 『심청전』이 비록 조선시대에 소설로서 작품의 완성도를 높였을지라도, 『심청전』의 첫들머리는 "宋太祖立國之初"로 시작된다. 송태조(960~975) 입국지초를 첫들머리에 제시한 것은 『심청전』 근원설화의 시대적 배경이 고려시대라는 점을 강조하려는 의도가 있다. 『심청전』에 등장하는 남경 상인들은 항주만의 명주, 소주, 항주항에서 출발하는 송상(宋商)을 총칭하는 것으로 보인다. 양자강 하구에 위치한 송의 수도 남경은 항주만과 주산군도, 승사열도까지의 해상권을 장악하고 있었다고 보아야 한다. 이 해역에서 출발하는 무역상들은 모두가 남경 상인들이었다. 이들은 황해 남부 사단항로를 이용하였다.

　이 해상항로의 탐험기록이 서긍의 『선화봉시고려도경』 해도편에 실려 있다. 서긍의 일행은 명주항을 떠나 정해현을 지나 주산군도에 당도하여 바람을 기다렸다가 배가 출항하면 흑수양과 백수양을 거쳐서 협계산을 지나 흑산도를 거쳐서 위도와 군산도에 도착하게 된다. 그리고 잠시 머물렀다가 다시 항해를 계속하여 조수를 따라 예성강 하구의 벽란정에 이르는 항로였다. 서긍 일행이 항해 도중 황수양과 흑수양에서 해난 좌초의 위험

---

18 강봉룡, 앞의 책, 194면.

과 폭풍랑을 만나 죽을 고비를 넘기는 내용이 있다.

『선화봉사고려도경』의 해도편에 실린 흑수양의 관련 내용이다. "흑수양 즉 북해양이다. 그 색이 검어서 생긴 이름으로 검은색이 먹물색이었다. 갑자기 그것을 보면 정신과 담력을 모두 잃게 된다. 성난 파도가 치면 그 높이가 마치 우뚝 솟은 만산과 같고 밤이 되면 파도 사이가 불처럼 밝게 빛난다. 배가 파도 위로 올라갈 때에는 바다가 있음을 느끼지 못하고 오직 밝은 해를 볼 수 있을 따름이다. 그러나 배가 파도 밑에 있을 때에는 전후의 수세를 바라보면 높이 하늘을 가리며 위장이 뒤집히고 헐떡거리는 숨만이 겨우 남아 있어 쓰러져 구토하고 먹은 음식은 목구멍으로 넘어가지 않는다."[19]고 하였다. 옛날에는 이 흑수양에서 선박들이 자주 조난을 당했음을 알 수 있다.

바로 흑수양이 『심청전』의 인당수와 같은 곳이다. 『심청전』에서 심청이가 인당수에 몸을 던진 곳도 폭풍우가 일고, 해룡이 싸우는 듯, 벼락이 내려치는 듯이 큰 파도가 일고, 폭풍우에 안개마저 끼어[20] 도저히 항해를 할 수 없는 상황에서 심청이를 해신에게 제물로 바치고 있다. 흑수양과 인당수는 해난 위험이 높은 곳이라는 점에서는 동일하다.

손화군은 중국의 뱃사람들도 이곳을 지날 때 처녀를 바다에 빠뜨려 제사를 지낸 인당수로 보고 있다. 그는 심청을 바다에 제사지냈던 인당수가 절강성 바깥 바다에 있으며 주산군도에서 한국으로 왕래하는 길목에 위치한다는 임중국설과 임한국설을 주장하고 있다. 임중국설은 흑수양 일대라고 하며, 임한국설은 한반도 서해안 변산반도의 인근해라는 주장이다.[21] 그는

---

19 徐兢, 『宣和奉使高麗圖經』 卷34 海道一篇.
　黑水洋 卽北海洋也 其色黯湛淵淪 正黑如墨 猝然視之 心膽俱喪怒濤噴簿 屹如萬山 遇夜則波間 熠熠其明如火 方其舟之升在波上也 不覺有海 惟 見天日明快 及降在窪中 仰望前後水勢 其高蒼空 腸胃騰倒 喘息僅存 顚仆吐嘔 粒食不下咽.
20 이태영・최동현・유종국 외, 앞의 책, 206면.
21 孫和軍, "“水仙信仰”与“沈淸祭海”的文化關聯", 2007년 변산반도 해양문화포럼 발표문(2007. 10 전주).

인당수는 물이 깊고 바람과 물살과 파도를 예측할 수 없는 해역을 말하는 것이며, 항주만 밖 흑수양의 용왕신에게 인신공희를 거행하였던 곳으로 인식하고 있다. 남경 상인들이 심청이를 인당수에 인신공희한 것은 용왕제의 유형으로 보아야 한다.

4. 환황해권의 해상항로와 인당수

1) 백령도의 인당수

백령도는 한반도 서해상에서 가장 북쪽에 위치하는 섬이다. 백령도 주민은 백령도와 장산곶 사이에 심청이 바다에 빠진 곳이라는 '인당수' 또는 '임당수'가 위치한다고 말한다. 백령도는 장산곶과 약 15km 정도 떨어져 있는데, 물살이 매우 세기 때문에 배들이 함부로 통행하기 어려운 곳이라고 한다. 이 해역은 썰물과 밀물이 들어가고 나가면서 서로 부딪혀 놀란 파도처럼 성난 물결처럼 소용돌이치는 곳이라고 한다.[22] (바)의 진성여왕의 아들 양패도 중국 산동반도의 등주로 향할 때 백령도 앞바다 인당수가 위치하는 해역을 통과하면서 인신공희와 흡사한 해신제를 지냈다. 그곳은 해난의 위험이 매우 높은 황해 중부 횡단항로의 관문이다.

최운식 교수가 채록한 백령도 인당수 이야기를 옮겨보면 다음과 같다.

> (사) 임당수는 아시지요. 소설의 무대 자체는 여기가 아니더라도 임당수는 인정이 되는 것이지요. 거기는 파도가 높고 그래서 미국

---

22 최운식, 「백령도 지역의 『심청전』설' 연구」, 『한국민속학보』 7집, 한국민속학회, 1996, 476면.

의 피지엠(PGM)도 여기는 통과하지 못합니다. 밖으로 돌아야 돼요. 엄청나게 파도가 쎕니다. 그렇다면 그 당시 소설이들 뭐든 간에 그 당시 배들이 거기를 임의 통과하지 못했다는 것은 말할것도 없지요. 지금도 마찬가지이니까요. 지금도 북한 군함도 거기를 통과하지 못합니다. 밖으로 돌아야 됩니다. 그곳이 장산곶인데, 지리적으로 그렇고 물도 그렇습니다. 장산곶 앞에 인당수라는 곳이 있는데, 그 곳에서 옛날에 상인들이 제사를 지냈다고 하는 그런 얘기를 들었어요. 장산곶 앞에 물살이 센 곳이 있는데, 장산곶 앞에 인당수라 하는 곳이 있는데, 우리 마을에 연세 드신 분이 계신데, 장산곶에 어업하며 다니셨거든요. 60여 년 전에, 그 때는 지금 같이 통제도 안하고 그러니깐, 그곳까지 어업을 하러 다녔대요. 쳐다보면 장산곶이 가깝고 백령도가 먼 정도로 어업을 나갔단 말이에요. 거기는 그 역시 물이 돈대요. 빙빙. 우리 듣던 얘기로는 물이 돌고 그러니깐, 옛날에 장사 다니던 상선들이 자주 침몰되니깐 제를 지냈다고, 그런 얘기를 들었어요.[23]

예부터 백령도와 장산곶 사이의 해문은 풍랑이 심했던 곳임을 말해준다. 이 해역을 지나는 선박들은 해난도피처나 중간기항지로 백령도에 정박하는 게 일쑤였다고 보여진다. 진성여왕 아들 양패 일행이 7일간 백령도에 정박하였던 것도 거친 풍랑 때문이었다. 백령도와 장산곶 사이의 해문의 난관으로 이곳을 지나는 배들은 해신에게 제사를 지내는 관행이 오랫동안 지속되었다고 보여진다. (바)에서 "섬의 신지에 제사를 지내기 위하여 제물을 차려놓으니 못의 물이 한 길이나 용솟음쳤다."는 내용에서 바로 그 신지(神池)가 풍랑을 일으키는 해신의 처소로서 인당수라 할 수 있다. 인당수는 심청이 빠진 곳이라는 인식보다는 해신이 풍랑을 일으키는 신지라는 믿음이

---

23 최운식, 앞의 논문, 477면.

전제되어야 한다. 신지의 해신은 해룡(海龍)을 지칭한다. 즉 해룡은 바다의 용왕으로 해용왕이라 부르기도 한다. 못에서 거대한 물기둥이 수면으로 용솟음치는 것을 해상의 허리케인으로 용화수(龍化水)라 하고,[24] 바다에서 검은 폭풍이 지나가면서 일어나는 회오리바람을 용권풍(龍卷風)이라고[25] 한다. 신지에서 용솟음친 것도 이러한 유형일 것이다.

양패 일행이 백령도에서 일주일을 머물면서 물이 한길이나 용솟음쳤다는 것도 용화수였던 것으로 추정된다. 이러한 용화수와 용권풍을 일으키는 주체가 해용왕이라고 믿어왔던 것이다. 통일신라 시절에도 백령도 신지의 용왕제를 지내고, 궁수들의 이름을 쓴 목간을 수장시키는 인명공희의식을 행한 후에 거타지를 섬에 남겨놓는 것도 용왕제의 한 유형으로 보아야 한다.

용왕에게 숫총각을 희생 제물로 바쳤다는 전설이 백령도에서 전해오고 있다.

(아) 연화리에서 용이 하늘로 승천한 연후에 중국 상인이 상선을 타고 연화리로 왔는데, 연화리 포구로 들어와서 배를 정박시키고, 물을 얻으려고 하였답니다. 연화리 동네 쪽으로 약 350미터쯤 떨어진 곳에 먹을 물이 솟는 샘이 있었습니다. 그런데 중국 사람들이 들어오기만 하면, 바다 물결이 높아지므로, 이곳에 온 중국 사람들은 나가가 위해서 해룡에게 제사를 지내곤 하였답니다. 그 중국 배는 물을 얻으러 연화리에 왔다가 풍랑이 심해 떠나지 못하고 있었는데, 선장의 꿈에 백발노인이 말하더랍니다.
"젊은 남자를 숫총각을 연화리에 떨궈 놓고 가거라."
꿈에서 깬 선장이 숫총각 하나를 해신에게 바치고 제사지내는 폭으로 내려놓으면서
"너, 저기 있는 샘에 가서 물을 길어 오너라."

---
24 나승만・이경엽・이윤선 외, 『중국의 섬과 민속Ⅰ』, 민속원, 2007, 25면.
25 나승만・이경엽・이윤선 외, 위의 책, 60면.

하고 샘쪽으로 보내자, 파도가 잔잔해졌습니다.

그 틈을 이용하여 선장은 배를 출발시켰어요. '삐걱삐걱' 노를 저으며 가는데,

그 총각이 "나를 데리고 가시오. 나를 여기에 두면 죽으라는 것 아닙니까?" 하고 소리쳤습니다. 그런 선장은 모른 체하고 갔답니다. 중국으로 돌아간 선장은 총각을 백령도에 두고 온 것이 늘 마음에 걸려 그 곳에 가보고 싶었으나, 다시 올 기회가 없었대요. 그로부터 한 20여 년이 지난 어느 날, 친구가 조선에 간다고 하였습니다. 그는 조선에 가는 친구 선장에게 "조선에 가면 '백령도'라는 곳이 있는데 꼭 찾아가 보라."고 하면서, 연화리 방향을 가르쳐 주었답니다.

그 친구가 배를 저어 그 총각을 버린 곳, 연화리인 듯한 백령도 서해안에 당도해보니, 머리와 털이 짐승처럼 뒤덮인 사람이 그 곳에 있었습니다. 제물로 바쳐진 그 총각은 혼이 빠진 것 같더랍니다. 그 샘 근처에서는 3년마다 숫총각이 죽곤 하였습니다. 이를 두고 사람들은 해신이 숫총각을 제물로 빼앗아 가는 것이라고 하였습니다. 이것은 숫처녀를 바다에 제물로 바치던 것과 같은 것이 아닌가 하고 저는 생각합니다.[26]

(아)에 따르면, 백령도의 해신은 중국 상인들이 연화리에 들어오면, 바다 물결이 높아지고 갑자기 풍랑이 심해져 항해를 못한다는 것이다. 해신이 인신공희를 요구한다는 뜻으로 받아들이고, 중국 상인들이 숫총각을 희생제물로 바쳤다는 내용으로 해석된다. 숫총각의 희생제물은 거타지를 희생제물로 삼는 것과 같은 방식인데, 신라뿐만 아니라 중국에서도 행해진 관습이었던 것 같다. 황해 중부 횡단항로를 항해하는 신라와 중국 상인들은 백령도와 장산곶 사이를 항해하면서 신지에 제사지내는 관행이 있었던 것

---

26 최운식, 앞의 논문, 488면.

이다. (바)에서 거타지를 인신공희의 대상으로 삼은 것처럼, (아)에서 숫총각을 해신에게 희생 제물로 바치고 있다. 이 사실은 해신에게 인신공희의 대상이 처녀가 아니라 총각이라는 사실이다.

(바)에서 양패의 꿈에 노인이 나타나서 순풍의 조건을 활을 잘 쏘는 사람 하나를 섬에 남겨두는 것이었다. (아)에서도 중국 상선의 선장이 선원 가운데 숫총각을 연화리에 내려놓아야 출항할 수 있는 것은 같이 이치이다. "木簡 50개에 각각 저희들의 이름을 써서 물에 넣어 제비를 뽑는 것이 좋겠습니다." 하였고, 거타지(居陀知)의 이름이 물에 잠기었으므로, 그 사람을 남겨두니 홀연히 바람이 일어나 배는 지체 없이 항진하였다. 거타지의 목간이 신지에 가라앉은 것은 거타지를 바다에 희생시키는 것과 같은 상징적 의미가 있다.

여기에서 (바), (아)의 공통점은 꿈에 노인이 현몽하여 인도하는 방식이 같고, 그의 뜻에 따라 건장한 남자를 용왕에게 희생 제물로 바치는 것도 같다. 이러한 인신공희의 역사가 백령도 인당수의 전설 배경과 동기였을 것이다.

백령도의 신지 또는 인당수에 바쳐지는 인신공희의 대상은 심청과 같은 처녀가 아니라 숫총각이란 점이다. 백령도의 인당수와 심청의 관련성이 있다고 단정 짓기는 쉽지 않지만, 풍랑을 일으키는 해신에게 인신공희의 제사방식을 취했다는 것과 중국 상인이 인신공희하는 주체라는 점에서는 『심청전』과 백령도의 인신공희설화는 흡사한 점이 있다. 따라서 인당수는 반드시 처녀와 총각을 구분 없이 인신공희하는 공간이었음을 알 수 있다. 중국의 『영파시지』에는 어린 남녀 한 명을 제물로 바쳤다는 기록[27]을 보면 인

---

27 『伕飛靈翼廟碑記』, 「…境民以一童男女祭之 得之則安 否則爲害甚大…」.

신공희의 대상으로 남녀의 구분이 없었다고 본다.

또 다른 문제로서 (바), (아)에서 똑같이 꿈에 나타나서 인신공희의 제의를 이끄는 노인(老人)은 누구일까 하는 점이다. (바)의 거타지 설화에서는 노인이 스스로 말하기를 자신이 서해야(西海若)라고 밝히고 있다. 서해야는 해용왕과 다른 존재로 보아야 한다. 서해야는 서해의 해신이라는 뜻인데, 若는 반야(般若)를 뜻하는 것으로 봐야한다. 그렇다면 서해의 해신은 불교적 해신이라 할 수 있다. 그렇다면 그 노인이 할머니인지, 할아버지인지 알 도리는 없지만, 중국의 해양계 관음연기설화에 비유해보면 노인은 할머니(老婆)일 가능성이 높다. 중국 해양신앙의 성지인 주산군도의 보타산에서 해신으로 등장하는 노파는 백의관음보살이 응화신한 것인데,[28] 백령도 신지의 서해야도 백의관음보살이 응화신하여 노인으로 나투었다고 본다.

2) 변산반도 임수도의 인당수

변산반도의 대중국 바닷길은 동중국해 사단항로와 황해 사단항로와 연결되어 있다. 중국 주산군도 또는 항주만에서 출발하는 배는 흑수양을 지나 흑산도를 경유하여 변산반도 격포와 위도 사이를 통과한다. 이러한 항로는 격포에 위치하는 죽막동 해양제사유적이 말해준다. 격포와 위도 사이 해역을 서해의 관문[29]이라고 하는데 그 곳에 임수도라는 섬이 있고, 임수도와 촛대바위 사이의 해역을 '인당수'라고 부른다. 위도 사람들은 이곳을 심

---

28 송화섭, 『백제의 민속』, 주류성, 2006, 145면.
 송화섭, 『백제의 제의와 종교』, 백제문화사대계 연구총서 13권, 충청남도 역사문화연구원, 2007, 81면.
29 『朝鮮王朝實錄』, 正朝實錄 15年 8月.
 「格浦則斗入海 前臨七山之洋 皆控兩湖之界 至有行宮之設置 且稱烽臺之壯觀 可知爲海門要衝」.

청이가 빠진 인당수로 믿고 있다. 이 곳 인당수에서 불과 배로는 3분 거리, 거리상으로는 400여 미터 해역은 유난히 수심이 깊고 바닷물이 빙빙 돈다는 곳이다. 그곳에서 폭풍우의 조짐이 일어나 해상주의보가 발령될 때에는 조류가 세어지고 삼각 파도가 일어나면서 바닷물이 빙빙 도는 모습이 눈으로 확인된다고 한다.[30] 이곳이

변산반도와 위도

백령도의 신지(神池)와 비슷한 곳으로, 물결이 빙빙 돌아 해난 사고의 위험이 높은 곳이다. 실제 1992년 위도를 떠난 훼리호가 임수도 옆을 지나다가 전복되어 수백 명의 인명사고를 낸 바 있다.

따라서 변산반도의 임수도에는 인당수가 있고, 그곳이 백령도의 신지와 비슷한 해역으로 폭풍랑이 크게 일어나는 곳이다. 변산반도의 인당수는 황해 남부 사단항로와 동중국해 사단항로의 항로상의 길목에 위치하고 있다. 이 두 항로는 중국 절강성 밖의 황수양과 흑수양을 거쳐 서해바다로 접어들면 반드시 변산반도와 군산도를 경유하여 개성으로 향하는 항로이다. 송 상들이 개성에서 남경으로 되돌아 갈 때에도 같은 항로를 이용한다.

송의 사신으로 개성으로 향하던 서긍이 위도에 정박하여 물을 구하고 있다. 정박 이유는 동풍이 크게 일어나 항해를 할 수 없다는 것이다.[31] 이 사실은 위도가 두 사단항로에서 중간 기항지 또는 해난대피소 같은 곳이었음

---

30 부안군 진서면 곰소항 거주 김수영(59세) 증언(전 부안어업지도선 선장).
31 『宣和奉使高麗圖經』 卷36 해도3.
「…是日抛泊此苫 麗人拏舟載水來獻以米謝之 東風大作不能前進遂泊焉」.

위도 치도리 앞바다에서 인양한 석인상

을 말해준다. 『대동지지』에도 위도에서 바람을 이용하여 배를 띄우면 중국으로 갈 수 있다고 하였다.[32] 그만큼 격포와 위도 사이의 인당수는 해난사고의 위험이 높아 위도에 정박하는 일이 많았던 것이다. 이처럼 변산반도의 바닷길은 한·중 해상교류상에서 매우 중요한 항로지점이었고, 수심이 깊고 물이 빙빙 돌아 역류하는 곳으로 폭풍우가 일어나는 위험한 곳이었다.

백령도 인당수에서 인명목간을 수장시키는 방식과 같은 상징적 인신공희가 임수도의 인당수에서도 행해졌다. 이러한 인신공희는 위도 치도리에서 발견된 석인상이 입증해주고 있다. 최근 위도의 해안도로를 조성하다가 바다 속에서 대리석 석인상 7구가 인양되었다. 이 석인상은 홀을 든 높이 1m 크기의 인형상인데, 문관석과 흡사하다. 위도 주민들은 이 대리석은 위도와 부안지역에서 생산되지 않는 석재라고 말한다. 위도 주민들은 이 석인상이 변산반도와 위도 사이의 바닷길을 지나는 중국 상인들이 인신공희의 방식으로 대리석 인형상을 바다에 던진 것으로 추정하고 있다. (바)에서 인명목간(人名木簡)을 수장(水藏)시키는 것과 같은 방식이다. 진성여왕 때에 인명목간의 거타지와 백령도의 숫총각을 해용왕에게 인신공희하는 것처럼 부안 임당수의 앞바다에서도 남자석인상을 수장시킨 것으로 보인다. 이 대리석 인형상은 주산군도에서 출발한 중국 상인들이 임수도

---

32 『大東地志』扶安縣.
　「謂島得便風而直帆則其亦中國」.

옆을 지나다가 바다에 던져 투장시킨 것으로 보인다.

부안군청 문화재담당 학예연구관 김종운 박사의 고증에 따르면, 이 대리석 인형상의 복식은 송나라 시기의 복식으로 판명되었다고 한다. 그렇다면 고려시대 중국 강남지역의 무역상인들이 개성과 연결된 예성강 벽란도를 향하여 항해하는 도중 변산반도 앞바다에서 대리석 인형상을 투장하는 관행이 행해졌음이 분명하다. 이러한 관행은 중국 주산군도의 영파에서도 행해졌다고 한다. 중국에서는 유교사상의 영향으로 여성의

치도리 앞바다에서 인양된 석인상

지위가 낮아 어린 여자아이를 바다제사의 제물로 바쳐지는 관행이 있었다고 한다. 이러한 관행은 후대에 법률로 전면 금지시켰으며, 그 후에는 살아있는 사람 대신에 가축이나 돌로 만든 사람, 귀중한 물건을 바다에 던져 제사지내는 방식으로 대체되었다고 한다.[33]

중국 영파의 주산군도에서 사람대신에 돌로 만든 인형상을 바다에 던지는 해양제사문화가 행해졌는데, 이러한 석인상 투장문화를 가진 중국 남경 상인들이 변산반도 위도 해역을 지나다가 해신제를 지내는 방식으로 바다에 던졌다고 보는 것이 가장 합리적이다. 현재 7구의 인형상을 바다에서

---

33 孫和軍, 「"水仙信仰"与"沈淸祭海"的文化關聯」, 2007년 변산반도 해양문화포럼 발표문.

건져 올렸는데 앞으로도 더 많이 인양될 가능성이 높다. 한중 해양교류사에서 대리석 인형상이 발견된 것은 처음 있는 일이다. 『삼국유사』 거타지 설화에서 인명목간을 바다에 수장시키는 것과 백령도에서 숫총각을 해용왕에게 희생 제물로 바쳤다는 것과 변산반도 임수도에서 대리석으로 만든 남자인형상을 만들어 수장시키는 것은 동일하다. 여기에서는 인신공희의 대상이 남자라는 공통점이 있다.

5. 『심청전』 인당수와 인신공희의 해양문화적 성격

1) 인당수의 해양문화적 성격

『심청전』 인당수의 해양문화적 성격을 역사적 배경, 해양항로, 남경상인, 해신제, 성년 등 몇 가지 관점에서 정리해보고자 한다.

첫째, 『심청전』의 시대적 배경이다.
『심청전』의 출현 시기는 18세기로 알려졌으나, 『심청전』의 역사적 배경은 "송태조 입국지초"라고 기술하고 있다. 중국 송의 태조(960~975)는 고려 초에 해당하는 시기이다. 중국의 송태조는 즉위하자 강력한 해양진흥정책을 취하고, 점차 고려와 해상교역이 크게 발달해 간다. 12세기 초에는 중국의 공무역 외에 민간무역도 크게 성행하여 송상들이 사단항로를 타고 빈번하게 개성을 오고갔다고 본다. 그 과정에서 항해하는 도중에 폭풍우를 만나면 해신제를 지내고 중국식의 해양신앙도 한반도 서해안에 유포시켰다고 본다.

조선시대 태종-세종 연간에 해양방어체제의 일한으로 해금공도(海禁空島) 정책을 취하였지만, 민간무역은 소규모로 조선후기까지 지속되었다고 본다.[34] 이러한 고려시대의 해양문화적 배경에서 『심청전』의 작품이 생성되기 시작했다고 본다. 『심청전』이 쓰여지던 18세기는 해금정책이 취해진 상태였다는 점을 감안하면, 『심청전』 첫들머리에 왜 "송태조 입국지초"가 쓰여졌는지를 상기해 볼 필요성이 있다. 따라서 『심청전』에 등장하는 인당수와 인신공희는 고려시대에 중국 송나라와 고려와의 해상교역 과정에서 교류 속에서 성립된 해양신앙의 한 유형이라고 본다.

둘째, 『심청전』에서 남경상인들이 다닌 해양항로이다.

신라 말 고려 초 중국과 열린 바닷길의 교통망은 황해 중부 사단항로와 동중국해 사단항로 및 황해사단항로였다. 황해 중부 횡단항로는 당항진에서 산동반도의 등주(봉래성)로 향하는 항로이고, 황해 사단항로는 개성 예성강 벽란도에서 중국 주산군도와 연결된 항로이다. 『심청전』에 등장하는 남경상인들은 항주만의 남경에서 출발하여 황해사단항로를 타고 고려로 향하였으며, 이 무역선들은 변산반도의 앞 바다를 통과하여 예성강을 거슬러 올라가 개성으로 향하였다.

중국과 연결된 사단항로는 항주만 남경에서 출발하는 황해 남부 사단항로와 영파 주산군도에서 출발하는 동중국해 사단항로가 있다. 황해 남부 사단항로는 항주만에서 승사열도로 건너가 바람을 기다렸다가 항해를 시작하면 흑산도 해역을 지나 위도와 군산도를 경유하는 항로이다. 동중국해 사단항로는 중국 주산군도에서 서해바다를 건너오면 흑산도를 경유하여 곧바로 변산반도 위도, 고군산도에 들어오는 직항로이다.[35] 고려 사신으로 온

---

34 강봉룡, 『바다에 새겨진 한국사』, 한얼미디어, 2005, 298면.
35 윤명철, 『한민족의 해양활동과 동아지중해』, 학연출판사, 2002, 236면.

송의 서긍은 이 뱃길의 탐사기를 『선화봉사 고려도경』 해도편에 기록해놓았다. 서긍은 위도를 고섬섬(고슴도치섬)이라고 표현하였다. 『심청전』의 남경상인들은 황해 남부 사단항로를 타고 항해를 하다가 중간 기항지인 위도에 정박하였다가 잠시 쉰 뒤 다시 개성으로 향하였다.

셋째, 남경 상인들이 인당수에 넣을 15세 처녀를 구한다는 내용이다.

인당수는 송의 남경과 고려의 개경 사이에 오가면서 항로상에 위치하고, 남경 상인들이 활용하였던 황해 남부 사단항로에서 거친 파도의 풍랑이 자주 일어나는 곳에 인당수가 있어야 한다. 현재 전설상 서해에서 인당수라고 알려진 곳은 백령도와 위도이다. 백령도와 장산곶 사이에 인당수가 위치하고, 격포와 위도 사이에도 인당수가 위치한다고 볼 수 있다. 그러나 백령도는 황해 중부 횡단항로이기에 황해 남부 사단항로의 뱃길과는 다르다. 남경 상인들은 고려에 오고가려면 반드시 경유하거나 정박하는 곳이 위도이다. 그런 점에서 남경 상인들이 15세의 처녀를 구하였던 곳도 변산반도로 볼 수 있다.

넷째, 심청이가 15세 처녀라는 점은 미성년을 희생 제물로 삼았다는 것이다. 15세 미만은 중국측의 동남녀(童男女)와 같은 의미를 갖는다. 15세 미만은 미성년자로서 성인에 이르지 못한 나이이다. 이러한 미성년을 희생으로 삼은 것은 원시고대적이었던 것 같다.[36] 또한 남경 상인들이 15세 미만의 처녀를 인제수로 구하였다는 것은 한국과 중국의 공통적인 인식이었던 것 같다.

---

36 『삼국지』 위지동이전에 미소년들이 집단으로 모의농작행위를 하면서 할례(割禮)하는 의식이 나타나고, 백제시대 수리시설인 김제 벽골제를 축조하는 데 단아낭자가 용의 제물로 바쳐지고 있다.

2) 인신공희의 해양문화적 성격

인신공희의 대상은 남자와 여자의 두 형이 있다. 통일신라시대 진성여왕 시절에 황해 중부 횡단항로를 건너가면서 인명목간을 바다에 수장시키는 것과 백령도의 전설 가운데 숫총각을 해신에게 희생시키는 것은 같은 맥락이다. 『심청전』에서 심청은 미소녀이다. 심청이가 인당수에 투신하듯이 통일신라시대에 바다에 빠지는 처녀이야기가 『송고승전』에 등장한다. 『송고승전』 권4 신라국 의상전에 실린 내용가운데 의상과 선묘 이야기 일부를 발췌하여 인용한다.

> 과연 선묘가 일신전념 기도드리던 바는 의상대사가 보는 칭찬불가사의한 데에 있었던가. 아니면 어린 소녀의 일인지라 의상이 돌아올 날이 있기를 크신 부처님의 힘에 빌고 있었던 것은 아니었던가. 의상대사를 선창 길에서 보았다는 소식을 듣자 선묘는 미친 듯이 부두로 달려간다. 그러나 대사가 탄 배는 이미 앞바다에 떠가고 있다. 선묘는 옷함을 옮겨 들고 그것을 바다로 던진다. 의상이 돌아올 날이 있기를 기다리며 그 날을 위하여 정성을 다해서 마련해 놓은 법복들이 갖추어 들어있는 함이다. 풍랑이 이는 바다를 향해서 선묘도 그 뒤를 따라 몸을 던지고 만다. 선묘의 어린 넋은 용이 되었다. 이 용은 황해의 거친 파도로부터 의상대사의 안전을 지켰다. 신라로 돌아온 의상대사는 온 나라에 화엄불교를 홍포하기 위한 복선지지를 태백산에 점복한다. 그러나 무수한 소승잡배들이 이를 막고 방해하는 것이나, 여기서도 일대신변이 일어난다. 선묘의 어리고 착한 넋은 사방 십리 넓이의 대반석이 되어 공중에 떠서 소승의 무리들을 쫓고 의상대사의 화엄불교를 길이 수호하는 것이었다.[37]

---

37 민영규, 「義相과 善妙」, 『四川講壇』, 민족사, 1997, 90면.

앞의 내용 가운데 "풍랑이 이는 바다를 향해서 선묘도 그 뒤를 따라 몸을 던지고 만다. 선묘의 어린 넋은 용이 되었다. 이 용은 황해의 거친 파도로부터 의상대사의 안전을 지켰다."는 내용에서 선묘는 바다에 몸을 던져 희생하는 인신공희의 모습을 보여주는 동시에 용신(龍神)으로 환생하여 의상이 타고 가는 배를 호위하고 있다. 용으로 환생한 선묘는 해상의 거친 파도를 잠재우며 의상대사를 안전하게 귀국하도록 도와주고 있다. 선묘이야기는 통일신라를 배경으로 문헌설화에 등장한다. 이 설화는 통일신라기 한국과 중국 사이에 공유하였던 인신공희설화라 할 수 있다.

심청이가 바다에 투신한 뒤에 해신으로 환생하는 것처럼 선묘도 용으로 환생하여 의상이 가는 뱃길의 안전을 돌보아주고 있다. 선묘이야기는 심청이가 인당수에 몸을 던져 풍랑을 잠재우고 남경상인들의 안전항해를 돕는 것과 같은 스토리이다. 의상대사가 당에서 귀국선을 타고 신라로 향할 때에 선묘가 바다에 몸을 던진 것도 심청의 인신공희와 흡사하고, 선묘가 용으로 환생하였다면 심청은 바다 위에서 연꽃봉오리에 여신(女神)으로 환생하였다는 것도 비슷하다. 『심청전』의 설화 배경이 송태조 입국초기라는 점에서 심청설화와 선묘설화는 거의 같은 시기에 성립된 해양신앙의 한 유형이라고 본다.

6. 변산반도의 해양민속과 심청의 관련성

『심청전』에서 심청은 연꽃봉오리에서 해신으로 환생하고 있다. 심청은 생전에는 효녀였지만, 사후에는 해신으로 환생하여 인당수로 돌아왔다. 심청이가 빠진 곳이 인당수이며, 그 해역에 용궁이 있고 그곳에 용왕이 거처하는 것으로 보아야 한다. 심청이 다시 인당수로 돌아올 때에는 연꽃봉오리에서 환생하고 있다면, 인당수는 '연꽃이 피는 바다'라고 보아야 한다. 풍랑이 심한 인당수를 연화바다(蓮花洋)라고 하기에는 어울리지 않는다. 연화양은 바다에 펼쳐진 불타의 세계를 의미한다고 본다. 중국 동중국해 사단항로의 출발지인 주산군도의 보타도 앞 바다를 연화양(蓮花洋)이라 부른다. 보타도가 해수관음신앙의 성지이기에 섬의 앞바다를 장엄한 불타의 세계라는 의미에서 연화양으로 표현하였다고 본다. 백령도의 신지 해역에 연꽃바위가 있고, 그 해역이 바다에 연꽃이 피어 있는 모습[38]이라고 표현하고 있는 것도 같은 이치라고 본다.

연화양은 인당수의 불교적 해석이다. 연꽃이 피지 못하는 바다와 암초를 연화양, 연꽃바위라고 표현한 것은 불교적 해신이 관장하는 해역이란 상징성을 내포하고 있다고 본다. (바)에서 노인이 서해야(西海若)라고 자칭한 것도 불교적 해신을 뜻한다. 심청의 환생을 상징적으로 묘사하기 위하여 탄생과 회생을 상징하는 연꽃[39]을 등장시킨 게 아니라, 연꽃 위에 선 심청이는 망망대해에서 배의 항로안전을 돌보아주는 불교적 해신이라는 관점에서 보아야 한다. 바다 위에 핀 연꽃에 선 심청은 고려시대에 성행하였던 백의관음보살상의 화신으로 보인다.

『법화경』 관세음보살보문품에 따르면, "금·은·유리·자거·마노·산호·호박·진주 등의 보물을 구하기 위하여 큰 바다에 들어갔을 때 가령 폭풍이 불어 그 배가 아귀인 나찰들의 나라에 떠내려가더라도 그 가운데 한 사람이라도 관세음보살의 이름을 부르는 이가 있다면, 이 사람들은 다 나찰들의 재난에서 벗어날 수 있으리니."라는 내용이 있다. 재물을 구하려

---

38 최운식, 앞의 논문 참조.
39 강우방, 「불상광배의 빛과 연꽃」, 『우리문화에 피어난 연꽃』, 국립공주박물관, 2004.

바다를 항해하는 남경 상인들은 당연히 관음신앙을 숭봉하였을 것이다. 해수관음신앙의 성지인 보타산에서 출항하던 송상들은 보타락가산 계통의 관음신앙을 고려에 유포시켰다고 해도 과언이 아니다.

고려시대에 제작된 백의관음보살도는 대체로 관음보살이 암벽을 배경으로 바위에 걸쳐 앉아 있는 모습이 많다. 이러한 불화의 전체적인 구도는 보타락가산을 백의관음보살도라는 데 별다른 이의가 없다. 이러한 좌상 외에 바다의 파도 위에서 연잎 또는 연꽃을 딛고 선 백의관음보살도도 있다. 이 그림은 바다에 핀 연꽃 위에 선 심청상을 연상할 수 있는 백의관음보살도로서 고려시대에 이후에 한반도 서남해안에서 등장하고 있다. 이러한 백의관음보살도가 강진 무위사와 고창 선운사의 벽화에서도 나타난다. 서긍이 항해 도중 정박하였다는 줄포만과 위도에서도 바다에서 연꽃을 발로 딛고 서 있는 백의관음보살의 모습을 찾아볼 수 있다.

이러한 그림이 동중국해 및 황해남부의 사단항로상에서 중간기항지인 위도 원당에서 발견되었다. 원당(願堂)은 위도 대리마을의 해신당이다. 이 해신당을 원당이라 하고, 원당의 주신이 '원당마누라'이다. 원당의 당신도 가운데 주신(主神)이라 할 수 있는 '원당마누라' 그림(圖)의 모습이 백의관음보살이다. 현재 마을 당신도에서 백의관음보살이 당신도로 등장하는 곳은 대리 원당 밖에 없다. 이 원당마누라도는 현재까지 우리나라 해신당 가운데 유일한 백의관음보살의 모습으로 그려져 있다.[40]

원당은 관음보살을 봉안하는 원통전(圓通殿)의 줄임말일 수 있으며, 원당(願堂)일 수도 있다. 본인의 판단으로 원당(圓堂)은 민간신앙화된 원통전이라고 생각된다. 대리 주민들이 지금도 매년 원당제를 지내는 것은 고려시대

---

40 송화섭, 「변산반도의 관음신앙」, 『지방사와 지방문화』, 제5권 2호, 2002.

의 무역상들의 전통으로 볼 수 있다. 고려시대에 송의 사신 서긍이 사단항로를 따라 올라오다가 위도에 정박하는 내용이『선화봉사고려도경』에 등장한다. 그리고 무역상들이 개성에서 귀국할 때에도 위도에서 바람을 이용해 다시 출발하고 있다. 고려시대 황해 남부 사단항로를 이용하는 사신선과 무역선들이 위도를 기항지로 정박하였거나 해난대피소로 활용하였으며,[41] 그 과정에서 관음신앙은 당연히 전파시켰다고 보아야 한다.

중국 주산군도 보타도와 승사열도에서도 마을관음신앙이 성행하였으며, 이러한 해양신앙이 위도에 직수입되었다고 본다. 항주만 해역에서 출발하는 상인들은 해상항로 안전을 담당하는 해신으로 해수관음보살을 숭배하였을 것이며, 그러한 해양신앙이 변산반도의 위도에 전파되었다고 보는 것이다. 고려시대에 중국 상인들이 위도에 정박한 곳은 대리, 진리 마을 일대로 추정된다. 왜냐하면 해안지리적 지형이 배가 정박하기에 좋은 조건을 갖추고 있으며, 위도의 해신당이 이 세 마을에 위치하고 있는 데서 단서를 찾을 수 있다. 고려시대 중국 상인들이 위도에 백의관음신앙을 전파시켰으며,[42] 원당마누라의 '백의관음보살' 모습이 그것을 입증해준다.

이 백의관음보살이 바다 파도물결 위에서 활짝 핀 연꽃 위에 서있는 모습은 심청이가 인당수에서 환생하여 서 있는 모습을 연상시키기에 충분하다. 심청이가 백의관음보살의 화신이라는 관점은, 그녀가 인당수로 돌아올 때 관음보살처럼 "황금과 구슬 등의 보배를 많이 갖추었다."[43]는 장식 사실에서도 유추 해석할 수 있다.

이와 함께 임수도의 해역이 인당수라는 사실은 위도 바닷가에서 건져 올

---

41 윤명철,『한민족 해양활동과 동아지중해』, 235면.
42 김윤인,「고려후기 관음도에 관한 연구」, 대구카톨릭대학교 석사학위논문.
43 이태영·최동현·유종국 외,『현대어 역본 심청가』, 215면.

위도 원당의 백의관음보살 당신도

린 대리석 인형상이 구체적인 증거로 제시되었다.

위도의 치도리 바닷가에서 대리석 인형상이 7개가 발견되었는데 앞으로 더 많은 석인상들이 발견될 가능성이 높다. 석인형상은 약 높이 1m 정도의 크기인데, 위도의 치도리 바닷가에서 해안도로를 내면서 건져 올린 것이지만, 기본적으로는 임수도의 인당수에 던진 것이 조류에 의해 위도까지 밀려온 것으로 본다. 더욱 이 석인상들의 복식이 송나라의 관복 형태라는 점에서, 고려시대 중국의 남경 상인들이 사단항로를 타고 변산반도에 정박하였다가 임수도의 인당수에서 인신공희를 상징하는 제사의식을 거행하면서 석인형상을 바다에 투장한 것으로 본다.

중국 상인들이 인당수에서 제사를 지낼 때 무슨 해신에게 어떠한 의례를 행했는지를 가늠케 하는 해신제를 위도에서 찾아볼 수 있다. 고려시대에 중국의 상선들이 위도에 정박하였다면 치도리 해안이었고, 현재 그곳의 해신당에서는 매년 정월 초에 해신제가 봉행되고 있다. 특히 지금도 해신과 해신제의 전통이 강하게 전승되는 곳이 대리 마을이다. 대리 주민들은 정월 초사흗날 망제봉에 올라 원당에서 해신제사를 지내고, 부둣가에 내려와 용왕굿을 지내오고 있다. 이러한 해신제와 용왕굿의 관행은 고려시대부터 지속적으로 내려온 것으로 추정하고 있으며, 원당의 원당마누라 당신도가 백의관음보살상으로 그려진 것이 그러한 해석을 가능하게 하고 있다.

(바)의 내용처럼, 백령도의 신지에서 해신제를 지내고, 인명목간을 투장시키는 것과 위도의 인당수에서 원당마누라(백의관음보살)와 용왕에게 해신제를 지내고 석인형상을 바다에 투장시키는 것은 동일한 해양신앙의 유형이다. 따라서 황해 중부 횡단항로에는 백령도와 장산곶 사이의 신지를 인당수라 할 수 있으며, 황해 남부 사단항로의 길목에 있는 위도에도 인당수가 있다고 해도 틀린 것은 아니다. 두 곳의 신지에서는 수심이 깊고 빙빙 돌거나 거친 파도의 풍랑이 일어나 항해가 어려운 곳이 인당수라고 볼 수 있다. 이러한 관점에서 본다면, 서긍의 바닷길에 해난의 위험이 매우 높았던 흑수양에도 백령도의 신지와 비슷한 곳이라고 본다.

7. 인당수는 부안 위도 해역에 위치

역사 속에서 중국과 한반도 사이의 환황해에는 다양한 해상항로가 열려 있었다.

심청전의 설화 성립의 시대적 배경은 고려시대이다. 고려시대 해상항로는 서해상에서 산동반도와 연결된 횡단항로와 강남지역과 연결된 사단항로가 발달하였다. 그런데 심청전에 등장하는 남경 상인들이 이용하였던 항로는 황해 남부 사단항로 및 동중국해 사단항로였다. 고려시대에는 송의 수도였던 남경 중심의 항주만 일대에서 출발한 배가 가로질러 고려 수도 개성으로 향하는 게 일반적이었다. 이 사단항로는 송 태조의 해양진흥정책으로 송과 고려 사이에는 해상교역이 활발하게 전개된 국제항로였다. 송과 고려의 해상교역은 영파와 주산군도를 중심으로 동중국해 사단항로 또는 항주만을 중심으로 남경과 상해, 항주, 소주를 중심으로 황해 남부 사단항로를 통해 이뤄졌다. 고려시대 송의 사신 서긍이 이용하였던 항로도 황해 남부 사단항로였다. 이 두 사단항로상에 위도와 군산도가 있다. 따라서 『심청전』의 남경 상인들도 황해 남부 사단항로를 이용하였으며, 그들이 탄 상선들은 변산반도의 위도와 격포 사이를 통과하여 개성으로 향하게 되어있다. 그 사이에 임수도(臨水島)가 있고,[44] 그 해역에 인당수가 있다.

　『심청전』에 표현된 인당수는 폭풍우가 일어나고, 벼락이 내리치고 풍랑으로 큰 파도가 일어나고 짙은 안개로 항해가 어려운 곳이라 하였다. 이러한 인당수는 황해 중부 횡단항로의 길목인 백령도와 장산곶 사이와 황해 남부 사단항로 및 동중국해 사단항로의 길목인 격포와 위도에도 있다고 본다. 두 곳 모두 서해의 관문이라 할 수 있다. 이러한 사실은 역사적 기록을 통해서 확인되었다. 통일신라의 양패 사신들이 황해 중부 횡단항로를 이용하여 당으로 건너가다가 백령도 앞바다 신지에서 제사를 지내고 상징적인 인신공희로서 인명목간을 투장하고 있다. 이러한 의식은 변산반도의 위도에서 인양된 석인상을 투장하는 것과 동일한 해양신앙이라 할 수 있다. 인신공희의 대상은 바다의 용왕이다. 용왕은 바다에서 폭풍우를 일으켜 항해를 어렵게 만드는 주체이다. 따라서 항해상에서 물결이 사납게 빙빙 돌고 솟구쳐 해난사고의 위험이 높은 해역이 신지라 하고 그곳을 인당수라고 할 수 있다. 그곳의 용왕에게 인신공희를 한 것이다.

　이러한 인신공희는 삼국시대 이래 환황해권에서 행해졌으며, 실제 사람을 제물로 바치는 것보다 인명목간 또는 석인형상을 투장하는 방식이었다. 이와 더불어 중국 보타도에서 동중국해 사단항로를 이용하는 송나라 상인들은 바닷길의 안전을 위하여 관음신앙을 신봉하였으며, 이 해상들이 주산

---

[44] 임수도의 기록은 『호남읍지』 권2 부안현 위도진 편에 "임수도가 위도의 동쪽에 있고 수로상 40리"라고 기록하고 있다.

군도 보타락가산의 관음신앙을 한반도 서해안에 유포시켰고 변산반도에도 강하게 영향을 미쳤다고 본다. 두 사단항로의 출발지인 중국 절강성 주산군도와 승사열도의 관음신앙이 위도에 그대로 나타나고 있다. 위도 대리마을 원당의 원당마누라 당신도가 백의관음보살도로 그려진 것이 그러한 사실을 입증해준다. 이러한 고려시대 해양신앙과 중국 상인들이 항해문화에 기저를 두고 『심청전』이 태동하였다고 보는 것이며, 인당수는 중국 상인들이 이용하였던 횡단항로상에서 백령도와 사단항로상에서 위도에 위치하는 것으로 보아야 한다.

『심청전』의 첫들머리가 "송태조입국지초"로 시작된다는 사실을 곰곰이 되씹어본다면 이러한 전거들이 사실적으로 받아들이게 될 것이다.

Chapter ❻ 마을숲의 역사와 상징
- 수구막이숲을 중심으로

1. 마을숲의 역사

 이 글에서 마을숲은 전통마을의 입구의 전면에 조성된 수구막이숲을 대상으로 한다.
 마을숲은 마을의 생성과 더불어 처음부터 조성되었을 가능성이 높다. 따라서 마을숲의 역사는 마을의 역사라 할 수 있다. 그런데 현재 농촌에 분포하는 자연마을의 역사는 대체로 17~18세기 전후 시기까지 거슬러 올라가는 마을들이 대부분이다. 마을숲이 마을 형성과 동시에 조성되었다면 마을숲의 역사는 300여 년 밖에 되지 않는다. 그렇다고 마을숲의 역사가 300여 년 밖에 되지 않는다고 말할 수는 없다. 그렇다면 언제부터 마을숲이 생성된 것일까. 왜 생겨난 것일까 하는 문제이다.
 수구막이숲은 마을 입구의 수구에 띠 모양으로 나무를 심어 숲을 조성하는 풍수비보적 장치물을 말한다. 이러한 수구막이숲은 마을의 형성과 역사를 같이 한다고 본다. 인위적으로 조성된 마을숲에는 조선후기 취락형성의 원리와 배경이 스며있음에도 불구하고 마을숲의 시대적인 배경을 원시사회 및 고대국가 시기까지 올려 잡는 경향이 없지 않았다. 마을숲의 비보풍수 적용은 도선국사가 비보풍수를 도입한 라말려초 이후로 보아야 하고, 도선의 비보사탑설이 라말려초 이후 사찰과 석탑을 조성하는 원리와 방식을 제공하였다는 점을 간과해서는 안 될 것이다. 사찰을 창건하는 기준이 불교의 택지법에 명시되어 있다. 고려시대에는 도선국사의 택지이론에 맞지 않는 사찰 창건이 억제될 정도였다.

고려시대 사찰풍수가 왕업과 천도설 등 국도풍수에 영향을 미치고 조선시대에 읍치풍수와 마을풍수까지 내려온 과정을 살펴보면서 수구막이숲이 태동하는 시점을 밝혀보고자 하는 것이 이 글을 쓰는 목적이다.

마을숲에는 여러 유형이 있지만, 이 글에서는 풍수지리적 기능을 가진 수구막이숲을 중심으로 논지를 전개시키고자 한다. 마을 입구에는 수구막이숲과 관련하여 숲정이, 조산, 조탑거리로 불려지는 풍수비보적 장치물들이 있다. 수구막이는 수구를 막아준다는 뜻과 보완한다는 비보의 의미를 갖고 있는데, 풍수형국상 마을의 지세에서 공결(空缺)된 부분에 둑, 숲, 입석, 돌탑 등이 조성하여 보완하는 것을 말한다. 수구막이숲에 돌탑과 입석이 조성되는 것도 비보풍수의 기능을 강화하는 측면에서 바라보아야 한다. 수구막이숲이 비보풍수 차원에서 조성된 것이라면, 마을숲의 역사는 라말려초까지 거슬러 올라 갈 수 있다. 통일신라말 도선국사가 중국에서 비보풍수설을 들여온 뒤 전국에 수많은 사찰, 사탑이 비보사탑설에 따라 창건되었다.[1] 이 시기에 지방호족들이 선종불교를 선호하고 산수순역을 살피어

---

1 최병헌(1975), 도선의 생애와 라말려초의 풍수지리설, 한국사연구 11, 한국사연구회.

사찰이 들어서기 시작하였고, 사찰을 택지하는 방법론이 불경의 택지법에 명시되어 있다. 고려시대에는 불교의 택지법에 따르지 않는 사찰은 억제되었으며, 사찰을 관리하는 산천비보도감이 설치될 정도로 비보풍수가 발달했다. 고려시대에는 전 기간에 걸쳐 풍수지리가 융성했다고 볼 수 있다. 사찰의 택지법에는 사찰 외에 성읍, 취락, 주택까지 그 범위가 명시되어 있고, 조선시대 숭유억불정책에 따라 불교가 민속화 과정을 밟으면서 택지법이 고을과 마을까지 적용범위가 넓어졌다고 본다. 조선후기에 이르러 자연촌이 확산되면서 택지법이 적용되었다고 본다.

따라서 이 글에서는 수구막이숲의 조성 배경과 상징적 의미를 파악하는데 불교민속학적인 방법론으로 접근해보고자 한다.

2. 마을숲의 연구사 검토

그동안 마을숲 연구는 주로 조경학적인 관점에서 진행되어 왔다. 마을숲은 말 그대로 마을에 위치하는 숲을 말하는 것인데, 방풍림을 제외하고는 대체로 마을 입구에 조성된 수구막이숲을 연구 대상으로 하고 있다. 그동안 마을숲 연구를 크게 구분해보면, 자연 생태 및 식생이라는 관점과 풍수지리적 관점, 토속신앙이라는 관점에서 연구를 진행시켜 왔다.

박재철은 주로 마을숲의 수종과 식생에 관하여 집중 연구를 진행해왔으며,[2] 윤영활과 남연화는 현장의 숲자료를 토대로 마을숲의 역사성과 성황

---

2 박재철(1997), 전북 농어촌지역 마을숲과 해안숲의 비교 고찰, 한국전통조경학회지 23(2).
박재철·정경숙·김영숙·장혜화(2002), 영·호남 산간지역 정주생활권 마을숲의 비교, 한국전통조경학회지 30(1).
박재철·김명진·김진주·정완주(2004), 마을 비보숲 복원에 관한 연구, 한국전통조경학회지 22(2).

림, 신림의 성격을 규명하는 데 관심을 기울여왔으며,[3] 장동수와 김학범은 마을숲에 대한 시원적 배경와 문화적 가치를 고대에서 현재까지 살펴보면서, 마을숲의 역사성을 규명하는 방안으로 종교적 배경과 풍수지리, 경관까지 광범위한 마을숲 연구를 해왔다.[4] 신상섭은 전통마을의 숲은 복거사상에 따른 환경설계에 따라 이뤄진 것으로 보았으며, 삶터에는 풍수와 신앙과 종교와 환경생태가 복합적으로 일체화 된 경관자원이라는 측면에서 마을숲의 기능과 성격을 규명하는 연구를 진행해왔다.[5]

이상의 마을숲 연구는 마을공간에 위치하는 모든 숲을 대상으로 하고 있다. 마을숲은 크게 방풍림, 진산숲, 형국보완숲, 수구막이숲, 당숲, 정자숲 등의 유형으로 구분할 수 있다. 방풍림은 주로 해안지역의 어촌에서 바닷바람을 막기 위하여 조성하는 것이며, 진산숲, 형국보완숲, 수구막이숲은 주로 허한 곳을 보완하는 풍수비보와 관련이 있다. 당숲은 성황당 및 신당, 동제당이 있는 곳에 조성된 숲인데, 이 숲은 당을 영험스러움을 보완하는 신유림의 성격을 갖는 것으로 비보풍수와는 거리가 있으며, 정자숲 역시 루정과 모정에 나무를 심어 여름철 쉼터로서 그 기능을 강화하는 숲에 지나지 않는다.

마을숲 연구에서 중요한 것은 마을에 위치하는 숲 전체를 뭉뚱그려 연구하는 것보다 각각 숲의 기능과 성격을 명확하게 구분하여 그 고유성을 밝혀주는 작업이 중요하다. 숲속의 나무를 보듯이, 마을숲 속에 위치하는 입

박재철(2006), 마을숲의 개념, 전북의 아름다운 마을숲 10선, 우석대 자원개발 및 환경계획연구소.
박재철·노재현(2007), 전북지역 마을숲의 특성에 관한 연구, 전북의 아름다운 마을숲 10선, 우석대 자원개발 및 환경계획연구소.
3 남연화·윤영활(1999), 전통 마을숲의 유형과 특성에 관한 연구, 한국정원학회지 17(1).
　남연화·윤영활(2002), 시대적 배경을 통해서 본 마을숲의 변천과 보존, 한국정원학회지 20(2).
4 김학범·장동수(1993), 古文獻에 나타난 한국 마을숲의 시원에 관한 연구, 한국정원학회지 11(1).
　장동수·김학범(2005), 마을숲, 한국전통조경학회지 51.
5 신상섭(2007), 한국의 전통마을과 마을숲, 전북의 아름다운 마을숲 10선, 우석대 자원개발 및 환경계획연구소.

석, 돌탑, 돌거북 등과 마을 입구에 위치하는 장승, 짐대 등의 신앙물들이 마을숲과 동시에 조성된 것인지 선후 관계인지를 좀 더 구체적으로 밝혀줄 필요성이 있다. 엄밀하게 말한다면, 수구막이숲은 신앙의 대상물이 아니라 비보풍수의 장치물로서 그 기능과 성격이 다르다는 점이다. 자칫 각각의 개체를 전체로 묶어버리면, 개체의 고유성을 상실할 위험성이 높다는 점을 지적하지 않을 수 없다.

대체로 마을 입구에는 당산나무와 수구막이숲이 위치하는 게 보편적이다. 당산나무는 마을에서 수령이 가장 오래된 나무를 대상으로 한다. 수령이 오래된 나무는 그늘을 만들 만큼 규모도 크지만 영(靈)적인 나무로 인식하여 동제의 대상으로 삼는 경우가 많다. 그리하여 수종과 관계없이 당산제 및 고목제의 대상으로 섬기며 마을에서는 괴목(槐木)나무라고 부른다. 이 당산나무는 수구막이숲과 당숲과의 성격이 근본적으로 다르다. 물론 괴목나무 아래에 신당이 조성될 수 있지만, 그것은 당숲과 차이가 있다. 성황림과 당숲은 성황당과 동제당을 조성하고 그 공간을 성역화하고자 별도로 조성하는 신유림을 의미한다.

대체로 수구막이숲이 마을 전면에 조성되는 반면 당숲과 성황림은 마을 주산 아래에 위치하거나 마을에서 신성한 공간에 조성되는 경향이 있다. 이 글에서 마을숲 연구는 마을 입구에 위치하는 수구막이숲을 대상으로 할 것이며, 비보풍수의 관점에서 접근하고자 한다. 마을 입구와 숲에는 다양한 신상과 신체들이 조성되어 있지만, 이러한 신앙대상들은 마을숲과 본질적으로 무관하다고 생각한다. 기존의 마을숲 연구가 원시신앙 및 토착신앙, 유교사상과 연계시켜 해석하는 경향이 없지 않았지만, 이 글에서는 마을의 수구가 벌려져 허결한 곳에 조성된 수구막이숲을 대상으로 하면서, 이 수구막이숲이 불교의 택지법에서 비롯되었다는 관점을 제시하고자 한다.

3. 마을숲 조성의 배경과 전개

1) 배경

오늘날 농촌, 산촌의 마을들은 대체로 17세기 촌락분화 과정에서 생성된 곳이 많다. 16세기에서 17세기경에는 지연공동체로서 여러 개의 촌락들이 하나의 연합체적인 성격의 촌락집단을 형성하였으나 저지대의 평지를 개간하면서 경작촌이 생성되거나 동족촌에서 분가하거나 저지대로 이주하면서 촌락 분화가 급속하게 확산되어 갔다. 16세기 이전의 마을들은 대체로 구릉지대, 산경사면에 위치하는 곳이 많았는데, 17세기경부터 평지에 조성되는 경향이 나타난다. 이러한 현상은 벼농사의 경작지 확대와 관련되어 있다.

18세기 이후에는 사회경제적인 변화요인과 중앙정부가 추진하였던 면리제의 통치방식이 촌락 분화로 귀결될 수밖에 없었다.[6] 이러한 관점에서 본다면, 보편적으로 농촌 마을의 역사는 대체로 300~400여 년의 역사를 갖는다. 이처럼 조선후기에 생성된 동성촌 또는 자연촌에 마을숲이 조성되어 있다. 조선후기 마을숲은 촌락분화 이전에 취락의 형성과정에서 조성되어 있던 마을숲을 본뜬 것으로 보이지만, 마을숲과 수구막이숲이 본격적으로 조성된 것은 조선후기로 추정된다. 마을숲이 조선후기 이전에 조성된 사실은 마을현장에서 찾아보아야 하는데, 역사적인 신빙성 문제가 뒤따르는 문제가 없지 않다.

이러한 사례는 고려 말에 형성된 곳으로 보이는 순창군 동계면 귀미리와 팔덕면 팔왕리에서 찾아볼 수 있다.

귀미리는 1380년경에 조성된 마을로서 고려시대 마을형성의 취락구조를

---

6 이해준(1996), 조선시기 촌락사회사, 민족문화사, 서울, 68~76면.

명확하게 보여주는데, 마을이 산의 경사면에 위치하고 있으며, 마을 입구에 2기의 수구막이 입석이 조성된 곳이 있으나, 숲은 보이지 않는다. 반면에 팔왕리의 마을형국은 파왕산동형인데, 이곳에는 수구막이 입석과 마을숲이 조성되어 있다. 팔왕리는 마을의 구전설화에 따르면, 취락 형성이 고려 말까지 거슬러 올라가는 것으로 볼 수 있으나, 마을숲과 수구막이 입석이 언제 조성되었는지 그 연대 추정이 어려운 실정이다. 귀미리와 팔왕리는 지표상 평지보다 지대가 높은 곳에 위치하여 고려 말에 조성된 마을로 볼 수 있으나, 수구막이 입석과 숲의 조성 시기를 고려 말까지 올려볼 수 있느냐 하는 신빙성 문제가 있다. 마을 형성과 동시에 수구막이숲과 입석이 조성되었다면, 마을숲의 역사는 고려 말까지 거슬러 올라갈 수 있을 것이다.[7]

이러한 마을풍수와 관련하는 수구막이숲이 본격화된 것이 조선후기라고 본다. 마을숲의 조성은 문헌기록과 고지도에 등장하는데 문헌기록보다 고지도에 표시된 숲의 그림이 가장 실증적이라 할 수 있다. 그런데 고지도는 마을 단위보다 읍치 단위로 그려진 것이 대부분이어서 마을숲의 추이는 마을의 상위에 속하는 고을과 도읍의 읍치풍수에서 찾아보는 것이 올바른 순서라고 본다.

우리나라 고지도는 대체로 17세기 이후에 제작된 것이 대부분이다. 고지도에 읍치 단위에 숲의 표시되어 나타나는 경우가 있는데, 그렇다면 17세기 이전부터 큰 고을에 숲이 조성되었음을 알 수 있다. 그리고 고을숲도 풍수비보 차원에서 수구막이에 조성되었음을 확인할 수 있다. 이러한 고지도의 비보숲은 조선전기 이전부터 국도와 지방의 군현 읍치에 풍수비보 기능을 하는 숲이 조성되어 있었음을 말해준다. 비보풍수의 확산에 대하여 "조선전기까지는 수위의 공간적 위계를 지니는 국도(國都)를 핵심지로 하여 주

---
7 송화섭(2001), 풍수비보입석과 불교민속, 한국사상사학 17, 한국사상사학회.

변지역의 부·목·대도호부 등 대읍(大邑)의 다음 중심지로 확산되고 대읍이 다시 비보중심지가 되어 순차적으로 인근의 군현 단위의 중소 읍치(邑治)로 비보가 확산되었다. 이윽고 조선중기 이후 재지사족들의 촌락 개척과 맞물려 읍치 외곽의 주요 사족 주거지로 비보는 파급되어 나가며 다시 주요 반촌(班村)을 모촌으로 하여 분파취락으로 확산되거나 반촌과 인접한 주위 민촌으로 전파되었다."고 주장이 있다.[8]

이 주장에 따르면, 마을 단위의 숲은 역사적 변천과정을 거치면서 국도풍수가 읍치풍수에 영향을 미치고 읍치풍수가 마을풍수에 영향을 미친 것으로 볼 수 있다. 이러한 비보풍수의 역사적 전개에 따라 조선후기 자연촌의 확대 과정에서 점차 마을숲이 확산되어 갔다고 본다.

2) 역사적 전개

국도풍수의 역사는 『삼국유사』 기이편 가락국기조에 등장한다.

> (가) 즉위 2년 계묘 춘정월에 왕이 가로되 내가 서울을 정하고자 한다 하고, 이어 가궁(假宮)의 남쪽 신답평에 가서 사방으로 산악을 바라보고 좌우를 돌아보며 말하기를 이 땅이 여뀌잎과 같이 협소하나 그러나 산천이 수이하여 가히 16나한이 머물 땅이 될 만하거든 하물며 1에서 3을 이루고 3에서 7을 이루는 칠성(七星)이 머물 땅이 적합하랴. 강토를 개척하면 장차 좋을 것이다 하고, 주위 천오백보의 라성과 관궐 전단과 여러 청사와 호고창름을 건축할 땅을 정한 뒤에 환궁하였다.

---

8 최원석(2000), 영남지방의 비보, 고려대학교 박사학위논문, 164면.

(가)의 내용에 따르면, 이미 삼국시대부터 도읍을 정하는 땅과 좌우 산천을 살피는 국도풍수가 존재하였고, 16나한과 칠성이 머물만한 땅이냐는 적용은 불교의 택지법을 기준으로 국도를 선정하고 있음을 알 수 있다. 또한 강토를 개척하고 성곽과 궁궐과 전당, 청사, 무기고 등을 건설하는 도시개발에 풍수원리를 적용하였던 것이다. (가)의 내용은 대가야의 도읍을 정하는 내용이지만, 택지의 대상을 16나한이 머물고, 칠성이 머물 땅을 찾고 있다는 점은 불법도량(佛法道場)의 조성과 관련이 있다. 따라서 (가)의 해석은 『삼국유사』가 고려 중기에 찬술된 것이라는 점에서 고려시대 불교문화적 관점에 기초하여 해석하는 것이 바람직하다고 본다.

통일신라에서는 호국사찰 조성과 비보사탑설이 크게 융성한다. 대표적인 사례로 경주의 황룡사 9층탑을 들 수 있다. 황룡사 9층탑은 왕경의 중심부에 위치하는 국도풍수와 관련된 사탑이다. 이 사탑이 비보풍수와 관련된 진호사탑이었음은 삼국유사 황룡사 9층탑조에 "신인이 가로되 황룡사 호법룡은 곧 나의 장자로 범왕의 명을 받아 그 절을 보호하고 있으니 본국에 돌아가 그 절에 9층탑을 세우면 이웃나라가 항복하고 9한이 와서 조공을 하여 왕업이 길이 태평할 것이요, 탑을 세운 후에 팔관회를 베풀고 죄인을 사하면 외적이 해하지 못할 것이다."[9]라는 내용으로 알 수 있다.

황룡사 9층탑은 사회가 혼란스럽고 백성이 불안해 하니 왕경에 불력(佛力)으로 진호국가를 성취하려는 취지로 조성된 것이다. 황룡사 9층탑 그 자체는 진호사탑으로서 풍수비보사탑이라 할 수 있다. 신라 하대에서는 이와 같은 비보풍수의 압승 기능을 하는 진호사탑이 세워지고 있다.[10] 이러한 사

---

9 『三國遺事』卷第三 塔像第四 皇龍寺九層塔條.
「神曰皇龍寺護法龍是吾長子 受梵王之命 來護是寺 歸本國 成九層塔於寺中隣國降伏九韓來貢王祚永安矣建塔之後設八關會赦罪人則外賊不能爲害」.
10 최원석, 앞의 논문, 142면.

찰과 사탑의 건립 동기는 신라 하대에 국운이 쇠약해지는 상황에서 비보풍수와 결합된 호국불교를 통하여 왕권을 강화하고 국력을 강화하는 게 본래 목적이었던 것으로 보인다. 이와 같이 왕경에 비보사탑을 조성하면서도 비보숲을 조성하였다는 내용은 없다.

그러나 통일신라 시기에 사찰 창건을 택지하는 데 숲과 물이 있는 영지를 선택하였음은 진표율사가 금산사를 창건하는 내용에 나온다. 그가 변산의 불사의방에서 3업을 닦고 계를 얻은 뒤 찾아간 곳이 금산수(金山藪)이다.[11] 이 수(藪)는 인공적으로 조성한 숲이 아니라 전불시대 가람터와 같은 천연숲의 공간이었던 것으로 보인다.『삼국유사』흥법편 아도기라조에 전불시대 칠처가람(前佛時代七處伽藍)이라 내용이 등장한다. 이 내용은 신라사회에서 사찰을 창건하는데 택지법(擇地法)이 이미 활용되고 있음을 보여준다. 7곳의 가람터에 천경림(天鏡林)과 신유림(神遊林) 또한 삼천기(三川岐), 사천미(沙川尾)는 불법도량을 택지하는데 숲과 물길이 매우 중시되었음을 알 수 있다. 이처럼 숲과 물길의 중시는 불법의 도량을 정하는 데 택지법이 적용되었음을 보여준다. 불교의 택지법 적용은『삼국유사』흥법편과 탑상편에 수없이 많이 등장하고 있다.

이와 같이 신라 말 호국불교의 비보사탑의 건립은 고려 건국의 국가이념이 되었다. 고려 태조 왕건의 창업 이념으로 제시한 훈요십조에 불교의 택지법이 반영되어 있다. 예컨대 제2조에 사원을 조성하되 산수의 형세를 살펴서 창건하는 사찰 외에는 창건을 제한하고 있다.[12] 사찰 창건에 산수의 형세를 살폈음은 풍수를 보고 백지를 하였다는 점이다. 이처럼 사찰 창건

---

11 『三國遺事』卷第四 義解第五 關東楓岳鉢淵藪石記條.
「欲創金山寺 下山而來 至大淵津 忽有龍王 出獻王袈裟 將八萬眷屬 侍往金山藪 四方子來」.
12 『高麗史』世家二 太祖26年 4月 訓要十條.
「其二曰 諸寺院 皆道詵推占山水順逆而開創 道詵云 吾所占定外 妄加創造 則損薄地德 祚業不永」.

에 풍수지리를 적용하였음은 비보사탑설(裨補寺塔說)이 고려시대에도 국가 차원에서 중시되었음을 반영한 것이다. 이러한 고려의 비보사탑신앙은 고려 말까지 지속되었다. 이러한 사실은 공민왕대에 선대의 임금들이 대대로 선교의 사원을 창건하여 지덕을 비보한 것은 나라에 이로운 것이라 하였다.[13] 이처럼 고려시대 전기간에는 산천의 음양역순을 살피고 손익과 압승을 따져본 뒤에 사찰과 사탑을 건립하는 방식이 기준이었다. 비보사탑설의 확산은 지덕의 부족을 보완하는 방향에서 전개되었기에, 주로 사찰, 불상 외에 석탑, 석당 등을 세워 지덕을 보양하는 방향에서 비보풍수가 이뤄졌다. 따라서 고려시대 비보풍수는 주로 불교의 진호사탑, 비보사탑에서 파생되는 방식이었다고 할 수 있다.

이러한 유형의 비보풍수가 제도화된 것은 고려 신종 원년(1198)에는 풍수비보를 관장하는 산천비보도감을 두면서 본격화되었다.

고려시대 국도풍수에서 숲을 조성하는 기록이 정종대에 처음 등장한다. 정종 7년(1041)에 송악산 동서쪽 기슭에 소나무를 심어 궁궐을 보호하고 있다. 그런데 소나무의 식재 목적이 풍수비보와 관련되어 있음은 『고려사』예종 원년(1106) 2월 기록에 분명하게 나타난다.

> (나) 일관이 말하기를 송악은 경도의 진산인데, 여러 해 동안 빗물에 모래흙이 씻겨 내려가 암석이 심하게 드러나고 초목이 무성하지 않으니 마땅히 나무를 심어서 비보를 해야 합니다.[14]

(나)에 따르면 고려시대 국도풍수에서 진산에 비보숲이 있었음을 알 수

---

13 『高麗史』 卷38 世家 恭愍王 壬辰元年.
「祖王代創置禪敎寺院所以裨補地德以利國家」.
14 『高麗史』 卷17 世家 睿宗.
「睿宗元年二月乙亥 日官奏松嶽乃京都鎭山 積年雨水 沙土漂流 巖石暴露 草木不茂 宜栽植裨補」.

있다. 송악산의 비보숲은 송충이 방재와 더불어 빗물로 진산이 훼손되는 것을 방지하려고 소나무를 식재하는 진산숲비보라 하겠다. 진산숲은 비보숲일지라도 수구막이숲과는 성격이 근본적으로 다르다. 일단은 비보풍수 차원에서 소나무를 식재하여 숲을 비보하는 관행이 고려 중기에 등장한다는 사실이 중요하다. 그렇다면 국도풍수에서 비보숲의 역사는 고려 중기까지 올라가는 것으로 본다. 고려시대에는 택지법의 성행으로 사찰비보가 풍미하였지만, 국도풍수와 읍치풍수의 비중도 매우 컸다. 고려시대 천도론을 주장하는 배경에도 택지법이 풍수도참사상의 이론적 기초가 되었다고 본다.[15] 고려시대에 택지의 이론과 적용기준은 지배층에도 널리 확산되어 있었다고 본다. 그 근거는 국도풍수가 말해준다.

국도풍수에서 수구막이숲이 본격적으로 등장하는 내용이 『세종실록』 30년 3월 8일에 등장한다.

> (다) 이제 우리나라 국도에 라성이 공결되고 수구가 관활하게 되었은 즉, 나성과 수구를 보충하지 않으면 안 됩니다. 그러하오니 흙을 쌓아서 산을 만들어 보결하려면 성공하기가 어려우니 나무를 심어서 숲을 이루어 가로막게 하면 작은 노력으로 많은 효과를 얻을 수 가 있습니다.[16]

(다)는 조선의 수도 한양의 수구가 툭 트였으니 풍수비보를 해야 한다는 것이다. 이 내용은 조선전기에 국도풍수에서 수구에 조산을 조성하거나 조산 대신에 나무를 심어 숲을 조성하는 방식이 등장하고 있음을 보여준다. 나성은 삼국시대 부여와 경주의 왕도에 조성된 흙으로 쌓은 외성을 말하는

---

15 이욱(2007), 수도를 정하는 중요한 기준 풍수도참, 산, 수, 풍의 조화를 꿈꾸는 풍수, 한국국학진흥원.
16 『世宗實錄』 30年 3月 8日條.
「今我國都羅星空缺水口寬闊則羅城水口不可以不補矣 土爲山而補缺則功不易成種木成林而鎭塞則事半功倍」.

데, 조선시대 한양 수도에 나성이 없음을 밝히고 있다. 나성과 수구를 보충하는 방안으로 가산 대신에 숲을 이루어 수구를 가로막게 하는 것이 훨씬 효과적이라는 비보숲을 장려하고 있다.

문종 2년(1452)에 국도인 한양의 수구에 3개의 작은 산을 만들고 그곳에 소나무를 식재하고 있다. 처음에는 수구에 인위적으로 작은 산, 즉 가산(假山)을 조성하는 방식이었는데, 공정작업이 어려우니 숲을 조성하는 것을 권장하고 있다. 가산은 조산(造山)이라고 본다면, 수구에 조산을 조성하고 그곳에 소나무를 심는 비보풍수는 조선초기에 처음 등장한 것으로 볼 수 있다. 국도의 수구에 조산을 조성하고 소나무를 심는 수구막이숲의 조성 방식이 추진된 것이다. 이러한 수구막이숲이 오늘날 마을숲의 시원(始原)으로 보인다.

4. 마을숲의 상징과 의미

이 글에서 마을숲은 조산 기능을 하는 수구막이숲을 말한다. 수구막이는 마을 앞쪽 수구가 공허하여 마을의 지기가 유실되는 것을 방지하기 위한 풍수지리적인 장치물이다. 그 장치물이 조산비보의 방식이다. 조산비보는 수구의 위치에 숲, 돌탑, 입석, 가산 등으로 조성할 수 있는데, 마을공간을 가장 이상적인 풍수지리적 구도로 조성하는데 보완적인 기능을 한다. 역으로 수구막이의 장치물을 하지 않으면 풍수지리상 결함이 있으니 사람들이 살기에 불완전한 곳이라는 뜻이다. 따라서 수구막이 비보는 불완전한 마을공간을 완전한 공간으로 조성하는 풍수적 장치라 할 수 있다.

마을 풍수는 정주촌락의 주민들이 풍요롭고 평안한 이상향의 세계를 실

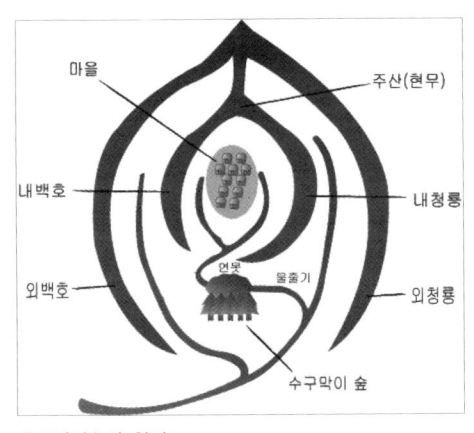

수구막이숲의 위치도

현하는 데 산수의 충족요건을 갖추어야 한다. 풍수지리의 사신사(청룡, 백호, 현무, 주작)는 마을(혈)을 중심으로 좌우, 전후에 배치되어 우주적인 공간을 조성하는 상징성을 갖고 있다. 사신사가 완전하게 둘러친 마을을 명당이라 하고, 명당을 조성하는 데 부족한 부분을 흙더미, 숲, 입석, 돌탑으로 비보하여 우주적인 공간으로 조성하게 된다. 마을공간의 우주적 성현화는 국도풍수와 읍치풍수가 성행하던 이전 사회에서도 존재하였음은 신라의 6촌사회를 통해서 알 수 있다.

『삼국유사』 신라의 6촌사회에서도 주산(主山) 아래에 마을이 형성되고 6촌의 시조신들이 모두 하늘에서 주산으로 내려오는 마을신화는 오늘날 마을의 동제에서도 발견할 수 있다. 신라 6촌의 시조들이 하강한 산에 올라가서 산신제를 지내는 것과 마을수호신이 하강한 산에 올라가서 산신제를 거행하는 구도는 기본적으로 같다. 불교 수용 이전 전통마을의 신화적 공간은 불교 수용 이후 불교적인 이상향의 공간으로 조성되었을 것이며, 풍수지리가 도입되기 이전까지는 비보풍수가 적용되지 않았다는 것일 뿐, 배산임수의 자생풍수적 요건은 갖추고 있었다고 본다. 자생풍수는 배산임수의 풍수지리적 구도에 따라 마을이 조성되는 방식으로 진산숲은 조성되어 있었지만, 마을 입구의 수구막이숲과 다른 비보풍수의 장치물이 조성되지는 않았을 것이다. 신라 6촌사회에서 마을숲의 조성은 무산대수촌(茂山大樹村)의 지명을 통해서 알 수 있다.

통일신라 말에는 도선국사가 산수와 순역을 살펴 점정한 곳에 사찰과 탑이 조성되면서 비보풍수가 등장한다. 신라불교를 계승한 고려는 불교적 비보신앙이 크게 융성하게 된다. 고려시대 풍수지리설은 통일신라보다 훨씬 더 번창하였는데,[17] 이러한 배경은 훈요십조의 제1조에서 왕업이 반드시 제불호위력(諸佛護衛力)에 의한 것이라는 천명에서 알 수 있다. 더 나아가 풍수지리설의 불교적 전개과정에서 도선의 비보사탑설이 고려왕조에 적극 수용되었음은 고려 태조의 훈요십조가운데 제2조에 도선국사의 말을 빌려 "내가 점쳐서 정한 곳 외에 함부로 사원을 더 창건하면 지덕을 엷게 감손시켜서 왕업이 길지 못하게 되리라."라고 명시해놓은 데서 알 수 있다. 지덕의 성쇠는 왕업과 관련된다는 인식이 지배계층에 팽배하였고 이와 같은 비보사탑설이 왕업의 기반을 갖추는 국도풍수에 영향을 미치게 된 것으로 보인다. 서경천도설도 국도풍수에 기인하는 것으로 고려시대에는 불교의 택지법이 매우 중시되었음을 알 수 있다.

어떠한 곳에 사찰과 탑을 세울 것인지에 대한 택지의 기준이 불교의 경전에 등장하고 있다. 『守護國界主陀羅尼經』제9권 陀羅尼功德軌儀品에는 金剛城大曼茶羅의 軌儀法則에 사찰의 택지법이 등장한다.

> (라) 만약 曼茶羅를 建立하고자 할 때에는 금강아사리는 먼저 그 땅·산·들을 택해야 하느니라. 그 땅은 갖가지 과일나무가 자라 부드러운 풀과 이름난 꽃이 있으며 평탄하여 좋아할 만한 곳이어야 한다. 혹은 청정한 연못이 있거나 늪에는 샘이 흐르고 물이 가득차 있다. 부처님께서 칭찬하는 곳이면 어느 만다라를 건립해도 좋은 곳이다. 큰 강둑이나 용의 연못 근처에 이른바 優鉢羅花, 拘勿頭花, 波頭摩花, 芬陀利花 등 연꽃으로 장엄한 곳이다. 그 곳에서는 오리·기러기·鴛鴦·白鶴·鸚鵡·舍利·拘枳羅 등 온갖 묘한 새들이 날아와 모이는 莊嚴한 곳이다.

---

17 양은용(1999), 도선국사의 비보사탑설 연구, 도선연구, 민족사, 136면.

모든 부처님과 보살과 독각과 성문들이 일찍이 머물렀던 곳으로 적정하여 찬탄할 만하다. 天龍이 守護하는 곳이며, 다른 城邑・聚落・僧房・舍宅・堂閣・塔廟와 天使牛가 머무는 한가하고 고요한 정원이 있는 빈집 가운데 만다라를 함께 건립해야 한다. 만약 이처럼 법다운 곳이 없으면 편한대로 사용하여 안치하되 심지에 따라 건립해야 한다. 만약 아사리가 땅을 선택할 때에는 땅이 모래・기와・돌・나무뿌리・그루터기・머리털・손톱・이빨・쌀겨・재・뱀굴・해골・무덤・개미굴 등이 있는 땅은 만다라를 건립하기에 좋은 곳이 아니다[18] 라고 제시하고 있다.

(라)의 내용은 밀교의 택지법이다. 밀교는 라말려초에 들어와 고려시대에 크게 발달하였다. 밀교의 성행과 비보풍수가 성행하면서 사찰을 창건하는데 택지법이 널리 확산되었다고 본다. (라)의 기준에 따르면, 가람터는 갖가지 과일나무가 자라고 부드러운 풀과 이름난 꽃이 있는 평탄한 곳과 청정한 연못이 있거나 늪에는 샘이 흐르고 물이 가득 차 있는 곳이라면 매우 좋은 곳이라고 하였다. 사찰의 택지는 크게 세 가지의 요건을 갖춘 곳이 좋다. 첫째, 평탄한 땅에 숲이 무성하고, 둘째, 물이 풍족하며, 셋째, 청정한 연못이 있어야 한다는 것이다. 신라 말 고려시대에 조성된 사찰은 대체로 이와 같은 택지법의 기준에 따라 사찰 창건이 이뤄졌다.

이러한 택지법이 사찰 창건에 적용되었음은 익산 미륵사를 기술한 내용에 엿보인다. "그 절은 산을 등지고 물이 앞으로 임하고(附山臨水) 화목이 수려하여 사계절 아름다운 경치를 갖추었다. 왕이 매양 배를 타고 하수를 따라 절에 와서 그 형승(形勝)이 장엄하고 수려한 데에 감탄하였다."는 내용에

---

18 『守護國界主陀羅尼經』卷第九 陀羅尼功德軌儀品 第九.
若欲建立曼茶羅市 金剛阿闍梨先擇其地 若山若野其地若有種種 果木軟草 名花平坦可樂 或有淸淨 池只澄潭泉流盈滿 諸佛稱讚可以建立曼荼羅場 或大河側或近龍池蓮華莊嚴 所謂優鉢羅花拘勿頭花 波頭摩花芬陀利花 復有鳧雁鴛鴦白鶴孔雀 鸚鵡舍利拘枳羅等 諸妙鳥王翔集莊嚴 或是諸佛及諸菩 薩獨覺聲聞曾所止住寂靜可讚 諸天龍等所守護處 及餘城邑聚落僧房舍宅堂閣 塔廟天祠牛所住處 閑靜園苑空舍之中 並可建立此曼荼羅.

서 알 수 있다. 익산 미륵사는 연못에서 미륵삼존불이 출현하여 그곳을 메꾸고 창건한 사찰이다. 미륵사 창건 이전에 그 터는 수(藪)와 같은 공간이었을 것이며, 그곳이 가히 미륵삼존불이 머물만한 땅이라는 택지의 기준에 따라 늪과 같은 연못을 메우고 미륵사를 창건한 것으로 보아야 한다. (가)에서 16나한과 칠성이 머물만한 땅이라고 한 것도 불교의 택지법에 따라 국도의 형승을 살핀 것으로 해석된다.

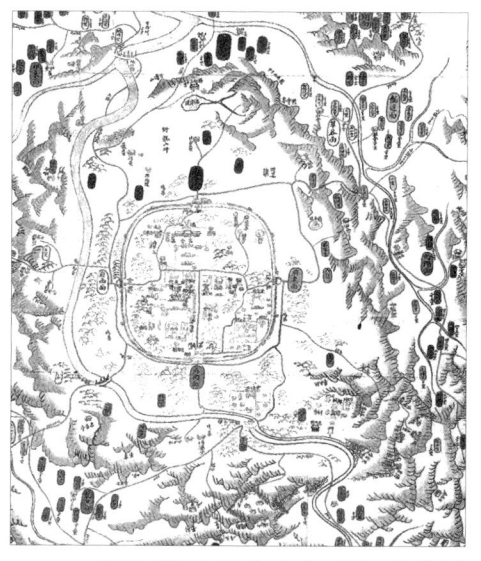

1872년 전주고지도에 표시된 진북숲과 덕진제

그런데 (라)의 택지법에는 풍수비보적인 내용이 등장하지 않는다. 만다라를 건립하기에 좋은 땅을 예시하고 있을 뿐이다. 불교적인 이상향을 성취할 수 있는 땅, 산, 들의 기준을 보여주고 있으며, 둑이 둘러진 연못에는 온갖 꽃과 아름다운 극락조들이 노니는 곳으로 표현해놓았다. (라)에서 택지의 대상을

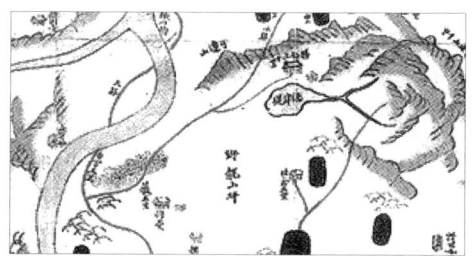

전주고지도에 표시된 진북숲과 덕진제

숲이 무성하고 청정한 연못이 있는 곳이라면 사찰뿐만 아니라 성읍(城邑)과 취락을 조성하는 데에도 매우 좋은 땅이라 하여, 택지법의 적용 범위를 성읍과 취락까지 포함시키고 있다.

따라서 고려시대 이후 군현, 취락을 조성하면서 이러한 택지법을 적용하여 읍성 도시를 설계하고 취락을 조성하였다고 본다. 읍치풍수와 마을풍수

에서 연못과 숲을 조성한 것도 이러한 택지의 기준에 따른 것으로 보아야 한다. 전통마을에서 숲과 연못이 한 세트로 등장하는 것도 이러한 택지법을 적용한 전통조경방식이라 할 수 있다. 전통마을의 조성에서 마을 입구에 숲과 연못을 조성하고 그 안쪽에 성읍, 촌락을 조성하는 방식이 불교의 택지법을 적용한 것으로 볼 수 있다. (라)에서는 그러한 곳이 만다라와 같이 살기 좋은 땅이라고 명시해놓고 있다. 이러한 택지법과 비보풍수가 결합하면서 만다라적인 공간 조성의 부족한 곳을 보완하기 위하여 숲과 둑과 못을 조성하였다고 본다. 대부분 고을과 마을 입구에 둑을 쌓고 숲을 조성하고 연못을 만드는 것도 이러한 택지기준과 비보풍수에 따른 것으로 보아야 한다.

전주 덕진제의 藪(둑에 나무를 식재)

이러한 예시는 전주에서 찾아볼 수 있다. 전주 고지도에는 덕진지와 숲의 그림이 나타나는데, 이곳이 현재 덕진연못과 숲정이라고 부르는 곳이다. 전주는 지세가 역순으로 남동쪽이 높아 산세가 형성되어 있고, 북동쪽이 확 트여 지세가 공결한 상태이다. 남동출 북서류하는 전주천의 수구막이에 숲을 조성하였고, 좌청룡의 지맥에 진북사를 조성해 놓았다. 또한 덕진지가 있는 곳에 제방을 쌓아 놓았다. 숲은 지기를 막는 수구막이숲이라면, 덕진제는 지기를 보전하고자 둑을 막아 비보둑이라 할 수 있다. 진북숲(鎭北藪)과 덕진제(德津堤) 두 곳 모두 비보풍수 차원에서 조성된 것이다. 이 진북숲과 덕진제는 『신증동국여지승람』 전주도호부조에 조선초 전주의 지방관리들이 전주의 풍수지리가 북

서쪽으로 공결하여 비보를 해야 한다는 청원 이후에 조성된 것으로 보인다.
 전주의 경우는 이전에 조성된 성읍일지라도 도시 확장에 따라 비보 기능의 숲과 연못을 조성하였을 가능성을 보여주는 사례이다. 그런데 전주의 비보풍수의 구도를 살펴보면, 불교의 택지법을 적용한 것으로 보이며, 고을로 들어오는 입구에 연못과 숲을 조성하여 읍치풍수의 허결한 부분을 보완하려고 수구막이숲 조경과 덕진지에 제방을 쌓는 토목공사를 한 모습이 확연하다. 이 토목공사는 단순히 제방을 쌓는 방식이 아니라 제방을 쌓고 그 위에 나무를 식재하는 수(藪)의 조성 방식을 보여준다. 이러한 택지법에 따라 연못과 숲을 조성하는 전통조경방식이 조선후기 마을형성 과정에 영향을 미친 것으로 본다.

5. 마을숲의 성격

 마을숲을 한자로 수(藪)라고 표기하고 있다. 『漢韓大字典』에 수는 "魚類 鳥獸 등이 많이 모이며 초목이 빽빽하게 우거진 습지"라고 기술되어 있다. 수구막이숲은 고지도에 수(藪)라고 표기해놓고 있다. 마을숲은 수구비보, 형국비보, 산세비보, 흉상비보 등으로 구분할 수 있는데,[19] 수구막이숲은 수구비보에 속한다. 수구비보는 탑, 입석, 숲, 둑을 조성하는 유형이 있는데, 모두가 한 세트로 조성되기도 하고 별개로 조성되기도 한다. 마을 입구에 조성되는 조탑, 조산, 수구막이숲은 같은 성격과 기능을 한다. 조탑은 수구에 돌탑을 조성하는 것으로 압승의 기능을 갖고 있으며, 조산은 가산으로 흙더미 또는 둑을 쌓는 것이며, 수구막이숲은 숲을 조성하는 것으로 이 세

---
19 최원석(2003), 나말려초의 비보사탑연구, 우리땅 풍수기행, 시공사, 314면.

가지 모두 마을 입구의 허결한 부분을 보완하는 비보풍수의 장치물이라 할 수 있다.

    이 가운데 수구막이숲은 배산임수의 풍수 여건에서 마을의 뒷산에서 내려오는 물이 합수되는 수구막이에 위치하는 곳이 대체로 많다. 이곳에 인공으로 숲과 못을 조성하여 지기를 보존시키기도 하고, 둑을 쌓고 그 위에 나무를 심어 수구막이를 하는 방식이 있다. 이처럼 수구막이에 있어서 숲과 못과 둑은 마을공간의 지기가 흘러버리지 않고 보존시키는 비보의 기능을 하고 있다. 마을 입구가 풍수적으로 공허하면 지기가 흩어질 우려가 높아 마을주민들은 인공적으로 숲과 못과 둑을 조성하여 풍수지리적인 안락함을 추구해왔다고 볼 수 있다. 주산을 중심으로 좌청룡과 우백호가 산세로 두르고, 마을 입구에 숲, 못, 둑을 조성해놓고 그 안쪽에 주택이 조성되는 방식이 보편적이 마을구도에서 확인할 수 있다.

    이중환의 택리지 복거총론에 "집터를 잡으려면 반드시 수구가 닫힌 듯해야 하고 그 안에 들이 펼쳐진 곳을 눈 여겨 보아 구해야 할 것이다."라는[20] 내용에서 닫힌 듯한 수구 안쪽이 명당임을 시사하고 있다. 수구가 닫힌듯한 마을에서는 수구막이숲의 필요성을 느끼지 못하겠지만, 수구가 널따랗고 엉성한 곳에는 숲, 못, 둑의 비보풍수가 필요했던 것이다. 이중환의 복거론에 따르면, 조선후기에도 마을을 조성하는 데 수구를 매우 중시하였음을 알 수 있다. 마을풍수에서 풍수지리적으로 허결한 수구에 숲, 못, 둑으로 비보를 성취함으로서 주민들이 편안하게 살기 좋은 가거처(可居處)의 마을이 조성되었다고 볼 수 있다.

    마을 입구의 숲과 연못과 둑은 이론적으로는 택지법의 기준을 적용하여 수구막이를 한 것이지만, 궁극적으로는 사람이 가장 살기 좋은 이상향의

---

20 이중환(1971), 택리지, 이익성역, 을유문고.

공간, 즉 마을의 우주적인 공간화를 이루었다는 것이 본질적이라 할 수 있다. 임진왜란 이후 조선후기에는 사회불안 요인이 많아서 마을주민 입장에서는 마을을 우주적인 공간으로 조성하여 안락한 생활을 추구하는 것이 가장 현실적인 당면과제 가운데 하나였을 것이다. 마을의 수구에 숲, 못, 둑을 조성하여 막이를 하면서 동시에 마을 입구에 장승과 짐대를 세우는 것이 조선후기의 취락 형성의 한 유형이라 할 수 있다. 장승은 마을공간을 수호해주기를 염원하는 의미에서 장군상을 마을 앞에 조성한 것이며,[21] 짐대는 마을의 터를 눌러주고, 마을이 우주적인 이상향의 공간이라는 점을 강조하는 신앙 대상물[22]이라는 점에서 수구막이 장치물과 장승, 짐대는 동일한 성격과 기능을 가진 것으로 보아야 한다. 조선후기에 취락 형성에서 밀교의 택지법이 확산되어 있었으며, 동시에 사찰의 수호신앙과 비보풍수가 마을에 확산되어 갔다. 조선후기 읍치풍수에 등장하는 당간, 석당, 화표, 입석 등은 비보사탑의 영향을 받아 조성된 것이며, 마을풍수에 숲과 못과 둑이 조성된 것은 사찰의 택지법의 영향을 받은 것으로 보아야 한다.

따라서 마을의 수구막이에 조성된 숲, 못, 둑은 불교의 택지법의 적용 방식에 따라 조성된 비보풍수의 장치물이라 한다면, 마을 입구에 조성된 돌탑, 입석, 짐대, 장승 등은 불교의 비보사탑과 신호신앙에 따라 조성된 것이라 할 수 있다. 이처럼 마을 입구에 조성된 풍수적, 불교적 장치물들은 마을의 우주화 및 이상향의 세계 추구와 편안하고 안락한 삶터를 확보하기 위하여 인위적으로 조성한 불교 민속적 장치물이라 할 수 있다. 따라서 보편적으로 마을 입구에 수구막이숲과 함께 존재하는 마을민속의 장치물들은 불교의 민속화 과정에서 생성된 것으로 보아야 한다.

---

21 송화섭(2004), 장승의 기원과 출현배경, 역사민속학 18, 한국역사민속학회.
22 송화섭(2002), 신라말 밀교의 택지법과 솟대의 기원, 역사민속학 15.

6. 마을숲은 풍수비보문화

　마을숲은 차폐숲, 형국보완숲, 진산숲, 정자숲, 당숲 등 다양하지만, 이 글에서는 수구막이숲을 중심으로 살펴보았다. 과연 마을 입구에 수구막이숲이 언제부터 등장하였으며, 어떠한 의미와 상징을 갖는지를 정리해 보았다.

　수구막이숲은 마을의 지기를 보전할 목적에서 조성된 인공적인 숲을 말한다. 수구막이숲은 마을의 역사와 함께 할 수 있으며, 마을이 처음 들어설 때에 풍수지리적으로 부족한 부분을 보완하고자 조성한 비보숲이라 할 수 있다. 현재 전통마을은 보편적으로 17세기 전후에 형성된 마을들이 대부분이다. 17세기 이후 자연마을에 조성된 수구막이숲과 돌탑, 입석 등은 풍수비보적 장치물이라 할 수 있다. 비보풍수는 라말려초에 도선국사가 호국불교의 이념에 따라 비보사탑설에 따라 성행한 것이며, 고려시대에 비보풍수의 확산에 따라 사찰을 창건하는 데 적용되었던 밀교의 택지법이 조선시대 민간계층에 확산되어가면서 마을풍수에 적용된 것으로 본다.

　불교의 비보사탑설은 당간, 석탑, 석불 등 압승형 석조물들을 조성하는 동기와 원리를 제공하였으며, 밀교의 택지법은 사찰, 성읍, 취락 등이 들어설 수 있는 공간적 경관의 기준을 제시하였다. 마을과 고을에서 수구막이숲의 등장은 택지법과 비보풍수가 결합한 이후라고 할 수 있다. 비보사탑설과 택지법이 국도 및 성읍을 조성하는 데 적용되었고, 조선시대에 읍치와 취락에 숲, 못, 둑을 조성하는 결과를 가져왔다. 조선시대에 성리학이 통치이념으로 시행되는 시기에 고려시대에 성행하였던 불교문화는 민간계층에 확산되어갔고, 사탑비보설과 밀교의 택지법은 시대적 변천과정 속에서 속신화되고 마을풍수에 정착되어 갔던 것이다. 조선후기 읍치풍수와 마을풍수에 적용된 비보풍수의 장치물들을 살펴보면 불교문화적인 요소를 발견할 수 있으며, 마을숲으로 조성된 수구막이숲이 그 대상이다.

  수구막이숲은 밀교의 택지법과 비보풍수가 조합하는 과정에서 조선시대에 생성된 비보풍수의 한 유형이라 할 수 있다. 밀교의 택지법이 사찰을 불교적인 유토피아로 추구하였듯이, 조선후기 택지법과 비보풍수가 조합된 마을 구도에서도 우주적인 공간화를 추구하는 모습을 찾아볼 수 있는데, 마을 입구에 집중해있는 숲, 연못, 돌탑, 장승, 짐대 등에서 불교민속적인 요소가 나타나고 있다. 이러한 사실은 마을풍수에서 비보사탑설과 택지법이 적용되어 있음을 말해준다.

참고문헌

김학범·장동수(1993), 古文獻에 나타난 한국 마을숲의 시원에 관한 연구, 한국정원학회지 11(1)
장동수·김학범(2005), 마을숲, 한국전통조경학회지 51,
남연화·윤영활(1999), 전통 마을숲의 유형과 특성에 관한 연구, 한국정원학회지 17(1),
남연화, 윤영활(2002), 시대적 배경을 통해서 본 마을숲의 변천과 보존, 한국정원학회지 20.
박재철(1997), 전북 농어촌지역 마을숲과 해안숲의 비교 고찰, 한국전통조경학회지 23(2)
박재철·정경숙·김영숙·장혜화(2002), 영·호남 산간지역 정주생활권 마을숲의 비교, 한국전통조경학회지 30(1).
박재철·김명진·김진주·정완주(2004), 마을 비보숲 복원에 관한 연구, 한국전통조경학회지 22(2).
박재철(2006), 마을숲의 개념,전북의 아름다운 마을숲 10선, 우석대 자원개발 및 환경계획연구소,.
박재철·노재현(2007), 전북지역 마을숲의 특성에 관한 연구, 전북의 아름다운 마을숲 10선, 우석대 자원개발 및 환경계획연구소.
송화섭(2001), 풍수비보입석과 불교민속, 한국사상사학 17, 한국사상사학회.
송화섭(2002), 신라말 밀교의 택지법과 솟대의 기원, 역사민속학 15.
송화섭(2004), 장승의 기원과 출현배경, 역사민속학 18, 한국역사민속학회
신상섭(2007), 한국의 전통마을과 마을숲, 전북의 아름다운 마을숲 10선, 우석대 자원개발 및 환경계획연구소.
양은용(1999), 도선국사의 비보사탑설 연구, 도선연구, 민족사.
이 욱(2007), 수도를 정하는 중요한 기준 풍수도참, 산, 수, 풍의 조화를 꿈꾸는 풍수, 한국국학진흥원.
이해준(1996), 조선시기 촌락사회사, 민족문화사, 서울.
최원석(2000), 영남지방의 비보, 고려대학교 박사학위논문.
최원석(2003), 나말려초의 비보사탑연구, 우리땅 풍수기행, 시공사.

Chapter ❼ 김제 벽골제와 수리농경

1. 벽골제는 최대 규모의 간척사업

백제는 초기부터 국가적으로 도작농경을 장려하였다. 백제의 북쪽 변경은 낙랑, 말갈과 고구려의 끊임없는 침략으로 항상 정세가 불안했던 반면, 남쪽으로는 마한의 영역을 복속하면서 남진정책을 꾸준히 추구하였다. 그 과정에서 백제가 얻은 전리품은 마한지역의 드넓은 구릉지와 경작지였다. 백제의 영토 확장은 인구의 증가에 따른 식량 확보 필요성 때문이고, 또한 농업 생산력 증대는 국가적 당면과제였을 것이다. 한강 유역에 도읍을 정한 백제는 하천 유역과 그 주변의 구릉지대 및 저습지대를 개간할 필요성을 절감하게 되었던 것이다. 마한이 위치하였던 한반도 서남부지역에는 드넓은 하천 유역에 충적평야가 조성된 곳이 많다. 온조왕 13년에는 남쪽 변경이 웅천까지 확대되어 있었다. 백제는 이처럼 도작농경에 여건이 좋은 남쪽지역 사람들에게 개간을 권장하고 제방수축에 노동력을 동원하였다. 백제 초기 도작농경을 위한 개간 및 수리 기록이 『삼국사기』에 등장한다.

- 다루왕 6년 2월에 나라 남쪽의 주군에 명령을 내려 처음으로 논을 만들게 하였다.
- 기루왕 40년 가을 7월에 유사에게 명령을 내려 수해로 입은 논을 보수하도록 했다.
- 구수왕 9년 봄 2월 유사에게 명령을 내려 제방을 수축하고, 3월에는 농사를 권장하였다.
- 고이왕 9년 봄 2월에 나라사람들에게 명령을 내려 남쪽의 저습지대를 벼농사의 땅으로 개간하였다.

백제가 벼농사를 장려하고 제방을 쌓아 수리 시설을 하고, 늪 지역을 개간하여 풍요로운 땅으로 가꾸는 기록은 고이왕 이후에 등장하지 않는다. 고이왕대 이후에 고대국가로 발돋움하기 위한 경제적 기반 확충은 초기 백제 시대에 정비하고 있는 듯하다.

백제 초기 다루왕대에 한성 남쪽지역의 주군에 강력한 권농정책을 펼치고 있다. 더불어 수해로 소실된 논을 보수하고, 제방을 수축하고, 논을 개간하는 사업도 적극적으로 추진하고 있다. 이때는 벼농사의 경작방식은 도전(稻田)이었던 것으로 보인다. 도전은 밭벼를 구릉지역이나 계단식 논에 소규모로 경작하는 방식이었으나, 점차 제방을 쌓고 저수지를 만들어 점차 수도작의 벼농사 경작 방식으로 전환하고 있다. 구수왕대에 제방을 쌓는 기록이 나타난다. 제방은 수리시설이다. 제방은 보의 단계를 넘어서 넓은 평야지역에 물을 담수하는 수리시설이다. 낮은 구릉지대에 제방을 쌓는 일은 쉬운 일이 아니지만, 국가가 주도하여 제방을 쌓은 것이다. 제방의 축조는 백제가 넓은 경작지를 개간하고 대규모의 벼농사를 경작할 준비를 갖추었음을 의미한다. 백제는 주로 2월에 제방 수축과 경작지 개간을 추진하였는데, 동절기에 개간사업을 마치고 새롭게 마련된 땅에 벼농사를 짓기 위함이었을 것이다.

고이왕 9년(242) 이후에는 개간 기록이 나타나지 않는다. 고이왕 27년에는 국가의 관제 정비가 단행된다. 즉 국가운영의 제도를 정비하였다. 비단 관직과 관복을 정하는 게 제도정비가 아니라 정치, 군사, 경제 모든 부문에서 제도정비가 이루어진다. 고이왕 29년에는 관인으로서 재물을 받거나 도적질을 한 자는 장물의 3배를 징수하고 종신금고형에 처하고 있다. 이러한 국가 기강의 확립으로써 경제적 안정의 토대 위에 강력한 국가 안정화 정책을 추진할 수 있었을 것이다. 관제정비에 고이왕 9년에 왕은 국가차원의 경작지 개간 정책을 추진하는 선언을 하면서 백성들에게 노동력 동원령을 내리고 있다. 고이왕은 벼농사의 경작지 개간을 통한 경제력 향상에 역점을 두면서 국가발전의 전략모델을 정립했다고 볼 수 있다.

백제시대 저습지에 제방을 쌓고 농경지를 개간한 대표적인 곳을 꼽으라면 김제 벽골제이다.

그동안 벽골제의 축조사업이 『삼국사기』 백제본기에 등장하지 않고 신라본기에 등장하는 것을 의아하게 생각해왔다. 『삼국사기』 신라본기 흘해왕 21년(330)에 "처음으로 벽골제를 쌓았다"고 하였다. 신라 흘해왕 21년은 백제 비류왕 27년과 같은 해이다. 그런데 어찌하여 신라본기에 들어 있을 정도의 역사적 사건이라면, 마땅히 백제본기에 들어 있어야 하나, 백제 비류왕대에는 벽골제 축조 기록이 등장하지 않는 것일까. 이는 벽골제는 백제의 역사가 아니라 마한의 역사이기에 일어난 결과로 추정된다. 백제가 금강을 넘어 김제 만경지역에 진출한 시기는 근초고왕 24년(369)으로 잡고 있다. 330년에 벽골제는 마한의 노동력이 동원되어 축조되었으나, 360여 년경 근초고왕이 왜와 연합하여 김제지역을 장악하면서 백제의 수중에 들어온 것으로 보아야 한다. 벽골제의 초축 기록이 백제가 아닌 신라본기에 등장한 것도 이러한 연유에서 비롯된 것 같다.

그런데 벽골제의 축조에는 백제의 토목기술자들이 참여한 것으로 보인다. 1975년 펴낸 벽골제발굴보고서에 따르면, 4세기 중반의 연대추정이 나왔고 축조 공법이 백제토성의 축성 방식과 흡사하다는 주장이 제기되었다. 또 벽골제방의 하층에 식물 탄화층이 깔려 있는데 이 탄화층을 저습성 식물이 축성과정에서 압축된 것으로 보고하였다. 그러나 이 식물 탄화층은 저습성 식물이 압축된 게 아니라 부엽공법의 판축기술에서 비롯된 것이다. 부엽공법(敷葉工法)은 흙에 풀이나 갈대, 나뭇잎과 가지 등을 섞어서 제방을 튼튼하게 쌓는 판축기술을 말한다. 이러한 부엽공법은 중국에서 백제로 들어와 일본으로 건너간 공법으로 보는 것인데, 주로 기반이 약한 저지대에 제방이나 성벽을 쌓을 때에 활용된 공법이다.

지반이 연약한 저습지에 제방을 쌓는 일은 고난도의 토목기술을 요하는 것인데, 백제는 고이왕 9년(242)경부터 저습지를 개간하여 농지를 만들고 있었다. 벽골제도 농지를 확보할 목적으로 대규모의 저습지를 개간한 것이다. 지금은 평야로 바뀌어 저습지의 모습을 찾아보기 어렵지만, 조선시대까지도 벽골제는 바다에 인접한 동진강 하구에 저습지를 형성한 곳이었다. 이러한 지형구도는 아래로는 동진강을 통하여 서해와 연결되었고, 위쪽으로는 원평천을 통하여 하천이 연결되어 있는 현재 모습에서도 찾아볼 수 있다. 바다를 통하여 배가 벽골제 아래까지 들어왔음은 현재 포교리(浦橋里)라는 포구명을 통해서도 유추할 수 있다. 이러한 지리적 여건을 고려한다면, 벽골제는 바닷물의 침투를 막는 방조제와 하천의 물을 담수하는 저수제의 기능을 했다고 본다. 한마디로 330년 백제가 주도한 대규모 간척사업이 벽골제였다고 본다.

벽골제의 제축공법은 백제의 풍납토성의 판축방식과 흡사하다. 풍납토성의 축성연대를 2~3세기경으로 추정하고 있는데, 이 토성의 축조는 흙으로 성벽을 쌓을 때 10cm 두께마다 나뭇잎, 나무껍질, 볏짚 등 식물유기체를 얇게 깔고 뻘흙을 교대로 덮으면서 쌓는 부엽공법으로 확인되었다. 하천유역에 토성을 쌓아 만든 풍납토성과 저습지에 제방을 쌓아 만든 벽골제가 동일한 판축방식이었다고 본 것이다. 그렇다면 백제는 일찍부터 저지대에 축성하는 부엽공법의 토목기술을 보유하고 있었으며, 벽골제를 축조할 때에도 그러한 판축기술을 활용하였다고 본다. 벽골제의 축조는 백제가 지원한 우수한 토목기술진과 마한의 노동력이 합쳐서 쌓은 마한·백제 합동의 국가적 토목사업이었다고 본다. 이밖에도 백제는 개로왕 21년(475)에 흙을 쪄서 축성(烝土築城)하는 단계까지 이르러 우수한 토목기술을 가진 국가였음을 알 수 있다.

벽골제가 축조된 곳은 저습지대였다.

벽골제는 현재 김제 부량 포교리에서 명금산까지 이어진 길이 3.3km의 제방인데, 바닷물의 침투를 방지하고 경작지에 농업용수를 공급할 목적으로 쌓은 다목적 댐이라 할 수 있다. 포교리는 예전에 포구가 있었던 마을이고, 명금산은 낮은 구릉에 지나지 않는다. 동진강의 지류인 원평천과 두월천이 포교리에서 합수하여 동진강으로 흘러가고, 동진강은 서해로 흘러간다. 역으로 서해에서 배를 타고 동진강을 통하여 원평천으로 올라오면 쉽게 포교리에 당도할 수 있다. 벽골제가 들어선 곳은 이처럼 수리시설의 조건이 좋은 곳이었고, 김제·만경 평야의 중심에 해당하는 곳이었다. 바닷물과 민물이 만나는 저습지에 벽골제를 쌓아 대규모의 간척공사를 한 것이다. 벽골제는 수로가 아니기에 배수갑문의 기능을 가졌다고 볼 수 없지만, 갯벌의 저습지에 제방을 쌓아 농지를 확보할 목적으로 쌓은 제방임이 분명하다. 당시 백제는 국가경제력 강화를 위하여 경작지 확보가 필요하였고, 금강 넘어 드넓은 저습지대를 개발하는 게 국가적인 과제였다고 본다. 따라서 백제는 치밀한 측량기술과 부엽공법의 판축기술을 지원하고 마한의 벽비리국은 대규모의 노동력을 동원하여 벽골제를 쌓은 것이다.

A.D.330년에 높이 4.3m, 길이 3,300m의 제방을 수평 측량하여 쌓았다는 것은 백제인의 토목기술 수준이 얼마나 높았는지 알 수 있다. 저습지에 땅을 다지고 낮은 구릉에 연결하여 제방을 쌓는 일은 현대기술로도 쉽지 않는 토목공사일 것이다. 또한 단순히 평야를 개간하는 차원이 아니라 바닷물과 내륙 하천이 교차하는 저습지에 제방을 쌓았다는 자체가 대단히 놀라운 토목기술이라 하지 않을 수 없다.

오늘날 동진강 하구에 새만금 간척사업이 국책사업으로 진행되고 있듯이, 1,700여 년 전에 마한과 백제가 동진강 상류에 대규모 벼농사의 경작지를 확보할 목적으로 간척사업을 국책사업으로 추진하였던 것이다. 현재 추진 중인 새만금 간척사업의 원래 목적이 벼농사의 경작지 확보라는 사실과도 일치한다.

백제는 고대국가 정비 이후 경제력 기반의 확충과 농업생산력의 향상을 목표로 벽골제 축조의 지원에 총력을 기울였던 것으로 보인다. 백제는 고이왕대 이후 개간사업을 추진하면서 금강 남쪽에 위치한 엄청나게 넓은 비옥한 경작지에 관심을 갖지 않을 수 없었을 것이다. 그러나 김제·만경 지역의 벽비리국, 부안지역의 지반국, 익산지역의 건마국 등 마한세력이 버티고 있어 금강을 쉽게 넘어올 수 없었으나, 비류왕대 백제의 우수한 토목기술력을 지원하면서 김제지역으로 진출하여 벽골제를 수축하였던 것이다. 결국 마한과 백제는 벽골제의 수리권 장악을 다투었고 근초고왕대에 벽비리국을 공략하여 벽골제를 차지하는 것으로 보인다.

2. 마한 벽비리국과 벽골제

　백제 비류왕 27년(330)에 벽골제라는 지명이 처음 등장한다. 진표율사가 733년에 태어난 곳도 벽골군 만경현 나산촌 대정리이었다. 그렇다면 벽골제가 축조되던 당시에도 벽골군이 있었을 가능성이 크다. 벽골군은 벽골과 관련하는 지역의 정치집단을 시사한다. 벽골제를 축조한 주체는 백제가 아니라 마한이었고, 당시 김제지역에 세력을 형성한 소국은 벽비리국이었으며, 그 집단이 벽골제의 축조를 주도하였을 가능성을 정리해 볼 수 있다. 벽골제의 역사기록이 『삼국사기』 백제본기에 등장하지 않는 것도 이러한 이유였을 것이다.

　벽골제는 비류왕대 김제 만경지역에 존재하였던 마한세력이 주도하였고 백제정부는 우수한 토목기술자들을 보내어 토성 판축 방식으로 견고한 벽골제방을 쌓았을 것이다. 백제는 비류왕대에 김제지역의 마한세력에게 토목기술을 지원한 후에 벽골제의 수리권에 관여하였을 것이며, 결국 벽골제를 장악하게 되었다. 3세기 말 4세기 초부터 마한은 국가적 구심력이 크게 떨어지고 백제의 남진정책에 적극 대응하지 못하고 무력해져 갔다. 이러한 기회에 백제는 자연스럽게 금강을 넘어 마한지역에 진출할 수 있었고, 왜와 협공작전으로 금강 아래의 마한세력을 쉽게 수중에 넣을 수 있었다. 벽골제가 위치한 김제 만경지역은 백제가 농업생산력을 향상시키는 데 크게 기여했다고 보여진다.

　『삼국사기』 지리지에 따르면, 백제시대에 김제군은 벽골현(碧骨縣)이었다. 마한 54소국 가운데 김제지역의 소국세력은 벽비리국(辟卑離國)이었다. 벽비리국은 현재 김제시의 주산인 성산(城山)에 토성을 쌓고 웅거하고 있었다. 성산에 오르면 드넓은 김제·만경 평야가 한눈에 들어온다. 산은 낮지만 전망대로서 군사적인 전략상 입지가 좋은 산이다. 백제부흥운동 당시 주류성에 도읍을 정한 풍왕은 경제적인 실리를 찾고자 일시적으로 변산반도의 주류성에서 김제 성산으로 천도한 적이 있다. 이처럼 김제 성산은 비옥한 토지가 주변을 둘렀고, 군사적인 전략지로서 구실을 할 수 있는 곳이었다. 주류성은 산이 험준하고 땅이 척박하여 식량 조달이 난제였기에 비옥한 평야가 둘러싼 성산으로 천도하였던 것으로 추정된다. 또한 전략적인 입지의 측면도 고려되었을 것이다. 즉, 벽골제와 동진강 수로와 토착세력의 근거지가 천도의 주요인이었을 것이다.

김제 성산지역은 백제시대부터 벽골제를 중심으로 드넓은 평야지대가 조성되어 있던 곳이었다. 김제는 마한 벽비리국의 중심이었고, 성산은 벽비리국의 주산에 쌓은 토성이었다. 이 성산의 토성이 벽성(辟城)이며, 벽골은 벽비리국의 제방이란 뜻이다. 벽성을 피성으로 읽는 것은 잘못된 것이다. 벽비리국의 "비리"라는 명칭은 '벌'의 고어 표기이다. 벌은 벌판이라는 뜻으로 넓은 평야를 갖춘 곳에 붙여진다. 이곳 김제·만경의 넓은 평야에 농업용수를 공급할 목적으로 벽골제를 쌓은 것이다. 마한의 벽비리국은 벽골제를 쌓고 벽지산(辟支山) 아래 벽중(辟中)이라는 도읍을 정한 소국이었다. 벽중이 벽비리국의 국읍이었다. 지금도 김제사람들은 성산을 벽지산으로 부르고 있다. 마한 벽비리국의 옛지명인 벽지산과 벽중이 백제시대까지도 불려진 기록이 『일본서기』에 있다.

『일본서기』 신공기 49년 3월에 다음과 같은 벽비리국의 역사가 나온다.

> 군사를 서쪽으로 돌려서 고해진(古奚津)에 이르러 남쪽 오랑캐인 침미다례(忱彌多禮)를 무찌르고 백제에 주었다. 이에 그 왕인 초고(肖古)와 왕자 귀수(貴須)가 또한 군사를 이끌고 와서 만났다. 이때 비리(比利)·벽중(辟中)·포미지(布彌支)·반고(半古) 4읍이 스스로 항복하였다.

이리하여 백제왕 부자와 아라타와케 목라근자 등이 함께 의류촌(意流村)에 모였는데 서로 보고 기뻐하며 예를 두텁게 하여 보냈다. 다만, 치쿠마나가히코(千熊長彦)와 백제왕은 백제국에 이르러 벽지산(辟支山)에 올라 맹서하고 다시 고사산(古沙山)에 올라 함께 반석 위에 앉았다.

위의 내용은 왜가 마한을 공략하여 근초고왕(346~375)에게 마한의 4읍을 넘겨주는 역사기록이다. 일본의 장수가 마한의 남쪽지방을 공략해 올라오면서 마한소국들을 접수하였는데 그 가운데 벽중이라는 도읍의 명칭이 등장한다. 일본장수 천웅장언과 백제 근초고왕은 벽중의 벽지산(현 김제 성산)에 올라서서 형제지국과 혈맹관계를 맹서하는 의식을 거행하고 마한의 모든 나라를 정복한 희열과 기쁨을 누렸다. 천웅장언(千熊長彦)은 근초고왕(近肖古王)에게 마한의 4소국을 넘겨주는 인계인수식을 벽지산에서 거행하고 그 기쁨을 주체하지 못하고 고사산(현 정읍 두승산 추정)에 올라 반석 위에서 감회에 젖은 축배의 잔을 올리고 있다. 따라서 백제 근초고왕 때인 369년경까지도 김제·만경 지역에는 벽비리국(辟卑離國)이 존재하였음을 알 수 있다. 벽비리국의 진산이 벽지산(辟支山)이었고, 도읍이 벽중(辟中)이었다.

『일본서기』에는 벽지산과 벽중이 등장하고 있지만, 『삼국지』위지 동이전에는 벽비리국(辟卑離國)이 등장하고 있다. 마한 소국 가운데 '辟'字를 사용한 소국명은 벽비리국이 유일하다. 이 벽비리국은 김제 외에 다른 곳으로 추정할 만한 곳이 없다. 비리(卑離)는 넓은 평야의 '벌'을 지칭한다. 벌판의 벌은 '비리'와 같은 뜻이다. 계백장군이 싸웠던 황산벌도 황산 아래 넓은 벌판을 가리키는 지명이다. 드넓은 벌판을 가진 벽비리국(辟卑離國)이 벽골제 축조를 주도하였으며, 벽골제 완공 이후 백제와 왜가 벽비리국을 공략하면서 벽골군이라는 행정구역으로 바꾸어 편입시켰던 것으로 보인다. 근초고왕과 천웅장언(千熊長彦)이 벽지산에 올라서 맺은 맹서의식은 근초고왕이 실질적으로 마한을 정복하는 남진정책을 완료하는 상징적 의미를 갖기도 한다. 천웅장언이 침미다례를 접수하고 서쪽으로 거슬러 올라오면서 마한 4개의 소국을 정복하여 근초고왕에게 인계하였으니 근초고왕으로서는 더 이상 마한 정복을 목적으로 한 남진정책의 필요성이 없어진 것이다. 왜가 공략한 마한 4곳의 도읍 가운데 벽중 외에 지반이 들어있는데, 지반은 부안에 위치하였던 지반국(支半國)의 도읍으로 추정된다.

백제사에서 부안과 김제에 위치하였던 마한세력의 정복은 중요한 의미를 가지는 사건이다. 김제는 벽골제를 중심으로 농업생산력의 경제적 기반을 갖춘 곳이었고, 부안은 격포와 죽막동 일대가 해양활동의 전진기지였던 만큼, 백제는 육지와 해상의 중요한 요충지를 확보한 것이다. 근초고왕은 지반국과 벽비리국을 수중에 넣음으로써 서해안의 해상교통망에 대한 제해권과 최대 규모의 벼농사의 경작지대와 벽골제의 수리권을 장악하는 실리를 얻게 되었다. 김제는 동진강을 통한 서해와 연결된 해상교통의 발달과 벼농사의 집산지 금만평야와 벽골제가 위치한 곳으로 경제, 교통, 지리 등 고대국가 발달의 중요한 요소를 갖춘 곳이다. 따라서 이곳에 위치하였던 벽비리국은 마한에서 강력한 정치집단이었음을 알 수 있다.

백제와 왜가 북쪽과 남쪽에서 마한 협공작전을 편 결과 마지막으로 공략한 4읍이 벽중의 벽비리국이었다면, 벽비리국은 마한 최후의 소국이었을 가능성이 있다. 벽비리국의 '벽(辟)'은 임금이라는 뜻이 있다. 김제 벽비리국은 그만큼 강력한 정치세력이 존재하였음을 시사한다. 백제의 근초고왕은 369년 마한의 소국들을 정복하여 천하통일을 이룩한 국왕으로 역사적 평가를 받고 있지만, 실상은 김제 부안을 정복하고, 천웅장언(千熊長彦)이 정복한 마한 소국들에게 자치권을 부여하면서 조공을 받는 것으로 정복사업을 일단락 했을 가능성이 크다.

3. 김제 벽골제와 수리민속

벽골제를 처음 축조할 당시의 수리민속에 대한 내용은 알 길이 없다.
다만 제방의 규모로 벽골제의 면적을 추론할 수 있고, 단야설화와 되뱀이논과 신털미산에 대한 이야기가 구전으로 내려올 뿐이다.

벽골제는 북쪽의 수월마을에서 남쪽의 부량면 명금산까지 약 3.3km에 걸쳐 쌓은 제방이다. 이 제방 길이는 330년대 처음 시축된 길이이며, 제방의 높이는 약 4.3m, 하변의 폭은 17.5m, 상변의 폭은 7.5m로 추산되고 있다. 벽골제의 높이를 낮게 쌓을 수밖에 없었던 것은 벽골제가 위치한 곳이 저습지이고, 넓은 평야지대라서 높은 산이 없으므로 낮은 명금산과 수월리 야산을 연결하여 쌓을 수밖에 없었기 때문이다. 높지 않은 야산 사이의 저습지에 3.3km의 제방을 수평으로 축조한 것은 세계 수리사에서 찾아 볼 수 없다.

이러한 악조건의 지형에 벽골제를 쌓는 데 동원된 노동력은 연인원 330,000명이다. 하루에 10,000여 명의 노동력이 동원되었으며, 공사기간은 약 2년 7개월이 걸린 것으로 추정하고 있다. 벽골제의 길이는 1,800보로 되어 있는데, 이를 척 단위로 환산하면 10,800척이 되고, 이를 다시 당척(30.1cm)을 기준으로 환산하면 약 3,245m이다. 현재 벽골제방의 길이가 약 3.3km이다. 따라서 이 제방의 길이는 마한시대 330년에 처음 축조할 때 길이와 큰 차이가 없다고 본다. 제방에는 3곳에 석주를 세워서 수량을 조절하는 수문장치와 남북 양쪽에는 수량을 자연적으로 조절하는 무넘이 수문이 있었던 것으로 보인다. 330년 당시에도 벽골제에는 수여거(水餘渠)·장생거(長生渠)·중심거(中心渠)·경장거(經藏渠)·유통거(流通渠)가 설치되었던 기록이 보인다. 수여거는 만경현 남쪽으로 향하는 물줄기 수문이고, 장생거는 만경현 서쪽으로 향하는 물줄기의 수문이며, 중심거는 부안 동쪽으로 향하는 물줄기의 수문이며, 경장거와 유통거는 태인 서쪽으로 향하는 수문이다. 수여거와 유통거는 무넘이 수문이었던 것으로 추정된다.

현재 무넘이 수문의 흔적을 발견할 수 있는 곳은 수월리의 수리유구이다.

벽골제방에 설치된 유통거 수문장치

무넘이(水越)는 벽골지가 만수시에 범람이 되면 자연스럽게 물이 넘실거리며 수량이 조절되도록 하는 물넘기 수문 장치를 말한다. 제방위로 물이 넘치며 흘러내리는 방식의 수문이다. 따라서 수문의 명칭도 수여거라 하였다. 벽골제의 높이가 4.3m로 수평 측량되었지만, 수문이 닫혀 있는 상황에서 벽골제의 제방 북단 수여거와 유통거에는 물이 자연스럽게 넘실거리며 수량을 조절하는 자연 수문 방식으로 설계 축조된 것이다. 이처럼 물이 넘쳐 무넘이로 흘렀던 유구가 실제 수여거 아래에 수월리(水越里)라는 지명을 얻게 만들었다. 실제 수여거 아래 약 10여 미터 넓이의 도랑이 500m 가량 수월리 앞으로 굽이치는 곡선으로 조성되어 있다. 이 수여거와 유통거는 자연 능선을 제방으로 연결시켜 활용한 무넘이 수문으로 놀라운 축조 공법을 보여주는 제방시설이라 할 수 있다.

또한 벽골제가 담수할 수 있는 만수 면적은 37평방 킬로미터로서 약 1,120만 평으로 추정된다. 김제 정읍의 높은 지대에서 흘러내려오는 물이 원평천·두월천·금구천을 이루어 드넓은 저습지로 흘러가고 그 물이 바닷물과 교차하는 저습지대를 막아서 만든 수리시설이 벽골제이다. 벽골제의 축조목적은 농업용수의 공급이다. 벽골제의 5개 수로를 통한 수리농경의 범위는 김제, 만경, 태인, 부안, 고부 등의 평야지대이다. 바로 정읍 만석보 아래에 넓게 펼쳐진 백산·하호평야, 금만평야 등 호남평야의 중심에 벽골제가 있다. 벽골제가 금만평야를 만들었으며, 호남평야의 중심을 이루고 있는 것이다. 이러한 수리농경의 역사는 마한시대까지 올라간다.

가을 벼가 누렇게 익어가는 김제 만경 평야의 황금의 제방(김제)은 바로 벽골제라 하지 않을 수 없다.

벽골제와 관련된 신털미산과 되배미에 대한 전설이 있다.

신털미산은 말 그대로 신에 묻은 흙을 털어서 만든 산이라 하여 초혜산(草鞋山)이라고 부르기도 한다. 하루에 만여 명씩 3여 년에 걸쳐서 벽골제를 축조하는데 동원된 인력이 하루 일과가 끝나면 짚신에 묻은 흙을 털어서 만들어진 산이라 하여 신털미산이다. 아니 짚신의 흙만 털어서 생긴 산이 아니라 흙

김제 신털미산

묻은 낡은 짚신까지 버려져 높이 쌓인 산을 말한다. 백제시대의 짚신유적이 출토된 바 있어 신털미산의 역사를 벽골제 축조 당시까지 올려 잡을 수 있다. 그런데 신털미산이 초혜더미라는 고고학적인 근거는 아직까지 발견된 바 없다. 그러나 공교롭게도 신털미산은 포교리 뒷산으로 주산에 해당된다. 이 앞에서 원평천과 두월천이 합수하여 동진강으로 흘러 내려간다. 포교리는 지형상 예로부터 포구였음을 알 수 있는데, 동진강을 따라 서해로 나아가는 출항지 역할을 한 포구였다.

이 신털미산 근처에는 '되배미'라는 조그마한 논이 있었다. 곡식의 양을 되로 재듯이, 벽골제 축조에 동원된 인원의 숫자를 셀 때, 조그마한 논을 이용하였다. 노동 인력이 되배미논에 들어가게 하여 채워지면 숫자를 세어 확인하고, 다시 반복하여 채워 인력의 숫자를 점검하는 방식이다. 되배미논의 존재는 사람 수를 일일이 세기 어려울 만큼 많은 노동력이 동원되었다는 이야기가 된다. 벽골제 축조에 동원된 노동력들은 이루 셀수 없으나, 이들이 사용했던 것으로 추정되는 짚신이 부여 관북리와 궁남지에서 출토되었고, 지게 발채가 부여 능산리사지에서 발굴되었다. 또한 부여 동나성에서 들것이 출토되었다. 특히 부여 궁남지의 짚신 출토는 김제 벽골제 공사를 하는데 동원된 인력도 짚신을 신었던 것으로 추정되고, 그들이 흙을 퍼서 운반하는 도구로서 지게와 발채 및 들것(擔架)을 사용했다고 본다. 신털미산과 되배미논은 벽골제 축조 당시 막대한 노동력이 동원되었음을 보여주는 자료지만, 구전으로 내려오는 이야기일 뿐 짚신 또는 들것, 지게, 발채 등 고고학적 유물이나 유적이 뒷받침되지 않고 있어 아쉽다.

4. 벽골제 단야설화와 쌍룡숭배

18세기에 제작된 김제의 고지도를 보면, 벽골제방 아래에 용추(龍湫)와 용연(龍淵)의 명칭을 가진 두 개의 연못이 있다. 벽골제방 아래 북쪽 끝 무렵 포교리에서 100여 미터 지점에 용추가 있었고, 남쪽 끝 무렵 용골마을 끝무렵에 용연이라는 못이 있었다. 용추와 용연은 용의 처소를 말한다. 이 밖에 용은 용지, 용담, 용소, 용진 등의 이름이 붙은 물과 하천 및 바다에 산다고 믿어왔다. 이러한 용들은 바다에 거처하는 해룡, 육지의 연못에 거처하는 지룡, 하늘에 거처하는 천룡으로 크게 나누어지는데, 용신앙의 주 대상이 된다. 하늘의 용이 영험력을 발휘하여 비를 내려주고, 내린 비는 못을 만들거나 제방을 쌓아 담수호를 만들어 농업용수로 사용해왔다.

김제 벽골제도 제방을 쌓아서 저수지가 만들어지고 그곳에는 용이 산다고 믿어 왔다. 벽골제의 용은 지룡(池

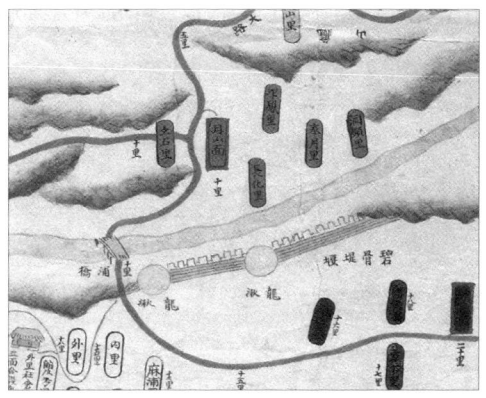

벽골제의 제방에 표기된 용추와 용연

龍) 계통의 농업신, 농사룡이라 할 수 있다. 지룡의 근원은 천룡이다. 천룡은 하늘에 거처하는 용인데, 구름 속에서 조화를 부려 비를 내려주는 역할을 맡고 있다. 지룡은 천룡의 하위적 존재이다. 천룡이 비를 내려 못을 만들고 그곳에 하강하여 지룡이 되었다가 다시 승천하여 천룡으로 돌아가는 신관념이 일찍부터 형성되어 왔다.

이러한 천룡 숭배는 세시풍속에도 나타난다. 사람들은 매년 음력 2월 1일 하늘의 용이 내려왔다가 2월 20일경 다시 하늘로 올라간다고 믿었다. 영등제는 천룡의 강신과 승천을 기념하는 세시풍속이다. 즉 영등제는 1년 동안 농사를 잘 짓게 해달라고 천룡을 강신시켜 제향을 베풀고 다시 하늘로 승천시키는 연중행사이다. 결국 비를 내려주는 강우신이 용이요, 내린 비로 물이 고여 만들어진 담수된 못에 사는 수신도 용이다.

이러한 용신앙의 역사는 백제시대까지 거슬러 올라간다. 익산 미륵사 창건설화에 지룡이 등장하는 것과 비유될 수 있다. 벽골제의 용추와 용연은 김제지역에 오래전부터 용신앙의 전통이 있었음을 말해준다. 벽골제의 용은 용연·용추가 말해주듯이 쌍룡이었다. 쌍룡숭배는 평야지대에서 쌍룡에 대한 신관념이 형성되어 있음을 알려주는데, 벽골제의 제방축조와 관련한 쌍룡설화에서 이를 확인할 수 있다. 이 쌍룡설화는 신라 38대 원성왕대를 시대적 배경으로 하고 있다.

신라 제38대 원성왕(元聖王) 때의 일이다. 벽골제를 쌓은 지가 오래되어 붕괴 직전에 놓이자 김제를 비롯한 주변 7개주 백성들의 생사(生死)가 걸렸다는 지방 관리들의 진정에 따라 나라에서는 예작부(禮作部)에 있는 국내 으뜸가는 기술자인 원덕랑(元德郎)을 현지에 급파시켜 보수공사를 하도록 했다.

원덕랑은 왕명을 받고 머나먼 김제 땅에 도착하여 공사를 서둘렀다.

당시 김제태수 유품에게는 단야라는 아름다운 외동딸이 있었다. 원덕랑은 밤낮 없이 태수와 뚝 쌓는 일을 같이 하다보니 태수의 딸인 단야 낭자하고도 점차 친숙하게 되었으며 단야 또한 원덕랑을 알게 되면서 연정을 품게 되었다. 그러나 원덕랑은 둑 쌓는 일 외에는 한눈을 팔지 않았으며, 특히 고향엔 월내(月乃)라는 약혼녀가 기다리고 있으니 더욱 단야의 뜻을 받아들일 수 없었다.

이 무렵, 주민들의 원망소리가 높아지고 있었다. 옛날부터 이러한 큰 공사에는 반드시 처녀를 용추(龍湫)에 제물(祭物)로 바쳐 용의 노여움을 달래야 공사가 순조로운데 원덕랑은 미신이라 하여 이를 실행하지 않고 공사를 했기 때문에 완공에 가까운 둑이 무너지게 될 것이라는 백성들의 원망이 불길처럼 일어나고 있었던 것이다.

한편, 이 때 고향에서 월내낭자가 남장을 하고 김제까지 약혼자 원덕랑을 찾아 왔다. 이 사실을 안 단야의 아버지 태수는 월내낭자를 보쌈하여 용에게 제물로 바쳐 딸의 사랑도 이루어주고, 백성들의 원성도 진정시키며 둑도 완성시키려는 일거다득을 노리는 계략을 세웠다. 이러한 아버지의 계략을 알게 된 단야는 양심의 가책을 느낀다. 그리고 월내낭자를 죽인다 해서 원덕랑의 결심이 돌아설 리도 없다고 생각하였으며, 그렇다고 원덕랑을 잊고 다른 사람과 결혼할 마음은 더욱 없었다.

단야는 오랜 고민 끝에 자신을 희생하여 백성의 생명줄인 제방을 완공하고, 또한 연모했던 원덕랑이 월내낭자와 결혼하여 부귀영화를 누리면 더없이 좋은 일이며, 더욱이 아버지의 살인까지 막게 되어 효도가 되는 것이란 생각에 미치자 죽음을 결심한다. 이렇게 되어 단야는 월내낭자 대신 자기를 희생하게 되었으며, 그 후 보수공사는 완전하게 준공을 보게 되었고, 원덕랑은 월내낭자와 결혼하여 행복하게 살았다.

『삼국사기』 신라본기에는 신라 원성왕 6년(790)에 "벽골제를 증축하는데 전주 등 7주의 사람들을 징발하여 공사를 일으켰다"고 기록되어 있다. 위의 설화는 원성왕 6년 벽골제의 증축을 배경으로 한다. 김제 태수의 딸 단야를 벽골제의 용추에 사는 용에게 제물로 바친다는 내용이 핵심이다. 벽골제의 쌍룡은 백룡과 청룡이다. 백룡은 주민들을 돕고 보호하는 이로운 영물이라면, 청룡은 사납고 심술궂으며 주민들에게 해를 끼치는 영물이다. 이 청룡에게 단야를 희생물로 바쳐지게 된 것이다. 위의 설화는 벽골제의 쌍룡숭배가 통일신라까지 계승되었음을 말해준다. 벽골제의 쌍룡숭배는 『삼국사기』 백제본기의 쌍룡의 출현 기사를 고려한다면, 벽골제를 시축하는 백제시대까지 거슬러 올라갈 수 있다고 본다.

- 기루왕 21년 여름 4월에 쌍룡이 한강에 나타났다.
- 의자왕 20년 5월 백석사 강당에 벼락이 치고 검은 구름이 용과 같이 동쪽과 서쪽에서 나누어서 공중에서 서로 다투었다.

백제에서 쌍룡(雙龍)이 기루왕 21년(97)에 출현하고 있다. 이로써 벽골제 시축 훨씬 이전부터 백제사회에서 쌍룡숭배의 관행이 있었음을 알 수 있다. 이러한 쌍룡숭배는 의자왕 20년(660) 검은 구름이 서로 다투는 대립적 관계로 묘사되기도 하였다. 그렇다면 백제 전 시기에 걸쳐서 쌍룡에 대한 신관념이 형성되어 있었다고 보아야 한다. 의자왕대에 검은 구름을 다투는 모습이었다고 비유한 것은 용이 구름 속에서 조화를 부려 비를 내린다는 기우관이 형성되어 있음을 보여주며 벽골제의 쌍룡숭배로 구현되었다고 본다. 문헌상으로 전해지던 쌍룡 출현이 벽골제 축조설화에도 등장하고 그 전통이 벽골제방 아래에 용연·용추로 구현되었다고 보는 것이다. 벽골제 축조설화의 쌍룡은 청룡과 백룡이다. 청룡과 백룡은 다투는 모습으로 나타나는 대립적인 입장이 숭배의 대상이었다. 백제 기루왕대의 쌍룡 등장은 벽골제가 처음 축조되던 비류왕대에도 청룡·백룡에 대한 숭배관념이 형성되어 있었음을 엿보게 한다.

벽골제의 단야설화에서 백룡은 제방을 견고하게 빨리 축조하여 농민들이 풍요롭게 살 수 있도록 도와주려는 선한 용으로 등장하고, 청룡은 제방이 쌓아지면 비를 내리게 하여 제방을 무너트리고 농사짓기를 훼방하는 악한 용으로 등장한다. 단야가 희생의 제물로 바쳐지는 용은 백룡이 아니라 청룡이다. 그래서 농민들이 백룡보다 청룡을 숭배하는 관행이 생겨났다고 볼 수 있다. 실제 농경민속 가운데 농신기(農神旗)에 그려진 용신은 청룡으로 묘사되어 있다. 백룡이 생략된 청룡이 농신으로 숭배되었으며, 용신기·용당기의 기폭에도 청룡이 등장하게 되었다. 비를 내리게 하는 청룡이 민속신앙에서 수신으로 등장하게 된 것이다.

이러한 용의 처소는 단야설화의 쌍룡에 대한 거처를 표시한 것으로 해석할 수 있고, 또 다른 관점에서는 제방의 주체가 용이라고 인식하고, 제방 아래에 용의 처소를 만든 것으로 보인다. 벽골제의 제방이 마치 용의 형상처럼 길다랗게 놓인 모습으로 보인다. 벽골제를 처음 축조할 때, 청룡단과 백룡단으로 나누어 편 가르기 방식으로 양쪽에 인력을 배분하여 한 편은 명금산 쪽에서 쌓기 시작하고, 다른 한 편은 수월리 쪽에서 쌓기 시작하는 판축 방식이었을 가능성이 크다. 이러한 제방 축조는 인력을 양편으로 나누어 경쟁하는 겨루기로 추진하는 방법이었다. 오늘날 초등학교 운동회에서 학생들이 백군과 청군으로 나누어 겨루기를 하듯이, 벽골제의 제방 쌓기도 백룡과 청룡의 양편으로 나누어 제방 쌓는 겨루기를 작업 효율성 차원에서 도입했을 것으로 보인다.

편 가르기는 노동력 집단 간에 경쟁력을 유발하고 내부의 화합을 가져와 견고한 제방 판축과 공기단축의 효율성을 가져오는 이점이 있었을 것이다. 벽골제 쌓기와 흡사한 성곽축조에서도 성 쌓는 겨루기 방식이 있다. 이러한 성 쌓기 설화의 성곽 축조연대가 백제시대까지 올라가는 곳도 있다. 겨루기 작업은 신라 유리왕대에 6부 궁녀들이 길쌈노동을 겨루기 방식으로 진행하여 놀이화한 것으로 보면, 백제에서 이러한 겨루기 노동행위가 있었다고 볼 수 있다.

백제시대 성곽 가운데 성 쌓기 설화가 전승되어 오고 있음은 고대사회에서 대규모 노동력이 동원되었을 때 양편으로 나누어 겨루기 방식이었음을 말해준다. 한쪽에서 쌓기 시작하여 끝까지 쌓는 방식보다 양쪽에서 쌓기 시작하는 방식이 훨씬 효과적이었을 것이다. 벽골제 축조 당시 양편에서 제방을 쌓아가는 판축방식이 마치 백룡과 청룡이 양쪽에서 대결하는 모습처럼 보였을 것이다. 현재 서해안의 새만금 간척사업으로 제방을 쌓는 축조공법도 양쪽에서 쌓는 방식을 적용하고 있는데, 이러한 공법은 1,700여 년 전 김제 벽골제 시축 당시 활용하였던 토목기술이었을 것이다. 제방을 축조할 때 중앙으로 제방을 쌓아갈수록 제방 쌓기와 관리가 힘들어 졌을 것이며, 이처럼 난관에 봉착하는 일이 단야설화에서 백룡과 청룡이 다투는 것으로 묘사되었을 가능성이 있다. 단야를 청룡의 희생물을 바치는 것도 벽골제를 쌓는 일이 그만큼 힘들고 어려운 토목공사였음을 반영하는 것이라 하겠다.

이와 같은 벽골제의 쌍룡설화를 극놀이로 꾸민 것이 김제 쌍룡놀이이다. 이것은 단야설화를 소재로 새롭게 만들어진 창작놀이인데, 벽골제의 축조 과정에서 쌍룡에게 완공을 기원하는 내용을 담고 있다. 그런데 실재로 전승하는 월촌 입석줄다리기에서 쌍룡놀이의 원형적인 모습을 찾아볼 수 있다.

5. 줄다리기와 농경의례

입석줄다리기는 김제시 월촌면 입석리에서 행해지는 정월세시의 민속놀이이다. 현재 지방민속자료 제7호로 지정되어 있다. 입석줄다리기의 전개 과정은 이러하다.

> 매년 정월 초에 걸립굿으로 시작하여 집집마다 돌며 지신밟기를 하면서 당산제의 비용을 마련한다. 정월 열나흘 날에는 마을 주민들이 볏짚단 2, 3다발씩을 들고 마을공터에 모여서 줄을 만들기 시작한다. 줄은 쌍줄을 만드는데, 주민들은 암줄과 수줄이라 부른다. 줄의 두께는 1자 정도이고, 길이는 100미터이다. 암줄의 고는 수줄고보다 약간 크게 만들어 수줄을 암줄고에 삽입하여 비녀목을 꽂을 수 있는 크기로 만든다. 줄은 열나흘 날부터 정월보름날 아침까지 드린다. 이 줄드리기 작업에는 마을 주민가운데 산고나 상고를 겪는 사람은 부정타기 때문에 참여를 못하게 할 정도로 금기가 엄격하다. 정월 보름날 아침에 줄을 감는 입석에서 묵은 줄을 걷어내고 깨끗하게 청소를 한다. 마을 주민들은 이 묵은 줄이 피부병에 약효가 있다하여 집으로 가져가기도 한다. 정월 대보름날 오후가 되면 입석리 주민들은 쌍줄이 놓인 마을 공터로 모인다. 줄를 당기는 시간은 석반 후 초저녁이다. 입석줄다리기는 고싸움놀이 방식이다. 남자는 수줄을 잡고 여자들은 암줄을 잡는다. 줄을 당기기 앞서서 고놀이를 즐긴다. 줄의 고를 서로 부벼대며 애정관계를 연출한

다. 고놀이 이후 암줄고를 수줄고에 끼워 넣은 후 비녀목을 끼워넣으며 줄당기기가 시작된다. 나이 든 부녀자들은 수줄편에 서서 회초리로 남자들을 후려치며 힘빼기 작전을 편다. 고싸움은 여자편이 승리를 하게 된다. 여자편의 승리는 여자가 이기면 풍년이 들고 남자가 이기면 흉년이 든다는 속신 때문이다. 삼판양승제로 여성이 이기고 나면, 입석에 줄감기를 한다. 입석의 크기는 높이가 약 210cm, 폭은 29cm 크기의 사각석주이다. 줄감기는 여자편이 암줄을 먼저 감고 이어서 남자편이 수줄을 그 위에 감는 방식이다. 입석에 줄감기를 마치고 나면 당산제를 지낸다.

줄다리기는 보편적으로 평야지역에서 행해지는 용신에 대한 제의행위이다. 특히 볏짚으로 용의 형상을 만들어 줄다리기를 하는 평야지대의 민속놀이라 할 수 있다. 볏짚으로 만든 줄을 용줄이라 하고, 용줄은 용의 형상처럼 만든다. 용줄은 외줄과 쌍줄이 있다. 쌍줄은 줄머리에 서로 끼울 수 있는 고를 만든다. 쌍줄다리기는 고끼리 부딪히거나 수줄고를 암줄고에 끼워넣고 잡아당기는 방식이다. 쌍줄다리기는 기본적으로 양편을 나누어서 겨루기하는 방식이다. 남자가 잡는 줄을 수줄, 여자가 잡는 줄을 암줄이라 한다. 쌍줄은 쌍룡을 상징하는 형태로 만들어지는데, 청룡과 백룡을 상징하는 의미도 갖고 있다.

벽골제의 쌍룡설화가 말해주듯이, 쌍룡의 관계는 대립적인 갈등관계이다. 줄다리기도 암줄과 수줄이 겨루는 방식이지만, 본질은 줄싸움 방식이다. 외줄다리기에서도 남여의 성적 대결은 같다. 쌍줄다리기는 풍요다산을 상징하는 휴머니티한 민속놀이로 바뀐 채 전승되고 있지만, 본질적으로는 대립 관계의 줄싸움 놀이이다. 줄다리기는 용신을 인격화하여 남녀의 성적 관계로 바꿔 묘사하는 것처럼 보이지만 실제는 백룡과 청룡의 힘겨루기를 놀이화한 것으로 해석된다. 줄다리기는 용신앙을 전제로 하는 농경의례이지 성적 교합을 상징하는 민속놀이는 아니다. 여자편이 이겨야 풍년든다는 속신은 백룡이 아닌 청룡이 이겨야 풍년이 든다는 것으로 이해해야 한다.

우리나라 민속신앙에서는 신을 인격화하여 마을수호신으로 섬기는 사례가 많은데, 하늘의 구름 속에 숨어서 비를 내리게 해주는 용신도 그러하다. 용신을 인격화하여 세시풍속의 연중행사로 마을제사를 올리는 게 줄다리기이다. 줄다리기는 그 자체가 용신에 대한 제의행위인데, 평야지역에서는 이러한 용신제의를 당산제라고 부른다. 김제 벽골제의 입석줄다리기도 그러한 사례이다.

그런 점에서 줄다리기는 평야지방의 대표적인 민속놀이로서, 볏짚으로 용의 형상을 만들어 용신에게 향응을 베푸는 농경의례라 할 수 있다. 당산제에서는 줄을 용의 형상으로 만들어 놓고 풍년을 기원하는 주술의례를 행한다. 평야지대에서 용은 비를 내려주고 바람을 일으켜 농사를 이롭게 해주는 영물로 숭배되었기에 용줄을 만들고 줄다리기를 하는 것으로 농경의례를 거행한다. 농촌에서 농민들이 용(龍)을 마을의 수호신, 풍요신으로 적극 섬기는 것도 용이 우순풍조(雨順風調)를 관장하는 농경신이요, 물을 관장하는 수신이기 때문이다. 그래서 줄다리기는 농사일을 시작하기 앞서 매년 정월 보름날(음 1. 15)에 용신에게 마을의 안녕과 풍농을 기원하는 마을제사이다.

벼농사 지대에서는 농사에 필요한 농업용수를 공급받아야 농사를 지을 수 있으므로 비를 내리게 하고 고인 물을 관장하는 용신에게 마을제사를 올리는 관행이 줄다리기로 정착한 것이다. 드넓은 평야지역에서 용신은 절대적일 수밖에 없다. 삼국시대에는 비가 오지 않으면 그림으로 용을 그리거나 흙으로 용형상을 만들어 기우제를 지내는 전통이 있었다. 볏짚으로 용형상을 만들어 제사를 지내는 줄다리기도 기우제에 속한다. 벽골제 쌍룡설화에서 청룡은 비를 내리게 하여 제방을 무너뜨리는 심술 사나운 용으로 등장한다. 즉 용이 강우신으로 숭배되어 왔던 것이다.

줄다리기의 전개 과정은 전국적으로 대동소이하다. 평야지대의 마을에서 행해지는 줄다리기는 오방돌기→줄다리기→진놀이→줄감기 순으로 전개된다.

먼저 남자들은 수줄을, 여자들은 암줄을 어깨에 둘러메고 농악대를 따라가며 오방(五方)돌기를 행한다. 오방돌기는 줄을

김제 벽골제의 입석 줄다리기 재현행사

들고 마을 주변을 한 바퀴 빙 돌면서 부정거리를 행하는 의식을 말한다. 줄다리기에 앞서 마을공간을 성역화하는 정화의례(淨化儀禮)이다. 오방돌기를 당산돌기라고도 부르는데, 용줄을 들고 앞당산 뒷당산을 찾아가 당산굿을 친다. 당산돌기는 줄다리기에 앞서 마을의 당산신에게 고사를 지내는 의미가 있다. 오방돌기를 하는 사람들은 줄을 어깨에 메고 그냥 도는 게 아니라 좌우로 줄을 흔들어대 마치 용이 꿈틀대는 것 같은 용트림을 연출한다. 용트림은 용이 위용을 부리는 모습이다. 용줄의 두께가 두꺼울수록 용트림하는 위용이 장관이다.

오방돌기가 끝나면 저녁 무렵에 암줄(여성)과 수줄(남성)의 성적 결합이 이루어진다. 성적 결합은 먼저 줄 맞절을 시킨 후에 서로의 성유희 과정을 거쳐 수줄의 고가 암줄의 고에 끼워지고 장대목이 맺음장치로 끼워지면서 양쪽 편은 힘껏 줄을 당긴다. 줄을 당길 때 15세 이하 어린이는 여성편에 참여한다. 줄다리기에서 만큼은 남녀가 평등하다. 신 앞에서 남녀의 구분은 의미가 없다. 암줄 든 여성편과 수줄을 든 남성편으로 나누어 대등하게

줄다리기를 한다.

　남성과 여성으로 나눈 쌍줄다리기는 음양의 조화를 통해서 마을 화합과 상생을 연출해 낸다. 고의 결합은 쌍용의 교합이지만 실제로는 마을주민인 남성과 여성의 수평적인 집단적 결합―음양의 결합―을 연출시켜 대동세계(大同世界)를 실현시킨다. 줄다리기가 남녀가 대등한 관계에서 집단적 편싸움 형식으로 진행되는 것은 평등세계(平等世界)를 지향하려는 의지의 실천이다. 유교적 관념으로 본다면, 마을 공간에서 남녀가 대등하게 맞서서 고싸움놀이를 즐기는 것은 상상할 수 없는 놀이이지만, 여자 편이 이겨야 농사가 풍년든다는 속신 때문에 줄다리기에서는 맞서 싸움을 즐기는 것이다.

　진놀이는 진쌓기라고 부르는 용신유희의 과정이다. 진놀이는 외줄인 경우에 행해지는 경우가 많다. 용이 위용을 갖고 용트림을 하면서 즐기는 방식으로 향응을 베푸는 과정이 진(陣)놀이이다. 진놀이는 풍물패를 따라 나선형을 돌다가 풀어 나오는 의례는 마치 용이 용트림하는 모습을 연출한다. 진놀이 과정에서 농민들은 용과 신인일체의 엑스타시에 빠지고 신명체험을 하게 된다. 진놀이가 끝나면 마을 주민들은 줄을 당산나무 또는 당산입석에 줄감기를 한다.

　줄다리기에서 여성과 남성이 암줄과 수줄을 잡아당기는 주체가 되지만, 쌍룡도 암수의 양성으로 구분되어 있음을 상징한다. 이 쌍룡을 마을 내 강림시켜 음양의 성적 결합을 줄다리기로 연출시켜 용에게 축원하는 방식을 취한다. 마을주민들이 용을 마을수호신과 농경풍요신으로 상정하고 음양신관(陰陽神觀)에 따라 청룡과 백룡을 등장시킨 것으로 보아야 한다. 그런 점에서 김제 벽골제의 쌍룡설화는 줄다리기의 근원적인 배경설화라 할 수 있겠다. 쌍줄다리기와 고싸움놀이는 청룡과 백룡을 상징하는 줄을 만들어 사용하지만, 외줄다리기도 청룡을 형상화시킨 것으로 본다. 청룡과 백룡은 처소가 하늘인데 1년에 한번 하늘에서 마을로 내려와 출현하여 마을을 풍요롭게 해주는 마을수호신이 된다. 매년 정월 초하루에 가족들이 조상신을 강신시켜 집안 제사를 지내듯, 마을주민들이 정월 대보름에 천룡(天龍)을 마을에 강신시켜 마을 제사를 지내는 게 줄다리기이다.

평야 지역에서 줄다리기의 절차는 영신(迎神) – 오신(娛神) – 송신(送神)의 과정으로 진행된다. 정월 14일 밤 자정 무렵에 마을의 천룡당에서 천룡신을 맞이하는 영신제(迎神祭)를 지낸다. 15일에는 마을 주민들이 남녀 편 가르기를 하여 용줄을 어깨에 메고 마을 주위를 한 바퀴 도는 오방돌기를 거행한다. 저녁 무렵에 남녀 간에 편을 나누어 암줄과 수줄의 고를 성적으로 결합시켜 축원하는 줄다리기를 한다. 줄다리기를 한 후 진놀이로서 풍농을 기원하는 오신제(娛神祭)를 거행한다. 오신제는 마을 주민이 모두 참여하여 천룡신에게 향응을 베푸는 의례이다. 줄다리기를 마친 뒤에는 저녁 늦게 암줄과 수줄을 마을의 수호신체인 당산입석에 감는다. 줄을 감을 때에는 줄의 꼬리에서부터 감기 시작하여 줄머리(고)를 위쪽으로 가게 하여 용이 승천하는 모습을 나타내는 형식을 취한다. 이 과정은 천룡

당산나무와 입석에 감아놓은 용줄

을 용의 처소인 하늘로 돌려보내는 송신제(送神祭)라 할 수 있다.

　벼농사를 생업의 중심으로 하는 한반도 서남해 지역의 평야지대는 줄다리기문화권이라 해도 과언이 아니다. 각 지역별로는 경남 남해지방의 줄긋기, 진주지방의 줄들기, 영남지방의 줄당기기, 전남지역의 고싸움놀이, 전북지역의 줄다리기 등 각기 다른 명칭이 쓰여지고 있다. 이러한 줄다리기는 일본 규슈와 오끼나와 등지와 중국의 강남지방에서도 행해지고 있다. 일본과 중국에서도 벼농사 지역에서는 줄다리기의 관행이 전승해오는 곳도 있다. 일본의 줄다리기는 음력 8월 15일에 행해지는 강인(綱引)이라는 민속놀이며, 중국의 줄다리기는 양나라 종름이 쓴 『형초세시기』에 시구라고 기록되어 있다. 입춘에 행하는 시구(施鉤)는 『封氏聞見記』에 정월대보름(1. 15)에 행하는 발하(拔河)라고 표기하고 있다. 우리나라에는 정월 대보름날에 행해지는 삭전(索戰)이라는 민속놀이가 있다. 일본의 강인은 8월 보름에 행하는 농사신에 대한 감사의례라 한다면, 중국의 시구는 정월 보름에 행하는 농경의 풍흉을 점치는 세시농경민속이다.

　우리나라의 줄다리기는 중국과 대동소이하다. 우리나라에도 여성편이 이기면 풍년이요, 남성이 이기면 흉년이라는 풍흉관이 중국과 일치한다. 중국과 한국은 줄다리기가 농사의 풍년을 기원하는 주술적 농경의례라는 공통점을 갖고 있다.

　백제는 양(梁)과 활발하게 대외교류를 추진하면서 남조문화를 받아들였다. 그 과정에서 양나라의 줄다리기 풍속이 전래되어 민속놀이로 정착하였을 가능성이 있다. 그러나 우리나라 세시기에는 조선시대에 줄다리기를 처음 소개하고 있다. 조선시대 이전의 삭전 기록은 확인할 수 없다. 줄다리기의 근원적인 배경이 김제 벽골제의 쌍룡설화라고 단정적으로 말할 수는 없지만, 쌍룡설화의 역사적 배경이 백제시대이며, 청룡과 백룡이 다투는 겨루기 방식의 줄다리기가 전승해 오고 있다는 점에서 자생적으로 태동한 민속놀이로 볼 수도 있겠다.

그러나 백제시대부터 쌍룡숭배가 역사기록에 등장하고, 쌍룡숭배를 민간연희로 구현한 것이 고싸움놀이 또는 쌍줄다리기라는 점을 고려한다면, 줄다리기의 역사를 백제시대까지 끌어올릴 수도 있다고 본다. 김제 벽골제를 축조할 당시에 줄다리기를 했다는 기록이 없고, 월촌면 입석리의 마을 역사를 백제시대까지 올려 잡을 수 없다는 점에서 입석줄다리기를 벽골제의 쌍룡설화와 연결 짓는 것은 어렵다. 그렇지만 벽골제의 쌍룡설화와 평야지대에서 쌍줄다리기의 성행은 서로 무관하지는 않다고 본다. 그리고 쌍룡설화의 배경지인 벽골제가 백제시대 수리농경의 중심지였다는 점과 용이 못의 수신이라는 백제시대의 신앙관을 연결시키면 줄다리기의 역사가 백제시대까지 올라가는 추론도 가능하다.

다만 백제시대에 쌍룡이 출현하는 용신앙이 존재하였고, 벽골제를 청룡과 백룡으로 나누어 판축을 하면서 쌍룡이 겨루기를 하는 방식으로 축조하였다면, 백제시대부터 볏짚으로 만든 쌍줄다리기가 연행되었을 가능성이 크며, 또한 백제가 중국의 남조문화를 직수입하였기 때문에 중국 양나라의 영향을 받아 줄다리기가 백제시대의 민속놀이였을 가능성을 부인할 수도 없다. 중국에서 시구가 양(502~556)에서 전승된 풍농기원의 민속놀이였다면, 줄다리기가 백제의 민속놀이로 연행되었을 가능성이 크다. 다만 중국에서는 시구의 전통이 거의 사라진 상태이지만, 우리나라에서는 아직도 농촌에서 풍농기원의 대표적인 민속놀이로 연행되어 오고 있다.

결론적으로, 줄다리기가 백제권을 중심으로 한반도 서남부지역의 평야지대와 해안지역에서 전승해오는 세시풍속이요 민속놀이라는 점에서 백제시대 기원설을 검토할 필요성이 있다.

Chapter ❽ 무주 지방의 디딜방아뱅이

1. 조선시대 최대의 적 전염병

　조선시대에 전쟁보다도 더 무서운 것은 전염병이었다. 전염병이 마을에 들어오면 남녀노소 가릴 것이 휩쓸어 버린다. 전염병은 바이러스 균이 옮겨 다니기 때문에 그 누구도 전염의 대상에서 예외일 수 없었다. 그렇다고 전염병을 예방할 뾰쪽한 수도 없었다. 홍역, 장티푸스, 천연두, 콜레라 등인데, 병명을 알지 못하여 괴질이라 했고, 역병 또는 염병이라 하였다. 전염성이 강하기 때문이다. 흔히 쓰는 욕 가운데 "염병 지랄헐 놈"이라는 욕은 사람을 가장 천하게 업신여기는 비하의 말이다. 염병에 걸린 사람이 지랄까지 한다는 것이다. 한마디로 전염병 걸린 사람은 사람취급도 안했다는 이야기다.

　전염병은 조선후기에 더욱 극심하였다. 그 배경은 소빙기에 따른 곡물생산의 저하와 그에 따른 식생활 환경의 불순, 그리고 상품경제의 발달에 따른 유동인구의 증가가 전국적으로 전염병을 창궐시키는 동기였을 것이다.

18세기 말 기근이 연속되는 상황에서 유망민들은 증가했고, 굶주림에 지친 사람들은 집을 떠나 먹을거리를 찾아 유망민이 되었고, 이 유망민들이 전염병을 확산시키는 전염자 역할을 톡톡하게 했던 것이다. 유망민들은 죽음을 무릅쓰고 길거리를 헤메였으며, 이들은 정부의 보호도 받지 못한 채 거리에서 객사하는 일이 다반사였다. 전염병으로 길거리에서 죽어가는 사람들이 얼마나 많았으며, 정부 차원에서 역병귀신을 쫓는 여제(厲祭)를 지내는 여단(厲壇)을 군현 단위로 설치되어 있었다.[1]

이러한 자연재해가 지속되는 상황에서 마땅한 대응책도 없었고, 주민들의 불안한 생활은 연속되었다. 아기가 태어난 이후 홍역의 면역 기간이 지난 5년 후에 이름을 짓거나, 이름을 천하게 지은 것도 아이들에게 전염병은 속수무책이었기 때문이었을 것이다. 이름도 알 수 없는 질병이 수시로 마을에 전염되면 주민들은 초비상 사태에 빠질 수밖에 없다. 가장 효과적인 전염예방책은 전염된 마을을 불 질러 버리고 안전한 곳으로 이주하여 새로운 삶터를 가꾸는 일이지만, 그것 또한 쉬운 일이 아니다. 마을 등지고 다른 곳으로 옮겨간들 전염병의 불안에서 벗어날 수 없기 때문이다. 그렇다고 염병을 치료할 의술이 발달한 시점도 아니고, 주민자치적으로 고안해 낸 예방대책이 디딜방아뱅이다.

2. 왜 디딜방아를 훔치는가

방아는 곡물을 찧는 도구를 말한다. 방아에는 물레방아, 연자방아, 통물

---

[1] 신동원, 『호열자, 조선을 습격하다』, 역사비평사, 2005.

방아, 디딜방아 등이 있다. 물레방아와 통물방아는 물의 중력을 이용하여 자동으로 찧는 방식이며, 연자방아는 소가 축대를 멍에에 끼고 돌면서 찧는 방식이며, 디딜방아는 사람이 발로 방아다리를 밟아 힘으로 눌러서 찧는 방식이다. 예부터 디딜방아로 곡식을 찧는 일은 여성들의 몫이었다. 방아 외에 절구, 맷돌로 음식가공의 재료를 만드는 일은 모두 부녀자들이 담당하는 노동력이었다. 디딜방아는 집안에 설치하기도 하고, 마을공용의 디딜방아도 있다. 마을방아는 한데방아라 하여 마을주변 언저리에 방앗간을 설치하고 그곳에서 디딜방아가 놓여있다. 근대화 과정에서 발동기로서 동력을 이용하는 방앗간이 생겨나기 이전에는 방앗간은 항상 부녀자들의 희로애락이 깃든 곳이다. 방앗간은 여성들의 공간이었다. 곡물을 확에 넣고 이야기를 나누며 쉬기도 하고, 시름을 달래기도 하고, 구성진 노랫가락으로 놀이를 즐기는 곳이기도 했다. 그런가하면 방앗간은 방아의 공이가 확을 찧는 모습에서 남녀의 성행위를 은유하여 실제 남녀가 사랑을 즐기는 공간으로 활용되기도 했다. 나도향이 쓴 단편소설「물레방아」에는 남녀가 물레방앗간에서 사랑을 즐기는 공간으로 묘사되어 있다. 부녀자들은 방아를 찧기 위해서 수시로 들락거리는 곳이 방앗간이었다. 그곳은 남자들에게 방아 찧는 일보다 탐욕의 공간으로 인식되어 있었던 것이다.

  디딜방아가 생겨난 것은 정확한 연대는 모르지만, 고구려 고분벽화에 그림으로 등장하는데, 안악 3호분에는 여자가 디딜방아의 다리를 딛고 서있는 모습이 묘사되어 있다. 삼국시대에 곡물을 빻는 방식이 근래 디딜방아로 곡물을 빻는 것도 다름이 없다는 점이다. 그리고 디딜방아는 우리나라에만 분포하고 있는 것이 아니라 벼농사를 짓는 동남아시아, 일본, 중국 남부지방에서 볼 수 있는 생활용구였다. 디딜방아 사용은 벼농사 생활권에서 발생한 것으로 보이며, 고구려 고분벽화의 디딜방아는 동남아시아의 탈곡

문화가 해류이동으로 전파해온 것으로 보인다. 디딜방아 생활권의 공통점은 방아로 곡물을 찧는 일은 부녀자들의 몫이라는 점이다. 예나 지금이나 집안에서 가족들의 음식물을 섭취하는 일은 부녀자들이 주도하였음을 알 수 있으며, 동서고금을 막론하고 동일하다. 그러나 디딜방아를 훔쳐오는 민속은 다른 나라에서 찾아보기 힘든 한국의 민속문화라 할 수 있다. 그리고 디딜방아를 훔쳐오는 일도 부녀자들이 주도한다.

그렇다면 왜 디딜방아를 훔쳐오는 것일까.

디딜방아를 훔치는 목적은 뱅이를 하기 위해서다. 뱅이는 액막이의 사투리이다. 액은 사람의 생명과 생활안전을 해치는 재앙의 바이러스균과 같은 것이다. 액이 마을에 침투하기 전에 막고자 여러 가지 의식을 행하는 것을 액막이라고 한다. 디딜방아뱅이는 어두운 밤에 이웃마을의 디딜방아를 몰래 훔쳐와 마을 어귀에 거꾸로 세워놓고 무병제액을 기원하는 액막이의식을 말한다. 이러한 디딜방아뱅이는 정례적인 연중행사가 아니고 홍역, 천연두, 콜레라, 장티푸스 등 생명을 위협하는 무서운 전염병이 창궐하거나 극심한 한발이 닥쳤을 때에 인명을 다투는 화급함에 마을의 부녀자들이 모두 나서서 디딜방아를 훔쳐오는 것이다.[2] 전염병의 창궐에 마을 자체적으로 전염병을 침투를 방어하고자 음이 유사한 방아를 떼어오는 관습이 생겨났다고 볼 수 있다.

디딜방아가 왜 뱅이의 대상이 되었을까. 디딜방아는 기본적으로 사람의 형상과 같다. 디딜방앗간에 놓인 디딜방아는 마치 사람이 엎드려 있는 모습과 같다. 공이가 머리 부분이라면 지렛대 축은 팔을 벌린 모습이고, 두 다리를 벌리고 있는 모습이 디딜방아의 형상이다. 디딜방아뱅이는 전염병

---

2 강성복, 『장동이 민속지』, 금산문화원, 1999, 73면.

의 창궐에 맞서서 디딜방아를 희생 제물로 바치는 의식이다. 기우제나 동제 때에 돼지를 잡아서 피를 뿌리고, 돼지머리를 제물로 바치는 것처럼 사람형상의 디딜방아를 떼어와 사람 대신 희생례를 치르는 의식이 디딜방아뱅이인 것이다. 한마디로 디딜방아뱅이는 디딜방아의 장례식이라 할 수 있다. 이를 입증하듯이, 디딜방아를 훔치는 과정에서 상장례의 내용이 확연하게 나타난다.

  몇 가지를 정리해보면, 먼저 몰래 디딜방아를 떼어내면서 디딜방아를 훔쳐간다고 해도 마을주민들이 용인하고 모른 척한다. 한번 떼어낸 방아를 다시 되돌려 마을에 놓는 것을 원치 않는다. 장례식을 치른 시신을 실은 상여가 마을에 되돌아오는 것을 적극 반대하는 것과 같은 이치이다. 디딜방아는 떼어낸 순간부터 무용지물의 죽은 시신과 마찬가지라는 인식이 저변에 깔려있다. 떼어낸 디딜방아는 시신을 염(殮)하듯이 흰 종이로 감싸고, 왼새끼로 방아의 몸체를 묶어서 어깨에 멜 수 있도록 끈을 매단다. 남자들이 상여를 메는 방식으로 부녀자들도 끈 또는 새끼줄로 묶인 디딜방아를 양쪽에서 들고 마을까지 운반해온다. 디딜방아는 참나무로 만들기 때문에 견고하고 굉장히 무겁다. 부녀자들이 방아를 메고 올 때에는 초상집 상여가 나가는 것처럼 곡(哭)도 하고, 상여소리도 부른다. 방아를 메고 오면서 선소리꾼이 상여소리를 부르면 방아를 든 부녀자들이 후렴을 받아 부르면서 와자지껄 소리 지르며 마을로 향한다.[3]

  마을에 당도한 디딜방아는 마을 어귀에서 머리를 땅에 처박고 두 다리를 하늘로 향하여 거꾸로 세워놓은 채 장례식을 치른다. 마치 사람처럼 여자들이 입는 단속곳을 디딜방아 다리에 씌워 입힌다. 그 단속곳은 월경의 피

---

3 한남대학교 충청문화연구소, 『금산의 마을공동체신앙』, 1990, 188면.

묻은 것을 걸쳐 놓거나 없으면 팥죽을 쑤어 발라 액막이의 상징으로 표시한다. 피 묻은 단속곳이나 팥죽은 벽사(辟邪)의 상징적 의미를 갖는다. 피와 팥은 붉은색으로 괴질의 전염병을 물리칠 수 있다는 주술력을 가졌다고 믿었기 때문이다. 디딜방아를 훔쳐온 주민들은 이렇게 디딜방아 장송례를 치르고 마을에 전염병이 들어오지 않도록 적극적인 주술의례를 거행한 것이다. 이처럼 땅에 거꾸로 박힌 디딜방아는 약 20여 일간 그대로 세워놓는다. 그 뒤에는 방아를 잃어버린 마을주민들이 찾아와서 술값을 내고서 되찾아간다.

이러한 디딜방아뱅이는 전국적으로 시행되어온 민속인데, 특히 충청도 대전, 금산 일대와 전라북도 무주 부남 일대에서 최근까지 전승되어 왔다. 이 글에서는 전라북도 부남면 일대에서 전승해온 디딜방아뱅이를 중심으로 살펴보고자 한다.

3. 부남면 유평리·대소리의 디딜방아뱅이

1) 유평리의 디딜방아 액막이

유평리는 섣달 그믐부터 정월 대보름까지 약 보름간 디딜방아, 산신제, 달집태우기의 전통적인 마을굿을 전승해온 마을이다.

(1) 섣달 그믐날 디딜방아 액막이굿

디딜방아 액막이굿은 새해맞이를 앞둔 마을뱅이를 말한다. 섣달 그믐날 초저녁에 유평리의 주부들과 젊은 장정들이 마을 앞 공터에 모인다. 디딜방아를 훔쳐오기 위해서 모인 것이다. 해마다 이렇게 모이는 것은 아니다. 마을의 당골네 격인 할머니(이후 편의상 '당골할머니'라 부른다)가 책력을 봐서 디딜방아를 훔쳐올 것인가 말 것인가를 정한다. 당골네가 책력을 봐 이듬해에 전염병이 크게 돌 것 같다는 점괘가 나오면, 마을주민들에게 미리 액막이를 해야 한다고 말하고, 마을주민들은 디딜방아를 훔쳐오기로 모의를 한다. 마을에 홍역, 천연두, 말라리아 등 전염병이 마을에 들어오면 아이와 어른 할 것 없이 귀한 생명들이 죽어나가기에 미리 마을에 닥칠 재앙을 미리 예방하자는 뜻에서 디딜방아를 훔쳐와 액막이를 하자는 것이다.

유평리는 진안군 용담면 송풍리 감동마을의 디딜방아를 훔쳐온다. 디딜방아를 훔쳐와 마을뱅이를 하고자 하는 것이다. 유평리에서 감동마을까지는 재를 넘어가는데 약 10리 정도 된다. 본래는 마을부녀자들이 떼로 가는 것인데, 마을의 젊은 장정들이 호위차원에서 함께 동행한다. 감동마을의 디딜방아는 마을공용의 방아다. 그래서 디딜방아가 집안에 있는 게 아니라 마을 외진 곳의 방앗간에 있기에 마을사람들의 눈을 피하여 떼어오기가 좋았다. 감동마을 디딜방아는 사람들 모르게 떼어올 수 있는 곳에 있었다. 유평리의 부녀자 가운데 힘센 여자들 함께 힘을 모아 디딜방아를 떼어내면서 "디딜방아 떼어간다"고 소리를 외친다. 유평리 부녀자들과 장년들이 함께 디딜방아를 떼어 낸 뒤에는 감동마을에서는 알아도 모른 체 한다. 어차피 한번 떼어낸 디딜방아는 죽은 방아나 마찬가지로 쓸모가 없을뿐더러 죽은 시체나 마찬가지이므로 즉시 그 자리에서 빼앗아 되돌려 놓는 관행은 없다. 그래서 디딜방아를 탈취당한 마을 사람들이 모른 체하는 것이다. 디딜방아가 무겁기 때문에 청장년들이 번갈아가면서 어깨에 디딜방아를 메고서 돌아온다. 부녀자들은 디딜방아를 뒤따르며 마을로 돌아온다.

유평리에 돌아온 디딜방아는 마을 앞 공터에 세워진다. 디딜방아 고를 땅에 세우기 위해서는 2개의 말뚝을 박고 단단한 끈으로 디딜방아를 얽어 맨다. 디딜방아가 세워지면, 당골할머니가 구해온 과부의 월경 피 묻은 속곳을 가랑이 벌린 것처럼 디딜방아에 씌워놓는다. 디딜방아가 마치 사람 형상처럼 생겨서 디딜방아 다리를 위로 세워놓고 피 묻은 속곳을 입혀놓는다. 당골할머니가 디딜방아 앞에 볏짚을 십자형으로 깔아놓고 정화수를 떠 놓고 숯과 마른고추도 놓는다. 당골할머니는 디딜방아 앞에 자리를 깔고 팥시루떡(피고물)과 삼사실과, 삼탕, 삼채, 술(막걸리)을 차려놓고 제의를 주관한다. 주부들도 각각 소지를 올리며 전염병이 마을에 들어오지 말고, 식구들도 괴질에 걸리지 않기를 간절하게 소원을 빈다. 정월 초하루(설날)를 지내고 나면, 초이튿날에 당골할머니는 직접 왼새끼를 약 300~400m 가량 꼬아서 동내금줄을 친다. 마을로 들어오는 길목 외에는 동내 주위를 왼새끼로 둘러쳐서 괴질이나 전염병이 마을에 들어오지 못하도록 한다. 이 금줄은 약 한 달 정도 쳐놓는데, 마을 어귀에 세워놓은 디딜방아도 정월 그믐날까지 설치해놓은 뒤 디딜방아를 치울 때 금줄도 함께 걷는다. 디딜방아 액막이굿이 끝나고 나면, 디딜방아가 설치되어 있던 감동마을 주민들이 디딜방아를 찾으러 온다. 감동마을 주민들은 유평리 주민들에게 막걸리를 한잔하라고 술값과 안주값을 약간 내놓고 디딜방아를 가지고 자기 마을로 돌아간다.

(2) 산신제

산신제는 정월 초하룻날에 거행한다. 산신제는 마을에서 제주부부가 선정되면서 시작된다. 제주부부가 선정되면, 제주집에 금줄이 걸리고, 황토 흙을 깔아놓으며, 외부인의 출입을 막아 부정 타는 것을 방지하고, 부부끼리도 합방을 하지 않으며, 아침마다 목욕재계를 한다. 부부가 함께 집에서 제물을 장만하는데, 젯밥, 삼실과 삼탕, 삼채, 백설기떡을 한다. 제물은 부부가 손수 무주장터에서 제물을 구입하여 장만하고 마을에서는 추후에 제물비용을 갚아주는 방식으로 한다(농악보안).

제물이 모두 만들어지면 초저녁에 부부가 함께 산제당으로 올라간다. 남자가 지게에 제물을 지고 오르고 부인은 자리를 들고 뒤따른다. 산제당은 마을 뒷산인데, 별도의 산의 명칭은 없다. 부부가 제물을 차려놓고 촛불을 켠 뒤에 절을 하고 비손을 한 뒤 소지(보안)를 올리고서 제의를 간단하게 마친다. 제물을 한 그릇에 조금씩 모아서 고시레를 한 뒤 마을로 내려오면 마을주민들이 마을 앞 공터에서 거릿제를 지낼 준비를 한다. 거릿제는 주민들이 각각 자기 집에서 음식을 장만하여 밥과 제물 등을 소반에 얹혀 들고 나온다. 마을이장은 모닥불을 피워놓고 병풍을 쳐놓고서 주민들이 갖고 온 제물을 차려놓도록 한다. 산신제를 지낸 제주가 거릿제를 주관하며, 산신제와 같은 방식으로 제의를 진행한다. 제물은 삼실과(곶감, 사과, 배, 밤), 삼채(무, 고사리, 콩나물), 삼탕(명태, 피문어, 멸치)과 젯밥, 백설기떡 정도다. 제주가 먼저 거릿제를 지낸 후에는 주부들이 각각 차려놓은 제물 앞에서 비손과 소지를 올린 뒤에 고시레를 하여 잡귀들에게 젯밥을 먹인 뒤 밤 10시경에는 음복을 한 뒤에 산신제와 거릿제를 모두 마치게 된다.

2) 대소리의 디딜방아뱅이

섣달 그믐날 낮에 대소리 부녀자들이 마을 이장댁에 모인다. 초저녁에 디딜방아를 훔쳐오기 위한 모의를 하기 위해서다. 10여 명의 부녀자들은 디딜방아를 무사하게 훔쳐올 수 있는 전략을 짠다. 남자들은 여자들이 디

디딜방아를 떼어서 떠메고 올 왼새끼를 준비해놓는다. 이윽고 해는 지고 땅거미가 짙어갈 즈음에 부녀자들은 동아줄 같은 왼새끼를 들고 마을을 출발한다. 부녀자들은 마치 적을 야간공격하는 특공대의 여전사처럼 보부도 당당하게 약 20여 리 정도 떨어진 깊은 다리로 향한다. 겨우 초승달의 달빛이 희미하게 비추는 좁은 산길을 따라 두려움 없이 걷고 또 걷는다. 깊은 다리는 현재 무주군 부남면 장안리 상대곡마을이다. 이 마을에는 한데방아가 있다. 한데방아란 집안에 있는 방아가 아닌 마을 공동의 디딜방아로서 동내 외곽에 위치한다.

마을에 전염병이 들어온다 하니 뱅이를 하려고 야간에 디딜방아를 훔치러 가는 것이다. 디딜방아뱅이는 천연두와 홍역이 마을에 창궐할 조짐을 보이면, 부녀자들이 나서서 훔쳐왔던 것이다. 마을 부녀자들은 어린아이와 집안가족들의 생명을 잃을 수 있는 위기상황에서 수수방관하고 있을 수 없었던 것이다. 전염병의 적극적인 예방과 치유 방안으로 디딜방아를 훔쳐오는 것이다. 디딜방아뱅이는 매년 때시에 맞추어 행해지는 세시풍속이 아니라 전염병(돌림병) 창궐에 대비하는 주술적인 집단적 치유행위였다. 의술이 발달하지 못한 당시에는 치료수단이 없어서 뱅이를 하는 차선책이 최선의 방책이었던 것이다.

자녀의 양육과 가정 관리를 담당하는 부녀자들로서는 무서운 전염병이나 괴질이 마을을 습격하여 인명을 무자비하게 살상할 경우, 그 자체가 재앙이었다. 이러한 재앙을 미리 방지하기 위하여 액막이 수단

방앗간에서 부녀자들이 디딜방아를 떼어내는 모습

으로 한해를 맞이하기 전 날인 섣달 그믐날 밤에 칠흑같이 어두운 밤중에 디딜방아를 훔치러 가는 것이다. 뱅이는 액을 막는다는 순수한 우리말이다. 뱅이의 수단으로 디딜방아를 떼어오는 것도 뱅이와 방아의 음이 유사하기 때문에 디딜방아를 훔쳐오는 관행이 생겨난 것은 아닐까.

떼어낸 방아를 들고 마을로 돌아가는 모습

캄캄한 밤중에 산길을 걸어서 깊은 다리에 당도한 뒤, 부녀자들은 숨을 죽이고 인기척 없이 한데방아가 있는 곳에 이른다. 정말 특공대가 야간에 기습공격하는 것처럼 치밀한 전략으로 접근한다. 부녀자 가운데 낮에 모의하였던 것처럼 날쌔고 힘센 여자가 앞장서서 디딜방아를 떼어낸다. 디딜방아를 떼어내는 사람이 큰소리로 "디딜방아 도둑질해간다", "도둑들었네~"라고 큰소리로 외친다. 깊은 다리 마을사람들에게 디딜방아를 훔쳐간다는 것을 알리기 위해서다. 그런데 정작 깊은 다리 사람들도 알고도 모른 채 해준다. 디딜방아가 놓인 마을사람들이 몰려와 방아를 빼앗거나 즉각 되돌려 놓지 않는 인식 때문이다. 디딜방아뱅이를 하기 위해서 그 먼 거리를 걸어온 사람들에게 배려하는 뜻도 있지만, 마을을 떠난 방아가 곧바로 마을로 돌아오는 것을 부정적으로 인식하는 관행이 전통사회의 관습이었다. 마을에서 상여가 나가면 되돌아 올 수 없듯이, 마을을 떠난 디딜방아는 일정기간 돌아올 수 없었다.

10여 명의 부녀자들은 동아줄을 디딜방아에 묶고 이열종대로 어깨에 맨 뒤 마을로 향한다. 대체로 디딜방아가 단단한 참나무로 만들어지기에 연약한 여자들이 들기에는 무거운 통나무 같은 것이었다. 부녀자들은 협동심을 발휘하여 함께 들고 오면서 "에헤야 디야", "어기어 영차 어기어~"라고 소리하면서 들고 온다.

에헤야 디야 에헤야 디야
껄끄덩 껄끄덩 찧은 방아
이제는 못찧게 훔쳐를 가네
우리들은 할 일이 없어
이 방아를 훔쳐가랴
1년 365일
질병액운 소멸 되라고
우순풍조 풍년빌라고
이방아를 훔쳐가네
이방아를 어스름 밤길
더듬더듬 잘도가네
재미있게 놀면서 가세
놀며가면 좋기는 한데
방아오기만 기다리신다네
가세 가세 어서들 가세
방아가 가야 제를 올린다네
제 올리고 나면 방아를
신명나게 놀아보세
에헤야 디야[4]

---

[4] 순천지방에서 디딜방아를 어깨에 매고서 마을로 돌아오는 소리는 다음과 같다.
　어덜덜덜 디딜방아야 응아차 응아
　잘도간다 응아차 응아
　발도맞추고 응아차 응아
　소리도 맞추네 응아차 응아
　우리마을 잡귀쫒고 응아차 응아
　풍년오네 응아차 응아

대소리 주변마을에서는 디딜방아를 훔치면서 상여소리를 했다는 마을도 있지만, 대소마을에서는 뒷소리만 붙이며 디딜방아를 들고 왔다고 한다. 전통적인 상례에서 여자들이 상여를 메는 관행이 없었기에 상여소리를 하기는 쉽지 않았다. 무거우면 쉬다가 다시 들고 하기를 반복하면서 10km 정도 되는 거리를 디딜방아를 메고 마을로 돌아온다. 다시 돌아오는 길은 힘난하고 고달픈 일이지만, 전염병이나 괴질이 마을에 창궐하여 재앙을 닥치는 것을 생각하면 힘들다는 것도 잊은 채 왁자지껄 떠들고, 수다를 떨면서 마을로 돌아온 것이다.

디딜방아가 당도하기 전에 마을에서는 산제당에 올라가 산신제를 지낸다. 마을회의에서 부정 타지 않고 깨끗한 사람을 제관으로 선정하여 산신제를 지내도록 한다. 제관집 대문에는 황토흙을 깔아놓고 금줄을 쳐놓아 외부인의 출입을 금지시킨다. 부부가 집안에서 제물을 준비하는데, 서로 거의 대화를 하지 않고 묵묵히 제물 만드는 일에 전념한다. 입을 열고 말하면 제물에 침이 튀어 부정 탄다고 생각하기 때문에 부부끼리도 서로 말하는 것을 꺼린다. 제물은 백설기떡과 삼채나물, 밥 정도를 차린다. 사람들도 먹고 살기 힘들던 때라 신에게도 제물을 바치는 것이 넉넉하지 못하다. 산신제를 지내로 올라가기 전에 마을사람들은 농악을 치면서 새해맞이를 하는데 준비를 한다. 산제당에는 제관 혼자 올라가 제물을 차려놓고 독축을 하고 소지를 올리는 순서로 간단하게 지내고 내려온다.

산산제를 지내고 난 후, 부녀자들이 훔친 디딜방아가 마을로 돌아온다. 농악대가 풍악을 신나게 울려주면 마을주민들은 마을 공터에 모여들어 디딜방아를 훔쳐오는 부녀자들을 맞이한다. 부녀자들이 디딜방아를 마을 앞 논뱀이에 세운다. 왼새끼를 꼬아서 디딜방아를 동여매고, 땅을 파서 머리공이를 거꾸로 묻는다. 고사를 지내기 전에 마을에서 나이든 할머니가 피 묻은 여자의 속고쟁이를 구해놓았다가, 이날 밤 거꾸로 세워진 디딜방아의 다리에 씌운다. 월경 피 묻은 속고쟁이는 축귀 의미의 상징물이다. 축귀는 귀신을 쫓는다는 말이다. 마을주민들에게 전염병은 잡귀와 같은 존재였다. 마을주민들의 축귀의식은 디딜방아를 거꾸로 세워놓고 월경 피 묻은 속고쟁이를 씌워놓는 것에 그치지 않는다. 전염병이 창궐하면 마을 입구인 다리목에 금줄을 치고 가시나무로 길목을 틀어막는다. 사람의 출입을 차단시키는 것이다. 마을로 돌아오려는 사람들도 출입을 제지당한다. 혹시라도 전염병균이 마을에 옮겨올까 두려워서다.

무주 방아거리 행렬

새날이 밝아오기 전날인 섣달 그믐날에 디딜방아 액막이굿, 즉 방아고사를 지낸다. 방아고사는 마을 공터에 세워진 디딜방아에 금줄을 둘러치고서 그 아래에 제물을 차려놓는다. 제물은 피고물(팥시루떡)과 삼실과, 삼채나물(무채, 콩나물, 고사리), 삼탕(명태탕, 두부탕, 멸치탕), 전 등을 준비한다. 디딜방아를 왼새끼로 감은 뒤에 고사상 옆에는 지푸라기를 열십자로 깔고서 그 위에 떡시루를 올려놓고, 그 옆에 정화수을 담은 물그릇을 놓아두었다. 부녀자들이 액막이굿을 거행하는 동안 남자들은 농악을 쳐주면서 구

무주 방아거리놀이

경을 한다. 여자들이 하기 힘든 일은 남자들이 거들어 주기도 하지만, 디딜방아 액막이는 거의 전적으로 부녀자들이 방아고사를 지내는 방식이다. 부녀자들의 비손행위가 끝나면 소지를 올리고 음복으로 액막이굿은 끝난다. 방아고사가 끝나고 팥시루떡을 음복하는 것으로 떡 나눠먹기를 하고 끝이 난다. 굿이나 보고 떡이나 얻어먹자는 말도 이러한 동제 음복에서 나온 말인 듯하다. 디딜방아는 음력 이월초사흗날에 깊은 다리 사람들이 와서 찾아간다. 깊은 다리는 대소마을에서 약 20리 정도 떨어진 마을이다. 대소리 사람들은 그냥 돌려주지 않고 막걸리값이라도 받고서 돌려주었다고 한다.[5]

그런 직후에, 들에 봄이 찾아오고 농사철이 시작되어 들녘에는 농부들이 들일을 나아가고 디딜방아 찧기가 다시 시작된다. 이러한 디딜방아뱅이는 농촌에 의료기관이 들어서는 6·25동란 이후에는 자취를 감추었다.

4. 산간지방의 액막이, 디딜방아뱅이

디딜방아 액막이는 다른 마을의 디딜방아를 훔쳐다가 마을입구에 거꾸로 세워놓고 악귀나 질병이 마을에 들어오지 못하도록 하는 산간지방의 액막이 의식을 말한다. 디딜방아 액막이는 충남 금산, 대전, 옥천과 전북 무주, 진안, 남원과 전남 구례, 곡성, 순천 등 주로 내륙산간지역에서 행해진 뱅이 풍속이다.[6] 액막이는 액이 마을에 들어오는 것을 '막는다', '방어한다'는 뜻이다. '뱅이'도 방어하는 행위에서 비롯된 사투리일 것이다. 액막이 외

---

5 장수 양악리에서 12살에 대소마을로 시집을 왔다는 양석인(95세) 할머니는 2번 정도 디딜방아 훔치기에 참여했다고 당시 경험담을 비교적 소상하게 구술해주었다.
6 국립민속박물관, 『한국세시풍속사전』, 정월편 디딜방아훔치기, 153면.

에 화재맥이, 골맥이, 차사액막이, 주살맥이 등의 주술적인 의례들이 농촌에서 행해졌다. 사람들은 액이 사악하고 잡스런 기운으로서 마을에 재앙을 가져온다고 믿었다. 농촌에서 공동체생활을 위협하는 사악한 기운이 마을에 들어오는 것을 막기 위한 적극적 주술행위로서 동제, 장승제 등을 지내거나, 마을입구에 금줄을 치고 황토흙을 듬성듬성 뿌려놓는 행위가 정초의례로 행해졌다. 동제는 복합적이기는 하지만, 마을의 풍요와 안녕을 기원하는 의식이라는 성격이 강한 반면에, 액막이는 새해에 마을에 재앙이 들지 않도록 사전에 방어하는 데 목적을 두고 있다. 해가 바뀌는 시점에서 마을에 나쁜 액이 침투하는 것을 공동 대처하는 방안으로 디딜방아를 훔쳐와 액을 막고자 했던 벽사의례가 디딜방아 액막이였던 것이다.

그렇다면 왜 하필 디딜방아를 뱅이의 대상으로 선정하였을까.

디딜방아 액막이는 주로 역병이 발호할 조짐을 보이면, 마을의 부녀자들이 모두 나서서 디딜방아를 훔쳐 와서 거꾸로 세워놓고 의식을 지낸다. 역병이 전국적으로 얼마나 횡행하고 심했으면 군·현단 위에 려단을 조성하고 국제관사로서 려제를 지냈을까 하는 점이다. 려제(厲祭)는 여역(厲疫), 역병(疫病)을 억제하고 물리치고, 길거리에서 역병을 죽어간 영혼을 위로하기 위하여 국제관사로 지낸 제사다. 려제는 매우 소극적인 대처방안이라 할 수 있는 반면, 디딜방아 액막이는 매우 적극적인 주술적인 대처방안이었다. 마을에 역병이 돌 조짐을 보이면 전염망을 벗어나기 위하여 마을을 떠나 피난길에 오르는 것이 가장 좋은 방편이지만, 삶의 둥지를 떠난다는 것은 쉬운 일이 아니다. 차선책으로 택하는 것이 전염병이 마을에 들어오지 못하도록 방어하고 막는 일이었다. 역병이 사람의 생명을 빼앗아가듯이 마을주민들도 역병을 죽여버려야 한다는 강한 집착으로 디딜방아를 액막이의 대상으로 선정한 것이다.

우선 디딜방아는 사람 형상을 하고 있다. 디딜방아를 세워놓으면 마치 사람과 같은 형상이다. 디딜방아를 훔쳐와 장례를 치르는 의식을 거행하여 전염병을 없애고자 했던 적극적인 방어책이 디딜방아 액막이였던 것이다. 디딜방아는 훔치는 순간부터 죽은 시신이 된다. 디딜방아는 방아틀에서 떼어내는 순간부터 쓸모없는 나무토막에 불과하다. 부녀자들이 디딜방아를 시신처럼 흰 광목천으로 시신을 염하는 것처럼 꽁꽁 묶어 들고서 상여소리를 부르면 마을까지 들고 온다. 디딜방아를 마치 시신이 든 목관처럼 들거나 상여를 양쪽에서 들고 오는 것처럼, 방아를 메고 올 때에 선소리꾼이 앞장서서 상여소리를 구성지게 부르면 디딜방아를 맨 부녀자들이 소리를 받아 후렴을 따라서 불렀다.[7] 부녀자들은 서로 힘들면 번갈아가며 마치 상여가 나가듯이 방아를 메고 돌아온다. 훔친 디딜방아가 마을에 들어오면 디딜방아 장례식이 치러지는데, 사람들이 자주 오가는 마을 앞 삼거리나 공터에 땅을 파고 디딜방아 머리를 거꾸로 세워놓고 고사를 지내는 방식이다. 사람을 거꾸로 땅에 쳐 박듯이, 디딜방아 머리를 거꾸로 세워 땅에 파묻는 매장방식을 취하고 디딜방아 장례식을 치른다.

이와 같은 디딜방아 장례식은 액을 물리치고 전염병이 발호하는 것을 억제하여 마을공동체생활의 안정을 추구하려는 적극적인 대응주술이었던 것이다. 이러한 대응주술은 마을에 침투할지도 모르는 콜레라, 장티푸스, 천연두 등 세균성 바이러스의 침투를 예방하는 방어주술[8]로서 디딜방아 장례식을 치른 것이다. 장례식은 죽음의례이다. 전염병을 퇴치하고 박멸하는 수술책으로 사람형상을 한 디딜방아를 죽여 장례식을 치르는 방식으로 뱅이를 하였던 것이다. 디딜방아 액막이는 그만큼 역병으로 인하여 수많은

---

7 강성복, 앞의 글, 74면.
8 민속학회, 『한국 민속학의 이해』, 문학아카데미, 1994, 216면.

사람들의 생명을 잃은 경험이 있었기에 적극적인 뱅이 수단으로 디딜방아 장례식을 치른 것이다. 디딜방아 장례식을 치를 때에 유평리 마을처럼 마을에 거주하는 당골이 주관하기도 하지만, 디딜방아 액막이를 주도하는 제주가 있다. 디딜방아를 떼어올 때에도 힘세고 능력 있는 여자가 나서서 진두지휘하고, 떼어낸 디딜방아를 들고 마을로 돌아오면서 상여소리를 부르는 선소리꾼도 여자이며, 디딜방아 장례식을 주도하는 것도 마을의 부녀자들이다. 왜냐하면 디딜방아에 피 묻은 속고쟁이를 입히거나 고쟁이 가랑이에 팥죽을 바르는 일도 여자가 하기 때문이다. 디딜방아보다 더 가혹한 전염병예방조치는 마을 밖으로 나간 사람들에게 마을로 들어오지 못하도록 출입금지조치를 내리는 수단이었다. 대소리 경우, 마을로 들어오는 좁은 목을 차단시켜 마을 밖으로 나간 사람이 마을로 들어오지 못하도록 마을문(마을대문)을 폐쇄시키는 방책도 사용하였다고 한다.

이러한 일련의 디딜방아 액막이를 살펴보면, 디딜방아 액막이는 마을의 부녀자들이 집단적으로 주도하는 액막이굿이라 할 수 있다. 섣달 그믐이나 정월 초에 전염병 예방과 퇴치를 위하여 부녀자들이 주도한 마을굿의 한 유형이 디딜방아뱅이였던 것이다.

5. 디딜방아뱅이는 주술적인 치료행위

디딜방아뱅이는 역사의 산물이다. 임진왜란과 정유재란, 병자호란 등을 겪으면서 조선사회는 사회경제적으로 피폐하고, 백성들이 살림살이가 곤궁해졌는데, 17세기 말 18세기 초에 이르러 소빙기 현상으로 식량사정이 여의치 못했다. 소빙기는 소빙하기로 여름 날씨가 서늘하여 곡식이 익지 못하는 사태가 벌어지고, 정부에서는 세수를 위하여 백성들을 들들 볶는 일들이 빈번해졌다. 먹을거리가 없고, 세금부과에 시달리는 소농과 빈농들은 영농을 포기하고 농촌을 떠나는 유민 현상이 격증하였다.[9] 길거리를 방황하면서 살아갔던 이들이 전염병을 확산시키는 주요인이었다. 바이러스성 홍역, 발진티푸스, 장티푸스, 콜레라, 천연두 등 바이러스성 세균전염이 조선후기 사회를 불안하게 만들었다. 치료와 예방대책이 없는 당시 현실에서, 전염병이 마을에 돌면 마을의 남녀노소 가릴 것 없이 온통 쑥밭이 될 정도로 사람들이 죽어갔다. 오죽했으면 전염병은 알 수 없는 질병이라 하여 괴질이라 했겠는가. 전염병에 걸리면 염병이라 하였다. 농촌에서는 앉아서 죽음을 기다리는 수밖에 없었다. 이러한 불안과 공포의 시대에 주술적인 대응책으로 디딜방아를 훔쳐서 괴질을 박멸하는 민속이 등장하였던 것이다. 디딜방아뱅이는 디딜방아의 장례식이라 할 수 있는데, 유사주술로서 사람형상의 디딜방아를 죽여서 장례를 치르는 고사를 지냄으로서 전염병을 퇴치시키는 마을굿이 산간지방에서 전승되어 왔던 것이다. 무주지방에서도 섣달 그믐날과 정월 초에 디딜방아 액막이가 전승되어 왔고, 금산, 논산, 대전 등지에서 전승되어온 디딜방아 액막이와 같은 계통이라 할 수 있다.

---

9 변태섭, 『한국사통론』, 삼영사, 1997, 329면.

Chapter ❾ 전북 동부 산악지대의 가야와 가야문화

1. 전북 동부 산악지대의 가야고분

전북을 동부의 산악지대와 서부의 평야지대로 갈라놓고 있는 산줄기가 금남정맥과 호남정맥이다. 그리고 백두대간의 영취산에서 주화산까지 뻗은 금남호남정맥이 북쪽의 금강과 남쪽의 섬진강 유역으로 갈라놓고 있으며, 백두대간 산줄기 동쪽에 남강 유역이 자리한다. 마한 이래로 줄곧 백제 문화권에 속했던 곳으로만 인식된 전북 동부 산악지대에 가야문화를 기반으로 발전했던 가야세력이 존재한다는 고고학적 단서를 처음 제공해 준 유적이 남원 월산리 고분군이다. 이 유적에서 처음 시작된 가야계 분묘유적에 대한 발굴조사는 80년대 남강 유역 일대에서 집중적으로 이루어져 아영분지와 운봉고원에 지역적인 기반을 두고 발전했던 가야의 존재와 그 성격을 규명할 수 있는 결정적인 고고학 자료를 제공해 주었다. 이를 바탕으로 90년대에는 백두대간 산줄기 서쪽인 금강 상류지역을 대상으로 지표조사가 활발하게 진행되어, 역시 이곳에도 가야계 문화유적이 존재한다는 뜻 깊은

남원 월산리 M4·M5·M6호분 전경. 80년대 전반까지만 해도 봉토의 직경이 20m 내외되는 10여 기의 가야계 중대형 고총이 있었는데, 이 고총들은 대부분 파괴 내지 유실되고, 지금은 88고속도로와 인접된 밭에 3기만 남아있다.

성과와 함께 그 성격을 밝히기 위한 발굴조사도 간헐적으로 추진되었다.

그런데 가야사 연구자들은, 전북 동부 산악지대에 담긴 자연환경의 특수성을 전혀 고려하지 않고 단편적인 고고학 자료와 지명 연구만을 근거로, 이곳을 하나의 권역으로만 설정하여 모두 대가야의 영역에 속했던 것으로 인식하였다. 그러나 전북 동부 산악지대는 모든 지역을 하나의 지역권 및 문화권으로 설정하기가 어려울 정도로 백두대간과 금남호남정맥 등 험준한 산줄기들로 감싸여 지형상으로 고원지대를 이룬다. 그리고 백제의 중앙과 대가야를 비롯한 가야세력들이 서로 교역 및 교류하는 데 최단거리를 이루는 간선 교통로가 이곳을 통과한다. 이처럼 교통의 중심지라는 지정학적인 이점을 살려 백제에 정치적으로 복속되기 이전까지는, 그 성격을 달리하는 다양한 세력집단들이 서로 교류하는 데 가교역할을 담당해 문화상으로는 점이지대를 이루었다. 그런데 지금까지는 가야와 관련된 유구와 유물만을 중심으로 대부분의 논의가 집중되어, 백제의 진출과정 및 가야와 백제의 역학관계에 대한 심층적인 연구가 이루어지지 못했다.

이 글에서는 최근 정밀 지표조사에서 그 분포양상이 상세하게 밝혀진 관방유적과 통신유적, 생산유적을 논의 대상에 포함시켜 전북 동부 산악지대에 지역적인 기반을 두고 발전했던 가야의 역사와 문화를 규명하려고 한다. 이를 위해 우리나라 전통지리학의 지침서인 『산경표(山經表)』[1]의 내용을

| Chapter ❾ 전북 동부 산악지대의 가야와 가야문화 |

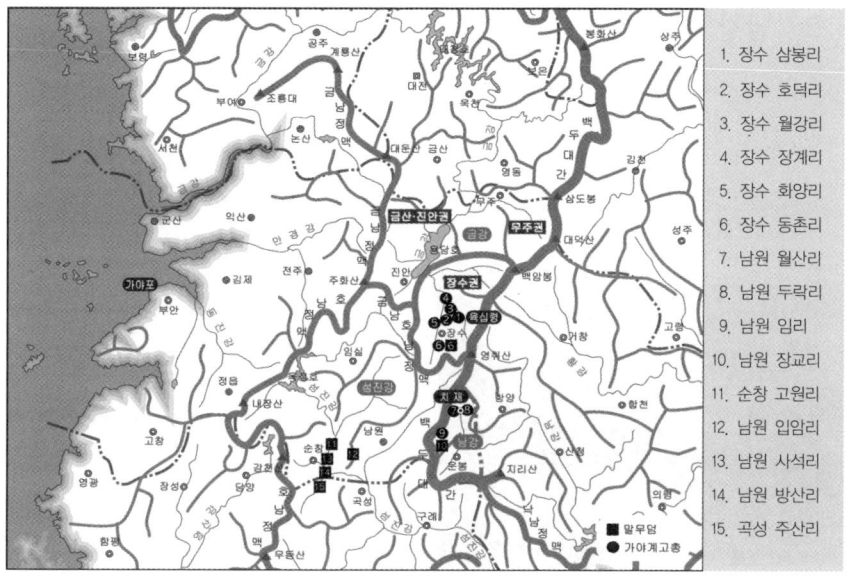

전북 동부 산악지대 지형도 및 가야계 중대형 고총과 말무덤 분포도

근거로 남강·금강·섬진강으로 권역을 설정한 다음, 각각의 유역권별로 가야의 발전과정과 그 성격을 추론하고자 한다. 그리고 시기상으로는 전북 동부 산악지대에 지역적인 기반을 두고 발전했던 가야가 백제 혹은 신라에 정치적으로 복속된 이후, 이곳이 백제와 신라의 지방행정편제에 편입된 단계까지로 한정하였다. 아울러 면담조사 및 현지조사를 통해 추정 복원된 내륙 교통로의 조직망이 가야세력들과 백제 중앙과의 교류관계뿐만 아니라 가야가 발전하는 데 어떤 영향을 미쳤는지도 검토하려고 한다. 아직도 가야계 문화유적에 대한 발굴조사가 미진한 상황에서 그다지 풍부하지 못한 고고학 자료를 문헌 내용에 접목시켜 논리의 비약이 적지 않았음을 밝혀둔다.

---

1 조선 영조 때 실학자·지리학자·국어학자인 여암(旅庵) 신경준(申景濬)이 편찬한 전통지리서로 우리나라 산줄기의 흐름, 산의 갈래, 산의 위치를 일목요연하게 표로 정리해 놓았다. 이 책의 구성을 보면, 백두산을 중심으로 백두대간과 장백정간, 호남정맥 등 우리나라의 산줄기를 15개로 분류하였다.

2. 남강 유역 가야의 발전과정과 그 성격

1) 가야세력의 출현과 그 발전과정

백두대간에서 바라본 아영분지. 백두대간에서 갈라진 산줄기들이 사방을 병풍처럼 감싸주고 그 중앙에는 구릉지가 넓게 펼쳐져 천혜의 자연환경을 갖추고 있다. 남원 월산리·두락리 고분군에는 현재 50여 기의 가야계 중대형 고총이 남아있다.

백두대간 산줄기 동쪽에 위치하고 있으면서 삼국시대 때 신라의 모산현(母山縣)이 설치된 곳이다.[2] 그리고 전북 동부 산악지대에도 가야문화를 기반으로 발전했던 가야가 존재한다는 고고학적 단서를 처음으로 제공해 준 남원 월산리 고분군이 있다. 이 유적에서 처음 시작된 발굴조사는 남원 건지리·두락리·행정리 고분군으로 이어졌으며, 이 일대 문화유적의 분포양상과 그 성격을 밝히기 위한 지표조사도 활발하게 추진되었다. 아쉽게도 삼국시대 문화유적에 대한 발굴조사가 미진한 단계에 머물러 가야의 발전과정과 그 성격을 규명하는 데 어려움이 적지 않다. 더욱이 토기요지, 야철지, 가야금과 관련된 구전이 전해지는 전북 남원시 운봉읍 옥계동, 백두대간 산줄기에 집중적으로 배치된 산성 및 봉수에 대한 발굴조사도 이루어지지 않았다. 종래에 축적된 고고학 자료와 고고지리적인 내용만을 근거로 남강 유역인 아영분지와 운봉고원에 지역적인 기반을 두고 발전했던 가야

---

2 삼국시대 때 신라의 모산현이 설치되었고, 통일신라 때 운봉현(雲峰縣)으로 개칭된 이후에도 함양의 영현으로 편입되어, 남원보다 오히려 함양과 밀접한 관련성을 유지한 점도, 이곳을 이해하는 데 빼 놓을 수 없는 중요한 대목이다.

의 출현과 그 발전과정을 정리하면 아래와 같다.

첫째, 이곳의 재지계 토기가 주종을 이루는 단계이다. 남원 행정리와 월산리 이른 시기까지는 재지계 토기류 단계로 토기류의 기종이나 조합상에서 서로 계기적인 발전과정이 입증된다. 좀 더 구체적으로 살펴보면, 토기류의 기종은 매우 단순하고 대가야양식 토기의 존재가 확인되지 않으며, 그 표지적인 기종으로는 광구장경호, 무개장경호 등이 있다. 남원 행정리 13호와 월산리 M1-G호·M2호분에서 출토된 광구장경호, 행정리 13호의 무개장경호와 행정리 11호의 유개장경호 등은 전북 동부 산악지대의 다른 수혈식 석곽묘에서 출토된 예가 없을 정도로 매우 이질적인 기종이다. 이것과 흡사한 속성을 띠는 것은 고창 신월리, 청주 신봉동, 완주 상운리 등 광범위한 지역에서 출토되었다. 그렇다면 이곳의 재지계 토기류 단계까지는 그물망처럼 잘 갖춰진 내륙 교통로의 조직망을 바탕으로 다양한 세력집단들과의 교류관계가 골고루 이루어졌음을 엿볼 수 있다.

둘째, 이곳의 재지계와 가야토기가 혼재된 단계이다. 백두대간 산줄기 동쪽 기슭 말단부에 입지를 둔 남원 월산리가 여기에 해당된다. 본래 이 유적에는 10여 기의 중대형 고총이 구릉지에 분포된 것으로 알려졌지만, 현재 3기의 고총만 유구가 보존되어 있다. 유구의 속성에서 가장 관심을 끈 것은 저평통형기대가 부장되기 시작하는 M1-E호와 M3호분은, 그 이전시기의 고분들과 직교되게 남북으로 장축방향을 두었는데, 유구의 속성은 M1-A호 단계까지 계속된다는 점이다. 이것은 재지계 토기류 단계부터 계기적인 발전과정을 거치

전북 남원시 아영면 출토품인 유개장경호와 기대. 전북대학교 박물관 소장

면서 마침내 가야계 중대형 고총 단계로 넘어가는 변천과정을 거쳤음을 증명해 주는 요소이다. 그리고 금동제 환두대도가 출토된 월산리 M1-A호는 매장주체부의 규모가 동일시기로 편년되는 고령 지산동 32~35호분보다 월등히 크다는 점도 중요하다. 유물의 조합상에서 밝혀진 두드러진 특징은, 이곳의 재지계를 중심으로 대가야 혹은 소가야양식 등 지역색이 강한 가야토기가 공존한다는 점이다.

셋째, 대가야 혹은 소가야양식 토기가 혼재된 단계이다. 이른바 제사용으로 알려진 통형기대·고배형기대·고리형기대 등 모든 기종의 대가야양식 토기류가 망라되어 있다. 대가야 혹은 소가야 양식이 혼재된 단계로 교체되는 과정은, 아직껏 가야계 문화유적에 대한 발굴조사가 제한적으로 이루어져 그 시기를 비정하기가 쉽지 않지만, 유구와 유물의 속성에서 밝혀진 바로는 대가야와의 결속력이 한층 강화된다. 대략 40여 기의 가야계 중대형 고총이 밀집 분포된 남원 두락리는 사방에서 한 눈에 보이는 돌출된 산줄기에 입지를 두어 월산리와는 현격한 차이를 보인다. 봉토의 직경도 대부분 20m 이상으로 더욱 대형화되며, 봉토의 직경이 30m 이상 되는 초대형급 고총도 포함되어 있다. 그런데 봉토의 중앙에 하나의 매장주체부만 배치된 단곽식을 띠고 있다든지, 봉토의 가장자리에 호석시설을 갖추지 않은 유구의 속성은 월산리와의 계기적인 발전과정이 입증된다.

마지막으로, 남원 두락리 2호분은 아영분지와 운봉고원에 지역적인 기반을 두고 발전했던 가야의 존속기간을 암시해 준다. 전북과 경남의 도계인 연비산에서 아영분지 한복판까지 서쪽으로 뻗은 산자락 정상부를 중심으로 남쪽과 북쪽 기슭에 40여 기의 가야계 중대형 고총이 있다. 이 산자락의 남쪽 기슭 하단부에 입지를 둔 남원 두락리 2호분은 연도의 위치와 벽화의 존재여부 등을 제외하면, 유구의 속성은 대체로 고령 고아동 벽화고분과 그 맥락을 같이한다. 백제는 웅진으로 도읍을 옮긴 이후 한동안 정치적인 불안을 극복하고 실추된 왕권을 회복시키고 동성왕 9년(487) 대산성(帶山城)을 공략한다. 이를 발판으로 6세기 초엽 이른 시기인 무령왕 때는 기문을 차지하기 위해 반파(伴跛, 叛波)와의 공방에서 백제가 승리를 거두어 백두대간 산줄기를 넘는다.[3] 이 무렵 남강 유역인 아영분지와 운봉고원이 백제의 영향권에 편입됨으로써 가야계 중대형 고총의 내부구조가 수혈식에서 횡혈식으로 바뀐 것이 아닌가 싶다.

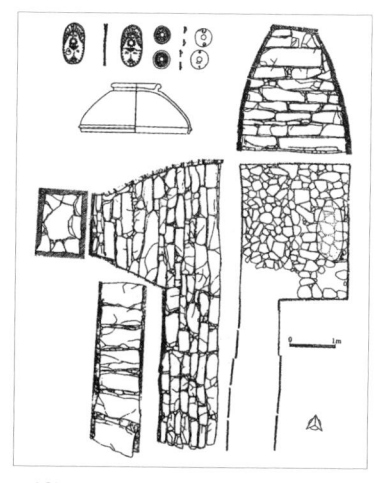

남원 두락리 2호분 유구 및 유물 실측도

2) 가야계 중대형 고총의 등장과 그 배경

가야계 중대형 고총은 4세기 후반 아영분지의 월산리와 운봉고원의 장교리에서 조영되기 시작해 그 발전 속도를 멈추지 않고 6세기 중엽 늦은 시기까지 지속적으로 조영된다. 본래 10여 기의 중대형 고총이 있었던 남원 월산리는 아래쪽에서 위쪽으로 올라가면서 봉토의 직경이 점차 커지는 발전 양상을 보였다. 그리고 5세기 중엽 이후에는 풍천을 사이에 두고 동쪽으로 1.5km 떨어진 남원 두락리 일대로 수장층의 분묘유적이 그 위치를 옮기고, 그 곳에도 봉토의 직경이 20m 이상 되는 40여 기의 대형급 고총이 계속해서 조영된다. 이 가야계 중대형 고총들은 봉토의 가장자리에 호석이

---

3 그리고 1세기 이후인 백제 무왕 3년부터 20년 넘게 지속된 아막성(阿莫城) 전투의 경우도, 백두대간 산줄기를 넘는 과정에 신라와 치열한 전쟁을 벌여 마침내 백제가 승리함으로써 아영분지와 운봉고원 일대가 백제의 영역으로 예속되었다.

돌려지지 않고, 봉토 내에 하나의 석곽만 안치된 단곽식의 구조를 띠고 있는 점에서 동일집단에 의해 조영된 것으로 밝혀졌다. 지금까지 파악된 고총의 기수는 80여 기로 전북 동부 산악지대를 비롯하여 고령 지산동 서쪽 지역에서 최대 규모를 이룬다. 그러면 낙동강의 큰 지류인 남강 유역에 속한 아영분지와 운봉고원에 가야계 고총이 조영될 수 있었던 결정적인 원동력은 무엇인가?

첫째, 선사시대부터 줄곧 사람과 물품이 모이는 내륙 교통의 중심지라는 사실이다. 즉, 백제의 중앙과 영산강의 옹관묘 조영세력, 가야세력들을 서로 연결해 주는 여러 갈래의 간선 교통로가 합쳐지는 교통의 핵심 중심지라는 점이다. 영산강 혹은 섬진강 유역에 기반을 둔 토착세력집단이 백두대간을 넘어 동쪽, 즉 가야지역으로 진출하기 위해서는 이곳을 반드시 거쳐야 한다. 그리고 한성기 백제의 중앙과 서부경남지역을 최단거리로 연결시켜 주는 간선 교통로도 역시 이곳을 통과한다. 좀 더 구체적으로 설명하면, 백두대간의 주요 관문인 치재·복성이재·사치·유치·통안재·장치·여원치·입망치·덕치 등을 통해 넘어온 내륙 교통로가 이 일대에서 하나로 합쳐진다는 점이다. 그리고 다시 팔량치와 매치를 넘어 함양과 고령방면, 남강 본류를 따라 산청과 진주 등 서부경남지역으로 손쉽게 나아갈 수 있다. 이처럼 교통의 중심지라는 지정학적인 이점을 바탕으로 고령 지산동 서쪽 지역에서 최대 규모의 수장층 분묘유적이 조성된 것이 아닌가 싶다.

가야와 백제의 간선 교통로가 통과하던 치재. 백두대간의 큰 고갯길인 육십령 못지않게 사람의 왕래가 많았던 곳으로, 그 동쪽에는 아막성을 비롯하여 50여 기의 가야계 중대형 고총이 밀집 분포된 아영분지가 있다.

둘째, 철을 생산했던 대규모의 야철지가 밀집되어 있다는 사실이다. 오래 전 철을 생산했다는 구전이 전해지는 전북 남원시 운봉읍 공안리 수철리 '주쇠뜸'과 '금새암골', 그리고 바래봉 서쪽 기슭 하단부인 남원시 운봉읍 산덕리 '쟁이재골'에는 철재편이 상당량 쌓여있다. 또한 전북 남원시 주천면 고기리에서 정령치로 올라가는 도로를 따라 1.5km 쯤 가면 선유폭포에 도달하는데, 이 폭포에 도달하기 직전 계곡에 철재편이 광범위하게 흩어져 있다. 이 야철지들이 언제부터 개발되었는지는 유물이 수습되지 않고 문헌기록도 없기 때문에 아직은 속단할 수 없다. 그런데 철산개발은 어느 집단의 성장을 촉진하는 데 큰 원동력이 되는 필수적인 요소의 하나로 해석되고 있다. 그렇다면 아직은 그 시기를 속단할 수 없지만, 낙동강의 큰 지류인 남강 유역에 속한 아영분지와 운봉고원이, 당시에 대규모 철산지로 급부상하면서 남원 월산리·두락리에 가야계 중대형 고총을 조영했던 가야에 의해 야철지가 개발되었을 가능성이 높다.

백두대간의 정령치와 남원 고기리 야철지. 정령치는 마한의 왕이 진한의 침공을 받아 지리산 달궁계곡으로 피난하여 그곳에 도성을 짓고 71년 동안 그 도성을 지킨 고개로 알려진 곳이다. 이 고개의 서쪽에는 쇠똥이 광범위하게 흩어진 남원 고기리 야철지가 있다.

마지막으로 백두대간의 산줄기에 담긴 천혜의 방어기능도 빼 놓을 수 없다. 아영분지와 운봉고원의 서쪽을 병풍처럼 휘감은 백두대간 산줄기는 동쪽의 남강과 서쪽의 섬진강 유역으로 갈라놓는다. 동시에 백제와 신라가 국경선을 형성하기 이전에도 남강과 섬진강 유역에 기반을 두고 발전했던 토착세력집단의 자연경계를 이루었을 가능성이 높다. 이 구간에는 남원 짓

재리토성과 성리산성·유정리산성·가산리산성·고남산성·장교리산성·준향리산성·노치산성·덕치리산성, 남원 봉화산봉수·시리봉봉수·고남산봉수·덕치리봉수·장수 봉화산봉수 등이 있다. 백두대간의 관문을 방어하기 위한 산성 및 봉수들로 대부분 고갯길이 한눈에 조망되는 산봉우리에 입지를 두고 있으며, 유물은 경부에 밀집파상문이 시문된 가야토기편, 삼국시대 토기편과 기와편 등이 혼재된 상태로 수습되었다. 그리고 월산리양식으로 상징되는 5세기 중엽 이전의 가야토기가 지금도 섬진강 유역에서 여전히 발견되지 않고 있는 점에서도 그 개연성을 높여 준다.

가야계 중대형 고총의 성격을 밝히기 위한 종래의 연구도 활기를 띠었다. 남원 월산리 M1-A호 축조세력에 대해서는 두 가지 견해로 나뉜다. 하나는 이전 단계의 고분을 파괴하고 축조된 점에서 다른 집단으로 보는 견해와 다른 하나는 그런 중복관계를 계기적인 발전과정으로 파악하여 동일집단으로 파악한 견해이다. 그 축조시기에 대해서도 토기류의 조합상을 분석하여 5세기 중엽 경, 석곽묘의 구조분석을 근거로 5세기 중엽, 묘제의 속성을 토대로 5세기 후반이나 6세기 초엽 등이 있다.[4] 그리고 남원 월산리·두락리가 서로 이질적인 정치집단, 대가야 중심집단으로부터 독립적인 자치권이 보장된 지역집단, 소형철제모형농기구를 근거로 수장층의 존재를 주장하였다. 또한 전북 남원시 운봉읍 옥계동 계곡에 가야금과 관련된 구전이 전해지고 있는데,[5] 이것은 남강 유역에 기반을 둔 가야의 존속기간을 이해하는 데 중요한 대목이다.

---

4 그런데 다른 가야계 중대형 고총과 달리 남원 월산리의 경우만 유일하게 수장층의 고총이 평지에 입지를 두고 있으므로, 고령 대가야의 영향력이 미치기 이전 시기인 5세기 중엽 경으로 보는 것이 가장 타당할 것으로 보인다.

5 면담조사 때, 전북 남원시 운봉읍 화수리 비전마을 주민들이 "어느 시대인지 알 수 없지만 구전으로 가야금을 연주하여 옥계동 계곡이라 불렸는데, 몇 년 전 농업용수를 조달하기 위한 옥계댐 조성으로 수몰되었다."고 제보해 주었다.

남원 월산리 M1-A호 출토 금은입사 환두대도, 국립전주박물관 도록 참조

남원 월산리 M1-A호 출토 갑주·경갑·찰갑, 국립전주박물관 도록 참조

 그런데 고령 지산동 서쪽에서 가야계 중대형 고총은 대체로 대가야양식 토기가 주종을 이루는 단계에 이르면, 고총이 자취를 감추든지 그 규모가 축소되는 경향을 보인다. 그러나 남원 두락리의 경우만 유일하게 봉토의 규모와 매장주체부가 축소되지 않고, 그 이전 단계의 발전속도를 멈추지 않고 더욱 대형화된다. 그리고 고총의 규모와 기수, 봉토의 직경 등 외형적인 속성에서 밝혀진 바로는 고령 지산동 서쪽에서 최대 규모를 이룬다. 그럼에도 불구하고 가야계 수장층 분묘유적이 월산리에서 두락리로 옮겨진 이후부터는 월산리 단계의 다양성에서 대가야와의 친연성이 한층 강화된다. 아마도 이것은 4세기 말엽부터 금강과 섬진강 유역을 종단하는 간선 교통로를 개척한 백제의 진출에 대응하기 위해 대가야와의 결속력을 한층

강화한 결과로 추측된다. 그렇지만 봉토의 가장자리에 호석시설을 갖추지 않았거나 봉토 내에 하나의 매장주체부만 배치된 단곽식의 구조를 띤 이곳의 묘제적인 지역성 혹은 독자성은 일관되게 지속된다.

남원 두락리 고분군 내 가야계 고총들. 일제 강점기부터 시작된 극심한 도굴로 봉토의 대부분이 훼손되고, 그 이후에도 봉토의 정상부를 평탄하게 다듬어 밭으로 개간하여 지금도 밭으로 경작되고 있으며, 사진 상단부가 백두대간 산줄기이다.

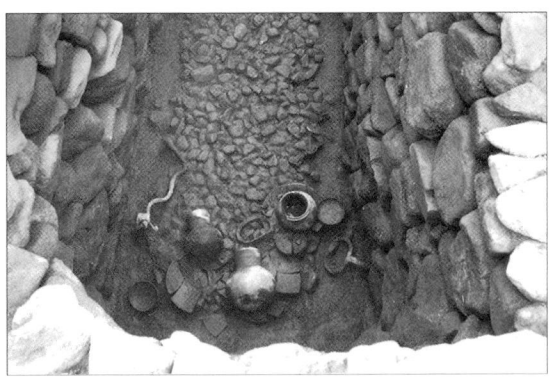

남원 두락리 1호분 매장주체부 서쪽 유물 출토 상태. 1989년 전북대학교 박물관 주관으로 발굴조사가 이루어졌으며, 유물은 1매의 천정석이 바닥으로 떨어져 유개장경호와 기대, 재갈·등자·기꽂이 등의 철기류가 원상대로 모습을 드러냈다.

다른 한편으로, 봉토의 가장자리에 호석시설을 갖추지 않은 가야계 중대형 고총은 하나의 분포권을 형성한다. 남원 월산리·두락리를 중심으로 장수 삼봉리·동촌리, 함양 상백리·백천리, 산청 중촌리, 합천 봉계리 대형분이 있다. 금강 유역의 장수 삼봉리·동촌리와 합천 봉계리를 제외하면, 다른 것은 남강 중류지역에만 위치해 수계상으로 하나의 분포권을 이룬다. 게다가 남원 월산리·두락리, 함양 상백리·백천리, 산청 중촌리 등은 봉토의 가장자리에 호석시설을 갖추지 않은 유구의 속성에서도 강한 공통성이 입증된다. 그리고 가야계 중대형 고총이 완만한 구릉상에 입지를 둔 점과 저평통형기대의 빈도수가 높은 토기류의 조합상에서도 긴밀한 관련성이 확인되었다. 그러므로 남원 월산리·두락리를 중심으로 그 주변지역에는 대가야와의 긴밀한 교류관계를 바탕으로 6세기 3/4까지 가야계통 국가단계의 정치체가 존재했을 가능성이 높다.

이상에서 살펴보았듯이, 남강 유역에 지역적인 기반을 둔 가야는 6세기 2/4까지 가야계통 국가단계의 정치체를 유지하면서 존속했을 가능성이 높다. 그것을 입증해 주는 증거로는, 아영분지와 운봉고원에 80여 기의 가야계 중대형 고총이 밀집되어 있고, 그 하위계층의 분묘유적인 남원 건지리에서 6세기 전반기까지 대가야 혹은 소가야양식 등 가야토기가 일색을 이루고 있다는 점을 들 수 있다. 그리고 남원 월산리·두락리와 인접된 곳에 남원 성리산성과 같은 그 규모가 큰 포곡식 산성이 자리하고 있다는 사실도 빼 놓을 수 없다. 그렇지만 어떤 가야계통 국가단계의 정치체와 관련이 있는가는 심층적으로 비정하기가 쉽지 않다. 다만 남강 유역이 교통의 핵심 중심지라는 지정학적인 특징을 감안한다면, 백제가 서부경남지역으로 진출하면서 백두대간 산줄기를 넘는 과정에 일부 지역을 놓고 6세기 초엽 이른 시기에 반파와 갈등관계를 보였던 가야계통 국가단계 정치체인 기문[6]이 있었을 것으로 보인다.

3. 금강 상류지역 가야의 발전과정과 그 성격

1) 가야세력의 등장과 그 발전과정

백두대간 산줄기 서쪽인 금강 상류지역에 가야문화를 기반으로 발전했

---

[6] 기문과 관련해서『신찬성씨록』에는 상기문·중기문·하기문으로,『속일본후기』에도 삼기문으로 기록되어 있다. 그렇다면 기문은 가야계 중대형 고총에서 밝혀진 유구와 유물의 속성이 긴밀한 공통성과 함께 하나의 분포권을 형성하고 있는 곳에 자리하고 있었을 가능성이 높다.

금강 상류지역인 장계분지 항공사진. 백두대간의 큰 고갯길인 육십령 서쪽에 인접된 곳으로 금강 상류지역에서 가장 넓은 들판이 펼쳐져 있으며, 장수 삼봉리·월강리·장계리·호덕리 일대에는 현재 60여 기의 가야계 중대형 고총이 남아있다.

던 가야세력이 존재했다는 고고학적 단서를 처음 제공해 준 곳이 장수 삼고리 고분군이다. 종래의 발굴조사를 통해, 수혈식 석곽묘는 백제에 정치적으로 복속되기 이전까지 금강의 상류지역에 기반을 두고 발전했던 토착세력집단의 주묘제로 밝혀졌다. 동시에 유구 및 유물의 속성이 백두대간 동쪽의 가야고분과 상통하는 것으로 밝혀져 그 조영집단이 가야문화를 기반으로 발전했던 것으로 드러났다. 그런데 마한 이래로 백제문화권에 속했던 것으로 인식된 이곳의 토착세력집단이 백제가 아닌 가야문화를 기반으로 발전했다는 점에서 큰 관심을 끌었다. 더욱이 전북 동부 산악지대에서 최대의 교통 중심지[7]인 진안 용담댐 수몰지구에 대한 발굴조사를 통해, 이곳으로 가야의 진출과정과 당시 백제와의 역학관계를 살필 수 있게 되었다. 고고학 자료와 고고지리적인 내용을 중심으로 금강 상류지역에 기반을 두고 발전했던 가야의 발전과정을 살펴보면 아래와 같다.

금강 상류지역에서 가야계 수혈식 석곽묘는 고령 지산동에서 중대형 고총이 본격적으로 축조되기 시작하면서 대가야의 영향력이 그 주변지역으로 파급되는 5세기 중엽 이후에 등장하는 것으로 보았다. 그런데 장수 삼고리에서 밝혀진 바로는, 그 상한이 5세기 중엽보다 얼마간 앞설 것으로 추정

---

7 모든 가야세력들과 연결되는 여러 갈래의 내륙 교통로가 최종적으로 합쳐지는 곳이 전북 진안군 용담면 월계리 일대이다. 이곳에 진안 와정토성과 진안 월계리 산성, 진안 황산리 고분군 등이 있다.

된다. 장수 삼고리 남쪽 기슭 하단부에 입지를 둔 것은, 토기류의 조합상이 단순하면서 대가야양식이 섞여있지 않고, 오직 이곳의 재지계만 출토되었다. 특히 장수 삼고리 1호의 무개장경호는 합천 봉계리 제14호 토광묘, 5호의 유개장경호는 고령 지산동 32NW-2호와 합천 봉계리 제43호와 제10호 토광묘 출토품과 아주 흡사하다. 고령 지산동을 비롯하여 다른 지역에서는, 그 시기가 대체로 5세기 이전으로 비정되고 있기 때문에, 금강 상류지역에서는 대가야의 영향력이 미치기 이전부터 수혈식 석곽묘가 조영되었을 개연성이 높다.

장수 삼고리 13호 발굴 후 전경. 백두대간 산줄기 서쪽인 금강 상류지역에도 가야세력이 존재한다는 고고학적 단서를 제공해 준 곳이다. 해마다 이른 봄 인근 마을 주민들이 못자리용 흙을 파내는 과정에 유구가 훼손되어, 고분의 벽석이 상당부분 유실되었다.

그런데 아직은 수혈식 석곽묘의 상한을 살필 수 있는 고고학 자료가 충분치 않다. 다만 장수 침곡리에서 영남지방 목곽묘 출토품과 흡사한 토기류가 출토되어, 향후 금강 상류지역에서도 목곽묘가 조사될 가능성을 높여 주었다. 그리고 가야계 분묘유적의 발굴조사에서 토기류의 조합상은 대체로 5세기 초엽에 대가야양식이 등장하기 시작해 재지계와 혼재되다가 5세기 중엽부터 6세기 초엽까지는 대가야양식 토기가 많은 양을 차지한다. 일단다투창고배·통형기대 등을 제외하면, 모든 기종의 대가야양식 토기류가 망라되어, 당시에

장수 삼고리 고분군 출토 유개장경호와 기대. 군산대학교 박물관 소장

대가야와의 긴밀한 교류관계가 이루어졌음을 엿볼 수 있다.[8] 반면에 삼족토기·직구호·병형토기 등 백제토기는 6세기 초엽을 전후한 시기부터 수혈식 석곽묘에 부장되기 시작한다. 그러므로 금강 상류지역에 기반을 둔 가야는 6세기 초엽을 전후한 시기까지도 백제에 정치적으로 복속되지 않고 가야문화를 기반으로 발전했을 가능성이 높다.

그럴 가능성은 가야계 중대형 고총의 분포양상과 그 발전과정을 통해서도 입증된다. 금강의 최상류인 전북 장수군 일대에는 100여 기의 가야계 중대형 고총이 밀집 분포된 것으로 밝혀졌다. 이 고총들의 분포양상을 구체적으로 정리하면, 장계분지에는 장수군 장계면 삼봉리에서 25기와 월강리에서 20여 기, 계남면 호덕리에서 20여 기와 화양리에서 1기 등 모두 60여 기의 고총이 있다. 그리고 장수분지에는 마봉산에서 장수읍 소재지까지 뻗은 산줄기와 북쪽으로 갈라진 지류의 정상부에 40여 기와 팔공산 서남쪽 대성분지에도 5기 내외의 고총이 남아있다. 봉토의 규모 혹은 고총의 기수 등 외형적인 고고학 속성만을 기준으로 평가한다면, 금강 상류지역에서 장계분지는 가야계 최대의 중심 집단이 있었을 것으로 비정된다. 금강 상

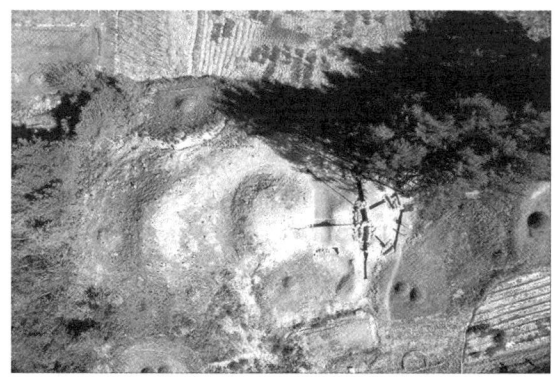

장수 삼봉리 가야계 고총 발굴 광경. 2004년 군산대학교 박물관 주관으로 발굴조사가 이루어졌으며, 본래 산자락의 정상부에는 봉토의 직경이 20m 이상 되는 30여 기의 가야계 중대형 고총이 있었는데, 지금은 2기의 고총만 남아있다.

---

8 백제가 수도를 공주로 옮긴 이후, 대가야는 백제의 중앙과 교역 및 교류를 하려면 백두대간의 큰 고갯길인 육십령을 넘어 금강 상류지역의 장계분지와 장수분지를 통과하는 간선 교통로를 이용해야 하는 지정학적인 요인도 크게 작용했을 개연성이 높다.

류지역의 가야계 중대형 고총은 산줄기의 정상부에만 자리하여 영남지방에서 조사된 것과 그 맥락을 같이 하고 있다. 특히 장계분지와 장수분지의 고총은 백화산과 마봉산에서 북쪽으로 뻗은 산줄기의 정상부에만 입지를 두었다.

장수 삼봉리와 동촌리에서 가야계 중대형 고총에 대한 발굴조사가 이루어졌다. 전자는 봉토의 평면형태가 동서로 긴 장타원형으로 북쪽에 인접된 고총과는 일정한 간격을 두었으며, 봉토의 가장자리에서는 호석을 두른 흔적이 확인되지 않았다. 그리고 봉토의 중앙에는 주석곽이 자리하고 동남쪽과 서남쪽에 한 기씩의 순장곽이 배치된 다곽식이며, 이 순장곽들 사이에서는 장란형토기 내부에서 고배형기대편이 수습되었다. 후자는 외형상 봉토의 규모가 가장 작은 '가'지구에서 3기의 고총에 대한 발굴조사가 이루어졌으며, 유구의 속성은 대체로 장수 삼봉리와 흡사했다. 즉, 산줄기의 정상부를 인위적으로 구획한 다음, 봉토의 중앙에 자리한 주석곽을 에워싸듯 1~3기씩의 순장곽이 배치된 다곽식이다. 그리고 봉토의 평면형태가 동서로 긴 장타원형으로 그 가장자리에는 호석을 두른 흔적이 확인되지 않았다. 봉토의 평면형태와 호석시설을 두르지 않은 유구의 속성에서 대가야와 확연히 구별되는 금강 상류지역만의 강한 지역성 혹은 독자성이 입증되었다.

일제 강점기부터 시작된 극심한 도굴로 유물의 출토량이 많지 않지만

장수 삼봉리 1호분 발굴 후 전경. 봉토는 동서로 긴 장타원형이며, 그 중앙에 자리한 주석곽을 중심으로 동남쪽과 서남쪽에 순장곽이 배치되어 있으며, 유물은 주석곽에서 시신을 안치했던 목관에 사용된 꺽쇠가 다량으로 출토되었다.

금제이식과 토기류, 철기류, 방추차 등으로 그 기종은 다양하다. 토기류는 대가야양식이 상당량을 차지하고 있으며, 여기에 금강 상류지역의 재지계로 분류된 광구장경호와 흡사한 기종이 포함되어 있다. 무엇보다 삼봉리 주석곽에서 위세품인 환두대도가 부장된 흔적과 목관에 사용됐던 꺾쇠가 출토되어, 이 고총들의 피장자가 가야의 지배자인 수장층으로 추정된다. 금강 상류지역에 기반을 둔 가야는 지정학적인 이점과 교통의 중심지, 철산개발 등의 원동력을 발판으로 100여 기의 가야계 중대형 고총을 조영하였지만, 백제가 백두대간의 큰 고갯길인 육십령을 넘는 간선 교통로를 따라 가야 지역으로 진출하는 과정에 남강 유역보다 일찍이 백제에 정치적으로 복속되었을 가능성이 높다.[9] 가야계 중대형 고총과 그 하위계층의 분묘유적에서 백제토기의 본격적인 등장을 근거로, 그 시기는 잠정적으로 6세기 초엽을 전후한 시기로 설정해 두고자 한다.

2) 가야세력의 서북쪽 진출과 그 영향력

주지하다시피 백제는 수도를 공주로 옮긴 이후 한동안 귀족의 천권·왕의 피살·귀족의 반란, 그리고 한성의 상실·권신의 발호·왕권의 실추 등으로 인해 일련의 정치적 혼미 혹은 정정불안에 빠진다. 이처럼 백제가 정치적인 혼란에 빠지면서 대내외적인 영향력을 갑자기 상실하게 되자, 전북 장수군 일대에 100여 기의 가야계 중대형 고총을 조영했던 가야가 전북 진안군과 충남 금산군 방면으로 진출했을 가능성이 높다. 진안 와정토성(鎭安

---

[9] 가야계 중대형 고총의 내부구조가 수혈식이 일색을 이루고 있으면서 남원 두락리 2호분처럼 횡혈식이 발견되지 않고 있기 때문에 그 가능성을 높여 준다.

Chapter ❾ 전북 동부 산악지대의 가야와 가야문화

臥停土城)은 대부분 가야세력들과 백제를 연결해 주는 그물망처럼 잘 갖춰진 여러 갈래의 내륙 교통로가 하나로 합쳐지는 지정학상 중요한 교통의 중심지이다. 이렇듯 선사시대 이래로 교통의 핵심 중심지를 차지할 목적으로 전북 장수군 일대에서 가야계통 국가단계의 정치체로 발전한 가야가 백제의 정치적인 혼란기를 틈타 본래 백제가 장악하고 있

진안 황산리 11호 발굴 후 전경. 진안 용담댐 수몰지구인 전북 진안군 용담면 월계리 황산마을 동쪽에 자리하고 있다. 전북 진안군과 충남 금산군 일대로 5세기 후반 경 가야세력이 진출했다는 가능성을 암시해 준 곳이다.

었던 이곳으로 진출한 것이 아닌가 싶다. 진안 황산리에서 밝혀진 고고학 자료가 그럴 가능성을 뒷받침 해 준다.

 가야의 진출로 폐성된 진안 와정토성에서 서쪽으로 350m 가량 떨어진 곳에 진안 황산리 고분군이 있다. 금강의 본류와 주자천이 합쳐지는 지점에서 서북쪽으로 500m 가량 떨어진 곳으로, 행정 구역상으로는 전북 진안군 용담면 월계리에 속한다. 이 유적에서 조사된 17기의 수혈식 석곽묘는 지구별로 토기류의 조합상에서 큰 차이를 보였다. 즉, '나'지구의 가장 서쪽에 위치한 17호에서 대가야양식 등 가야토기가 일색을 이루다가 점차 동쪽으로 가면서 백제토기가 새롭게 등장하여 '가'지구에서는 가야토기와 백제토기가 반절씩 섞인다. '나'지구 17호의 일단투창유개고배와 저평통형기대는 고령 지산동 44호분 출토품과 속성이 흡사해 그 시기는 5세기 4/4분기의 이른 시기로 비정되었다. 그렇다면 가야계 수혈식 석곽묘가 진안 용담댐과 충남 금산군 일대에서 등장하게 된 역사적인 배경은, 대가야가 왜와

의 교역 및 교류관계를 장악한 정치적인 변화 못지않게 백제의 대내외적인 정치상황도 빼 놓을 수 없는 중요한 요인이다.

그런데 가야에 의해 일시 점령된 진안 용담댐과 그 주변지역은 다시 백제의 영향권으로 들어간다. 다름 아닌, 진안 황산리 '가'지구에서 가야토기와 백제토기가 반절씩 섞인 상태로 동일 석곽묘에서 출토된 것이 이를 뒷받침 해 준다. 진안 황산리 6호와 11호에서 출토된 삼족토기는 배신이 깊고 뚜껑받이가 상당히 높은데, 그 속성은 5세기 말엽으로 비정된 익산 웅포리, 논산 모촌리 출토품과 흡사하다. 그런데 진안 황산리에서 남쪽으로 2km 가량 떨어진 곳에 전북 진안군 용담면 월계리 산성이 있다. 이 산성은 산정식으로 고남치에서 동남쪽으로 금강변까지 띠처럼 뻗은 산줄기의 끝자락에 있는데, 유물은 삼국시대 토기편과 기와편이 상당량 수습되었다. 더욱이 이곳은 백두대간의 주요 관문인 육십령 혹은 월성치로 연결되는 간선 교통로가 시작되는 분기점으로, 금강 본류의 폭이 200m 이상으로 워낙 넓어 사람들이 배를 타고 금강을 건넜다고 한다.

금강 본류와 진안 월계리 산성. 가야와 백제의 중앙을 최단거리로 연결해 주는 간선 교통로가 나뉘는 분기점으로 금강의 폭이 넓어 사람들이 배를 타고 강을 건넜다고 한다. 이 산에는 백제의 고산성으로 알려진 산성이 있다.

금강 상류지역으로 백제의 진출과정은 문헌을 통해서도 추정해 볼 수 있다. 백제는 일련의 정치적인 불안을 극복하고 실추된 왕권을 회복시켜 왕권의 전제화를 모색한 다음, 동성왕 9년(487)에는 대산성을 공략[10]함으로써 동쪽, 즉 가야지역으로 진출을 본격화한다. 문헌의 내용을 분석해 보면, 대산성은 '백제가 아닌 임나가 쌓았으며, 백제에서 동쪽으로 통하는 길목과 나루를 이용해서 건너야 할 정도로 큰 하천변에 입지를 두고 있으며, 그 너머에는 백제군이 주둔해 있다'는 내용과 부합되는 곳에 자리한다. 일제 강점기부터 대산성의 위치를 비정하기 위한 연구가 활기를 띠었지만, 문헌의 내용을 고고지리적으로 충족시켜 주는 곳은, 전북 진안군 용담면 월계리 산성[11]이다. 그리고 진안군과 금산군 일대에 50여 개소의 관방유적이 집중적으로 배치되어 강한 지역성을 보인다. 이처럼 가야의 서북쪽 진출로 한동안 빼앗긴 교통상 최대의 중심지를 5세기 말엽 늦은 시기에 공격하였지만 다시 회복하지 못함으로써 백제의 간선 교통로가 재편성된다.

다른 한편으로, 봉수의 분포양상을 통해서도 금강 상류지역 가야의 성격을 추론해 볼 수 있다. 금강과 섬진강 상류지역에 서로 일정한 거리를 둔 상태로 배치된 80여 개소의 봉수는 가야계 수혈식 석곽묘의 분포권과 거의 일치한다. 더욱이 금강 상류지역 가야의 최대 중심지인 장계분지를 방사상으로 에워싸고 있으면서 전북 장수군으로 연결되는 내륙 교통로를 손쉽게 조망할 수 있는 산봉우리에 자리한다. 그런데 고려 말의 봉수

진안봉수로의 종착지인 진안 태평 봉수. 금남정맥의 큰 고갯길인 싸리재 동쪽 산봉우리에 자리하고 있다. 1995년 진안군 주관으로 정비 복원사업이 이루어졌지만 당시 학술조사를 실시하지 않아 안타까움을 더해 준다.

---

10 『일본서기』 현종기 3년(487)조에 '대산성(帶山城)을 쌓아 동도(東道)를 봉쇄하고 군량을 나르는 나루를 끊어 (우리)군을 곤궁케 하였다. 백제왕이 크게 노하여 대산을 공략하도록 하였다'는 것과 관련된 기사이다.
11 성벽은 성돌의 두께가 아주 얇은 판석형 할석만을 가지고 쌓았으며, 성벽의 축성방법은 고령 주산성에서 확인된 가야계 산성의 특징이 확인된다.

선로가 대체로 계승되어, 조선초기에 정비된 5봉수로의 직봉과 간봉이 통과하지 않는 금강과 섬진강 상류지역에 봉수가 집중적으로 배치된 것은 자못 시사하는 바가 크다. 더욱이 삼국시대 토기편보다 그 시기가 늦은 유물이 봉수에서 수습되지 않은 것은, 이 봉수들의 조영시기를 추정하는 데 결정적인 기준이 될 것이다. 봉수의 분포양상과 유물의 속성만을 기준으로 추론한다면, 이 봉수들은 가야문화를 기반으로 강한 지역성을 유지했던 금강 상류지역의 가야에 의해 축조되었을 개연성이 가장 높다.[12]

이상에서 살펴보았듯이, 금강 상류지역의 가야는 6세기 초엽까지 국가단계의 정치체를 유지하면서 존속했을 가능성이 높다. 그것을 입증해 주는 증거로는, 장계분지와 장수분지에 100여 기의 가야계 중대형 고총이 밀집되어 있고, 장수 삼봉리 주석곽에서 위세품인 환두대도가 부장된 흔적과 목관에 사용된 꺽쇠가 출토되었다. 그리고 하위계층의 분묘유적인 장수 삼고리·호덕리에서 6세기 초엽까지 재지계와 대가야양식 등 가야토기가 일색을 이루고 있다는 점이다. 또한 가야계 중대형 고총이 밀집 분포된 장계분지와 장수분지에 장수 침령산성·합미산성 등 그 규모가 큰 포곡식 산성이 있다는 사실도 빼 놓을 수 없다. 이렇듯 금강 상류지역에 기반을 둔 가야는 금강과 섬진강을 종단하는 간선 교통로가 통과하지 않는 지정학적인 이점과 교통의 중심지라는 강점을 살려 가야계통 국가단계의 정치체로 발전하였다. 그리고 백제의 정치적인 혼란기를 틈타 전북 진안군과 충남 금산군, 섬진강 상류지역까지 진출하여 대규모의 축성과 봉수체계를 운영하였지만, 6세기 초엽을 전후한 시기에 백제에 정치적으로 복속된 것이 아닌가 싶다.

---

12 금강 상류지역인 장계분지와 장수분지에 밀집 분포된 100여 기의 가야계 중대형 고총이 유구의 속성에서 고령 지산동과 다른 강한 지역성이 확인되었고, 이 봉수들이 백두대간 산줄기를 넘어 대가야의 도읍지인 고령까지 연결되는 봉수로가 아직은 확인되지 않고 있기 때문이다.

4. 섬진강 유역 백제와 가야의 역학관계

1) 웅진기 이전 백제의 진출과정과 그 의미

삼국시대 때 섬진강 유역에 지역적인 기반을 두고 발전했던 토착세력집단의 발전과정과 이곳으로 백제의 진출과정을 추론하는 것은 쉽지 않다. 그 이유는, 역시 백제의 진출과정을 담은 문헌기록이 풍부하지 않은 상황에서 삼국시대의 문화유적에 대한 발굴조사가 미진한 것과 관련이 깊다. 그렇기 때문에 현재의 상황으로는, 종래의 지표조사에서 축적된 고고학 자료와 발견매장문화재의 분석을 통해 살필 수밖에 없다. 다행히 섬진강 유역을 대상으로 지표조사가 활발하게 이루어져 삼국시대 문화유적의 분포양상이 상세하게 알려졌다. 최근에는 모든 시군별로 문화유적 분포지도 제작을 위한 문화재 지표조사가 완료되어, 삼국시대 문화유적의 분포양상이 심층적으로 파악되었다. 그러나 지금까지는 일제 강점기부터 줄곧 지명의 음상사와 단편적인 고고학 자료만을 근거로 6세기 1/4분기까지 문헌에 등장하는 가야계통 국가단계의 정치체인 기문이 섬진강 유역에 존재했던 것으로 비정되었다.

섬진강 유역 토착세력집단의 발전과정과 그 성격을 진솔하게 담고 있는 것은 역시 '말무덤'[13]이다. 다른 말로는 '몰무덤'이라 불리는 것으로 봉분의 직경은 대체로 10m 내외이며, 남원시·순창군·곡성군 일대에 본래 40여 기가 있었던 것으로 파악되었다. 좀 더 구체적으로 그 분포양상을 정리하면, 현재 봉분이 보존된 것은 전북 남원시 대강면 사석리에 8기의 '말무덤'

---

[13] 말무덤은 '말'이 마(馬)의 뜻으로 보고, '말'은 '머리', '크다'의 뜻으로 우두머리에게 붙여진 관형사로 파악하여, 그 피장자는 지배층으로 추정하고 있다. 이 글에서 말무덤을 지배자 분묘유적의 범주에 포함시킨 것은, 해남 말무덤에 대한 발굴조사를 통해, 말무덤이 수장층과 관련된 것으로 파악되었기 때문이다.

남원 입암리 말무덤 보존상태. 섬진강 중류지역에 속한 전북 남원시 이백면 입암리 입암마을 서북쪽에 자리하고 있다. 본래 이곳에는 봉분의 직경이 10m 내외되는 7기 내외의 말무덤이 있었는데, 지금은 1기의 말무덤만 남아있다.

이 남아있다. 현지에서 '말무덤'이라 불리는 것은, 전북 순창군 적성면 고원리에서 7기 내외와 남원시 금지면 입암리·대강면 방산리에서 7기 내외의 '말무덤', 남원 방산리에서 섬진강을 건너 서남쪽으로 6km 가량 떨어진 전남 곡성군 옥과면 주산리에서 7기 내외의 '몰무덤'이 있었다고 한다. 이처럼 '말무덤' 혹은 '몰무덤'이라 불리는 것은, 섬진강 중류지역에 속한 5개소의 분묘유적에서만 확인되었고, 아직도 섬진강의 상·하류지역과 보성강 유역에서는 그 존재마저 파악되지 않고 있다. 그리고 봉토의 직경이 20m 내외 되는 가야계 중대형 고총은 여전히 발견되지 않고 있다.

그것은 역시 금강과 섬진강 유역을 최단거리로 연결해 주는 내륙 교통로와 관련이 깊다. 이 간선 교통로는, 우리나라의 중부지방에서 금산분지와 진안고원을 경유하여 곧장 섬진강 유역으로 진출하는 방법이다. 그런데 금강 상류지역인 전북 진안군과 충남 금산군, 그리고 섬진강 유역은 두 가지 점에서 비슷한 공통성을 보인다. 하나는 '말무덤'의 존재가 여전히 확인되지 않는다는 점과 다른 하나는 '말무덤'이 더 이상 발전하지 못하고 7기 내외로 일시에 자취를 감춘다는 사실이다.[14] 그러나 이 교통로가 통과하지 않거나 관련이 없는 금강 상류지역의 장수군 일대와 남강 유역에서는 '말무

---

14 다시 말하면, 섬진강 중류지역에만 분포된 40여 기의 말무덤이 대형급 분구묘나 가야계 중대형 고총으로 더 이상 발전하지 못하고 모두 일시에 자취를 감춘다는 역사적 사실이다.

덤'이 가야계 중대형 고총으로 발전한다. 그렇다면 금강과 섬진강 유역을 남북으로 종단하는 간선 교통로를 개척하고 줄곧 관할했던 주체는, 대가야를 비롯한 가야세력들보다 오히려 백제와의 관련성이 높다. 그럴 가능성은 고고지리적인 자료의 분석을 통해 추론해 볼 수 있다.

진안 와정토성은 백제토성으로 교통의 중심지에 자리한다. 섬진강과 금강, 남강 유역에 거미줄처럼 잘 갖추어진 여러 갈래의 내륙 교통로가 합쳐지는 곳에 진안 와정토성이 있다. 이 토성 못지않게 교통의 중심지를 이룬 곳이 임실 월평리 산성이다. 삼한시대 고성지로 알려진 곳으로 전북 임실군 성수면 월평리 성밑마을 북쪽에 있다. 이곳은 만경강 유역에서 호남정맥의 슬치를 넘어 온 교통로와 금강 유역에서 진안 와정토성을 경유하여 내려온 내륙 교통로가 만난다. 동시에 백두대간의 치재를 넘어 아영분지를 비롯하여 서부경남지역으로 나아가는 교통로와 호남정맥의 석거리재를 넘어 종착지인 고흥반도까지 이어진 교통로,[15] 그리고 동진강 하구인 가야포까지 이어진 내륙 교통로가 나뉘는 분기점이다. 아직은 발굴조사가 이루어지지 않아 산성의 축성주체와 축성시기를 상세하게 파악하지 못하고 있지만, 이곳을 통과하는 여러 갈래의 내륙 교통로를 관할할 목적으로 백제에 의해 축성된 것이 아닌가 싶다.

그렇다면 섬진강 유역에서 말무덤을 사라지게 만든 강력한 세력집단의 주체는 어디로 봐야 될 것인가? 지금까지 밝혀진 고고학 자료를 근거로 크게 세 가지로 나누어 가정해 볼 수 있다. 첫째는 영산강 유역의 전용 옹관묘 조영세력, 둘째는 백두대간과 금남호남정맥 동쪽의 가야세력, 셋째는

---

15 당시의 내륙 교통로를 추정 복원해 보면, 대전→새고개→금산군→진안 와정토성·황산리 고분군→진안 월계리 산성→진안 여의곡·진그늘·갈머리→대목재→진안읍→마령면→백운면→대운치→임실 월평리 산성→임실 덕계리·삼계리 산성→순창 신흥리 산성→순창 고원리 말무덤→곡성 주산리 말무덤→곡성 석곡→호남정맥의 석거리재→벌교→고흥반도로 나아간다.

근초고왕(近肖古王)의 남정(南征)을 꼽을 수 있다. 이 가운데 첫 번째 가정은 섬진강 유역에서 여전히 전용 옹관묘와 장고분, 즉 전방후원분의 존재가 발견되지 않고 있으므로 그 가능성이 희박하다. 두 번째 가정은 전북 임실 금성리와 남원 호경리 등 섬진강 중류지역에서 대가야양식과 소가야양식 등 가야토기가 함께 출토되어 그 개연성이 인정된다. 그러나 아직도 가야계 중대형 고총이 발견되지 않고, 또한 5세기 말엽 이전의 가야토기나 가야계 최고급 위세품도 발견되지 않고 있다. 세 번째 가정은 고흥반도까지 이어지는 간선 교통로가 통과하는 전남 곡성군 석곡에서 한성기 백제이식이 채집되었다.

그럴 가능성은 고고학 자료의 분석을 통해서도 입증된다. 전북 남원 입암리 말무덤에서 수습된 단경호(短頸壺)와 광구장경호(廣口長頸壺)는 마한과 관련된 재지계이다. 그리고 섬진강 하류지역에서 교통의 중심지인 전남 곡성 석곡에서 한성기 이식(耳飾)이 채집되었다. 이 이식은 백제양식으로 알려졌는데, 경남 함양 백천리 1호분 출토품과의 비교 분석을 근거로 백제가 아닌 대가야산이라는 견해도 제기되었다. 그리고 이곳을 경유하는 간선 교통로의 종착지인 고흥 길두리 안동고분에서는 백제계 금동관모와 금동신발이 출토되었다. 백제의 최고급 위세품이 출토된 고흥 길두리는 백제의 수도에서 최단거리의 간선 교통로와 남해안의 연안항로가 만나는 백제의 국제 교역항이다. 그렇다면 백제가 고흥반도에 지역적인 기반을 둔 유력한 세력집단의 권위를 인정하면서 백제의 최고급 위세품을 하사하고 줄곧 섬진강 유역에 대한 영향력을 행사한 것이 아닌가 싶다.

이상에서 살펴보았듯이, 섬진강 유역은 선사시대 이래로 줄곧 지정학적인 이점을 살려 문화상으로 점이지대를 이루었다. 선사시대 때는 거미줄처럼 잘 갖춰진 내륙 교통로를 활용하여 섬진강 유역과 그 주변지역 세력집단들이 서로 교류하는 데 가교 및 교량역할을 담당하였다. 그리고 진안 와정토성을 경유하는 간선 교통로는 한성기 때 백제가 정치적 혹은 경제적인 목적을 달성하기 위해 지속적으로 관할하였다. 전자는 영산강 유역의 마한세력이 호남정맥을 넘어 섬진강 유역으로 진출하는 동진(東進)과 가야세력이 백두대간을 넘어 섬진강 유역으로 나아가는 서진(西進)을 차단하려는 목적을 담고 있다. 그리고 섬진강 유역을 완충지대로 설정함으로써 가야세력과 영산강 유역의 마한세력이 연대하려는 것을 사전에 차단하려는 정치적인 의미도 빼놓을 수 없다. 후자는 남해안 연안항로의 기항지이자 국제 교역항인 고흥반도까지 최단거리로 연결되는 간선 교통로를 확보함으로써 당시의 교역체계의 주도권을 장악하려는 백제의 경제적인 목적이다.

2) 웅진기 이후 백제의 진출과정과 그 의미

삼국시대 때는 각국이 더욱 광범위하게 영역을 확장해 나감에 따라 수도를 중심으로 교통로를 재편성하게 됨으로써, 그 이전 시기보다 잘 정비된 교통로의 개설과 조직망을 갖추었다. 백제는 웅진으로 수도를 옮긴 이후 일련의 정치적 혼란기를 극복하고 가야지역으로 진출을 본격화함에 따라 수도인 웅진을 중심으로 교통로가 재편성된다. 이때부터 백제의 수도와 섬진강 유역을 최단거리로 연결시켜주는 간선 교통로가 호남정맥의 슬치를 넘는 방법으로 바뀐다. 당시의 간선 교통로를 추정 복원하면, 백제의 수도인 공주에서 출발하여 논산, 익산을 거쳐 전북 서부 평야지대에서 교통의 중심지인 완주 상운리에 도달한다. 그리고 이곳에서 전주천을 타고 거슬러 올라가다가 슬치를 넘어 섬진강 유역으로 진출한다. 이 교통로는 백제의 섬진강 진출 경로로 자주 언급되었는데, 이때부터 전주가 교통 및 행정의 중심지로 급부상되면서 마침내 신문왕 5년(685) 9주 5소경을 설치할 때 완산주가 설치되는 밑거름이 되었다.

완주 상운리는 만경강 지류인 고산천과 소양천이 합류하는 곳으로 만경강 수로와 내륙 교통로가 교차하는 교통의 중심지이다. 이곳에서 마한의 묘제적인 전통이 강한 30여 기 이상의 분구묘가 조사되었는데, 분구묘의 하한은 5세기 4/4분기를 전후한 시기로 비정되었다. 만경강 유역에서 최대 규모의 분묘유적인 완주 상운리에서 중대형 분구묘가 더 이상 조영되지 못한 것은, 웅진기 때 백제의 간선 교통로의 재편성과 무관하지 않을 것이다. 이를 계기로 교통의 중심지가 완주 상운리에서 전주 일대로 옮겨졌을 가능성이 높다. 전주는 섬진강을 경유하여 서부경남지역[16]과 고흥반도, 금남정맥과 금남호남정맥을 넘어 장계분지와 장수분지, 만경강의 내륙 수로를 이용하여 서해로 나아갈 수 있는 교통의 중심지이다. 그렇다면 동성왕의 대산성 공략 이후 백제의 남하정책은, 섬진강 유역을 경유하여 서부경남지역으로 통하는 간선 교통로의 복원과 가야지역에 대한 영향력의 확대 등 백제의 정치적인 목적을 달성하기 위해 단행된 것이 아닌가 싶다.

그런데 일제 강점기부터 줄곧 지명의 음상사와 단편적인 고고학 자료만을 근거로 가야계통 국가단계의 정치체인 기문(己汶)이 섬진강 유역에 있었던 것으로 비정되었다. 예컨대 전북 임실군 임실읍과 장수군 번암면[17] 일대를 상기문, 전북 남원시 일대를 하기문으로 비정하고, 임실 금성리 출토품

---

[16] 당시의 간선 교통로를 복원해 보면, 공주·부여→논산→익산 동룡리→완주 상운리→전주→호남정맥의 슬치→임실 금성리→임실 월평리 산성→한치재→장수 산서분지→말치고개→장수군 번암면→백두대간의 치재→남원 아영분지의 월산리·두락리→남원시 인월면→임천강→산청군 생초면→진주방면으로 나아간다.
[17] 본래 남원군에 속했던 곳으로, 1906년 대한제국이 행정구역을 개편할 때 장수군으로 편입되었지만, 지금도 일상 생활권이 장수보다 남원에 가깝다.

인 유개장경호를 5세기 후반 고령과 임실, 즉 대가야와 기문 사이의 교역을 했다는 증거물로 제시하고, 당시 대가야가 교역로를 통하여 기문으로 침공해 들어간 것으로 보았다. 그런데 상기문은 우륵 12곡명 가운데 상·하기물로 등장하고 520년대 초의 사실을 전하는 『양직공도』 백제국사조에 백제 변방의 소국 중 하나로 열거된 점에서 그 독자성이 입증된다.[18] 바꾸어 말하면, 상기문은 6세기 1/4분기까지도 백제 혹은 대가야에 정치적으로 복속되지 않고 엄연히 독자적인 가야계통 소국의 하나로 등장한다는 사실이다.

임실 금성리 고분군에서 수습된 유개장경호. 국립전주박물관 소장

그렇다면 섬진강 유역에서 상기문이 6세기 1/4분기까지 가야계통 국가 단계의 정치체로 발전했던 역사적인 사실을 가장 진솔하게 대변해 주는 고고학 자료를 찾는다면, 그것은 역시 가야계 중대형 고총과 가야계 최고급 위세품이다. 그러나 섬진강 유역에서는 마한과 관련된 재지계 토기류만 부장되고, 봉분의 직경이 10m 내외되는 40여 기의 말무덤만 조사되었다. 이른바 대가야를 비롯한 가야의 수장층 묘제로 알려진 봉토의 직경이 20m 이상 되는 가야계 중대형 고총은 그 존재가 파악되지 않고 있다. 특히 상기문(上己汶)이 있었던 곳으로 비정된 전북 임실군 임실읍과 장수군 번암면 일대에서는 가야계 중대형 고총이 확인되지 않고 있으며, 가야계 최고급 위세품도 출토되지 않았다. 그렇다면 섬진강 유역에 대한 발굴조사가 워낙

---

18 백제의 변방에 있는 반파(伴跛), 탁(卓), 다라(多羅), 전라(前羅), 사라(斯羅), 지미(止迷), 마연(麻連), 상기문(上己文), 하탐라(下眈羅) 등의 소국들이 백제에 부용한다는 내용이다.

미진한 현재의 상황으로는, 섬진강 유역과 인접된 지역에서 축적된 삼국시대 분묘유적의 분포양상과 그 의미를 분석함으로써, 섬진강 유역을 통과하는 내륙 교통로의 운영주체를 추론해 볼 수밖에 없다.

섬진강 유역에서는 금강의 상류지역인 장계분지와 장수분지, 남강 유역인 아영분지와 운봉고원에 밀집 분포된 가야계 중대형 고총[19]이 발견되지 않고 있다. 그리고 영산강 유역에서 5세기 말엽부터 6세기 전엽에 대형 전용 옹관묘가 서서히 쇠퇴하면서 갑자기 등장한 전방후원분(前方後圓墳), 영상강식 석실, 진주·고성·의령 등 서부경남지역에서 성행한 왜계고분인 세장방형의 구주계 횡혈식 석실분이 조사되지 않았다. 특히 영산강 유역의 상징물인 U자형의 전용옹관묘, 분주토기(墳周土器)와 호형분주토기(壺形墳周土器)도 출토되지 않고 있다. 아마도 이것은 대가야를 비롯한 가야세력들과 영산강 유역의 전용 옹관묘 조영세력이 섬진강 유역에 대한 영향력을 행사하지 못했음을 반증해 준다. 이를 근거로 백제의 정치적인 불안기를 제외하면, 섬진강 유역에 거미줄처럼 잘 갖춰진 내륙 교통로의 주도권이 백제에 의해 줄곧 행사되고 있었음을 추론해 볼 수 있다.

한편 대가야를 비롯한 가야세력들도 섬진강 유역의 내륙 교통로를 이용하여 대내외적인 교류 및 교역이 이루어졌을 가능성이 점쳐진다. 종래에는 479년 가라왕 하지가 중국 남제로부터 '보국장군본국왕'으로 책봉을 받을 때 섬진강 루트를 이용한 것으로 보았다. 당시 백제의 일정한 도움 혹은 암묵적인 용인을 받아 사행(使行)이 이루어졌다면, 섬진강 하동 못지않게 서해 연안항로의 거점포구이자 동진강 하구인 가야포(加耶浦)의 경우도 그 후보지

---

[19] 이처럼 전북 동부 산악지대에 200여 기의 가야계 중대형 고총이 밀집 분포된 것은, 이 일대가 단순히 대가야문화권에 속했던 곳으로만 이해하는 것보다, 오히려 이곳에 지역적인 기반을 두고 발전했던 독자적인 가야세력들이 존재하였다는 개연성을 암시해 주는 고고학적 증거가 아닌가 싶다.

로 유력하다. 게다가 대가야를 비롯하여 영남 내륙지역의 가야세력들이 섬진강 유역을 횡단하여 이곳까지 도달하는 데 거리상으로 가장 가깝다. 그리고 동진강 하구 일대에서 밀집파상문이 시문된 삼국시대 토기편이 수습되어 그 개연성을 높여 주었다. 그러므로 아직도 경남 하동에서 대가야와 관련된 고고학 자료가 확인되지 않고 있기 때문에, 당시의 사행로를 섬진강 루트로만 한정하는 것은 검토의 여지가 있다.

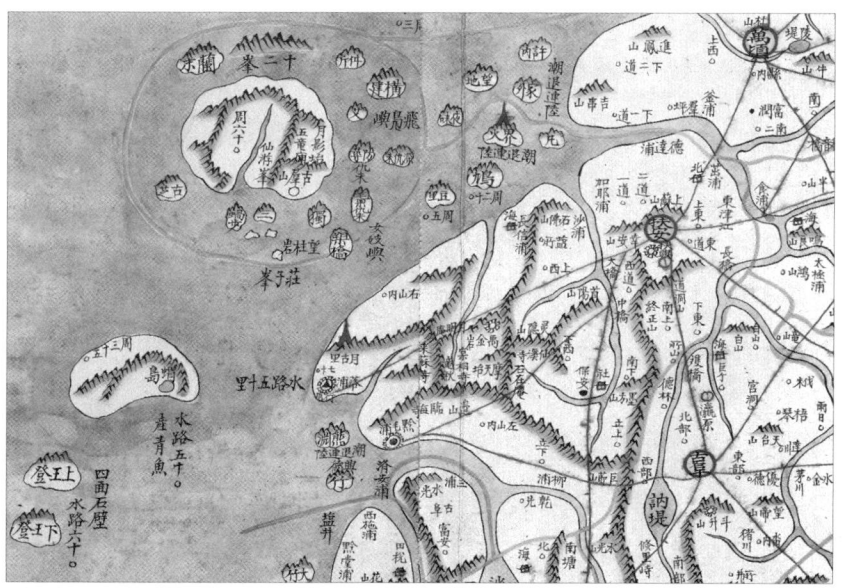

동진강 하구에 자리한 가야포. 동여도. 19세기. 국립중앙박물관 소장

그런데 대가야를 비롯한 가야세력들이 섬진강로를 대내외의 교역로 혹은 남제의 사행로(使行路)로 이용하려면, 백두대간과 금남호남정맥을 극복해야 하고 거리상으로도 상당히 우회해야 한다. 오히려 낙남정맥을 넘어 남강에서 섬진강 유역으로 진출하는 방법이 그 대안으로 꼽힌다. 순천 운평

리에서 4세기 대 아라가야와 5세기 대 소가야 양식 토기가 출토된 것이, 대가야의 진출 이전부터 이미 교통망이 구축되어 있었음을 암시해 준다. 최근 소가야지역에서 출토된 마구를 정리하고, 이를 통해 6세기 대 소가야는 남해안의 고성지역을 중심으로 대가야와 백제, 신라, 왜 등과 다원적으로 교류 또는 교섭했음을 밝힌 견해가 관심을 끈다. 그리고 6세기 전반 남강을 따라 신라-가야-영산강수계-일본열도를 연결하는 국제적인 교역루트가 마련된 것으로 본 견해도 중요한 의미가 담겨 있다. 향후 대가야를 비롯한 가야세력들이 섬진강의 거점포구인 하동까지 도달하는 방법에 대한 다양한 루트 복원이 이루어져야 할 것이다.

끝으로 삼국시대 이후 섬진강 유역이 얼마나 중요시되었는가는 지방행정구역개편을 통해서도 읽을 수 있다. 웅진기부터 교통의 중심지로 자리 잡은 전주는 신문왕 5년(685) 완산주가 설치되었으며, 경덕왕 16년(757) 행정구역개편 때는 전주로 개칭하여 행정의 중심지로 부상했다. 남원은 백제 고룡군의 행정치소로 신문왕 5년(685) 남원소경이 설치되었으며, 섬진강 유역의 중심부라는 지정학적인 이점을 살려 선사시대부터 오늘날까지 정치적·경제적·문화적·교통의 중심지로 성장하였다. 남원 못지않게 섬진강 상류지역에서 교통의 중심지인 임실의 경우도 백제 때 임실군의 행정치소로 지금도 백제의 지명을 그대로 쓰고 있다. 그러다가 고려시대에는 신라 말기 이래 피폐된 역로의 시급한 복구와 지방행정구역의 재편을 통한 국가 통치체제의 확립과 함께 역제(驛制)가 조직화되었다. 조선시대에는 고려의 역제를 계승하면서 역참제도(驛站制度)가 보다 체계적으로 정비되어, 전주와 남원을 중심으로 섬진강 유역을 통과하는 현재의 도로망이 한층 발달되었다.

5. 운봉고원·진안고원의 가야고분에 관심을

이상으로 종래의 지표조사 및 발굴조사에서 축적된 고고학 자료를 교통로의 조직망에 대입시켜 전북 동부 산악지대에 지역적인 기반을 두고 성장했던 가야의 발전과정에 대해 살펴보았다. 이를 위해, 우리나라 전통지리학의 지침서인 『산경표』의 내용을 근거로 남강·금강·섬진강 유역으로 세분하였다. 그리고 유역권별로 가야계 중대형 고총의 분포양상과 발전과정, 토기류의 조합상, 삼국시대 문화유적의 분포양상에 담긴 고고학적 의미를 적극적으로 해석했으며, 나아가 그것이 담고 있는 역사성과 지역성을 밝히고자 노력하였다. 이 글에서 이루어진 모든 논의는, 종래의 지표조사 및 발굴조사에서 축적된 고고학 자료에 철저히 의거하고 있으며, 따라서 문헌

남원 두락리 가야계 고총. 남원 두락리 고분군 북쪽 기슭에 자리한 봉토의 직경이 30m 이상 되는 최대형급 가야계 고총의 모습이다. 아직은 관리의 손길이 미치지 않아 봉토의 정상부는 밭으로 개간되고 소나무가 숲을 이룬다.

장수 동촌리 가야계 고총들. 전북 장수군 장수읍 동남쪽 마봉산에서 갈라진 산자락 정상부에 자리한 가야계 중대형 고총들이다. 봉토의 직경이 20m 이상 되는 대형고분으로 현재 봉토에는 잡목과 잡초가 무성하게 우거져 있다.

에 등장하는 지명의 연구를 바탕으로 한 종래의 연구성과와는 상당한 차이를 보이는 부분도 적지 않았다. 특히 우리나라를 동서로 갈라놓는 큰 산줄기인 백두대간 산줄기 서쪽, 즉 금강 상류지역은 가야사 연구자들이 그다

지 관심을 두지 않아 비교적 상세하게 다루었음을 밝혀둔다.

　가야계 중대형 고총이 200여 기 남짓 밀집 분포된 남강 및 금강 상류지역은 백두대간과 금남호남정맥 산줄기들로 가로막혀 지형상으로 별개의 독립된 지역권을 형성하고 있다. 그리고 지금까지 축적된 고고지리적인 자료에 의하면, 남강 및 금강 유역에 지역적인 기반을 두고 발전했던 가야는 대가야와의 긴밀한 교류관계를 바탕으로 각기 다른 가야계통의 국가단계 정치체가 존재했을 가능성이 높은 것으로 보았다. 우선 남강 유역에는 백제가 간선 교통로를 따라 서부경남지역으로 진출하는 과정에서 그곳을 차지하기 위해 6세기 초엽 이른 시기에 반파(伴跛, 叛波)와 갈등관계를 보였던 가야계통 국가단계의 정치체인 기문(己汶), 반면에 금강 상류지역에는 대규모 축성과 봉수시설을 운영했던 것으로 알려진 가야계통의 국가단계의 정치체가 있었을 것으로 비정하였다. 동시에 남강 혹은 금강 상류지역에 기반을 둔 가야는 그물망처럼 잘 갖춰진 교통의 중심지와 대규모 야철지 개발을 통해 일찍부터 가야문화를 토대로 발전한 것으로 보았다.

　그러나 섬진강 유역은 마한의 재지계 토기류만 부장되고, 봉분의 직경이 10m 내외되는 40여 기의 말무덤만 조사되었다. 그리고 가야의 수장층 묘제로 알려진 봉토의 직경이 20m 이상 되는 가야계 중대형 고총이나 가야계 최고급 위세품이 발견되지 않았다. 더욱이 말무덤이 자취를 감춘 이후에는 수장층과 관련된 어떤 종류의 분묘유적도 더 이상 조영되지 않았다. 이를 근거로 일제 강점기부터 줄곧 지명의 음상사와 단편적인 고고학 자료만을 근거로 6세기 1/4분기까지 문헌에 등장하는 기문이 있었던 곳으로 비정되었지만 가야계통 국가단계의 정치체가 없는 것으로 보았다. 그런데 백제의 정치적인 혼란기를 틈타 금강 상류지역인 장계분지와 장수분지에 100여 기의 가야계 중대형 고총을 조영했던 가야가 금남호남정맥을 넘어 섬진강 상·중류지역으로, 남강 유역인 아영분지와 운봉고원에 80여 기의 가야계 중대형 고총을 조영했던 가야가 백두대간을 넘어 섬진강 하류지역으로 진출한 것으로 추론하였다.

　끝으로, 전북 동부 산악지대에서 가야문화를 기반으로 발전했던 가야의 발전과정과 그 성격을 보다 심층적으로 규명하기 위해서는, 삼국시대 문화유적에 대한 발굴조사가 활발하게 이루어져 그 주변지역과의 교류관계에 대한 심층적인 연구가 다시 행해져야만 할 것이다. 무엇보다 금강 상류지역인 장계분지와 장수분지의 가야계 중대형 고총, 섬진강 유역의 말무덤, 금강과 남강 유역의 야철지, 금강과 섬진강 유역에 집중적으로 배치된 산성 및 봉수의 성격을 밝히기 위한 발굴조사를 실시하여 종합적인 연구가 다시 진행되어야 할 것이다. 그리고 이를 면밀히 정리 분석함으로써 전북 동부 산악지대에 지역적인 기반을 두고 가야계통 소국으로 발전했던 가야와 가야문화에 대한 이해를 증진시키고, 향후 가야계 문화유산의 효과적인 보존방법과 활용방안을 마련하기 위한 학술조사도 꾸준히 이루어지기를 간절히 기대하며, 모든 논의를 마무리하고자 한다.

Chapter ❿ 전라북도 완판본 한글고전소설

1. 완판본의 개념

'완판본'이란 용어는 이제 사전적인 의미는 물론이고 이 지역민들에게 지역의 문화유산에 대한 자긍심을 심어줄 수 있는 개념으로 자리를 잡았다.

표준국어대사전을 찾아보면 완판본(完板本)은 '조선후기에, 전라북도 전주에서 간행된 목판본의 고대 소설을 통틀어 이르는 말'로 풀이되어 있다. 한국민족문화대백과사전에는 '조선시대 전주 지방에서 출판된 방각본(坊刻本)'으로 풀이되어 있다.

완판본(完板本)은 서울에서 발간된 경판본 고전소설에 대비된 말로, 전주(全州)에서 판매를 목적으로 목판으로 발간한 고전소설을 일컫는 말이었다. 그래서 '판매용 책'이란 뜻으로 '방각본'이란 용어를 사용한다.

여기서 가리키는 '전주(全州)'는 지금의 전주와는 상당히 다른 도시의 개념이다. 조선시대의 전주는 전라북도, 전라남도, 제주도를 관할하는 전라감영(완산감영)이 있던 호남의 수도이었던 곳이다. 따라서 '전주, 나주, 남원'과 같이 비교적 큰 도시에서 책이 많이 발간되었는데 이를 모두 완산감영본이라고 할 수 있어서 완판본의 개념에 들어갈 수 있는 것이다. 물론 전주의 완산감영에서 찍은 것은 '전라감영본, 완산감영본, 완영본', 나주에서 찍은 것은 나주의 옛 이름인 '금성'으로 되어 있기 때문에 '금성판본', 남원 운봉에서 찍은 것은 '운봉영본' 등으로 불린다. 이렇게 확대해서 개념을 정리하면 완판본은 '전라감영이 관할하던 지역에서 찍은 옛 책'으로 개념을 확대할 수 있다.

작은 범위로 볼 때는 전주는 당시에는 '완산(完山)'이라고 했기 때문에 전주와 완주군을 포함하는 지역이다. 따라서 현재의 전주로 한정해서 해석하는 태도는 옳지 않다. 실제로 완판본 한글고전소설은 당시 완주군 구이면에서도 발간되었기 때문이다. 작은 범위의 완판본이라 하면 완주군을 포함한 전주에서 발간된 옛 책을 통칭하는 말로 쓰고 있다. 따라서 완판본은 '전주에서 발간한 옛 책'을 말하게 되었다.

방각본(坊刻本)이란 용어는 '판매하기 위해 찍은 책'을 말한다. 전주에서는 서울과 비슷하게 판매를 목적으로 찍은 책이 아주 많이 생산되었다. '완판방각본(完板 坊刻本)'이란 용어는 '판매를 목적으로 전주에서 찍은 옛 책'을 말하는 것이다.

2. 완판본 발달의 배경

완판본 옛 책이 발달한 배경은 정치적, 경제적, 문화적 환경에 말미암는다. 호남의 수도인 전주는 이러한 조건을 고루 갖춘 곳이었기에 인쇄문화가 크게 발달할 수 있었던 것이다.

1) 전라감영

조선 왕조는 지방을 다스리기 위해 전국을 8도로 나누고 행정조직으로 府·牧·大都護府·都護府·郡·縣으로 이루어진 군현제(郡縣制)를 시행하였다. 국왕과 관찰사와 수령을 직결하는 행정체제를 통하여 지방행정을 장악하려고 하였다. 관찰사는 왕권의 대행자로서 한 道의 모든 행정과 시정의 성패를 책임지며, 도내의 행정·사법·군사권을 가지고 총괄하던 최고 책임자였다. 1392년 조선 태조 원년에 전주부에 감영, 즉 관찰사영(觀察使營)이 설치되었다. 전주는 조선시대 전 기간을 통하여 호남의 수도였다.

완산감영에서는 중앙정부의 요청에 부응하기 위하여 한지를 제작하였다. 이러한 한지의 제작은 자연히 서적을 발간하는 일과 관련되어 중앙정부에서 필요한 서적을 간행하게 되었다.

서적은 학문을 진흥시키고 정치와 문화적인 이상을 실현하는 수단으로 사용되면서 시대마다 서적 편찬과 간행에 심혈을 기울였다. 학문의 발달은 서적의 편찬 사업을 촉진하기 때문에 서적은 그 시대의 사회·문화적 발전 요인과 밀접한 관련을 맺게 되었다(신양선, 1997 : 11 참조).

감영의 시설로는 조지소(造紙所)가 있었는데 여기서는 종이 또는 모든 일에 쓸 지지(紙地)를 제조하는 일을 담당하였다. 여기에는 지장(紙匠)이 있어 질 좋은 한지를 만드는 일에 관여하였다. 또한 전주의 인근인 상관, 구이, 임실 등에 지소를 두기도 하였다. 전주부에는 서문과 남문 사이에 '지전(紙廛)'이 많이 들어서서 지전거리가 형성되기도 하였다.

완산감영에서는 사대부 취향의 도서인 완영판(完營版) 책이 만들어지게 된다. 완산감영에서 발행한 책으로는 정치, 역사, 제도, 사회, 어학, 문학, 유학에 관한 60여 종류의 책이 간행되었다(鄭亨愚 외, 1979 : 558).

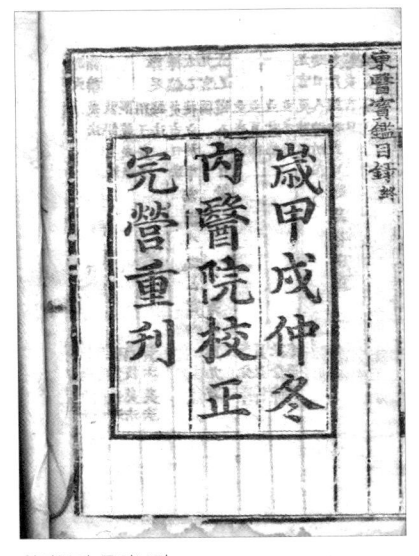
완판본의 동의보감

완산감영의 위용을 알 수 있는 유일한 기록물은 완영판 책과 그 책을 찍은 완영 목판들이다. 완산감영에서 책을 출판할 때 사용한 책판이 현재 전주 향교의 장판각에 약 5,000여 판이 보관되어 있다. 이 책판은 1866년(고종 3년)에 전라관찰사 조한국(趙翰國)이 향교로 이전하여 현재까지 보관하여 오고 있다. 주로 '資治通鑑綱目, 東醫寶鑑, 性理大全, 栗谷全書, 朱子大全, 增修無寃錄, 史記, 史略' 등의 책판이 있다.

완산 감영에서 발간한 서적의 서지사항을 일부 소개하면 다음과 같다.

- 警民編 - 乙丑(1829)六月完營開刊
- 慶州鄭氏月城君派世譜卷之二 - 泰仁象頭寺校正完營北活字印出
- 東醫寶鑑 - 歲甲戌(1754)仲冬內醫院校正完營重刊
- 杜律分韻 - 庚戌(1790)仲秋完營新刊
- 明義錄 - 丁酉(1777)孟秋完營開刊
- 三韻聲彙 - 己丑(1829)季秋
- 新編醫學正傳 - 歲己卯(1759)季夏內醫院校正完營重刊
- 御定朱書百選 - 乙卯(1795)完營新刊
- 五禮儀 - 乾隆癸亥(1743)秋完營開刊
- 浣巖集 - 歲乙酉冬完營開刊南高寺歲
- 尤菴先生言行錄 - 崇禎紀元後五更子(1900)秋完營開刊
- 諭諸道道臣綸音 - 乾隆五十九年(1794)九月二十三日完營刊印
- 陸奏約選 - 甲寅手選御定陸奏約選丁巳(1797)完營刊印
- 朱子大全 - 辛卯(1771)入梓完營藏板
- 華東正音通釋韻考 - 完營藏板

2) 판소리

전주 지역의 통인들이 즐기던 대사습놀이는 정조 8년(1784)에 이 지방에 재인청(才人廳)과 가무사습청(歌舞私習廳)이 설치됨에 따라 시작되었다. 이날은 동짓날에 통인들이 광대를 초청하여 판소리를 듣고 노는 잔치인데, 이날이 되면 통인들은 광대를 초청하여 가무를 겨루었다. 전주의 대사습놀이는 가단등장(歌壇登場)의 관문이기도 하여 판소리 명창이 많이 배출되었는데, 본부광대(本府廣大)로 장자백(張子伯), 정창업(丁昌業), 김세종(金世鍾), 송만갑(宋萬甲), 염덕준(廉德俊) 등이 있고, 영문광대(營門廣大)로는 이날치(李捺致), 박만순(朴萬順), 주덕기(朱德基), 장수철(張壽喆) 등 명창이 있다.

판소리의 발생 초기에 판소리의 관중은 무굿의 청중이었을 것이다. 이러한 추정의 가능성은 판소리의 창자인 광대가 대개 무당의 남편이었다는 사실에서 비롯된다. 무굿이 주로 해안 지역의 익사자를 위한 씻김굿 위주로 행해졌다는 점을 고려할 때, 무굿의 관중들은 사대부들을 제외한 해안 주민 중심의 평민층이었을 것이다. 판소리의 경우 발생 초기에는 광대가 해안 주민과 농민을 대상으로 창을 하고서 그 대가를 받았을 것으로 추정된다. 그러다가 판소리가 놀이로서의 기능을 가미하면서 독자적인 영역을 확장해 가는 과정에서 돈을 받을 수 있는 곳을 찾아 나서게 된 것으로 보인다(임성래, 1995 : 21 참조).

18, 19세기를 거치면서 판소리는 특정한 계층만이 즐기는 예술이 아니라 거의 모든 계층이 즐긴 대중예술로 성장하여 소설 독자층의 확대에 기여를 하게 되고 소설의 상업화가 가능하게 된 것이다. 결국 전주지방의 민속놀이에 판소리가 그 중심이 되었고, 판소리를 즐기던 청자들은 청각적 일회성을 넘어서 시각적이며 환상적이고 영원성을 추구하는 심청가, 열녀춘향수절가,

토별가와 같은 판소리계 소설을 원하게 되었던 것이다(유탁일, 1985 : 37 참조).

3) 한지(韓紙)

전주천은 완주군 상관면 슬치에서 발원하여 승암산 밑에서 오목대 밑을 지나 덕진연못에서 추천에 직선으로 흘러갔었다. 오랜 세월 흐르는 사이 천 자체가 만들고 반출한 충적토가 한벽당 바위에 부딪쳐 하상을 서쪽으로 끊임없이 몰아부쳐 전주천을 동에서 서로 바꾸어 놓았다. 오목대 밑으로 흐르던 물줄기가 어느 때인가 곤지산 밑으로 흘러 다가산에서 북으로 흐르게 되었다.

고려가 집권했을 때, 전주는 군사거점에 불과하였으나 1018년 고려 현종 때 다시 행정중심으로 전환되어 새로운 관아시설을 건립하면서 승암산 고지대에서 현재의 평지로 내려오게 된다. 결국 현 전주시는 옛날 전주천의 하상이었던 토대 위에 생활근거지를 잡아 도시가 형성된 것이었다.

'전주부사'에는 경기전 북쪽 조경묘를 창건할 당시 부근 성벽밖에 시냇물이 흐르고 있어서 작은 천을 메웠다는 기록이 있다. 이처럼 풍남동으로 물이 흘렀기 때문에 이 지역을 중심으로 많은 한지공장이 발달하게 되었다.

고려시대 문인인 이규보(1168~1241)가 지은 『동국이상국집』의 「십이국사중조후서(十二國史重雕後序)」에 '전주목(全州牧)에서 본서를 모공조인(摹工雕印)하였다.'라 하고, 같은 책(권25)의 몽험기(夢驗記)에도 '내가 일찍 완산(完山 ; 전주)에 장기(掌記)할 때에 안염사랑장 노공(按廉使郞將盧公)이 목관(牧官)을 시켜 십이국사(十二國史)를 신인(新印)하였다.'라는 기사가 보인다. 이러한 기록으로 보면 이미 전주에서는 고려시대부터 많은 한지가 만들어진 것으로 보인다.

무려 8~900여 년 동안 전주와 완주 일대에서 한지가 생산되었고, 1800년대부터 풍남동을 중심으로 한지를 만들다가 도시화가 되면서 물이 차츰 나빠지고 또 1937년 전주천에 방천이 생기면서 1940년대 한지 공장들은 서학동 흑석골로 공장을 옮기게 된다. 한짓골이라 불리는 흑석골은 1960년대 초까지는 냇가에 지통을 설치하고 순수 수록식으로 한지를 제조하였다. 그러다가 규모가 큰 공장이 들어서면서 지하수를 개발하여 사용하였다. 1970년대부터 물이 부족하여 팔복동 공업단지 내로 이사하였다.

한지를 통하여 우리 민족은 역사와 문화, 예술과 문학 등 다양한 분야에서 세계사적인 유산을 남기게 되었다. 『삼국사기』, 『삼국유사』, 『조선왕조실록』 등의 문헌을 통하여 고대 국가 및 조선시대의 역사를 알 수 있게 하였고, 고대시가와 고대소설 등을 통하여 지식 및 문화를 전수하였다. 그림과 서예 및 지도, 판화 등을 통하여 예술 작품을 후대까지 남겨 우리 민족의 우수성을 세계에 알리게 하였다.

세계 최고의 목판 인쇄물인 『무구정광대타라니경』, 세계문화유산으로 지정된 『팔만대장경』, 현존하는 세계 최고의 금속활자본인 『백운화상초록불조직지심체요절』을 통하여 우리나라의 인쇄술은 이미 세계 만방에 알려져 있다.

종이(韓紙)를 통하여 우리 민족 최대 문자 창제의 기록물인 『훈민정음해례본』이 탄생되었다. 그 이후 『용비어천가』, 『월인천강지곡』, 『월인석보』, 『석보상절』 등 주옥같은 한글 문헌이 발간되었다.

이처럼 우리 민족의 우수한 유산을 수없이 남기게 한 것은 천연 재료를 이용하여 만든 천년 이상 보존이 가능한 한지 때문이었다. 이미 중국에서는 우리나라의 종이를 '고려지, 조선지'라고 하여 극찬하였고, 중국과 교류할 때 우리나라의 한지는 중국의 왕과 사신들이 매우 좋아하는 종이였다.

한국의 종이 생산법은 서양과는 크게 다르다. 서양의 종이는 주로 나무를 이용하여 펄프를 생산하지만, 우리나라는 닥나무나 벼, 보리, 율무, 마와 같은 각종 식물을 이용하여 종이를 만들어 내기 때문에 자연을 훼손시키지 않는 매우 환경 친화적인 생산물이었다. 특히 전주 종이 한지(韓紙)는 닥나무 껍질과 닥풀의 원료인 황촉규의 뿌리를 이용하여 철분이 없는 맑은 물에서 만들었기 때문에 매우 희고 깨끗한 특징을 가진 종이를 말한다.

전라감영에서는 중앙정부의 요청에 부응하기 위하여 한지를 제작하였다. 감영의 시설로는 조지소(造紙所)가 있었는데 여기서는 종이 또는 모든 일에 쓸 지지(紙地)를 제조하는 일을 담당하였다. 여기에는 지장(紙匠)이 있어 질 좋은 한지를 만드는 일에 관여하였다. 또한 전주의 인근인 상관, 구이, 임실 등에 지소를 두기도 하였다. 전주부에는 서문과 남문 사이에 '지전(紙廛, 종이상점)'이 많이 들어서서 지전거리가 형성되기도 하였다. 종이 상점들이 많았던 다가동 인근은 전주의 인쇄문화의 중심지가 되기도 하였다.

조선 시대에는 전라도 전주, 남원, 경상도 경주, 의령과 중앙의 조지서가 대표적인 종이 생산지였다.

『세종실록지리지』 전라도 편에는, 표전(表箋), 주본(奏本)과 같이 임금께 올리는 문서에 쓰이는 종이와 부본(副本), 자문(咨文), 서계(書契)와 같이 나라의 공문서에 쓰이는 종이, 그리고 도련지(搗鍊紙), 중폭지(中幅紙), 갑의지(甲衣紙), 안지(眼紙), 세화지(歲畵紙), 백주지(白奏紙), 화약지(火藥紙), 장지(狀紙), 유둔지(油芚紙) 등 다양한 용도의 종이를 생산하였다고 밝히고 있다.

『세종실록지리지』 전주부(全州府) 편에는 표전(表箋)·주본(奏本)·부본(副本)·자문(咨文)·서계(書契) 등의 종이 및 표지(表紙)·도련지(搗鍊紙)·백주지(白奏紙)·유둔(油芚)·세화·안지(眼紙) 등이 생산되었는데, 도(道) 안에 오직 이 고을과 남원(南原)의 것이 품질이 좋다고 기록되어 있다.

『신증동국여지승람』(1469~1545)에도 주요 종이 생산지로서 경상도 영천군, 밀양군, 청도군 그리고 전라도의 전주부(全州府)가 나와 있다. '동국여지승람(東國輿地勝覽, 1481년)'에는 전주를 상품지(上品紙)의 산지라고 하였고, '여지도서(輿地圖書, 18세기)'와 '대동지지(大東地志, 1864년)'에는 조선시대 전주의 한지가 최상품이었다고 기록하고 있다.

1910년대 한지의 종류는 약 40여 종이었다. 모두 닥섬유로 만든 종이들이었다. 20여 종의 한지가 전라도에서 생산되었는데 제일 비싼 종이는 전라도에서 만든 태장지(苔壯紙)였다. 우리나라의 한지 제조업체는 대부분 전라북도와 경상도에 집중되어 있었다. 1936년도의 경우 우리나라 한지의 총 생산량 중 전라북도와 경상도가 전국 생산량의 약 75%를 차지하고 있었다.

중국이 종이를 발명한 문명국가였다면, 한국은 세계에서 품질이 가장 좋은 천연 한지를 만든 문명국가였다고 말할 수 있다. 특히 전주는 한국 종이의 중심에 있었던 문명도시였다. 우리 민족의 가장 우수한 문화유산들을 수없이 남기게 한 것은 천연 재료를 이용하여 만든, 그래서 천년 이상 보존이 가능한 한국의 종이이자 전주의 종이인 한지(韓紙) 때문이었다.

전주는 조선조에 한지가 최고로 발달한 도시였으며 지식 산업의 중심지였다. 특히 이러한 한지를 바탕으로 다양한 종이 공예품이 발달하였고, 한국 문학사를 찬연히 빛내고 있는 『열녀춘향수절가』, 『홍길동전』, 『심청전』과 같은 완판본 한글 고전 소설과 판매용 문헌이 많이 발간되었다.

4) 시장(市場)

장명수(1994 : 119)에 따르면 전라도 전주는 시장의 발상지이고, 남문시장은 그때부터 지금까지 계승된 한국의 유일무이한 역사적 시장이다. 맨 처음 시장이 열렸다는 1473년, 시장이 허용된 1525년부터 지금까지 시장이 존속하고 있다. '林園十六志(1840년대)'와 '萬機要覽(1809년)'에서는 전라도에서 큰 시장으로 전주읍내장과 남원읍내장을 꼽고 있다. 전주의 시장은 전주부내대장(全州府內大場), 남문외장(南門外場), 서문외소장(西門外小場), 북문외장(北門外場), 동문외장(東門外場)으로 되어 있다. 전주 남부시장은 조선시대에 전국 5대 시장 중의 하나이다. 동문외장은 9일장으로 한약재와 특용작물을 거래하고, 서문외장은 7일장으로 양념과 어물을 거래하였으며, 남문외장은 2일장으로 생활품과 곡식을, 북문외장은 4일장으로 포목과 잡곡을 거래하였다. 남문시장은 '남밖장'이라 하여 전라도에서 가장 큰 시장이었다. 전주교는 싸전다리, 매곡교는 연죽다리, 완산교는 염전다리, 서문부근에는 약령시가 자리하여 아주 큰 시장을 형성하였다.

이 시장들은 1893년 동학혁명 전까지 번성하다가 1897년부터 일본인들이 다가동과 중앙동에 상점을 만들어 진출하면서 침체되어 동문, 북문시장이 소멸되고 서문시장은 남문시장에 통합되었다.

전주를 중심으로 수공업이 발달하여 목장, 지장, 주석장, 선자장 등이 발달하였다. 반다지, 이층장, 삼층장과 같은 목기류가 대량으로 생산되었다. 이는 나무를 다루는 목장과 주석을 만드는 주석장이 많아서 각종 나무와 장석을 만들었기 때문이다. '전주장'과 '고창 반다지'는 전라도의 아주 특색 있는 목기제품이었다. 전주에서 생산된 부채는 전국 최고의 품질을 가지고 있었다.

임원경제지와 승정원일기에 의하면 전주 시장은 중국과 일본과의 교역이 이루어졌고, 시전이 많이 설치되어 민간에 필요한 물품이 거래되어 지역적 시장의 중심권이라 할 수 있었다. 특히 1747년 영조 18년 두 번째 화폐주조에서는 전라도 감영에서 7만량의 동전을 만들었다. 전라감영에서 주조한 동전은 '쇤'자나 '쇤左', '쇤右', '쇤兵' 등의 글자가 표시되어 있다(소순열·원용찬, 2003 : 156). 전라감영이 시장의 발달에 관여하고 있음을 알 수 있는 증거라 할 수 있다.

5) 태인 방각본, 전주 방각본의 출현

방각본(판매를 목적으로 사가에서 간행한 책)의 원류는 서울에서 선조 9년(1576) 간행된 '고사촬요(攷事撮要)'로 알려져 있다(권희승, 1981 : 10). 이후 손기조가 1664년 전북 정읍시 태인면(당시는 태인현임)에서 목판본인 '명심보감초(明心寶鑑抄)'를 방각본으로 만들어 냈다. 이 책에는 '崇禎後甲辰春 泰仁孫基祖開刊'이라는 간기가 보인다. 그 후 전이채(田以采), 박치유(朴致維)가 '사요취선(史要聚選, 1679), 사문유취(事文類聚, 1679), 신간소왕사기(新刊素王事紀, 1684), 공자가어(孔子家語, 1804), 농가집성(農家集成, 1686), 신간구황촬요(新刊救荒撮要, 救荒補遺方合綴, 1686), 상설고문진보대전(詳說古文眞寶大全, 1803), 동자습(童子習), 공자통기(孔子通紀), 대명률시(大明律詩, 1680), 증채렴략풍아(增冊濂洛風雅), 효경대의(孝經大義, 1803), 효경언해(孝經諺解, 1803)' 등의 방각본 책을 간행하여 19세기 초기까지 간행하였다(유탁일, 1985). 물론 19세기 초기에는 이 책들이 완산(전주)에서 중간된 것들이 있다.

전주에서 간행된 책은 세 가지로 나뉜다.

첫째는 교육용 도서와 생활참고 도서인데 완산에서 간행된 책은 '동몽선습(崇禎紀元之後甲午(1654))'을 비롯하여 '가례, 경민편, 경세문답, 고문진보, 구급간이방, 구운몽, 내훈, 논어대문, 논어대전, 농사직설, 대명률, 대천자,

대학, 대학언해, 동몽선습, 동의보감, 마의방, 맹자, 맹자언해, 명의록, 명의록언해, 무원록, 삼강행실, 소학, 소학언해, 시전, 시전언해, 언해산서, 언해여씨향약, 속명의록언해, 이륜행실, 전운옥편, 주해천자문, 중용언해, 천의소감' 등 240여 종류에 이른다. 이 중에는 문집도 상당수가 있다.

둘째는 1810년에 전주의 하경룡이 발간한 칠서와 칠서언해가 있다. 논어언해, 중용언해, 대학언해, 서전언해, 시전언해, 주역언해(1810) 〈歲庚午 仲春 開刊 全州府 河慶龍 藏板〉, 맹자언해(1916) 〈歲在 丁卯 豊沛〉, 논어집주대전, 중용장구대전, 대학장구대전, 주역장구대전, 서전대전, 시전대전 등이다.

셋째는 완판방각본 소설이다. 완판 방각본의 약 47%가 고소설이다. 이는 여유 있는 생활 속에 오락적 독서를 즐겼다는 증거이다. 곧 문화적 상향 의지를 가지고 오락도서를 즐겨 읽을 수 있는 여유 있는 아녀자들과 서민층이 방각본을 요구한 계층이다.

6) 시민의식

주로 전라감영과 서원에서 발간된 비방각본(판매하지 않는 옛 책) 고문헌 중에는 선조를 빛내기 위한 문집류가 가장 많고, 그 다음이 정치와 교육을 위한 정교류(政敎類)이었다. 이러한 비방각본 고문헌의 출판은 모두가 사대부들의 필요에 의한 출판이었다. 그러다가 일반 시민들의 교육열이 높아지면서 한글고전소설과 교양서들이 출판된다. 특히 한글고전소설이 전주에서 대량으로 발간되었다는 사실은 당시의 전주 시민들의 개화의식이 매우 보편적이고 일반화된 유형으로 자리 잡고 있었음을 보여준다.

임진왜란과 병자호란을 겪고 난 뒤, 영·정조 시대에 들어와서 봉건적

사회의 모순으로 사회의 변동이 일어나고, 일찍이 상업이 발달하여 온갖 물건이 번성하였던 이 전주지방에 호남평야를 배경으로 소작농민층이 형성되고, 상업을 담당하는 부상인 서민 인구가 확대되어 갔다. 이러한 여유를 가진 서민들의 실리적 독서 욕구에 대해 사대부들의 취향에 맞는 도서로서는 도저히 지적욕구를 충족시킬 수가 없었던 것이다. 이러한 서민의 요구에 부응하여 완판방각본이 출현한 것이다.

비방각본이 상류층의 고도한 지식을 내용으로 하는 책인 반면에 방각본은 서민층이 일상생활에 필요로 하는 대중적 책들이었다. 비방각본이 정교와 구휼을 위한 교화적인 것이 주된 내용인데 반하여 방각본은 격몽을 위한 교육용 기초서적이 대부분이었다.

방각본 한글고전소설을 많이 발간한 것은 개화기 시대에 이 소설을 읽을 수 있는 독자층이 형성되었다는 증거이며, 이 계층은 넓은 호남평야를 일구는 경제적 안정을 얻은 농민들이나 상인들이었다. 결론적으로 호남지방의 농토를 배경으로 경제적 안정을 얻은 서민층의 문화적 욕구에 맞게 간행한 것이 완판 방각본이라고 할 수 있을 것이다.

3. 간기에 나오는 방위별 책(책방) 분포

전북 전주는 사대문인 남문, 서문, 동문, 북문을 가지고 있었다. 이 사대문을 중심으로 사대문 밖에 사는 사람들의 통로가 발달될 수밖에 없었다. 이 길목에 방각본을 찍어 판매한 서점이 발달된 것은 지극히 당연한 일이었다.

(1) 완서(完西) : 고소설의 간기에 '완서'가 보이는 책은 전주의 서쪽인 다가동을 의미하는 것으로 19세기 후반에서 20세기 초에는 대체로 '서계서포'에서 찍어낸 것이다.

- 심전 : 大韓 光武10年 丙午(1906) 孟春 完西溪新刊
- 퇴별가(1916) : 戊戌(1898)仲秋完西新刊

(2) 완남(完南) : 고소설의 간기에 '완남'이 보이는 책은 대체로 전주의 남쪽에서 찍어낸 것인데 대체로 남문 밖 龜石里에서 찍어낸 것이다.

- 구운몽하(50장) : 丁未(1907)仲花 完南開刊
- 됴웅젼권지일이라(30장본) 됴웅젼권지이라(26장본) 조웅젼권지삼이라(24장본) : 戊戌(1898)季冬完南新刊

(3) 완북(完北) : 고소설의 간기에 '완북'의 방위가 찍힌 책은 아직 정확한 지점을 확인할 만한 자료가 발견되지 않고 있으나, 북문이 있던 곳으로 추정된다. '됴웅젼'에 '光武七年(1903년)癸卯夏完山北門內重刊'의 간기를 보면 책판을 가져다가 중간한 것을 알 수 있다.

- 됴웅젼상이라(33장본) : 光武七年(1903년)癸卯夏完山北門內重刊 됴웅젼권지이라(33장본) 죠웅젼권지삼이라(29장본) 합본

(4) 완산(完山) : 완판본 고문헌에 나오는 간기 중에는 '완산'이 나오는 문헌이 상당히 많다. 이때 '완산'을 '전주시 완산동'으로 해석하는 경우가 있으나 '완산동'에는 출판소가 없었으므로 이곳으로 해석하기는 어렵다. 따라서 '완산'은 '전주'의 당시 이름으로 보는 것이 타당하다.

- 구운몽상(53장) : 壬戌(1862)孟秋 完山開板
- 심쳥젼이라(상30장) : 乙巳(1905)未月完山開刊, 심쳥젼이라(下)－乙巳(1905)仲秋完山開刊
- 유츙열젼 권지상(39장), 하(47장) : 壬寅(1902)七月完山開刊

(5) (완)구동((完)龜洞) : 전북 완주군 구이면은 '구이동면'으로도 불렸다. 따라서 간기에 나오는 '구동'은 '구이동면'의 약칭으로 보인다. 완주군 구이면에서 고대소설이 발간된 곳은 '석구곡'과 '봉셩' 두 곳밖에 없기 때문에 이 두 곳 중의 하나가 아닌가 생각된다. '봉셩'에서는 1893년에 조웅전이 간행되었기 때문에 '구동'이 보이는 책들은 '봉셩'에서 간행되었을 확률이 높다.

- 장경전 상권이라(33장) 장경전하권이라(31장본) : 戊申(1908)孟夏完龜洞新刊
- 화룡도권지상이라(34장본) 화룡도권지하라(48장본)(1916) : 丁未(1907)孟秋龜洞新刊

(6) 구석리(龜石里, 九石里) : '府南面 龜石里'는 1915년 행정구역 변경시 '대화정(전동 1가)'과 '청수정(교동)'으로 일부가 편입되었다. '대화정(전동 1가)'과 '청수정(교동)'은 현재 전주교 부근에 위치한 지역이기 때문에 추측컨대, 전주교 부근이었을 것으로 추정하고 있다.

전주에 인접한 곳은 '完南, 完西'의 방위 표시를 하고 있음이 특징이다.

- 초한젼권지상이라(42장본) 셔한연의권지하라(44장본) : 丁未(1907)孟夏完南龜石里新刊
- 초한젼(1916) : 丁未(1907)孟夏完南龜石里新刊

(7) 봉성 : 전북 완주군 구이면 동적골에서 광곡쪽으로 들어가다 보면 난산이 나오는데 그 옆마을이 '봉성'이다. 지금은 저수지가 되어버린 곳으로 산이 시작되는 곳에 마을이 있었으나 지금은 완전히 없어졌다. '봉성'에 살던 사람들은 주로 화전을 일구고 살았는데 나무를 해서 숯을 만들고 나물을 채취해서 먹고 살던 사람들이었다.

- 됴웅젼 권지일(36장) 조웅젼 권지이(37장) 조웅젼 권지삼(21장) : 광셔십구연(1893)계수오월일봉성신간이라

4. 완판본 한글고전소설의 종류

1) 완판본 한문 고전소설

완판본 한글 고전소설이 나오기 전에 이미 한문소설이 지식층들 사이에서 판매되어 읽혔다. 대표적인 소설로는 전등신화구해, 구운몽, 삼국지 등이다.

완판본 방각본 소설 가운데 가장 오래된 판본은 1803년에 간행된 한문본 고소설인 <구운몽>인데, 이것은 전주에서 간행되었다.[20] 이 소설은 '崇禎後三度癸亥'(1803)의 간기를 가지고 있다. 1916년 칠서방(七書房)의 판매소인 창남서관(昌南書館)에서 발행한 판권지가 붙어 있는 것을 보면 무려 113년 동안 한문본 고소설이 발간된 것을 알 수 있다. 한문소설은 여전히 독자층이 있었음을 보여준다.

---

20 우리나라 사람이 쓴 소설 작품 가운데 최초로 간행된 소설은 영조1년(1725년)에 전라도 나주에서 간행된 한문본 <九雲夢>이다. 이 소설은 '崇禎再度己巳錦城午門新刊'의 간기를 가지고 있다.

'剪燈新話句解'는 중국 명나라 구우(瞿祐)의 단편 전기소설집(傳奇小說集)으로 상권과 하권 두 책으로 발간되어 판매되었다. '구운몽'은 조선후기 숙종 때 서포(西浦) 김만중(金萬重)이 지은 고전소설로 6권으로 되어 있고, 두 권씩을 묶어 상권, 중권, 하권 등 세 책으로 발간되었다. '삼국지'는 진(晉)나라의 학자 진수(陳壽)가 중국의 위(魏)・촉(蜀)・오(吳) 3국의 정사(正史)를 편찬한 책으로 19권으로 되어 있고, 목록을 포함하여 20권으로 발간되었다.

2) 필사본 한글 고전소설

목판본 한글 고대소설이 생기기 전, 이미 우리 전주에서는 판소리 사설을 손으로 써서 이야기책을 만들어서 읽고 있었다. 한 번 만들어 놓은 책을 이 사람 저 사람이 베껴서 여러 종류의 새로운 소설을 만들어 냈다. 또한 이미 목판으로 발간된 소설을 구입하기가 어려운 사람들이 손으로 베껴서 필사본을 만들었다. 이러한 필사본 고소설은 그 수량을 헤아리기 어려울 만큼 많이 만들어져 개인이 소장하고 있었다. 지금은 도서관이나 박물관에 주로 보관되어 있는 실정이다.

대부분의 연구자들이 목판본 한글고전소설에 관심을 보이고 있지만, 사실상 우리에게 중요한 것은 손으로 쓴 필사본 고소설들이다. 손으로 베끼면서 자기의 마음에 맞게 상상력을 동원하여 고친 것들이 아주 훌륭한 새로운 소설의 이본(異本)을 만들어 냈던 것이다. 예를 들면 '춘향전'의 경우도 내용을 가감하여 새로운 이본 소설을 만들었던 것이다.

필사본 고소설을 만들어낸 주요 계층 중의 하나는 집안에 있던 부녀자이었을 것으로 추정되는데 전주의 여성들이 지식과 문화에 대한 욕구가 강하고, 진취적인 성향을 가졌음을 보여준다고 할 수 있을 것이다.

3) 한글 고전소설의 종류

완판본 한글고전소설은 한글 구운몽을 제외하고는 모두 정자체인 해서체로 된 한글을 사용하고 있다. 반면에 서울에서 발간된 한글고전소설은 모두 흘림체인 초서체로 되어 있는 특징이 있다. 해서체로 된 완판본은 일반 대중을 위한 책을 발간한 것이고 초서체인 경판본은 식자층을 위한 책을 발간한 것이다.

1443년 세종대왕이 훈민정음을 창제하시고 1446년 훈민정음 해례본을 반포한 이후 우리의 문자생활은 여전히 한문을 중심으로 진행되어 왔다. 특히 식자층에게 있어서는 거의 한문으로 문자생활을 한 것이다. 따라서 한글 문헌이라고 하는 대부분의 문헌도 역시 한문과 한글이 혼용되어 있는 것이다. 편지와 같이 사사로운 글에서 한글로 쓴 것을 주로 볼 수 있다.

한글로만 책을 쓴 것은 한글고전소설이 처음이라 생각한다. 이러한 이유는 일반 대중들이 쉽게 고전소설을 읽도록 배려한 것이다. 지역의 방언을 많이 포함한 것도 지역민들의 정서를 고려하여 읽기 쉽도록 만든 것이다. 따라서 완판본 한글고전소설은 한글의 발달과정에서 아주 중요한 의미를 가진다고 말할 수 있다.

(1) 완판본

완판 방각본 소설 가운데 가장 오래된 판본은 1803년에 간행된 한문본 고소설인 <구운몽>인데, 이것은 전주에서 간행되었다. 완판본 한글 고소설의 최고본은 '별월봉긔(하권, 48장본)'으로 '道光三年(1823)四月日石龜谷開板'의 간기를 가지고 있다.

현존하는 완판본 한글 고소설의 종류는 23가지이다. 이 가운데 판소리계 소설이 춘향전, 심청가, 심청전, 화룡도, 토별가 5종이고, 나머지 대부분은 영웅소설이다. 판본이 다른 종류를 합치면 약 50여 종류가 된다.[21]

① 열여춘향수절가(춘향전) ② 별춘향전 ③ 심청전 ④ 심청가 ⑤ 홍길동전 ⑥ 삼국지 ⑦ 언삼국지 ⑧ 소대성전 ⑨ 용문전 ⑩ 유충열전 ⑪ 이대봉전 ⑫ 장경전 ⑬ 장풍운전 ⑭ 적성의전 ⑮ 조웅전 ⑯ 초한전 ⑰ 퇴별가 ⑱ 화룡도 ⑲ 임진록 ⑳ 별월봉긔 ㉑ 정수경전 ㉒ 현수문전 ㉓ 구운몽

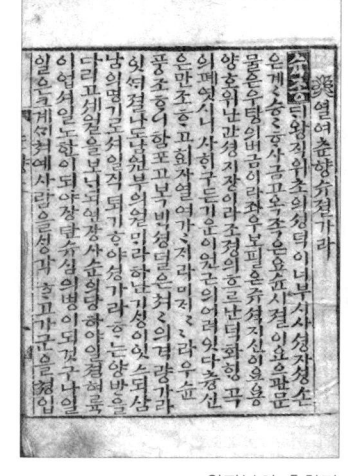

완판본의 춘향전

(2) 경판본

(南谷) 강태공전 상 20장본 <하19장본>, 강태공전 하 19장본 南谷新版 20/19, 도원결의록 하 17장본 南谷新版 별삼국지, 장자방전 상 21장본 南谷新版 21/18/20, 장자방전 중 18장본 南谷新版 21/18/20, 장자방전 하 20장본 南谷新版 21/18/20

(銅峴) 울지경덕전 단 26장본 甲子季秋銅峴新刊 1864년

(武橋) 쌍주기연 단 33장본 庚戌十一月武橋新刊 1850년, 옥주호연 단29장본 辛亥元月武橋新刊 1851년, 임진록 삼23장본 甲午仲秋武橋新刊

---

21 이 문헌의 맨 뒤에는 출판 사항을 자세히 알 수 있는 판권지가 붙어 있다. 이 판권지에는 일제의 서적 출판에 대한 간섭을 볼 수 있는 '朝鮮總督府 朝鮮統監府 許可'라는 기록이 인쇄되어 있다. 일제의 간섭을 확인할 수 있는 자료라 생각한다.

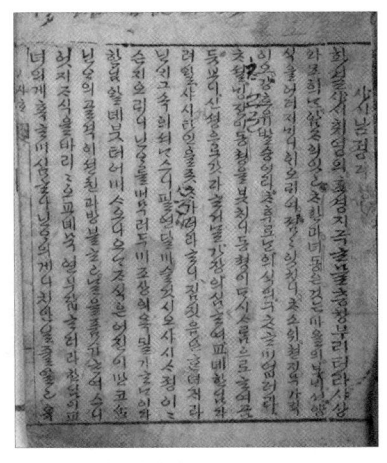
완판본의 사씨남정기

1894년 〈삼23장본A〉

(美洞) 장경전 단35장본 壬子七月美洞重刊 1852년, 장경전 1책 38장 壬子九月美洞新刊 1852/1792년, 삼국지 3권 1책 己未四月美洞新版 1859년, 삼국지 삼20장본 美洞新版 〈삼20장본C〉, 삼국지 일35장본 美洞新版

(石橋) 용문전 단25장본 己未石橋新刊 1859년〈단25장본B〉

(石洞) 한양가 1책25장 세경신국츄셕동간 1860년, 남훈태평가 1책26장 癸亥石洞新刊 1863년

(宋洞) 쌍주기연 단22장본 宋洞新刊, 홍길동전 단21장본 宋洞新刊, 금장울전 단20장본 宋洞新刊, 백학선전 단20장본 宋洞新刊, 심청전 단20장본 宋洞新板, 흥부전 단20장본 宋洞新板, 장화홍련전 단18장본 宋洞新刊〈단18장본B〉, 삼국지 宋洞新刊

(冶洞) 숙향전 상34장본 1858년 34/30, 숙향전 하30장본 戊午十月冶洞新版 1858년 34/30, 숙향전 상29장본 1858년 20/21/23, 숙향전 중21장본 1858년 20/21/23, 숙향전 하23장본 戊午十月冶洞新版 1858년 20/21/23, 홍길동전 단30장본 冶洞新刊

(漁青橋) 홍길동전 단23장본 漁青橋新刊

(由谷) 전운치전 단37장본 丁未仲春由谷新刊 1847년

(由洞, 油洞) 삼설기 삼27장본 戊申十一月日由洞新刊 1848년, 토생전 단16장본 戊申十一月日由洞新刊 1848년, 사씨남정기 하23장ㄹ본 歲在辛亥季冬由洞新版 1851년 21/19/23, 사씨남정기 하34장본 歲在辛亥季冬由洞新版 1851년 32/34, 금향정기 일36장본 由洞新刊 32/36, 금

향정기 이32장본 由洞新刊 32/36, 현수문전 하22장본 油洞新刊 20/23/22(34~32), 월왕전 하19장본 由洞新版 20/24/19(34~ 30), 진대방전 1책18장 由洞新刊, 진대방전 단36장본 由洞新刊 (내훈제 사포함)

(由泉) 월봉기 이33장본 由泉新刊 (일34장본은 홍수동간본)

(紫岩) 장화홍련전 단18장본 紫岩新刊 〈단18장본A〉

(布洞) 구운몽 단29장본 丁亥季春布洞 1887년, 임장군전 단20장본 庚寅早秋布洞重刊 1890년

(蛤洞) 정주정전 단16장본 大韓光武九年仲秋蛤洞新刊 1905년 〈단16장본A〉

(紅樹洞) 장풍운전 단29장본 戊午紅樹洞新刊 1858년, 장풍운전 단27장본 戊午紅樹洞新刊 1858년, 당태종전 단26장본 戊午紅樹洞 1858년, 삼국지 삼30장본 己未孟夏紅樹洞新刊 1859년, 삼국지 하(30장) 咸豊己未紅樹洞新刊 1859년, 숙영낭자전 1책 18장 庚申二月紅樹洞新刊 1860년, 숙영낭자전 단28장본 庚申紅樹洞 1860년, 신미록 단32장본 辛酉二月紅樹洞新板 1861년, 월봉기 일24장본, 월봉기 일34장본 紅樹洞板 34/33 유천, 장한절효기 단29장본 紅樹洞新刊, 제마무전 단32장본 紅樹洞重刊 (회심곡포함), 조웅전 1책 20장 紅樹洞新刊, 조웅전 단30장본 紅樹洞重刊 〈단30장본A〉

(華山) 서유기 상31장본 丙辰孟冬華山新刊 1856년, 서유기 하28장본 丙辰孟冬華山新刊 1856년

(華泉) 임장군전 단27장본 華泉重刊 단27장본A

(孝橋) 구운몽 단32장본 孝橋新刊 단32장본A

(坊刻所 未詳 有刊記本) 월봉기 하23장본 泉新刊 20/23/23, 임장군전 단21장본 丁亥孟冬 1887년, 수호지 장수미상 咸豊庚申 1860년

(3) 안성판본

(京畿) 임경업전 단47장본 歲庚子孟冬京畿開板 1780년

(안성 동문이) 홍길동전 단23장본 안성동문이신판. 심청전 단21장본 안성, 삼국지 삼20장본 안성동문이신판 삼20장본B, 양풍(운)전 단20장본 안성동문이신판 단20장본A, 제마무전 단20장본 안성동문이신판(16+4) (회심곡포함), 조웅전 단20장본 안성동문이신판 단20장본B, 춘향전 단20장본 안성동문이신판, 소대성전 단20장본 안성, 적성의전 단19장본 안성동문이신판, 홍길동전 단19장본 박성칠서점, 진대방전 단16장본 박성칠서점, 수호지 일20장본 안성, 수호지 이20장본 안성, 수호지 삼21장본 안성

5. 완판본 한글고전소설과 책방

전주 천변과 사대문을 중심으로 책방에서 한글 고소설을 판매하였다. 필자는 유탁일(1985)을 참고하고, 판권지에 나오는 주소와 지적도 및 호적을 면밀히 조사하여 다음과 같이 당시 서점의 현주소를 파악하였다.[22]

(1) 西溪書鋪 : 1911년 당시 주소는 '全州郡 府西面 四契 十三統 六戶'이다. '少微家塾點校附音 通鑑節要 卷之十六'에는 '全州郡 全州面 多街町 七〇 番'으로 되어 있다. 이 번지로 보면 현재의 위치는 다가서포와 창남서관 사이 '전주시 완산구 다가동 2가 70번지'로 바뀌어야 한다. 따라서

---

22 최근 1910년대 전주 지역의 사진 자료가 발굴된 바 있는데, 이를 이용하면 고소설과 관련된 문화재의 복원이 가능할 것이다.

그 당시 문명서관이 있던 바로 옆 건물이다.
여기서 발간한 고소설은 다음과 같다. (발간자 : 卓種佶)

화룡도(華容道)(1911) 〈戊申(1908)春完西溪新刊〉, 됴웅젼(1911) 〈무술(1898)중추완산신판〉, 유츙열젼(1911), 심쳥(1911) 〈大韓光武十年丙午(1906) 孟春完西溪新刊〉, 쵸한젼(1911) 〈隆熙二年戊申(1908) 秋七月西漢記完西溪新刊〉, 쇼딕셩젼(1911), 장풍운젼(1911), 열여춘향슈졀가(1911) 〈完西溪書鋪〉, 니딕봉젼(1911), (楷書)三國志(1911)[23] 三(47장), 四(38장) (一, 二卷 未發見), 구운몽하(1911) 〈明治四十四年八月二十二日發行西溪書鋪〉

(2) 多佳書鋪 : 1916년 당시의 주소는 '全州郡 全州面 多佳町 一白二十三番地'이다. '다가정'은 '다가동 2가'로 바뀌었기 때문에 현주소는 '전주시 완산구 다가동 2가 123번지'이다. 현재 SK 주유소가 설치되어 있다. 多街書鋪에서 발간한 고소설은 다음과 같다. (발간자 : 梁珍泰)

화룡도(1916) 〈丁未(1907)孟秋龜洞新刊〉, 됴웅젼(1916), 심쳥(1916), 쇼딕셩젼(1916) 〈戊申(1908)仲春完龜洞新刊〉, 쟝경젼(1916) 〈戊申(1908) 孟夏完龜洞新刊〉, 장풍운젼(1916), 쵸한젼(1916) 〈丁未(1907)孟夏完南龜石里新刊〉, 퇴별가(1916) 〈戊戌(1898)仲秋完西新刊〉, 유츙열젼(1916), 열여춘향슈졀가(1916), 홍길동젼(1916), 구운몽(1916) 〈上 : 壬戌(1862)孟秋完山開板〉 〈下 : 丁未(1907)仲春完南開刊〉, 삼국지(1916) 〈大正五年十月八日發行〉

(3) 文明書館 : 1911년 당시의 주소는 '全州郡 (全州面) 多佳町 壹貳四番地'이다. 현주소로는 '전주시 완산구 다가동 2가 124번지'인데 다가서포의

---

23 이 자료는 필자가 고서를 취급하는 충남 천안시 미도민속관에서 확인한 자료로 판권지에 '明治 44년 8월 22일'의 발행일자와 '서계서포'의 발행소가 찍혀 있는 것을 확인한 바 있다.

옆집이다. 현재 SK 주유소 안집으로 되어 있다. 문명서관에서 발간한 서적은 주로 통감류이다. (발행자 : 梁完得)

(4) 完興社書鋪 : 1912년 당시의 주소는 '全州郡 府南面 九石里 一統一戶'이다. '부남면 구석리'는 1915년 행정구역 변경시 '대화정(전동 1가)'과 '청수정(교동)'으로 일부가 편입되었다. '대화정(전동 1가)'과 '청수정(교동)'은 현재 전주교 부근에 위치한 지역이기 때문에 추측컨대, 남부시장 쪽(전주 남문 쪽)에 위치한 전주교 부근이었을 것으로 추정하고 있다.
완흥사서포에서 발간한 고소설은 '유충열전(1912, 豊南重印)'이다. (발행자 : 朴敬輔)

(5) 昌南書館 : 七書房의 판매소로 당시의 주소는 '全州郡 多佳町 四十五番地'이고 현주소는 '전주시 완산구 다가동 2가 45번지'인데 지번이 없어졌다. 현재는 전주천변 서천교 옆 성도 교회로 바뀌어 있다. 여기서 발간한 고소설은 1916년에 발행한 漢文本 九雲夢으로 '崇禎後三度癸亥(1803)'의 간기를 가지고 있다. (발행자 : 張煥舜)

(6) 七書房 : 당시의 주소는 '全州郡 本町 一丁目 百四十一番地'이다. '본정1정목'은 '전동 3가'로 행정구역명이 바뀌어서 현주소는 '전주시 완산구 전동 3가 141번지'이다. 현재 전주천변 매곡교 옆 어묵 판매 상점으로 바뀌었다. 칠서방에서는 주로 七書(四書三經)를 간행하였다. 여기서 사용한 七書 冊板은 1870년 전주의 河慶龍이 출판한 것이다.

(7) 梁冊房 : 1932년 당시의 주소로 '전주군 용진면 아중리 890번지'이다.[24] '용진면 아중리'는 '우아동 1가'로 행정 구역명이 바뀌었는데 현 주소로는 '우아동 1가 890번지'이다. 아중저수지 근처 아중 초등학교 부근 옛날 도로의 길가에 있는 집이다. 1937년에 발간된 '諺解圖像 童蒙初學'의 판권지에 나오는 양책방의 주소인 '완주군 용진면 아중리 911번지'는 아중리 890번지의 바로 길 건너 앞집이다. 현재는 집이 헐리고 소방도로가 되었다.

양책방에서 발간한 고소설은 다음과 같다. (발행자 : 梁承坤)

됴웅젼(1932), 삼국지〈戊申(1908)冬完山梁冊房新刊〉, 화룡도〈양칙방 戊申(1908)八月完山梁冊房開刊〉, 쇼딕셩젼(1932), 용문젼(1932)(쇼딕셩젼과 합철), 언삼국지(1932)

(8) 一心堂書鋪 : 당시의 주소는 '남원군 남원면 천거리 170번지(인쇄겸 발행자 李鳳淳)'이다. 현재 광한루 천변 근처인데 큰 도로로 바뀌었다.

一心堂書鋪에서는 한글 고소설인 이대봉전과, 增補參贊秘傳天機大要(上下 2책)의 책판(1911년 탁종길 발행)을 전주에서 가져다가 보완하여 재판(1916년), 삼판(1931년)을 찍어냈다. 두 책의 판권지가 똑 같다.

(9) 版元 未詳本

(半草) 三國志 (柳鐸一藏 유충열전 褙紙부착 全帙 未發見), 열여춘향수절가 (84장본)

---

24 판권지에는 양책방의 주소가 '용진면 아중리'로만 나온다. 따라서 발행자의 주소인 '용진면 아중리 890'을 참고하여 책방의 주소로 간주한다. 이렇게 간주하는 이유는 昭和 12년(1937년)에 양책방에서 간행한 '諺解圖像 童蒙初學'의 판권지에 나오는 양책방의 주소와 발행자인 양승곤의 주소가 '완주군 용진면 아중리 911번지'로 일치하기 때문이다. 이 판권지는 권희승(1981)의 석사논문의 부록에서 확인할 수 있다.

심쳥 상〈乙巳(1905)未月完山開刊〉하〈乙巳(1905)仲秋完山開刊〉, 유충열젼〈壬寅(1902)七月完山開刊〉, 유충열젼〈癸卯(1903)仲春完山重刊〉, 임진녹〈歲辛亥(1911?)孟夏完南開板〉, 적셩의젼, 조웅젼〈광셔십구연(1893)계수오월일봉셩신간〉, 됴웅젼〈丙午孟春完山開刊〉, 됴웅젼〈완산신간임진(1892)〉, 초한젼〈己酉(1909)季春完山開刊〉, 열녀춘향슈절가〈丙午(1906)孟夏完山開刊〉, 별춘향젼〈完山新刊〉, 쇼되셩젼〈己酉(1909)孟春完山新刊〉, 용문젼〈己酉(1909)孟春完山新刊〉.

6. 완판본 한글고전소설의 의의

1) 한글 고소설의 출판과 시민 의식

우리나라에서 최초의 한글 고대소설인 '별월봉긔'를 발간한 전주에서는 20여 종류의 주옥같은 한글 고소설을 발간하였다. 이본들을 합하면 약 5~60여 종의 소설이 발간된 셈이다. 당시 서울과 경기도 안성에서 발간되고, 지방에서는 전주가 유일한 고소설 발간지였다. 무엇보다도 지방에서는 한글 고소설을 최초로 발간하였다는 사실은 우리에게 매우 중요한 의미를 주는 것이다.

서울에서 발행된 경판본 한글 고소설과 전주에서 발간된 완판본 한글 고소설의 차이점은 아주 두드러진다. 몇 가지 특징을 간추려 보면 다음과 같다.

첫째, 경판본(서울본) 한글 고소설이 양이 매우 빈약하게 출판된 데 비하여, 완판본(전주본)은 동일한 소설이라도 양이 많다는 점이 특징적이다. 이는 이야기(소설, 설화)에 대한 감각이 매우 풍요로웠음을 보여주는 증거이다.

둘째, 완판본 한글고전소설은 1823년에 시작되어 1932년까지 간행된다.

무려 110여 년간 고소설이 간행되었다. 이러한 사실은 비록 지방이기는 하지만 당시의 전주의 경제적·문화적인 풍요로움이 서울에 결코 뒤지지 않았음을 보여주는 증거이다.

셋째, 이러한 고소설을 서울과 다른 지방에 판매망을 두고 판매를 하였다는 점이다. 이를 방각본 고소설이라 일컫는데, 판매를 목적으로 책을 만들었다는 사실은 당시의 출판 문화가 대단히 발달하였음을 보여준다.

넷째, 지방에서 고소설이 이처럼 다양하게 출판될 수 있었던 배경에는 당시 전주에서 유행하던 판소리가 소설로 정착하게 되었고, 손으로 직접 필사하던 필사본 고소설들이 판매를 목적으로 하는 목판본 고소설로 만들어지게 된 것이다.

전주를 중심으로 전북에서 필사된 필사본 고소설은 수만 권에 이르는데, 이처럼 필사본 고소설이 발전하게 된 이유는 당시의 시민들의 정신적·문화적인 의식이 매우 높아 있었음을 보여준다.

2) 판소리 계열 고소설과 민중 의식 – 춘향전, 심청전, 토별가, 적성의전

판매용(방각본) 한글 소설의 출판율이 47%라는 높은 비율을 보이고 있는 것은 개화기 시대에 이 소설을 읽을 수 있는 독자층이 형성되었다는 증거이며, 이 계층은 넓은 호남평야를 일구는 경제적 안정을 얻은 농민들이나 상인들이었다.

앞에서 언급한 것처럼 판소리를 향유하던 전주 시민들이 청각적 일회성을 넘어서 시각적이며 환상적이고 영원성을 추구하는 판소리계 소설을 원하게 되었던 것이다. 흥미로운 것은 현재처럼 출판사가 책을 만들어 대중의 흥미를 유발시킨 것이 아니라, 대중들의 지식 욕구, 독서 욕구에 의하여 출판사에서 책이 만들어져 판매되었다(유탁일, 1985 참조).

따라서 개화기 시대의 이 지역의 시민들은 재미있는 이야기를 책으로 보면서 자기의 지적인 욕구를 해소하려는 많은 계층이었다는 결론에 이른다. 이야기 책이 서울, 안성과 전주에서만 발간되었다는 점은 당시 전주가 서울과 마찬가지로 개화 의식이 매우 빠르게 진전된 도시였음을 말하여 준다.

3) 영웅소설 계열 고소설과 민중 의식
   - 유충열전, 소대성전, 이대봉전, 조웅전, 홍길동전

전주에서 발간된 고소설 중 초기 소설에는 영웅소설인 '조웅전'이 많이 발간되었다. 그 뒤에 '유충열전'이 가장 많이 팔린 것으로 보인다. 같은 영웅소설인 '소대성전, 용문전, 이대봉전' 등이 발간되었다.

영웅소설은 선인과 악인의 싸움에서 선인이 승리하는 '권선징악'적인 내용의 소설이다. 또한 '충효'를 그 내용으로 삼고 있다. 따라서 이야기를 통하여 흥미를 느끼려는 다른 고대소설들과 유사한 내용이다.

그런데 영웅 소설에서는 당시의 지식인들이 가지고 있던 '숭명배청(崇明背淸)'의 정신이 들어있다.

<유충열전>은 유심의 아들 유충열과 적대자인 정한담의 대결을 이야기한 소설인데, 부친의 정치적 패배를 자식이 설욕하는 이야기이다. 유충열은 정한담 때문에 강소저와 처참하게 헤어지는데 주인공의 적대자에 대한 설욕을 강조하고 있다.

<유충열전>의 경우, 주인공 유충열이 멸망의 위기에 빠진 명나라를 구

해 새로운 명나라를 구하고 있다는 점에서 당시의 崇明背淸의 의식을 작품화한 것이다. 이 같은 상황 설정은 멸망한 명나라를 재건해야 한다는 당시 조선인들의 열망과 청나라에게 복수해야 한다는 적대감의 표현을 반영한 작품으로 볼 수 있다.

<조웅전>은 조웅이란 영웅이 반역자 '두병'을 물리치고 송황실을 재건하는 이야기이다. 조웅과 두병으로 설정된 선악의 대결에서 독자들의 소박한 윤리의식에 영합하여 조웅이 승리하면서 권선징악을 실현하고 있다. 이러한 주제로 말미암아 상당히 인기를 끈 소설이었다.

<이대봉전>은 천상의 봉황이 지상에 내려와 이대봉과 장애황으로 탄생하여 온갖 난관을 극복하고 결연을 이루며, 그 과정에서 위기에 처한 명나라를 구하여 부귀영화를 누리는 것이 줄거리이다. 이 소설 역시 영웅소설로서 여성 영웅이 등장하는 점이 특이하다.

조선인들은 임진왜란 때 명나라가 구원병을 보내준 것에 감격하여 큰 은혜를 입었다고 생각했다. 그러다 명이 멸망하자 충격과 함께 명의 재건을 원하고 있었다. 이에 비해 청나라에 대해서는 은혜의 나라인 명을 멸망시켰다는 점과 병자호란의 패배로 인한 수치심 때문에 배척을 하게 되었다. 청에 대한 복수심을 가지고 있었던 것이다.

<소대성전>에서도 역시 숭명배청의 시대적 욕구가 표현된 내용이 보인다. 당시 오랑캐라 멸시하던 청에게 현실적으로 굴복했지만, 정신마저 굴복할 수 없다는 자세를 표현한 것이다.

<소대성전>은 소대성과 이채봉의 이야기로, 소대성이 집안이 몰락하여 이채봉을 만나고서도 결혼을 못하다가 국가에 공을 세운 후 배우자와 결합하여 부귀영화를 누린다는 이야기이다.

이 소설은 소대성의 영웅적인 비범성과 활약을 통하여 열악한 환경에서

살아가는 독자들에게 위안을 주고, 독자들의 사회적 욕구를 간접적으로 충족하려 했던 소설이다.

조선후기인 19세기 초까지 우리나라에서는 책의 간기에 명나라의 연호를 사용하여 명나라에 대한 우호의식을 보이고 있었다.

영웅소설이 이처럼 많이 발간된 이유는 당시의 명나라와의 우호관계를 중시하는 풍조에도 있었지만, 서민들의 신분 상승 욕구, 또는 새로운 세상을 희구하는 마음이 표현된 것으로 이해해야 할 것이다.

4) 여성 해방과 시민 의식 – 춘향전, 장수정전, 이대봉전

<춘향전>은 기생의 딸인 춘향이 사대부 집안의 아들이 이몽룡과 결혼하는 이야기이다. 당시로서는 상상하기 어려운 내용이다. 양반과 평민의 신분을 뛰어 넘는 내용은 유교적이고 봉건적인 당시의 상황에서는 일반 시민들에게 큰 위안을 주었음에 틀림없다.

춘향이와 이도령이 처음 만나서 사랑을 하는 모습에서 우리는 어떻게 조선후기에 이러한 파격적인 애정행각을 벌이는 소설을 쓸 수 있었을까 놀라지 않을 수 없다. 그러한 모습 역시 여성 해방과 만민 평등의 시대의식을 반영한 것이다.

> 변사또 : "미인을 보난 법이 달아리 촉불아릭 이흥가 제일 좃타 꼿갓튼 져 얼골과 눈갓튼 져 살거리 츄파갓튼 눈밉시로 흥 목익여 써보난 양잉도 갓튼 입슈알노 ㅅ랑 게워 웃난 것을 ㅎ나도 못보고셔 귀먹은 중 마키득기 쇼경의 ᄌ릭 쥐듯ㅎ기만 ㅎ여닉면 무슨 재미 잇건난야 셩가시다 썩 버셔라."
> 춘　향 : "오날 젼역쏀이관듸?"

변사또가 춘향이에게 수청을 들도록 청하는 대목에서 춘향이는 '오늘 저녁뿐이간디?' 하면서 전라도 특유의 표현으로 완곡하게 변사또의 수청을 거절하는 표현이 나온다. 이 표현은 전라도 방언을 아주 적절히 인용한 대목인데 '오늘 저녁만 있는 게 아니고, 내일도 모레도 있는데 왜 이렇게 재촉하느냐?' 하는 표현으로 그 위기를 모면하려는 춘향이의 마음을 방언의 문장으로 표현하고 있는 것이다.

<정수경전>은 여주인공인 정수정이 남편인 장연을 군령을 어겼음을 핑계로 매를 쳐서 굴복시키고 시어머니마저 자신의 고집과 지위로 굴복시키고 있다. 이것은 당시 여인들이 가정이라는 현실 사회에서 현모양처로서 남편을 섬기고 시어머니에게 복종하던 모습과는 다른, 매우 획기적인 여성의 활약 모습을 작품화한 것이다.

이러한 특징은 당시 다수를 점하던 여성 독자들의 욕구와 남편이나 시어머니에게 가졌던 불만을 인물의 행동에 투사시켜 해소하게 함으로써 소설의 상품성을 높이려 했던 것으로 보인다.

정수정은 당시 관습의 전형적 여성상인 현모양처형의 여성상을 거부하고 시모와 남편을 굴복시킬 정도로 적극적인 행동을 보인 인물이다. 정수정이 자신의 지위를 이용하여 남편과 시모를 굴복시킨 것은 여성 독자들의 사회 제도에 대한 비판과 출신의 욕구를 충족시키는 역할을 했을 것이다.

<이대봉전>은 천상의 봉황이 지상에 내려와 이대봉과 장애황으로 탄생하여 온갖 난관을 극복하고 결연을 이루며, 그 과정에서 위기에 처한 명나라를 구하여 부귀영화를 누리는 것이 줄거리이다. 이 소설 역시 영웅소설로서 여성 영웅이 등장하는 점이 특이하다.

천상의 짝인 봉황이 지상에 내려와 봉은 이대봉으로, 황은 장애황으로 탄생하여 위기에 빠진 명나라를 구하는 공을 세운다. 여기서 특히 장애황

은 여자의 몸으로 이대봉보다 높은 지위에서 출전하여 영웅적 활약을 하며 침략자를 물리치고 승리하는 여성이다.

당시 고소설 독자의 상당수였던 여성들의 출신의 욕구를 작품에 반영하여 소설의 상품성을 높이려 했던 것으로 보인다(임성래, 1995 : 114 참조).

이러한 소설에서 볼 수 있는 당시의 전주 시민들의 의식에는 여성 해방, 신분 차별 철폐에 대한 강한 민주적인 의식이 있었음을 알 수 있다.

5) 충효사상과 여성 신분 상승 - 심청전

모든 고대소설에 깔려있는 기저는 나라에 충성하고 부모에 효도한다는 내용이다. 그중 <심청전>은 자기의 몸을 팔아서 부모에 효도하는 내용을 담고 있다.

일부 현대적인 해석으로 봉건적이고 유교적이며 가부장적인 소설이라고 비판을 하고 있지만, 사실은 한 여성이 효를 중심으로 벌어지는 사건에 희생되었다가 다시 높은 자리로 부활하게 된 내용이어서 일종의 여성의 신분 상승을 꿈꾸는 소설이라고 할 수 있을 것이다.

7. 완판본은 한글 고대소설의 백미

<혼불>을 쓴 소설가 최명희는 '가장 한국적인 말의 씨앗'으로 '춘향전, 심청전'과 같은 우리의 한글 고대소설의 문체를 들고 있다. 그래서 '우리식의 고유한 이야기 형태'를 살리고 싶다고 말하고 있다.

> 가장 한국적인 말의 씨앗으로 춘향전이나 심청전 같은 우리식 고유의 이야기 형태를 살리면서 서구 전래품이 아닌 이 땅의 서술방식을 소설로 형상화하여, 기승전결의 줄거리 위주가 아니라, 낱낱이 단위 자체로서도 충분히 독립된 작품을 이룰 수 있는 각 장(章), 각 문장, 각 낱말을 나는 쓰고 싶었다.

'춘향전, 심청전' 등의 한글 고대소설을 예로 들어 '가장 한국적인 말의 씨앗'이라고 표현한 이유는 무엇일까?

이러한 견해는 이미 '태평천하, 탁류'를 쓴 옥구 출신의 작가 채만식의 말에서도 찾아볼 수 있다. 채만식은 '작가 단편 자서전'이란 글에서 '유년·소년 적에는 춘향전, 구운몽, 추월색, 장한몽 등 신구 소설과 삼국지, 수호지, 동한연의, 서한연의 등 안 읽은 게 별로 없고'라고 말하고 있다. 이는 채만식의 작품 속에 19세기 말에서 20세기 초에 발행된 고소설과 신소설이 크게 영향을 끼쳤음을 알 수 있다. 채만식의 다른 작품 안에서도 고소설과 신소설의 이름이 많이 거론되는 것도 바로 이러한 연유에서 비롯된다. 실제로 채만식의 작품에는 이러한 '춘향전, 심청전'과 관련된 문체가 많이 사용되고 있다.

전주에서 발간된 완판본 '열녀춘향수절가'나 '심청전'은 판소리계 소설이기 때문에 청자와 화자가 함께 하는 공연 예술로서의 판소리 대본과 같은 성격을 갖는다. 지문에 어려운 한자어들이 나오지만, 전통적인 민요조에 맞춘 4·4조의 리듬감, 다양하게 나오는 토착 방언의 사용 등이 어우러져 읽기 쉽게 되어 있다.

대화에 나오는 말은 토착 방언의 말투가 그대로 쓰여서 읽는 사람이 소설 속의 사건에 함께 참여하여 즐길 수 있는데 이러한 방식이 소설 읽기의 재미를 더해준다.

최명희는 판소리 사설에서 유래된 완판본 한글고대소설의 이야기 유형이 '우리식 고유의 이야기 형태'임을 깨닫고 있었다. 이러한 태도는 전주에서 발간한 한글 고대소설이 보여주는 전통적인 문체, 판소리식 문체에 매료되어 있었음이 분명하다.

결국 완판본 한글 고소설은 우리의 전통적인 이야기 형식의 서술 구조를 가짐과 동시에 판소리와 관련된 구조를 가진 우리식의 이야기 형식을 가지고 있었고, 더욱이 당시의 시민들이 요구하는 개화 의식을 함께 가지고 있었기 때문에 대중적인 인기를 가질 수 있었던 것이다.

참고문헌

권희승(1981), 湖南 坊刻本에 관한 硏究, 성균관대 석사학위논문.
김동욱(1994), 방각본에 대하여, 고소설의 저작과 전파, 아세아문화사.
김봉희(1999), 한국 개화기 서적 문화 연구, 이화여대 출판부.
김재희(1983), 한지공예에 대한 지리학적 연구-전주 한지를 중심으로-, 고려대 교육대학원 석사학위논문.
김해정(1995), 四書諺解의 比較 硏究, 국민대 박사학위논문.
박순호(1994), 완판 방각본 한글 소설 목록(박순호 교수 소장본), 고소설의 저작과 전파, 아세아문화사.
유탁일(1985), 완판 방각소설의 문헌학적 연구, 학문사.
윤주필(1999), 남호거사 성춘향가, 단국대 한국학연구소 학술총서1, 태학사.
이승철·구자운(1999), 한지의 역사, 소호산림문화과학연구보고서 제2집
이창헌(1995), 경판방각소설 판본 연구, 서울대학교 박사학위논문.
이태영(2001), 完板(全州板) 坊刻本 한글 古小說의 書誌와 言語, 정광교수회갑기념논문집.
이태영(2001), 전라감영의 인쇄문화가 지역사회에 끼친 영향, 경상감영 400주년 기념 제15회 한국향토사연구 전국학술대회 발표 논문 초록(향토사연구 2002년 제13·14집에 수록).
이태영(2004ㄱ), 완판본 '심청가(41장본)' 해제 및 영인, 국어사연구 4호.
이태영(2004ㄴ), 지역 전통 문화의 기반 구축과 그 활용 방안-완판본 한글 고전소설의 데이터베이스 구축과 그 활용을 중심으로-, 민족문화논총 30집(영남대).
임성래(1995), 조선 후기의 대중 소설, 태학사.
임영주(1996), 종이 공예 문화, 대원사.
鄭亨愚·尹炳泰(1979), 韓國冊板目錄總覽, 한국정신문화연구원.
조희웅(1999), 古典小說 異本目錄, 집문당.
조희웅(2006), 고전소설 연구보정(상, 하), 박이정.

Chapter ⑪ 임실 소충사 28수 천문비 고찰

1. 구한말의 호남의병장 정재 이석용

전라북도 임실군 성수면 오봉리 산 130-1번지 일대에 건립된 소충사(昭忠祠)를 찾아가면 다른 곳에서 유례를 찾아볼 수 없는 매우 흥미롭고 특이한 비군(碑群)이 안장되어 있다. 소충사는 구한말 호남의 의병장으로 명성을 떨쳤던 정재(靜齋) 이석용(李錫庸)과 그를 따랐던 28의사(義士)를 향사(享祀)하는 사당이다. 이 28의사 비군의 전면을 보면 의병 하나하나의 이름과 함께 하늘의 28수 별자리를 각각 하나씩 배당하여 그려놓고 있다. 말하자면 의병들의 숭고한 기개와 희생을 천문의 질서 속에 안치하여 별들의 영원함처럼 이들의 뜻이 영원히 기려지기를 기원한 기념비 성격이 부여된 것을 엿볼 수 있다.

정재 선생은 고종 15년(1878) 임실군 성수면 상동리 삼봉촌에서 전주이씨의 3대 독자로 태어나 유가 경전과 역사서 및 제자백가서를 공부하는 등 전통 유학자의 길을 걷다가, 1905년 일제가 고종황제를 위협하여 을사보호조약을 강권으로 체결하자 1906년 미국공사에게 그것의 부당함을 호소하는 서한을 보냈으며, 당시 정읍 태인에 와있던 구한말 우국지사 면암(勉庵) 최익현(崔益鉉)을 찾아가 구국지책을 방문하는 등 일제의 폭거에 비분강개하던 중, 광무 11년(1907) 일제가 고종을 강제로 순종에게 왕위를 양위케 하고 정미 7조약을 체결하는 폭압을 보고는, 마침내 9월 12일 진안 마이산 용암에서 의병창의를 하기에 이르렀다. 500여 명에 이르는 의병들과 모여든 민중들 속에서 "동맹작사(同盟酌辭)"의 고천제(告天祭)를 거행하면서 호남의병창의동맹단을 공식적으로 결성하여 의병장에 추대된 이래, 이후 1909년까지 3년간 전라북도의 진안 용담, 남원, 영광, 임실, 전주, 순창, 태인 등지에서 일제 군대를 상대로 숱한 전투를 벌이어 크고 작은 여러 차례의 성과를 올렸다. 그러나 1908년 10월 근대적인 무기와 조직적인 군사 작전을 펼치는 일제가 1만에 이르는 호남의병토벌대를 편성하여 토벌 작전에 나서면서 의병들의 희생이 잇따르자 그 아까운 희생을 막고자 정재 선생은 무력투쟁 노선을 포기하고 1909년 3월 휘하 의병들을 해산하기에 이르렀다. 이후 1911년 3월 일본에 잠입하여 일왕 암살을 기획하였고, 1912년 겨울 다시 비밀결사대인 임자동밀맹단을 조직하여 중국으로 망명하여 항일운동을 펼치고자 하였으나 1913년 10월 망명자금을 부탁한 친구의 밀고로 인하여 일경에 체포되어 전주 경찰서로 수감되었으며, 마침내 만 36세가 되던 이듬해 1914년 4월 4일 대구형무소에서 교수형으로 순국하고야 말았다.[1]

---

[1] 진안문화원에서 1997년 펴낸 『호남창의록』과 임실문화원에서 2002년 펴낸 『정재이석용선생문집·호남창의록』 및 안내책자 등을 참고하였다.

2. 소충사 건립과 28수 천문비 검토

1962년 대한민국 정부에서는 이러한 그의 공적을 기려 대한민국 건국공로훈장을 추서하였고, 아들 이원영(李元泳)은 아버지 이석용과 28의사의 순절을 기리는 의병활동기념비를 전주 덕진공원에 세웠다. 이 비를 다시 고쳐 고종황제를 중심으로 주위에 김구 선생과 5열사, 호남창의대장 이석용, 28의사를 각각 새긴 비군(碑群)을 만들어 황극단(皇極壇)이란 이름으로 덕진 어린이 공원 입구에 세웠으며, 임실 성수면 소재지에는 정재 이석용과 28의사를 향사하는 소충사를 건립하였다.

그러다 임실군은 1993년부터 성수면 오봉리 산 130-1번지 일원 20,300평의 부지를 확보하여 10년간 소충사 확장사업을 전개하였고, 현재의 소충사 성역에 모셔진 28의사비는 원래 성수면 소재지에 있던 것을 옮긴 것이다.

새로 개장한 소충사 성역의 배치를 살펴보면, 맨 윗자리에 이석용 의병장묘를 두었고 그 아래로 28인 의사합장묘를 두었으며, 그 아래에 사당을 건립하였다. 사당 아래 오른편에 기념관 건물을 세웠고, 그 왼편 부지에다 관련 비석들을 안치하였다.

다시 비석들의 배치는 사당 언덕 아래 횡으로 이석용과 28의사 각각을 새긴 29개의 작은 비석들을 열좌시켰고, 그 왼편 세로줄에는 호남창의동맹단(湖南倡義同盟壇), 28의사 기적비(紀績碑) 및 조의단(弔義壇, 이승만대통령 휘호)의 세 비석을 크게 세워놓았다.

29개의 비석군을 자세히 살펴보면, 맨 가운데 중심부에 다른 것보다 높게 세워진 비석이 있는데 이것이 호남창의동맹단의 주역이자 의병장이었던 "호남(湖南) 창의대장(倡義大將) 이학사(李學士)"의 조비(弔碑)이다. 이 왼편 날개로 14개의 비군이 나열되었고, 가장 왼편부터 이십팔수(二十八宿) 별자리 중

동방칠수(東方七宿)에 해당하는 각항저방심미기(角亢氏房心尾箕)와 북방칠수(北方七宿)에 해당하는 두우녀허위실벽(斗牛女虛危室壁)을 새겼으며, 그 각각에 호남의병단에서 활약하였던 박만화(朴萬華) 의장(義將) 등 14인을 배치하였다.

오른편 날개의 14개 비군은 이십팔수 별자리 중 서방칠수(西方七宿)에 해당하는 규루위묘필자삼(奎婁胃昴畢觜參) 별자리와 남방칠수(南方七宿)에 해당하는 정귀류성장익진(井鬼柳星張翼軫)을 새겼고, 마찬가지로 최덕일(崔德逸) 의장(義將)을 비롯한 14인의 의병 이름을 병기하였다. 전체적으로 좌익 14 별자리와 우익 14 별자리가 포진한 형국이다.

그런데 중앙비를 다시 보면 앞면에 "북극(北極)"이라 새겼고, 뒷면에 "남극(南極)"이라 새겨 지축의 남북극을 여기에 구현하려 하였으며, 다시 비석의 좁은 옆면부를 따라 "일월화수목금토(日月火水木金土)"의 칠요(七曜) 글자를 새겨 놓았다. 칠요는 하늘에 움직이는 일곱 개의 행성을 뜻하는데 전통 천문학에서 중요한 요체로 삼던 것이다. 그 순서는 당시에 이미 통용되었던 태양력의 일주일(一週日) 순서를 따랐다.

이로써 남북극과 칠요 행성을 상징하는 의병대장 이석용은 우주의 중심부 자리에 비유되었고, 그와 더불어 순절하였던 28인의 의병들은 하늘의 적도 주변을 주천하는 28수 별자리에 비유되었다. 28수 중심의 이런 구도는 전통 천문학의 기본 골격을 따른 것이다.

한편, 이 비석들의 봉립에 참여하였던 인사들을 중앙비의 뒷면에 "봉립위원장 전라북도 경찰국장 장동식(張東植)"이라 새겼고, 규수비(奎宿碑)의 뒷면에 "봉립위원 임실 심창무(沈昌茂), 정칠봉(鄭七鳳), 광주(光州) 김안천(金安千), 문승민(文承敏), 김병철(金炳轍), 조병영(曺秉永)"이라 새겼다. 비석에 새겨진 전체 구조와 글자들을 정리하여 보면 다음과 같다.

Chapter ⑪ 임실 소충사 28수 천문비 고찰

任實郡 聖壽面 昭忠祠 靜齋 李錫庸 義兵將과 二十八宿 天文碑

기번		개수	좌익	중앙비	우익		개수	기번	
東方七宿	1 각(角)	4성	龍潭 義將 朴萬華	北極	雲峴 義將 崔德逸	규(奎)	17성	15	西方七宿
	2 항(亢)	4성	雲峴 義士 韓士國	湖南 倡義大將 李學士	長水 義士 許允照	루(婁)	3성	16	
	3 저(氐)	5성	雲峴 義卒 韓得周		雲峴 義卒 朴達天	위(胃)	3성	17	
	4 방(房)	4성	淳昌 義卒 崔一權	日月火水木金土	雲峴 義卒 朴雲瑞	묘(昴)	7성	18	
	5 심(心)	3성	雲峴 義卒 金致三		雲峴 義卒 鄭君三	필(畢)	8성	19	
	6 미(尾)	8성	雲峴 義卒 金春華	南極	長水 義卒 成景三	자(觜)	3성	20	
	7 기(箕)	5성	雲峴 義童 金東觀	奉立委員長 全羅北道 警察局長 張東植	龍潭 義童 許天錫	삼(參)	7성	21	
北方七宿	8 두(斗)	6성	雲峴 義將 呂柱穆		南原 義士 金士範	정(井)	8성	22	南方七宿
	9 우(牛)	6성	斗峰 義士 李光三		雲峴 義卒 尹正五	귀(鬼)	5성	23	
	10 녀(女)	4성	雲峴 義卒 金汝集	奉立委員 任實 沈昌茂 鄭七鳳 光州 金安千 文承敏 金炳轍 曺秉永	長水 義卒 楊敬三	류(柳)	8성	24	
	11 허(虛)	2성	南原 義卒 徐相烈		雲峴 義卒 朴仁完	성(星)	7성	25	
	12 위(危)	3성	雲峴 義卒 徐聖一		萃里 義辛 吳秉善	장(張)	6성	26	
	13 실(室)	8성	雲峴 義童 金學道		義僧 鳳洙	익(翼)	14성	27	
	14 벽(壁)	2성	龍潭 義童 朴哲圭		義僧 德弘	진(軫)	8성	28	

소충사 28수비 전경 : 왼쪽부터 차례로 동방칠수, 북방칠수, 서방칠수, 남방칠수이며, 가운데 다른 것보다 높은 비가 북극·남극·칠요를 새긴 비이다.

329

천문의 중심 북극비

앞면에 새겨진 "북극(北極)"   뒷면에 새겨진 "남극(南極)"

옆면부에 일월오성의 칠요를 새겼다.

Chapter ⑪ 임실 소충사 28수 천문비 고찰

▎동방칠수비 : 각 항 저 방 심 미 기

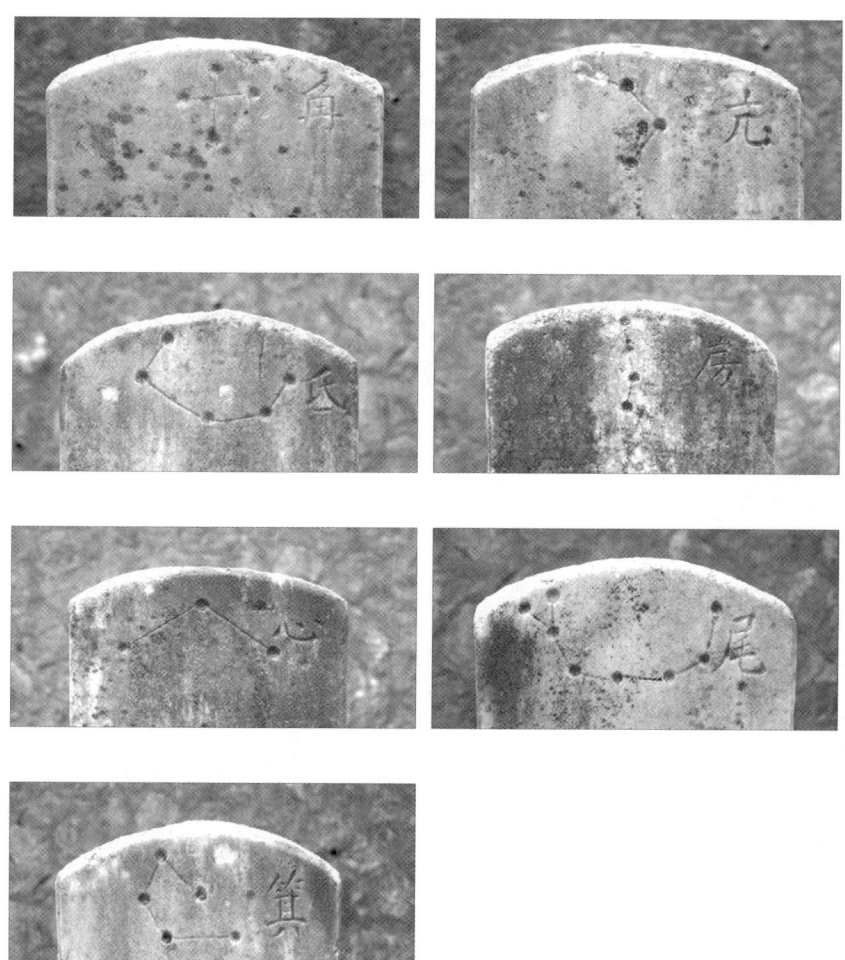

▌ 북방칠수비 : 두 우 녀 허 위 실 벽

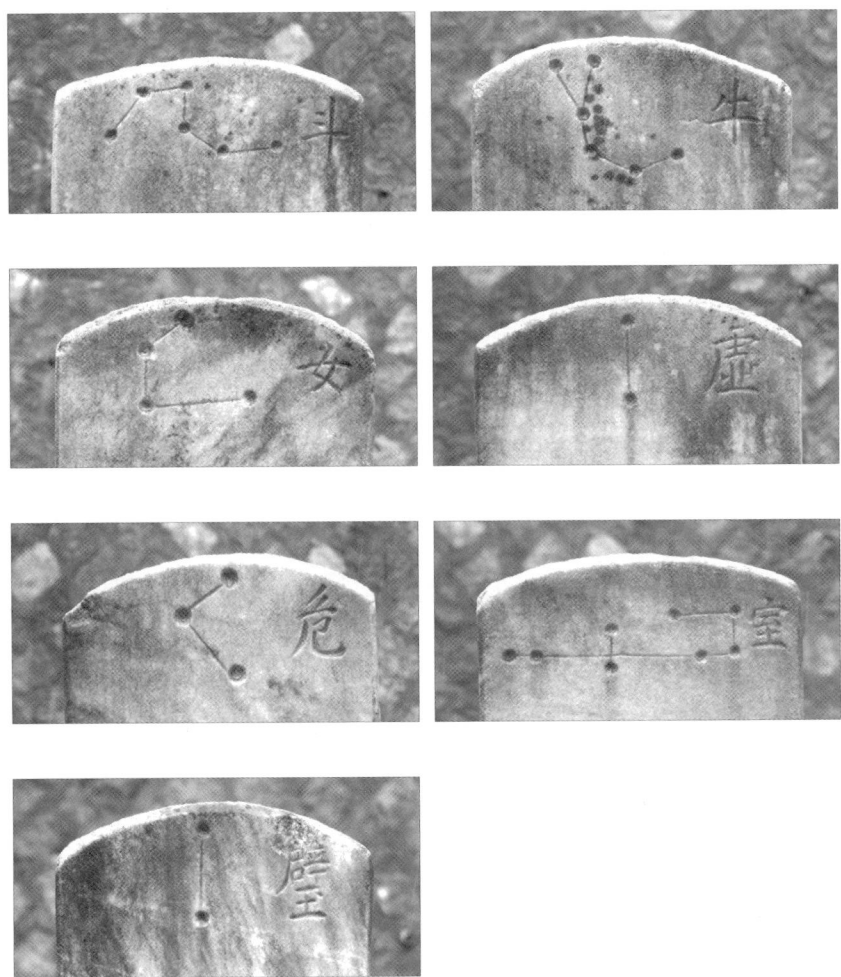

■ 서방칠수비 : 규 루 위 묘 필 자 삼

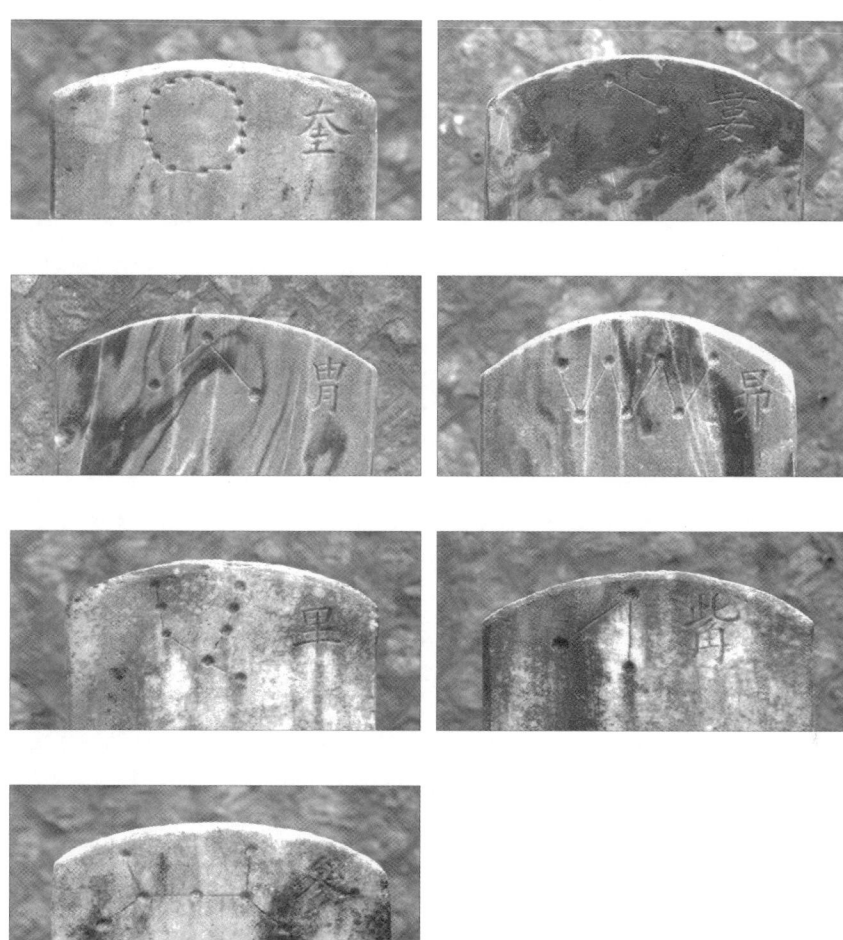

▪ 남방칠수비 : 정 귀 류 성 장 익 진

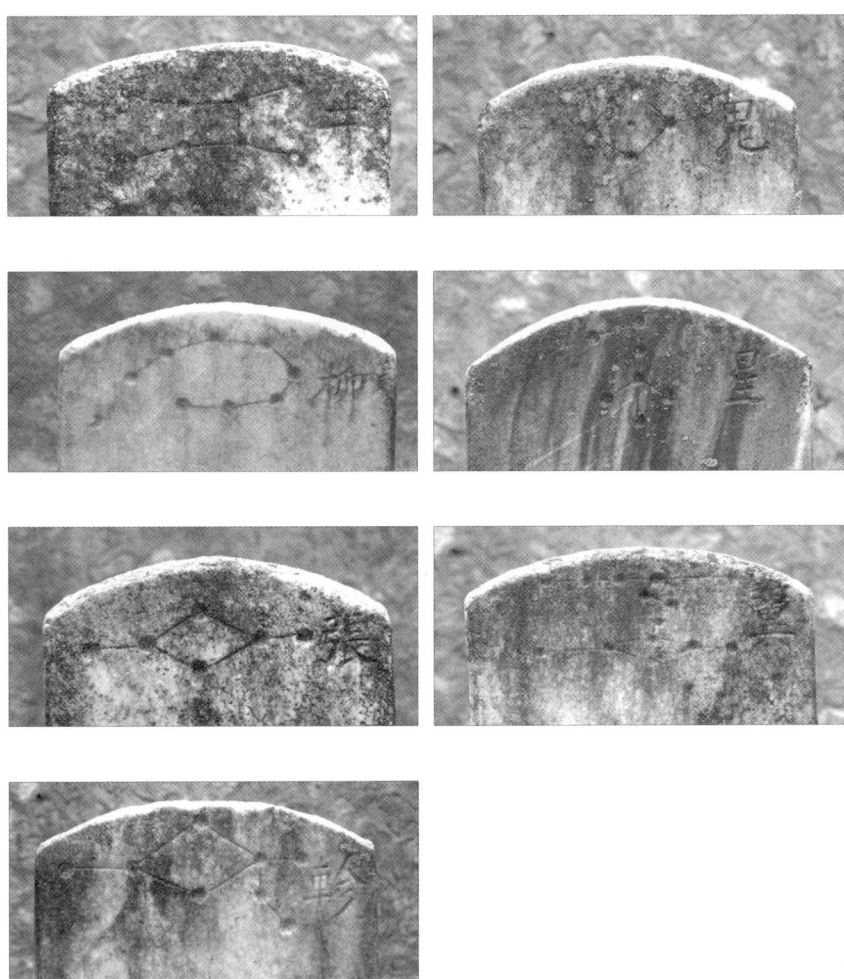

3. 28수와 천문사상

이상의 도표에서 보이는 바와 같이 28수 별자리 하나하나에 의병들의 이름이 대응되어 있다. 그 의도를 이해하기 위해서 우선적으로 28수 별자리가 어떤 것인가에 대해 잠깐 살펴볼 필요가 있다.

28수는 적도(赤道) 주변에 포진된 수많은 별들 중에서 이정표가 될 만한 28개의 별자리를 특별히 만들어 천문을 관찰하는 지표로 삼았던 별자리 체계이다. 서양 천문학이 태양이 지나는 길 위에 관찰되는 12개의 별자리를 지표로 삼아 황도(黃道) 십이궁(十二宮) 체계를 엮어낸 것과는 대조적으로, 동양의 고대 천문학에서는 지구의 북극점이 가리키는 북극성을 천문의 중심으로 삼고 그 북극에서 90도 거리에 있는 지구의 적도를 주목하여 적도 주변을 도는 별자리를 천문 관측의 좌표로 삼았던 것이다. 적도 28수 별자리 체계가 완전히 정착된 것은 전한시대에 이르러서인데, 특히 한무제(141~87 BC) 시기의 『회남자(淮南子)』 「천문훈(天文訓)」과 사마천(司馬遷)의 『사기(史記)』 「천관서(天官書)」에서 본격적인 완성을 보게 된다.

사마천은 그 28수 별자리를 사방위로 나누어 사신도(四神圖) 각각의 이미지로 중첩시켜 이해하도록 하였다. 동방의 일곱 별자리는 청룡(靑龍) 칠수(七宿)로, 서방의 일곱 별자리는 백호(白虎) 칠수로, 남방의 일곱 별자리는 주작(朱雀) 칠수로, 북방의 일곱 별자리는 현무(玄武) 칠수로 분속하였다. 이 결과 청룡의 동방칠수(東方七宿)에는 각항저방심미기(角亢氐房心尾箕) 별자리가 분속되었고, 백호의 서방칠수(西方七宿)에는 규루위묘필자삼(奎婁胃昴畢觜參) 별자리가, 주작의 남방칠수(南方七宿)에는 정귀류성장익진(井鬼柳星張翼軫) 별자리가, 현무의 북방칠수(北方七宿)에는 두우녀허위실벽(斗牛女虛危室壁) 별자리가 분속되었다.[2]

이십팔수와 사신도 및 계절 별자리 관계

二十八宿	東方七宿	北方七宿	西方七宿	南方七宿
	角亢氐房心尾箕	斗牛女虛危室壁	奎婁胃昴畢觜參	井鬼柳星張翼軫
四神圖	청룡(靑龍)	현무(玄武)	백호(白虎)	주작(朱雀)
현재 계절별	봄철 / 여름철 별자리	가을철 별자리	겨울철 별자리	봄철별자리

    그런데 28수 별자리는 하루 밤의 하늘에서 모두 동시에 관찰되는 것이 아니라 계절별로 돌아가면서 일부씩 남쪽 하늘에서 차례로 관찰되기 때문에 일종의 주천(周天) 성수(星宿)로서 기능을 한다. 계절을 따라가면, 봄철에는 청룡의 동방칠수가 남쪽 하늘에 떠오르며, 여름에는 현무의 북방칠수 별자리가 관찰된다. 가을에는 백호의 서방칠수 별자리가 보이고, 겨울에는 주작의 남방칠수 별자리가 떠오른다. 얼핏 보기에 북방 현무와 남방 주작이 각기 여름과 겨울에 배당되어 있어 거꾸로 된 측면이 있는데, 이것은 하늘의 천체 운행 방향과 지상의 시간 방향이 서로 거울 대칭을 이루면서 반대로 진행되기 때문에 빚어지는 불가피한 현상이다. 곧 방위 관점에서는 남방과 여름이 대응되고 북방과 겨울이 대응되지만, 계절의 시간축을 따라서는 여름에 북방의 현무가 대응되고, 겨울에 남방의 주작이 대응된다. 따라서 일 년을 시작하면서 봄철의 청룡 별자리 다음 여름철에 현무 별자리가 이르고, 현무 다음에는 가을철 백호 별자리가, 그 다음 겨울철에는 주작 별자리가 차례로 동쪽 지평선 위로 떠오르게 된다.

    이렇게 공간과 시간상으로 조금 다른 듯하지만 천체의 공간적 관점에서 조망하면, 시간과 공간 곧 사계절과 사방위를 일치시키기 위해서는 불가피한 장치였음을 이해하게 된다. 28수 별자리와 사신도가 서로 결합되면서

---

2 김일권, 「四神圖 형식의 성립 과정과 漢代의 天文星宿圖 고찰」, 『고구려연구』 11집, 고구려연구회, 2001ㄴ, 7) 에서 28수의 성립과정과 사신도의 결합 문제를 자세히 논하였다.

비로소 28수 별자리가 천상과 지상의 시공간을 연결 짓는 중요한 천문 원리로 운영되기에 이르렀다. 이로부터 전통적인 동양의 천문학과 천문사상에서는 북극성과 적도 28수 별자리가 천문의 모든 것을 대변하는 요체로 인식되었던 것이다.

 이러한 생각이 우리로서는 조선시대뿐만 아니라 현대에 이르러서도 여전히 지속되고 있다. 28수 별자리 체계를 수록한 책으로 조선시대에는 세종대 천문학자 이순지(李純之, 1406~1465)가 편찬하였던 『천문류초(天文類抄)』 속의 『보천가(步天歌)』가 기본 교과서로 사용되었다. 이 구법(舊法) 『보천가』는 고려시대부터 중요한 텍스트로 사용되었던 것으로 확인되고 있다. 그러다 조선 말기인 철종대에 이르러 청나라의 『연경실측신서(燕京實測新書)』와 『성도보천가(星圖步天歌)』 등을 참고하여 기존의 『보천가』를 개정 편찬한 『신법보천가(新法步天歌)』가 천문학자 이준양(李俊養)에 의해 철종 13년(1862) 관상감(觀象監)에서 간행되기에 이르렀다. 그러니까 19세기 후반 무렵부터는 잡과(雜科)의 시험과목으로 지정되기도 하였던 이 『신법보천가』가 전통 천문을 익히는 주요 교재로 널리 사용되었을 것으로 여겨지는 것이다. 따라서 근현대에 통용되는 전통 천문의 판본은 세종대의 『구법보천가』와 철종대의 『신법보천가』라는 두 책에 기대는 바가 클 것으로 짐작된다. 소충사의 28수 조의단비에 새겨진 28수 별자리도 이들에 의지하였을 것이다. 그런데 비교하여 보면 별자리 모양이 다소 다른 점들이 있어 소충사의 28수 별자리 그림이 저본으로 삼았던 모본이 과연 무엇이었는가 하는 문제는 앞으로 좀 더 고찰할 필요가 있다.

4. 28의사 조의단의 성립과 28수비 대응 문제

이상과 같이 천문의 요체를 표상하는 28수 별자리에 그렇다면 어떤 기준으로 각 의병들을 각각 배당하였는가 하는 문제를 점검할 필요가 있겠다. 비석을 자세히 살펴보면, 각 4방 칠수가 시작되는 처음에 의장(義將)을 내세웠고 그 다음에 의사(義士)를, 그 다음에 의졸(義卒), 마지막으로 의동(義童) 혹은 의승(義僧)을 내세운 것을 알 수 있다. 곧 의병장 이석용 휘하에 활약하였던 의병들을 사방위로 나눈 다음 각 계급별로 서열화시키고 있는 것이다.

- 동방칠수 : 의장 박만화, 의사 한사국, 의졸 한득주, 최일권, 김치삼, 김춘화, 의동 김동관
- 북방칠수 : 의장 여주목, 의사 이광삼, 의졸 김여집, 서상열, 서성일, 의동 김학도, 박철규
- 서방칠수 : 의장 최덕일, 의사 허윤조, 의졸 박달천, 박운서, 정군삼, 성경삼, 의동 허천석
- 남방칠수 : 의사 김사범, 의졸 윤정오, 양경삼, 박인완, 오병선, 의승 봉수, 덕홍

어떤 인물들이 포함된 것인가 알아보기 위하여 먼저 1907년 9월 12일 진안 마이산 용암(龍巖)에서 의병창의를 할 당시 마련되었던 의병 조직표를 살펴보면 다음과 같다. 『호남창의록』의 권수 및 해제 17쪽에 "의창동맹단(儀昌同盟壇)"이란 이름으로 실려 있다.

- 선봉(先鋒) : 박만화, 최덕일, 송판구
- 중군(中軍) : 여주목, 박운서, 김성학
- 후군(後軍) : 김사범, 윤명선, 전성학

- 참모(參謀) : 전해산, 한사국, 이광삼
- 총지휘 : 박갑쇠, 곽자의, 임종문
- 연락(連絡) : 홍윤무, 박성무, 윤병준
- 도로부장 : 김사원, 김공실, 김성율
- 보급(補給) : 하규정, 박금동, 박문군
- 운량(運糧) : 오기열, 조영국, 김학문
- 기실(記室) : 전해산, 한사국

곧 초기 의병단의 선봉군에 섰던 박만화와 최덕일, 중군의 선봉 여주목, 후군의 선봉 김사범이 사방 별자리의 첫 자리에 안치되어 있음을 알 수 있다. 그런데 1907년의 의병조직과 28의사 조의단비에 안치된 명단이 서로 일치하지를 않는다.

그러면 28의사 조의단으로 봉정된 인물들은 어떤 경위로 선정되었는지를 살펴볼 필요가 있다. 이에 참고 되는 자료는 『호남창의록』 권1에 수록된 <전사한 의병들에 대한 제문>(祭戰亡義士文)이다.

> "성상(聖上) 45년 무신년(1908) 4월 28일 패군장 이석용은 3척의 제단을 베풀어 제물을 차리고 피눈물로 축문을 지어 통곡하니, 용담의 전망(戰亡) 의장 박만화, 의동 박철규와 허천석, 순창의 전망의졸 최일권, 두봉의 전망의사 이광삼, 남원의 전망의사 김사범과 의졸 서상열, 장수의 전망의사 허윤조와 의졸 성경삼과 의졸 양경삼, 췌리의 피화(被禍) 의졸 오병선, 운현의 전망의장 최덕일과 여주목, 의사 한사국, 의졸 윤정오·한득주·김춘화·정군삼·박운서·김치삼·박인완·김여집·서성일·박달천, 의동 김동관·김학도, 의승 봉수·덕흥의 영소(靈所)에 결별을 고하나이다."[3]

---

3 번역문은 『호남창의록』(진안문화원, 1997) 72쪽과 『정재이석용선생문집·호남창의록』(임실문화원, 2002) 280쪽에 동일하게 실려있다. 단 번역문에 무사(戊巳)라고 한 것은 원문에 무신년(戊申年)으로 되어 있기에 바로 잡는다.

여기에 거열된 인물들과 소충사 28의사의 명단이 완전히 일치를 한다. 따라서 의병장 이석용이 일제와의 전투를 하다 죽어간 부하 장졸들을 기리기 위하여 1908년 4월 28일에 3척의 제단을 만들어 제사하였었는데 이것이 기초가 되어 이른바 28의사로 봉립되었던 것임을 알 수 있다.

그가 1907년 8월부터 1908년 4월까지 약 2년간 직접 쓴 일기인「창의일록」을 살펴보면, 1907년 9월 16일 추졸산(酋崒山) 내원사(內源寺) 전투에서 포장(砲將) 박만화(朴萬華)와 동자(童子) 박철규(朴哲圭)와 허천석(許天錫)이 전사하였다.[4] 1908년 3월 21일 비가 퍼붓는 운현(雲峴)의 야간 전투에서 가장 큰 패배를 당하였는데, 포장 최덕일이 자결하는 등 16명의 전사자를 내었고[5] 3명이 상처를 입었고 2명이 잡혀갔다.[6]

그 뒤 4월 28일 이석용은 운현의 패전한 장소로 찾아가 가시덩굴을 베고 3삼단을 만들어 "조사단"이라 하고는 돼지 1마리를 잡아서 전사한 28명의 장졸들을 합제(合祭)하였다. "이 때 갑자기 별과 달이 깜깜하고 비와 번개가 날아 번득이니 아마도 신의 영험이리라. 나는 통곡을 하니 온 군사가 슬퍼서 견디지 못하였다."고 이 날의 슬픈 감회를 술회하고 있다.[7] 4월의 전망의사 제문에 거열된 인물들은 아마 전사한 순서에 따라 수록한 듯하며, 지명은 당시 전사한 곳의 이름인 듯하다. 소충사에 이들의 조사단을 세우면서는 의장(義將)과 의졸(義卒), 의동(義童)의 순서에 따라 재배치한 것이 오늘 우리가 볼 수 있는 28의사 조의단비 내역이다.

---

4 임실문화원, 392면.
5 전사한 16명의 명단은 『호남창의록』 권2의 「지의동장제문(知義洞葬祭文)」에서 확인된다. 1908년 12월 9일에 이석용은 다시 운현 전투에서 죽은 장졸들인 "의장 최덕일, 의사 한사국, 의병 윤정오, 정군삼, 서성일, 김치삼, 한득주, 김여집, 박달천, 박인완, 의동 김동관, 김학도, 의승 봉수, 덕홍"을 따로 지의동(知義洞)에 장사지내면서 제사를 올렸다. "의병 김춘화와 박운서는 그 집에서 이미 장사지냈으나 여기에 아울러 제사지내 위로한다" 하였다. 이들을 합하면 16인이 된다. 임실문화원, 339면 ; 진안문화원, 158면.
6 임실문화원, 418면.
7 임실문화원, 423면.

5. 소충사 28수 천문비의 역사적 의의

끝으로 28인의 의병들을 천문의 28수에 비유한 것은 그 숫자가 28인이라는 데에서 쉽게 연상되기도 하지만, 의병장 이석용 본인이 이미 천문에 대해 상당한 식견이 있었던 데에서 기인되는 측면도 적지 않다고 생각된다.

이를 살펴보면, 『호남창의록』 권1의 1908년 7월 20일 작성된 <여러 진영에 전한 격문(傳列陣檄)>에서 이석용은 "여러 진영의 맹주들과 더불어 함께 3척 장단(將壇)에 오르기를 원한다. 북두성(北斗星)을 우러러 서울을 바라보고, 땅을 굽어보며 대중과 맹세를 하노라." 하면서 천문과 지리의 대대적인 포국 아래 자신의 충의와 기개를 떨치려 하였다.[8]

또한 이석용의 시와 글을 모아 아들 이원영이 1961년 3월 간행한 『정재선생문집』을 살펴보면 그가 천문역법에 조예가 깊었음을 알 수 있다. 을유년(1885) 정월 삭일에 지은 <서양역법을 논박함>(駁西曆)에서 "대개 원회운세(元會運世)는 연월일시가 연이어 12와 30으로 한정을 하였으니, 이것이 하늘이 정한 천정상수(天定常數)인 것이며, 여러 집안에서 만고동안 바뀌지 않은 견해이며 결론인 것"이라 하여 전통적인 천문역법의 정당성을 피력한 다음에, "근래 서양의 문물이 하늘을 뒤덮은 이후 로마의 요망스런 역법이 사람들의 이목을 현혹시켜 망아지처럼 종횡무진 날뛰는 가운데 간지(干支)와 양의(兩儀), 시후(時候), 오행(五行)이 모두 이름과 순서를 잃었으며, 윤삭(閏朔)을 없애버리고 세수(歲首)를 호납(胡臘)으로 쓰고 있으니 춘추의 큰 계통의 의리가 땅에 떨어졌다"면서 전통 역법이 서양 태양력으로 바뀌는 세태를 개탄하고 있다.[9]

---

8 진안문화원, 100면 ; 임실문화원 299면.
9 임실문화원, 136면. 원문은 『정재선생문집』 권3의 22면에 보인다.

그의 비판은 상당히 세밀한 데까지 이르는데, "하물며 저 서력(西曆)이 반드시 착오가 없는 것도 아니며 이른바 부족한 수가 8천년에 이르면 하루 2시간 40분이 남게 되는데 그것이 끝에 어디로 돌아가겠는가"라 하여 서양 역법 역시 완전한 것이 아니라 계산상의 문제가 남아 있으므로 굳이 우리 계산법을 낮출 필요는 없다고 옹호하고 있다. 이런 태도 위에 "숭정 연호조차 일찍이 땅에 버렸으며, 북력(北曆)을 쓰는 것도 오히려 부끄럽게 여겨왔었는데 어찌 차마 서력(西曆)을 쓸 것인가?"라는 학문적 절의론을 외친다.

여기서 북력은 명나라를 대신하여 중원을 차지한 청나라가 발전된 서양 천문학을 받아들여 시헌력(時憲曆)을 반포하였는데 이를 지칭하는 것으로 생각된다. 그 북력조차 부끄러워하였다니 조선조후기에 반청숭명의 존화 이념이 얼마나 질기었는가를 엿본다.

그리고 12와 30의 상수(常數)를 갖고 시간의 주기 변화 문제를 설명하는 원회운세 이론은 북송의 유학자 소강절(邵康節)이 제시하였던 것인데, 엄밀한 의미의 천문학은 아니며 일 년 12달과 한 달 30일의 주기를 바탕으로 삼아 우주적인 시간관으로 확대하여 일종의 사변적 역법 체계이다. 전통 유학을 공부하였던 이석용으로서 이에 대한 신뢰가 상당하였던 모양이다. 구한말에 이르기까지 소강절의 시간관이 지배하고 있었다는 점에서 조선 사회의 보수적 안목을 어느 정도 짐작하게 된다.

이처럼 이석용이 천문에 대한 식견이 높았고, 의롭게 전사한 휘하의 28인 장졸들을 여러 차례 기렸었는데 이 뜻이 이어져 소충사의 28수 별자리 조의단으로 성립을 보게 되었다고 할 수 있다. 『정재선생문집』의 권4 부록에는 정재 선생의 기개와 충의를 찬탄하는 후인들의 시구들이 실렸는데, 그 중에 천문에 관련된 이야기가 더러 보인다. 장수 장계의 유영한(柳永垾)의 시에서 "의로움은 북두(北斗)에 높고, 이름은 남주(南州)에 가득하네. 우리 대한인의 칭송은 천만년을 가리"¹⁰라 하였고, 전주 고사동의 최정열(崔整烈)은 "사당 앞 초청받은 것은 봉과 용의 돌이요, 스물여덟의 별(二十八星)은 그 이름이 다하지 않으리"¹¹라 하였다. 이러한 천문시들은 이석용이 휘하의 장수 최덕일을 위하여 직접 지은 만사(輓祠)에서 "그대의 숭고한 빛이 북극성신(北極星辰) 위에 드리웠고, 그대의 이름이 남주(南州)의 사녀(士女) 사이에 가득하도다"¹²하였던 것처럼 영원히 빛나는 별에다 애통한 영혼의 충절을 담아내려던 발로라 하겠다.

이런 정신을 이어간 끝에, 결국 단기 4292년(1959) 작성된 「28의사 소충사 유지책에 관한 건」에서 "하늘에는 별이 경염됨이 있어 이십팔수(二十八宿)요, 나라에는 의사(義士)가 있어 28인이라. 성수면 소재지에 있는 28의사 단비(壇碑)와 사우(祠宇)는 우리 임실군의 역사 전후에 없는 첫 사업으로 창설되었다"¹³라는 매듭으로 결말을 보게 되었다. 곧 소충사를 건립하면서 28의사 조의단에다 하늘의 적도 28수 별자리를 하나하나 응대시켜 그들의 충의가 천문의 도수처럼 영원하기를 기원하였다.

그런데 이석용의 비석에는 천문의 중심인 북극성(北極星)을 지칭하면서도 이보다 더욱 천문의 요체가 되는 "북극과 남극 및 일월화수목금토"라는 지축(地軸)과 칠요(七曜)에 응대시키고 있다. 소충사의 29인 조의단비에다 천문의 질서 전체를 부여하기를 기원하였던 것이다. 만일 조선조의 왕정시대였다면 북극성이 제왕을 상징하므로 참람된다 하여 불가능하였을 이야기가 여기에서는 구현되어 있다. 그러므로 해방 후 민국시대로 넘어와서 자유로운 상상력이 마음껏 발휘된 끝에 호남의병장 이석용을 북극에 대응시키고

---

10 임실문화원, 187면.
11 임실문화원, 190면.
12 『정재선생문집』 권1 〈최선봉 덕일 만사〉, 임실문화원 88면.
13 임실문화원, 441면.

그 휘하 전몰 의병 28인을 천문의 주천 성수인 이십팔수에 자리매김하는 천문적 드라마의 연출이 가능하였다고 하겠다. 전통 천문의 현대 사회적 변용이라 이를 만하다.

역사상으로 장수들을 28수에 대응시키는 고사는 중국의 후한 광무제가 건무(建武) 원공(元功) 장수들에 부여한 것이 처음이며, 이후 수나라와 당나라에서 이런 형식을 적용한 예가 있지만, 우리나라에서는 이 소충사의 경우가 처음이 아닌가 한다. 그렇다면 소충사는 근대에 들어서도 전통 천문의 원리가 여전히 활발하게 살아있는 현장이라 아니할 수 없다. 천문의 원리를 지상에서 구체적인 물상으로 투영시켜낸 것이다. 그런 점에서 소충사의 28수 천문비들이 더욱 주목을 받을 수 있을 것이라 믿으며, 우리의 문화를 풍부하게 가꾼 값진 문화재로서 그 가치가 널리 알려질 수 있기를 앙망한다.*

---

* 이 글은 김일권, 「昭忠祠에 세워진 二十八宿와 天文碑 고찰」,(『임실독립운동사』, 임실군·전북역사문화학회, 2005ㅇ, 12) pp.129~144에 게재된 글임.

Chapter ⑫ 전라북도의 소리문화

1. 전라북도의 자연환경과 문화권역 구분

전라북도는 '전주—정읍'선을 경계로 하여, 그 동쪽에 등고선이 밀집되어 있고, 그 서쪽은 일부 예외가 있지만 대부분 해발 100m 미만이다. 따라서 전라북도는 크게 보아 노령산맥을 경계로 서부평야지대와 동부산간지대로 구분된다.

서부평야지대는 노령산맥의 산록 말단부에서 서해안까지로 해발 500m 이하의 산이 있기는 하나 대부분 구릉지와 넓은 충적평야로 이루어져 있다. 동부산간지대는 노령산맥과 소백산맥 사이로 해발 1,000m 이상 되는 산이 많고 그 사이에 여러 곳에 산간분지와 고원이 분포한다. 또한 노령산맥에서 시작하여 서쪽으로 흐르는 만경강과 동진강, 진안고원에서 발원하여 남쪽으로 흐르는 섬진강, 소백산맥의 남서부줄기에 자리 잡은 장수군에서 발원하여 북쪽으로 흐르다 다시 남하하여 전라북도 서해와 만나는 금강이 있다.

전라북도의 전체면적은 한반도의 3.6%, 남한의 8.1%를 차지한다. 그런데 그 경지율은 31%로서 전국의 21.9%보다 10% 정도 높다. 특히 전체농지에 대한 답(畓)의 비율이 75.2%로 우리나라에서 가장 높다. 따라서 전라북도는 농도이며 그중에서도 논농사에 대한 의존도가 가장 높아, 논농사와 관련한 소리문화가 발달한 지역임을 알 수 있다.

소백산맥의 동부산악권은 산성인 갈색 산림토가 주로 나타난다. 이 지대는 추위에 잘 견디는 감자, 호프, 옥수수 같은 작물의 재배지 또는 목초지와 고랭지채소 재배지로서 적합하다. 반면에 서부평야권의 토양은 적황색토로서 밭, 과수원, 상전(桑田), 목초지로 이용하기 알맞으나 유기물의 부족 때문에 비료를 충분히 주어야 한다. 호남평야의 답(畓)은 퇴적토(堆積土)로서 기름지기는 하지만 배수(排水)와 객토(客土)가 필요한 토양이다.

1986년의 경지율 조사에 의하면, 경지율이 15%대인 산간지대는 진안, 무주이며, 15~25%인 준산간지대는 완주, 장수, 임실, 남원, 순창이고, 25~40%인 준평야지대는 전주, 군산이며, 40% 이상인 평야지대는 고창, 이리, 정읍, 부안, 김제, 옥구, 익산이다.

전라북도 문화권역은, 지형을 중심으로 구분하면, 동부산간지역(무주, 진안, 장수, 남원 및 완주 일부지역), 서부평야지역(군산, 익산, 김제, 정읍, 부안, 고창, 완주 일부 지역), 준산간지역(임실, 순창, 남원 일부 지역), 서해도서지역(위도, 식도, 선유도, 왕등도, 비안도, 무녀도, 야미도, 어청도, 말도, 개야도, 비응도 등)으로 나눌 수 있다.

또한 수계를 중심으로 나누어보면, 하천이 북행하는 금강수계(무주, 진안, 장수), 하천이 서행(西行)하는 만경강·동진강수계(만경강 : 전주, 익산, 군산, 완주, 동진강 : 정읍, 김제 및 부안 일부 지역), 하천이 남행하는 섬진강수계(남원, 정읍, 임실, 순창, 진안, 장수)로 구분할 수 있다. 그리고 부안의 곰소만 주변과 고창군은 동진강과 별도로 노령산맥 서남부가 분수계가 되어 이들 지역은 '부창지구'로 따로 독립하여 분류된다. 특히 고창지역은 중북부의 물줄기가 서해로 향하는 주진천, 그리고 전남 영광의 물줄기와 합해져 서해 법성포로 빠지는 나탄천(영광과 경계)이 있기 때문에, 고창지역은 서남부 평야지대로 영광지역과 하나의 문화권으로 보기도 한다.

2. 전라북도와 전통음악

전라북도는 농도이다. 까마득한 옛날부터 드넓은 호남평야를 중심으로 정착생활을 해온 전라북도 사람들은 농경사회를 이루고 농경문화를 삶의 기반으로 삼았다.

이러한 전라북도의 농경문화는 마한의 5월 기풍제와 10월의 추수감사제 그리고 벽골제 등과 같은 까마득한 상고시대의 제의와 유적 등을 통해서도 확인할 수 있다.

전라북도는 우리나라가 세계 속에 자랑하는 전통예술의 보고이다. 이렇게 전라북도가 우리 전통예술의 산실이 된 이유는 다음 몇 가지로 정리할 수 있겠다.

첫째, 전라북도는 풍부한 일조량과 강우량, 동부산악지역의 산림, 대륙붕이 발달한 서해 등과 같이 다양하게 발달한 천혜의 자연조건과 지리적 여건으로 말미암아 풍부한 농수산물 등의 생산을 낳게 되었고, 이러한 풍부한 경제력이 문화발전의 밑거름이 되었다.

둘째, 잦은 수탈에 대한 원망과 현실세계에 대한 거부, 그리고 정치와 권력에 대한 소외감이 자연스럽게 문화예술로 관심을 돌리게 하였다. 풍부한 잉여생산물은 오히려 전라도 지역을 가장 가혹한 수탈의 대상으로 만들었는데, 기층민들의 혁명인 동학농민운동 등이 발생한 것도 따지고 보면 이곳이 가렴주구가 가장 극심했던 지역임을 말하여 준다. 또한, 전라도 땅은 고려 태조 왕건의 훈요십조 이후 끊임없는 정치적 소외와 탄압의 대상이 되었다.

씻김굿

셋째, 세습무 계통의 단골집단을 통해 대대로 발전시켜 온 수준 높은 예술이 기층음악의 중심을 이루어 온 지역이라는 점이다. 전라도 지역은 소위 세습무(世襲巫)와 그 주변 집단에 의해 각종 음악과 공연이 연행되어 왔다. 단골(혹은 당골)이라 불리는 혈연 무집단(巫集團)은 대물림을 통해 예술성 높은 무굿을 주관하면서 전문적인 소리와 연주 그리고 춤의 연행을 발전시켜 왔다. 그리고 모계로 세습되는 단골집단 주변에는 남자로 구성되는 소위 광대집단이 있었으니, 이들은 '고인'(공인)으로서 단골의 무의식에 반주자로 참여하기도 하고, 관청이나 중앙의 중요한 행사에 동원되어 악기를 연주하는가 하면, 재주를 부리고, 소리도 하고, 일반 가정에서는 고사소리 등으로 축원을 비는 전문예술인으로서의 역할을 담당해 왔다.

전라북도는 이렇게 농경사회의 풍부한 생산물, 가혹한 수탈과 정치적 소외에 의한 현실 도피 심리, 자연의 혜택이 많은 남쪽 거주민들의 일반적인 성향인 낙천성과 평화를 추구하는 특성, 그로부터 오랫동안 쌓여진 몸에 배인 풍류와 멋을 즐기던 기질, 세습무와 광대집단의 형성과 그들의 축적된 예술적 기량 등이 결합하여 우리가 세계 속에 자랑하는 우리나라의 전통음악, 그중에서도 판소리, 농악, 산조, 시나위, 풍류음악, 민요, 무악 등과 같은 빼어난 민간 전통예술을 만들고 발전시켜 온 보고(寶庫)가 되었던 것이다.

3. 전라북도의 판소리

1) 판소리란 무엇인가?

판소리는 한 사람의 소리꾼(唱者)이 한사람(鼓手)이 치는 북 반주에 맞춰, 극적(劇的)으로 이루어진 긴 이야기를 '소리'(歌)와 '아니리'(말)와 '발림'(몸짓, 너름새 혹은 四體)을 통해 전달하는 예술성 높은 민간 공연예술이다.

판소리는 '판'에서 하는 '소리'이다. 판소리는 다양한 의미로 해석되는데, '굿판', '춤판', '씨름판' 등 전문예능인의 판놀음으로 펼쳤던 소리이며, 하나의 '완결된 이야기'로서 처음과 중간과 마지막으로 온전히 짜여져 있는 판의 소리이며, '특정한 일을 벌인 자리'(局面)에서 부르는 소리이기도 하다.

2) 판소리의 공연 형태

순조 때 윤달선(尹達善)의 '광한루악부(廣寒樓樂府)'에는 판소리에 관하여 다음과 같이 쓰여 있다.

"창우희(倡優戱)는, 한 사람이 서고 한 사람은 앉아서(一人立一人坐), 선 사람은 소리를 하고 앉은 사람은 북을 쳐서 박을 짚는데(而立者唱 坐者以鼓節之), 무릇 잡가 12곡으로 이루어진다(凡雜歌十二腔)"

이와 같이, 판소리는 소리를 하는 창자(唱者)와 북을 치는 고수(鼓手) 두 사람이 공연을 하는 형태이다. 오늘날에는 창극(唱劇)과 같이 여러 사람들이 배역을 나누어 공연을 하지만, 원래 판소리는 혼자서 소리하고 혼자 북을 쳐 반주하는 형태로 공연되는 것이다.

3) 판소리의 유래

판소리를 만들었던 주도 세력은 주로 한강 이남의 시나위권, 특히 전라도 지역의 무격(巫覡)들이었다. 오늘날에도 시나위권의 단골(丹骨)들이 부르는 서사무가(敍事巫歌)에는 그 연행 형태, 사설구조, 장단, 악조 등에서 판소리와 유사한 점을 쉽게 발견할 수 있다.

16세기 말, 중세에서 근대로 넘어가는 격변기는 임진왜란과 병자호란을 거치면서 가속화되는데, 이때 급격히 성장한 서민들의 현실에 대한 불만과 새로운 문화에 대한 욕구, 천민으로 살아오면서 꿈꾸었던 무격(巫覡)들의 신분상승에 대한 기대, 그리고 조선후기 급속히 성장한 중인계급들의 판소리에 대한 지원 등이 결합하여 판소리라는 새로운 민속 예술이 탄생하였다.

지금까지 발견된 판소리 사설 자료 가운데 가장 오래된 것은 조선 영조 30년(1754년)에 만화(晩華) 유진한(柳振漢)이 지은 『만화집』(晩華集)에 실린 춘향가(春香歌) 한시(漢詩) 사설 200구(句)이다.

그리고 늦어도 정·순조 때는 12가지의 판소리 바탕이 있었음을 알 수 있다. 전통사회에서 과거에 급제하면 광대(廣大)와 재인(才人)들을 불러 3일유가(三日遊街)하고 홍패고사(紅牌告祀)를 지내던 풍습이 있었다. 그런데 정조 때의 가난한 선비였던 송만재(宋晚載)는 잔치를 베풀 수 없었으므로 글로서 이를 대신하였는데, 그 글이 『관우희』(觀優戱)다. 그 글에는 '심청가', '춘향가', '흥보가', '수궁가', '적벽가', '변강쇠타령', '배비장타령', '장끼타령', '옹고집', '왈자타령'(↔무숙이타령), '강릉매화전', '가짜신선타령'(→숙영낭자전) 등 12바탕의 판소리 내용이 소개되어 있다. 이 가운데, 오늘날에는 '춘향가', '흥보가', '수궁가', '적벽가', '심청가'의 다섯 바탕이 남아 있는 것이다.

판소리는 조선조 후기 들어 중인층의 후원을 받으며 급속히 성장하게 되는데, 이때 자연스럽게 양반적 취향에 부합하는 방향으로 장르적·내용적 변화를 맞게 된다. 따라서 이들 판소리 다섯 바탕의 주제(主題) 역시 유교의 오륜(五倫)에서 각각(各各) 찾을 수 있는데, '부부유별(夫婦有別) – 춘향가', '장유유서(長幼有序) – 흥보가', '군신유의(君臣有義) – 수궁가', '붕우유신(朋友有信) – 적벽가', '부자유친(父子有親) – 흥보가' 등이 그것이다.

4) 판소리의 구성

판소리는 '아니리', '소리', '너름새'로 구성된다. 최근에는 추임새를 중요시해 판소리의 구성 요소를 '아니리', '소리', '너름새', '추임새'의 네 요소로 보는 경향도 보인다.

첫째, '아니리'는 소리가 아닌 말로 설명하는 부분이다. 둘째, '소리'는 일왈창(一曰唱)이라는 말이 있듯이 판소리에서 가장 중요한 요소인데, 이것은 말 그대로 소리(창, 음악)로 표현하는 부분이다. 셋째, '너름새'(발림, 사체)는 무용적인 동작을 말한다. 판소리는 한 사람의 공연자를 통해 이야기속 등

판소리를 공연하는 창자와 고수

장인물이나 상황을 모두 표현하는 예술이기 때문에, 말과 소리 외에도 적절한 몸동작을 곁들여 공연의 효과를 높인다. 넷째, '추임새'는 일종의 감탄사이자 조흥사이다. 추임새는 무대 위의 반주자인 고수뿐만 아니라 객석에서 구경하는 관객도 함께 넣는다. 판소리는 이러한 추임새를 통해 반주자와 창자 그리고 관객이 동일한 순간과 공간에서 극적 동질감을 체험하는 열린 구조의 연행형태를 띤다.

그렇다면 소리판은 어떻게 구성되는가? 소리판은 말할 것도 없이 무대, 창자, 고수, 관객으로 구성된다. 그리고 그 소리판은 전통사회에서는 초청받은 양반의 사랑이나 대청마루, 잔치집의 마당, 판을 벌인 장터의 가설무대 등에서 펼쳐졌으나, 오늘날에는 현대식 공연장, 즉 일반적인 서양식 프로시니엄 무대에서 오히려 더 많이 공연되는 편이다.

창자는 전통적인 창옷 속에 바지 저고리를 입고 갓을 쓴다. 전하는 도상자료를 보면 예전에는 중갓을 썼으나 오늘날에는 대개 창이 넓은 양반갓을 쓴다. 오른손에는 합죽선을 들고, 왼손에는 수건을 든다. 합죽선은 창자의 땀을 식히기도 하고 장면을 설명하는 소도구로 이용되기도 한다. 수건은 두루마기 소매 속 등에 두었다가 때때로 꺼내 땀을 닦는 데 사용한다.

고수는 역시 바지 저고리에 두루마기를 걸치고 갓을 쓴다. 고수는 북채를 쥐고 소리북을 앞에 놓고 창자 왼쪽에 비스듬히 앉아 창자를 바라본다. 고수가 북을 잡고 앉는 자세에는 두 가지가 있으니, 하나는 오른발을 왼발 위로 올려놓고 앉는 자세이며, 하나는 왼발이 오른발 위로 올라오는 보통 양반다리라고 일컫는 자세이다. 대개는 후자의 양반다리 자세를 택한다.

고수는 창자의 소리를 주의 깊게 들어가며 북반주와 추임새를 넣는다. 고수는 소리의 첫머리를 듣고 장단 종류를 분별할 줄 알아야 하며, 창자의 소리를 보비위(補脾胃)하는 여러 가지 변채장단을 사용해 북가락을 다양하게 연주할 줄 알아야 한다. 또한, 적절한 추임새를 넣어 창자와 관객의 흥을 돋우기도 한다. 때로는 창자가 공연도중 사설 내용을 잊어버렸을 때 재치 있게 이를 일러주기도 하고, 소리하는 속도를 북반주로 조절하기도 하며, 창자가 박자를 다 채우지 못했을 때에는 가락을 생략하거나 보충해 공연이 매끄럽게 연결되도록 도와야 한다.

소리판의 고수

소리판에서의 관객은 서양 음악회에서처럼 숨소리조차 죽여 가며 조용히 앉아 감상만 하는 것이 아니다. 다시 말해, 소리판에서 관객은 감상자이자 연행자의 두 가지 역할을 동시에 담당하는데, 적절한 추임새를 통해 적극적으로 공연에 개입함으로써 무대 위의 창자 그리고 고수와 함께 공동으로 소리판을 만들어 가는 역할을 한다. 소리판에서 빼어난 관객을 일러 '귀명창'이라고 부르는데, 이것은 소리를 잘 분별하여 듣고 이해하며 적절한 추임새를 통해 창자와 고수와 함께 판을 만들어가는 관객의 역할을 잘 설명하는 말이라 하겠다.

5) 판소리의 악조

판소리의 악조는 '우조'(羽調), '계면조'(界面調)가 있으나, '평조'(平調)를 더하여 이 세 가지를 판소리의 중심 악조로 보기도 하고, 혹은 우조와 평조는 비슷한 악상을 지니고 있으므로 이 둘을 합하여 '우평조'(혹은 평우조)라 이르기도 한다.

동편제는 우조를 중심으로, 서편제는 계면조를 중심으로 발전하였다고 하는데, 원래 전통 판소리계에서는 '호령조', '설움조', '엄성' 등의 용어를 써서 악상을 설명해 왔으나, 20세기 초를 거치면서 정악에서 사용하던 용어를 차용하여 우조, 평조, 계면조 등의 용어를 판소리 악조 이름으로 대신하게 되었다. 이밖에도 '경조'(경제, 경드름), '추천목', '권조'(권마성조, 덜렁제, 설렁제), '석화제', '반드름' 등과 같은 용어가 판소리 악조와 악상을 표현하는 말로 쓰인다.

'우조'는 가곡, 시조와 같은 정악의 선율을 판소리에서 사용한 것을 일컫는다. 우조는 원래 높은 조, 즉 '웃조'에서 온 말로, 웅장하고 호탕한 느낌을 주기 때문에 남성답고 호기 넘치는 장면에서 사용한다. 진우조, 가곡성 우조, 평우조로 세분하기도 한다.

우조를 서양식 계명으로 보면 '솔-라-도-레-미'의 음계에 가까운데, 특히 판소리 우조에서는 라음이 생략되는 경우가 많아서, 솔음에서 본청인 도음으로 완전4도로 상행도약하는 진행이 많다. 이때 솔음을 굵게 요성하며, 레음은 중심음(본청)인 도음으로 흘러내린다(退聲). 구성음만 보자면 판소리 우조는 흔히 '창부타령조'라고 일컫는 서울·경기 지역의 민요음계와 동일하다. 그러나 창부타령조가 순차진행이 많아 부드러운 느낌을 주는 데 반해, 판소리의 우조는 '솔-도-레'의 3음집약적 음계구성과 높은 음을 질러내거나 도약하는 진행 등이 많아 오히려 씩씩하고 장중한 느낌을 준다.

'평조'를 우조와 구분하여 서양의 계이름으로 따지자면 '레-미-솔-라-도'에 가까운 음계를 지니고 있다. 그러나 이것은 백대웅이 정한 선법 이론에 의한 것이며, 전통적인 소리판에서는 평조에 대한 대목이 서로 다르거나 해석상의 차이를 낳기도 하여 아직은 명확한 구분이 모호한 상태이다. 이것은, 판소리 악조의 용어가 실제로는 길(旋法)과 악상기호 두 가지 개념으로 사용되어 온데서 발생한 혼동으로, 예를 들면 춘향가 중 '사랑가'나 '금의 내력을 아뢰는 대목'과 같이 계면조의 음계를 지닌 곡이라도 가볍고 너끈한 발성으로 표현하기 때문에 평조라 불러왔다는 점 등을 주의해야 한다.

'계면조'는 서양의 계이름으로 '미-솔-라-도-레'에 가까운 음계를 가지고 있으며, 슬프고 한스러우며 애절한 느낌을 주는 악조이다. 특히, 도음에서는 단2도 아래음인 시음으로 급격히 꺾어 내리는 목을 사용하는데, 이렇게 유반음을 사용하는 음계는 오직 남도 민간음악에만 나타나는 특징이기도 하다. 미음은 중심음인 라음으로 4도 상행 도약하는데 굵게 요성(搖聲)하며, 라음은 중심음(본청)으로서 평으로 낸다. 계면조는 남도의 한을 표현하는데 가장 적합한 악조로서 남도음악의 한 갈래인 판소리에서 가장 많이 등장하는데, 이를 평계면·단계면·진계면 등으로 구분하기도 한다.

'경조'(경제, 경드름)는 19세기 초 경기도 여주 출신의 염계달이 창제하고 일제 때 활약했던 송만갑(1865~1939)이 발전시킨 것이다. 서울 사람이나 왈자들의 행동을 표현할 때 사용하며, '이도령이 춘향이 달래는 대목', '남원골 한량들이 사또 욕하는 대목', '토끼가 별주부 욕하는 대목' 등이 여기에 해당한다.

'반드름'은 반경드름이라고도 하는데 경드름에 계면조가 살짝 물들인 것을 말한다.

'추천목'은 춘향이 광한루에서 그네 타는 것(추천)처럼 오락가락 흔들흔들 부른다고 해서 붙은 명칭이다. 추천목 역시 염계달의 더늠으로 알려져 있으며, 춘향가 중 방자가 춘향에게 핀잔을 주는 '네 그른 내력을 들어봐라'가 유명하다.

비가비 명창 권삼득의 묘

'권조'(권마성조, 덜렁제, 설렁제)는 가마꾼이 가마 모는 소릿조를 판소리에 도입하였다는 것인데, 전라북도 완주군 용진면 구억리 출신으로 최초의 양반 광대(비가비)였던 권삼득이 만든 창법이다. 춘향가 중 '군로 사령이 춘향이 잡아들이는 대목', 심청가 중 '남경장사가 처녀를 팔라고 외치는 대목', 흥보가 중 '놀보가 제비 후리러 가는 대목' 등이 이에 해당한다.

'석화제'는 김제철(혹은 계철)과 신만엽이 창시했다고 한다. 가야금 병창제와 관련이 있는데, 수궁가 중 '소지노화', '토끼화상', '부엉이 허허 웃고' 그리고 춘향가 중 '천자뒤풀이대목' 등이 석화제로 짜여져 있는데, 이 소리는 오늘날 평조 선법으로 인식되고 있는 대목이다.

'메나리조'는 산유화조라고도 하며, 송흥록이 개발한 소리라고 알려져 있는데, 고창의 김창록이 산유화가를 작곡했다는 설도 있어 이후 더 많은 역구가 필요하다. 심청가 중 '뺑덕어미 길소리 대목'을 흔히 메나리조라고 한다.

6) 판소리의 장단

판소리에 사용되는 장단은 일곱 종류이다. 장단 명칭은 각각 진양, 중머리, 중중머리, 자진머리, 휘머리, 엇머리, 엇중머리로 불리며, 그 빠르기에서는 진양-중머리-중중머리-자진머리-휘머리 순으로 속도가 점점 빠르다.

박자는, 진양은 점4분음 느린 6박(4+2), 중머리는 4분음 12박, 중중머리는 8분음 12박, 자진머리는 점4분음 빠른 4박, 휘머리는 4분음 4박으로 구성된다. 이밖에, 엇모리는 3분박과 2분박이 엇갈리며 8분음 10박(3+2+3+2), 엇중머리는 정악의 도드리와 같은 형태의 장단으로 중머리 반절인 4분음 6박으로 구성된다.

판소리 장단은 북반주에 의해 이루어지는데, 판소리 반주에 사용되는 북을 소리북, 혹은 고장북이라고 한다.

소리북의 타점은 합궁점(*합, *덩), 반각점(*따, *딱), 매화점(*따르락 딱), 온각점(대각점, *척), 채궁점(*당, *다), 뒷궁점(*궁, *구)으로 구분한다. 이를 대별하면 합궁점, 온각점, 뒷궁점으로 나눌 수 있으며, 이것을 삼재로 나누면 각각 인(人), 천(天), 지(地), 그리고 음양으로 보면 각각 중성(中性-太極), 양성(陽性), 음성(陰性)으로 구분된다.

판소리 장단의 기본원리도 이러한 음양의 법칙에 따른다. 즉, 판소리 장단은 반드시 중성으로 시작하여, 양성으로 맺고, 음성으로 푸는 것이며, 기(起 : 일어남)-경(景 : 그림)-결(結 : 맺음)-해(解 : 풂)의 원리가 장단운용의 법칙으로 적용된다. 즉, 기와 결 사이에 경을 두어 갖가지 사연과 삼라만상을 담으며, 맺힌 것(結)은 반드시 풀어서(解) 모든 기운을 화해시키고 조화를 이루어내고 것이다. 또한 이것은 각각 춘하추동(春夏秋冬) 사계절의 순환에도 비유된다. 이렇듯 판소리 장단은 우주와 자연 질서에 따르고 그 원리와 조화를 이루며 마침내 순응하여 일체가 되는 동양사상의 깊은 철학적 배경 속에 탄생된 것임을 알 수 있다.

명창은 아니로되 소리를 잘 분별하여 들을 수 있는 사람을 '귀명창'이라고 한 것처럼, 전문적인 고수(鼓手)는 아니로되 창자의 소리를 듣고 장단을 분별하여 소리에 부합하는 장단을 선택하고, 소릿속을 꿰뚫고 있어 소리의 이면에 맞게 북가락을 운용할 줄 알며, 나아가 적절한 변채가락과 추임새로 창자를 보비위(補脾胃)할 수 있는 사람을 '한량북'이라 이른다.

7) 전라북도와 판소리

판소리는 전라북도에서 생겨나 전라북도를 무대로 성장하였다.

문헌에 따르면, 조선 영정조 때 우춘대(禹春大)·하은담(河殷潭)·최선달(崔先達) 등의 명창이 나와 판소리 기틀을 잡았고, 순조때는 권삼득(權三得)·송흥록(宋興祿)·모흥갑(牟興甲)·염계달(廉啓達)·고수관(高秀寬)·신만엽(申萬葉)·황해천(黃海天)·김계철(金啓喆) 등의 명창이 나와 판소리의 조와 장단을 확대시킴으로써 판소리 음악을 발전시켰다.

권삼득(權三得, 1771~1841)은 전북 완주군 용진면 출신으로 하은담(河殷潭)에게 소리를 배워 8명창의 원로였던 것으로 알려

남원 운봉의 송흥록 생가

져 있다. 송흥록(1801~1863)은 남원 운봉 출신으로 가조를 집대성했으며 가왕이란 소리를 들었다. 1810경 송만재의 『관우희』에는 우춘대·권삼득·모흥갑 등의 소리꾼 이름이 나타나 있다.

모흥갑 역시 경기도 진위군 혹은 전주 출신으로 알려져 있는데, 이렇듯 판소리의 본고장임을 실감케 하는 당대 명창들의 출신지를 봐도 판소리의 본거지가 바로 전라북도였음을 능히 알 수 있다.

모흥갑은 초기 소리꾼 중 활동양상이 구체적 증거로 남아 있는 유일한 인물이다. 현재 서울대학교 박물관에 보관돼 있는 '평양감사부임도'라는 병풍에는 '명창 모흥갑'이라는 글자가 새겨진 판소리 연행

모흥갑이 소리하는 광경

장면이 묘사되어 있다. 그는 가왕 송흥록과 동시대 사람인데 특히 적벽가를 잘했다고 하며, 평양 연광정에서 덜미소리로 10리 밖까지 들리게 하였다는 일화가 남아 있다.

19세기 전반, 순조 무렵에는 권삼득·송흥록·모흥갑·염계달·고수관·김제철·주덕기·황해천·박유전·송광록 등의 명창이 있었는데 이 중 여덟을 골라 '전기 팔명창'이라 한다.

전기 8명창 중에 드는 사람 중에서 충청도 태생인 김제철과 역시 충청도 해미 태생인 고수관, 그리고 태생 불상(不詳)인 황해천을 제외하면, 박유전을 비롯한 나머지 일곱 명창이 모두 전북 출신 혹은 전북 출신일 가능성이 높은 것으로 평가된다. 이 역시 가히 전라북도가 판소리의 고장이 입증하는 좋은 자료라 하겠다.

서편제의 시조라 불리는 박유전은 원래 전북 순창 태생인데, 서울에서 대원군 사랑을 무시로 출입할 정도로 귀한 대접을 받으며 활동하다가, 말년에는 전남 보성군 강산리로 내려가 후학을 지도하며 거주하였다.

19세기 후반, 철종 무렵 활동한 명창으로는 박만순·이날치·송우룡·김세종·장자백·정창업·정춘풍·김찬업·김정근·한송학 등이 있는데, 이 중 여덟을 골라 '후기 팔명창'이라 한다.

위의 후기 8명창에 드는 사람 중에서 전남 함평 태생인 정창업, 충청도 儒家 태생인 정춘풍, 충청도 강경 태생인 김정근, 경기도 수원 태생인 한송학을 제외한 나머지 6명의 명창이 모두 전라북도 태생이다.

송흥록의 대를 이어 동편제의 우두머리가 된 박만순은 정읍 고부면 수금리 태생인데, 춘향전 중 옥중가와 사랑가를 특히 잘했으며, 적벽가도 으뜸인 것으로 알려지고 있다.

김세종은 순창 사람으로, 춘향가 중에서 특히 천자 뒤풀이대목이 그의 더늠으로 전해지고 있다.

전북 무장 출신의 김창록은 심청가중 심청 부녀가 이별하는 대목을 애간장이 끓는 소리로 불러 당대에 그를 따를 자가 없었다 한다.

고창 흥덕 태생의 김찬업은 토별가 중 토끼 화상 그리는 대목으로 타의 추종을 불허했던 것으로 알려져 있다.

고종 때는 김창환·박기홍·송만갑·이동백·김창룡·유성준·정정렬과 같은 판소리명창이 나와 기예를 완성한 가운데, 송우룡의 아들인 송만갑(1865~1939) 그리고 익산 내촌리 출생으로 조선 성악 연구회를 창설한 정정렬(1896~1938) 등이 전북과 연관을 맺고 있다.

일제의 국권침탈 이후에 판소리는 혹독한 시련을 겪게 된다. 1906년 조선통감부를 설치한 일제는 재정궁핍을 내세워 창극과 판소리의 무대인 원각사를 폐쇄하기에 이르자 판소리 창자들은 그들이 설 땅을 잃어버렸다.

국권 상실로 인해 전반적인 사회 분위기가 애절한 정서로 바뀌면서 대중의 슬픈 소리 취향에 부응하려는 움직임이 송만갑대로부터 시작됐다.

이를 이어받아 정정렬은 자신만의 소리를 개발하면서 애잔한 정서에 맞게 불러 대중들로부터 인기를 누렸다. 이후 1930년대에는 슬픈 소리로 당대 최고의 인기를 누린 불세출의 명창 임방울과 이화중선이 있었다.

이 시대에 특기할만한 점은, 1920년경에 전국 주요 도시에 권번(기생조합)이 설치되고 그곳에서 판소리를 가르치기 시작했는데, 이를 계기로 다수의 여성 창자가 배출되게 되었다는 사실이다.

판소리사에서 최초의 여성 창자는 신재효의 문하에서 가르침을 받은 진채선이었으며, 그를 필두로 허금파·강소춘 등이 나왔고, 배설향·김녹주·김초향·이화중선 등이 등장하여 인기를 누렸다.

1930년대 후반에는 박초월·박녹주·김소희 등이 그 뒤를 이어 소녀 명창으로 활약하면서 이후 여성 창자들의 급속한 확산이 이루어진다.

여창의 등장으로 인해 판소리는 기존의 분위기가 사라져 가면서 점차 유흥화, 오락화하는 경향을 띠게 된다.

1964년에 들어서, 박녹주·김연수·김여란·정광수·김소희·박초월 등이 국가지정 중요무형문화재 기예능보유자로 지정됐다.

이중 김여란은 고창 출신으로 시조·양금·가야금·가곡·법무 등을 배웠고 김봉이에게서 심청가를 전수 받은 것으로 전해진다. 또 정정렬에게서 춘향가, 적벽가, 심청가를 7년 동안 배웠으며, 1929년 대구극장에서 첫 발표회를 가져 인구에 널리 회자됐다. 김여란은 또 예술학원에서 후진을 양성했고 1957년부터는 수도국악예술고를 설립하여 화제를 뿌렸다.

김소희는 고창 흥덕 태생으로 본명은 김순옥, 15세에 흥덕고등보통학교를 졸업하고, 이 해부터 송만갑·정정렬에게 소리공부를 했다. 해방이 되던 해에 여성 국악동호회를 조직하여 한국민속예술학원을 창설하였다.

초대 한국국악협회 이사장을 역임하기도 했던 박초월은 남원 운봉읍 비전리에서 성장하였는데, 김정문·송만갑에게 소리를 배워 높게 질러내는 서슬 있는 소리로 당대 최고 명창이란 소리를 들었으며, 한국 국악진흥에 크게 이바지한 것으로 평가된다.

이밖에도, 강남백(남원)·김거복(줄포)·김세종(순창)·김수영(흥덕)·배성녀(고창)·배운향(남원)·전용선(고부) 등이 전북 판소리의 맥을 이어왔다.

강도근(1918~1996)은 남원 출신으로 소위 동편제 판소리의 정통을 계승한 소리꾼이었으며, 고령의 나이에도 불구하고 고향에서 직접 농사를 지으며 소리도 하고 후학을 지도하였다.

전주대사습놀이 전국대회

전주대사습놀이 전국대회는 1975년에 부활되어 1998년까지 총 24명의 판소리 명창부 장원자를 배출했다. 이중 전라북도 출신 혹은 전라북도에 뿌리를 내리고 활동하는 사람이 50%인 12명에 달하였다.

8) 단가의 이해

단가(短歌)는 창자가 바탕소리(本事歌)를 부르기 전에 목 상태를 점검하고 고르기 위해 부르는 짧은 노래를 말한다.

단가의 기능은 본격적인 공연에 앞서 행하는 일종의 다스름[調音]에 있다고 하겠다. 창자는 목 상태를 미리 점검하고 목을 따뜻하게 만들어 줌으로써 본격적인 소리를 편하게 할 수 있고, 고수는 단가 반주를 통해 미리 손과 목을 풀어 주며, 청중들은 단가를 통해 본격적인 소리에 대한 기대감을 높이는 과정에서 불리는 소리가 단가인 것이다.

소리판에서 단가라는 말을 사용하기 전에는, 정악에서 가사나 별곡과 같은 장가(長歌)에 비해 짧은 노래하는 뜻으로 시조를 단가(短歌)라고 불렀으나, 지금은 판소리 부르기 전에 부르는 짧은 노래만을 단가라고 칭한다.

단가를 예전에는 영산(靈山)·허두가(虛頭歌)·초두가(初頭歌) 등의 명칭으로도 불렀는데, 단가 한 편을 부르는 데 소요되는 시간은 보통 3~7분 정도이다.

단가의 장단은 너무 느리지도 않고 너무 빠르지도 않은 중머리 장단이 주류를 이룬다. 그러나 '고고천변'과 같이 중중머리 장단으로 짜여진 단가도 있고, 또한 '사창화류'와 같이 오래된 단가는 엇중머리 장단으로 짜여져 있기도 하다.

단가는 대부분 우조(솔선법)나 평조(레선법)와 같이 부르기 편하고 화평한 느낌을 주는 악조로 구성되어 있다. 그러나 '이산 저산'과 같이 근래에 만들어진 단가는 계면조(미선법)로 되어 있기도 하다.

단가 내용은 인사(人事)에 관한 것과 자연 풍경을 묘사한 서정적인 것이 대부분을 차지하는데, 그 종류는 약 50여 종에 이른다. 이중 오늘날 많이 불리는 단가는 만고강상, 진국명산, 고고천면, 죽장망혜, 불수빈, 강상풍월, 운담풍경, 풍월강산, 홍문연가, 백수한, 탐경가, 편시춘, 장부한, 소상팔경, 초한가, 초로인생, 사시풍경가, 백발가, 사철가, 호남가 등이다.

4. 전라북도의 산조

1) 산조란 무엇인가?

산조는 무속문화에 뿌리는 두고 판소리 등의 영향으로 발전해 온 예술성 높은 민속 기악독주곡이다. 산조는 시나위라고 불리는 실내악 규모의 무속음악을 모태로 독주곡으로 독립해 발전하는 과정에서 다양한 민족음악을 수용하였다. 그중에서도 특히, 판소리에서 사용하고 있는 장단과 그 다양한 음악어법이 폭 넓게 수용되었다.

산조(散調)음악의 본질은, 그 한자말에서 알 수 있는 것처럼 '허튼 가락' 혹은 '흩은 가락'에 있다. 즉, 정형화된 음악이 아니라 흐트러져서 다양하게 변화할 수 있는 즉흥적 요소가 풍부한 음악인 것이다.

산조는 무속음악이나 농악 혹은 토속농요처럼 생활의 필요에 의해서 형성되고 유지되어 온 음악이 아니다. 산조는 전통음악 중에서는 비교적 뒤늦은 19세기 후반에 출현한, 음악 자체의 연주와 감상을 목적으로 한 새로운 민속음악 장르에 속한다. 이전까지 기악분야의 민속음악이 주로 연주자체의 목적보다는 굿이나 춤 혹은 행사 등의 반주음악으로 사용되었다는 점을 감안하면, 산조와 같은 감상용 민속음악이 그것도 독주기악곡으로 연주하게 되었다는 사실은 산조라는 장르가 이미 예술음악의 영역에서 출발했음을 보여준다고 하겠다.

산조는 1세기 남짓한 짧은 역사를 가지고 있으면서도 그 음악이 단기간에 빠르게 완성되었고 산조의 독주곡 양식은 우리의 중요한 민족 악기 전체로 빠르게 확산되었다. 산조는 19세기 말에 영암 태생의 김창조에 의해 가야금 산조가 처음 만들어진 이후 거문고, 대금, 피리, 해금, 아쟁 등 현재 우리가 중요한 전통 악기로 취급하는 모든 악기로 그 영역이 급속도로 확대되었다. 다시 말하자면, 산조 음악의 중요한 요소인 꺾고, 흔들고, 흘러내리거나, 쳐 올리는 연주기법(시김새) 등을 표현할 수 있는 악기만이 한국 전통악기를 대표하는 민족 선율악기로 남거나 혹은 그것이 가능하도록 악기 자체가 변화하여 오늘에 이르게 되었다.

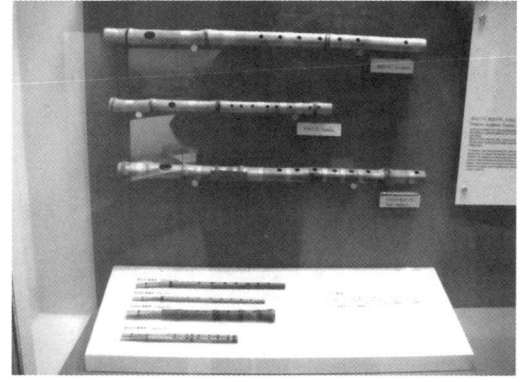

대금과 피리

  산조가 전문예능인들이 연주하는 전문적인 예술음악 장르에 속한다는 사실은 이미 그 음악적 수준도 전문가들이 표현할 수 있는 가장 극단적인 부분까지 발달되었다는 사실을 나타낸다. 토속농요나 농악 등과 같은 민속음악은 우리나라 어느 곳이든 고루 발달해 있다. 그것은 특별히 오랜 기간 따로 배우지 않아도 음악적 재능이 있는 사람이라면 그저 동네 어른들의 어깨 너머로 익히고 표현할 수 있는 음악이라고 하겠다.

  그러나 산조는 전문 예능인들의 손에 의해 만들어지고 다듬어지면서 완성되었다. 따라서 그 음악적 구성이나 내용이 매우 정교하고 치밀하게 조직되어 있다. 이렇게 산조는 단지 음악적 재능이 있다고 해서 쉽게 흉내 내거나 따라할 수 있는 음악이 아니다. 예술적으로 고도로 발달된 음악인 산조는 아무리 뛰어난 음악적 재능을 가진 사람이라도 좋은 스승 밑에서 오랜 기간 동안 학습을 거치고, 또 스스로도 이를 수 없이 반복하며 기량을 연마하는 소위 '독공'이라는 기나긴 훈련과정을 거쳐야만 비로소 완성되는 음악이다.

지금까지 밝혀진 산조 중에서 전라북도 출신 연주자의 이름을 딴 산조로는 '강백천류 대금산조', '전추산류 단소산조', '김종기류 가야금산조', '신관용류 가야금산조', '신쾌동류 거문고산조', '윤윤석류 아쟁산조' 등이 있다. 그중에서도 강백천류 대금산조, 전추산류 단소산조, 김종기류 가야금산조, 신관용류 가야금산조는 그 발생과 학습 과정을 따져볼 때 전라북도의 정체성을 가장 많이 지니고 있는 산조라 하겠다.

2) 전라북도 산조 분포의 특징

전라북도의 산조는 전라북도 전 지역에서 고르게 발달하지 않고 일부 특정한 지역을 중심으로 발생하고 성장해 왔음을 알 수 있다.

산조는 전통적으로 전문 예능인들을 많이 배출한 지역, 농경사회의 중심이 되었던 지역, 정치 경제 문화의 중심을 이루었던 도시, 혹은 근대 산업화 과정에서 도시화에 성공한 지역을 기반으로 발생하고 성장해왔다. 이렇게 산조는 경제적 풍요를 바탕으로 음악적 수요가 많았던 도회지를 중심으로 생산되고 소비되어 온 특징을 지닌다.

전라북도의 산조 역시 전주시, 군산시, 익산시, 정읍시, 김제시, 남원시 등과 같이 농경사회의 중심이거나 도시화가 진행된 지역을 중심으로 산조가 발생하고 유포되었으며, 과거와 마찬가지로 오늘날에도 이러한 특징은 그대로 유지되고 있음을 알 수 있다.

특히, 전주시, 남원시, 정읍시는 예로부터 전통음악이 강했던 지역이며 그런 전통은 현대에 와서 관립단체의 설립과 사회교육 등을 통해 그대로 유지되고 있다. 반면에, 전통적으로 농경사회의 중심이었던 김제시는 그러한 자원을 현대로 계승하지 못하고 있으며, 신흥도시인 익산시의 경우도 이리우도농악이나 이리 줄풍류 등과 같이 지역적 기반이 분명하지 않은 문화유산을 앞세워 정작 산조의 전통을 잇는 데는 실패하고 있다.

한편, 이렇게 도시화에 성공한 지역과 인접한 지역에서도 산조의 흔적은 발견된다. 전주 인근의 완주군, 남원과 정읍의 인근인 순창군과 임실군 등에서 소수의 산조 연주자가 출생하거나 존재했었다. 그러나 짐작할 수 있는 바와 같이, 이들의 주 활동 무대는 역시 자신의 태생지보다 가까운 도시 혹은 서울 등과 같이 큰 도회지였다는 점을 알 수 있다. 이것은 산조의 소비가 철저하게 도회지를 중심으로 이루어졌다는 사실을 나타낸다.

실제로 강동일, 전추산과 같은 명인은 각각 완주군과 정읍에서 출생했으나 전주 등을 주 무대로 활동했으며, 김종기, 유동초, 신쾌동, 김윤덕, 윤윤석 등과 같은 산조계의 쟁쟁한 거물들은 모두 전라북도에서 출생했으나 서울을 주 무대로 활동했던 연주자들이다.

그러나 흥미로운 사실은, 최근에는 이런 현상이 반대로 나타나고 있다는 점이다. 오늘날에는 적지 않은 명인들이 오히려 서울에서 전라북도로 내려와 활동하고 있다. 이와 같은 특징은 20세기에서 21세기로 넘어가는 길목에서 나타나는 새로운 문화적 흐름으로 파악되는데, 이는 특히 전라북도가 전통예술을 중시하면서 관련 학교가 타 지역보다 많이 생기고(전북대 한국음악과, 우석대 국악과, 원광대 국악과, 백제예술대 전통예술과, 전주예술고, 전통문화고, 남원국악예

정읍사예술단의 음악극 들불

전주전국고수대회

술고 등) 다수의 관립단체(남원국립민속국악원, 전라북도립국악원, 전북도립창극단, 전북도립국악관현악단, 전북도립무용단, 전주시립국악단, 전주전통문화센터, 남원시립국악원, 남원시립국악단, 정읍시립국악원, 정읍시립국악단 등)가 설립되었으며, 그와 함께 사회 교육이 증가하면서 많은 동호인이 생기는 등 전통예술의 기반과 저변이 다른 지역에 비해 괄목하게 확대된 것과 무관하지 않을 것으로 판단된다.

덧붙여 또 한 가지 주목할 사실은, 최근 들어 전라북도로 내려와 자리를 잡고 활동하고 있는 대부분의 명인들 중에는 전라북도 태생이 아닌 연주자가 많다는 점이다. 이것은 전라북도의 전통예술 관련 기반이 타 지역 출신의 연주자도 활동할 수 있는 충분한 공간과 기회를 제공하고 있는 사실을 입증하는 것이며, 정서적으로도 타 지역 출신 예술인을 큰 반감 없이 또는 별다른 제한 없이 받아들이는 포용력을 발휘하고 있다는 사실을 나타낸다.

전라북도 각 시·군 중 무주, 진안, 장수, 임실과 같은 산악 지역과 도서 지역에서는 과거와 마찬가지로 오늘날에도 산조 연주자의 자취를 찾기 힘들다.

이들 지역에서는 다른 지역과 마찬가지로 토속민요나 농악과 같이 실생활의 필요로 발생하고 향유되었던 민중의 생활음악은 아직도 비교적 풍성하게 남아 있지만, 산조와 같이 전문예능인이 연주할 수 있는 예술음악 혹은 선비나 한량과 같이 특정한 계층에서 즐기던 음악인 풍류나 정가 등은 찾아보기 힘든 실정이다.

산악지역과 도서지역은 아무래도 험준한 자연환경에 맞서 살아야 하는 열악한 삶의 조건을 지니고 있다고 하겠다. 이런 지역에서는 인구가 많이 모이고 경제적으로 여유가 있는 도회지나 너른 농토를 지닌 평야지역과 달리, 상당한 예술적 연마가 필요한 산조나 혹은 정신적 도야를 중시하는 정가와 같은 장르의 음악이 뿌리내리고 성장할 수 있는 토양이 부족했다고 하겠다.

3) 전라북도 산조의 현실과 과제

전라북도는 판소리의 고장이며 좌우도 농악의 본산이었다. 또한 완제시조를 통해 전국을 평정할 정도의 영향력을 행사하였으며, 전라북도의 줄풍류 음악은 우리나라 향제풍류를 대표하는 음악으로 손꼽힌다.

이러한 풍부한 음악 유산과 함께 산조분야에서도 역시 많은 명인들이 배출되었으며 전라북도제라고 불릴만한 새로운 산조를 만들어 세상에 내 놓기도 했다. 그러나 어찌된 일이지 다른 분야와 달리 산조만큼은 오늘날 그 평가도 인색하고 전승도 제대로 이루어지지 않고 있는 실정이다.

오히려 경상남도에서 신관용류 가야금산조를 2002년 8월 14일 경상남도 무형문화재 제25호로 지정한 바 있다. 진주시청의 도문화재 신관용류 가야금산조의 설명에는 '신관용류 가야금산조는 전북제(全北制) 중 이영채제(李永彩制)에서 신관용(1911~1957)으로 이어져 강순영에게 전승되었다. 신관용류 가야금산조 예능보유자 강순영산조의 특징은 타 산조보다 고박한 맛이 있는데 장단은 진양, 중모리, 중중모리, 자진모리로…'라고 하여 신관용류 가야금산조가 전북제임을 분명히 하고 있다. 이들 이영채, 신관용 등은 모두 전북 출신이며, 더군다나 이 산조의 보유자로 지정된 강순영은 전북 남원 출신이다.

이처럼 다른 지역에서 전라북도 산조의 우수성을 인정하여 문화재로 지정하고 보존 계승시키고 있는 마당에 그 산조의 본거지인 전라북도에서 이를 외면하고 있다는 사실을 어떻게 설명할 수 있겠는가?

이런 점은 김종기류 가야금산조도 마찬가지이다. 김종기류 가야금산조 역시 남원 운봉의 박한용으로부터 시작되어 장수의 김종기 그리고 임실의 정금례에게 이어졌고, 이 산조가 전주의 변진심에 의해 발견되어 이후 변금자 등이 가락을 전수받았는데, 김종기류 가야금산조 보존회까지 결성하여 보존과 계승에 노력하였지만 김종기류 가야금산조 역시 전라북도에서 외면당하고 있기는 마찬가지이다. 이밖에, 강백천류 대금산조를 포함하여 전추산류 단소산조, 신관용류와 김종기류 가야금산조에 이르기까지 전라북도제 산조에 대해 그 본거지인 전라북도에서는 단 한 가지도 문화재로 지정받지 못하고 있다.

문화재 지정은 결과적으로 긍정적인 효과도 있지만 그에 못지않은 커다란 부정적인 측면이 있다. 문화재 지정의 파급효과가 너무나 크기 때문에 소멸 위기에 처한 무형 문화유산을 보존하기 위해 시행하고 있는 무형문화재 제도가 오늘날 우리 무형문화예술계의 판도를 바꾸고 그것을 특정한 방향으로 전개시키는 위력을 발휘하고 있는 것이다.

단적으로 말해, 문화재로 지정되지 않은 예술분야는 지정된 분야에 비해 현저히 그 보존과 전승력이 떨어진다. 산조를 배우려는 사람이 자연스럽게 문화재로 지정된 종목으로 쏠리기 때문이다.

오늘날, 학교 교육에서 사용되는 산조 대부분이 우리 지역의 정체성과 상관없이 국가가 지정한 국가지정문화재가 대부분이기 때문에 앞으로 연주 분야에서 이러한 편향과 쏠림현상은 시간이 갈수록 가속화될 전망이며, 이러한 사실은 사회 교육의 현장에서도 별반 다르지 않다. 이렇게 전라북도제 산조가 문화재 지정에서 외면 받고 그 연장선 위에서 학교 교육과 사회 교육에서도 외면 받는 악순환이 되풀이 되는 한, 앞으로 언젠가 전라북도제 산조는 그 명맥이 완전히 끊길 수밖에 없을 것이다.

5. 전라북도의 농악

1) 한국의 농악

우리나라에서 농악은 북쪽으로 올라갈수록 약화되고 남쪽으로 내려올수록 강화되는 현상을 보인다. 남쪽에서도 서남쪽, 즉 호남지역의 농악이 풍부하다. 즉 농업이 발달하고 특히 논농사가 발달한 지역일수록 농악이 성행했음을 알 수 있다.

농악의 명칭은 1936년 조선총독부에서 발행한 『부락제』라는 책에서 처음 사용하였다. 전통적으로는 '매구', '풍물', '풍장', '걸궁', '걸립' 등으로 불렀으며, 농악을 치는 것을 '굿친다', '금고(金鼓)친다', '매구친다', '풍장친다', '쇠친다'라고 불렀

마을 당산굿에서 농악

다. 농악기는 '굿물', '풍물', '기물'로 불렀다. 그런가 하면 농악을 종교적 기능에서 부를 때는 '굿', '매굿', '지신밟기', '마당밟기'라 했으며, 노동예능으로 볼 때는 '두레'라 불렀고, 풍악이나 풍류로 해석할 때는 '풍장'이라 표현했다. 일부 지방에서는 농악을 군악으로 보아 '군고(軍鼓)'라 부르기도 한다.

농악의 유형은 '축원농악', '노작농악', '걸립농악', '연희농악'으로 분류할 수 있다. 지역별로 구분하면, '경기충청농악', '영동농악', '영남농악', '호남좌도농악', '호남우도농악'으로 나뉘는데, 경기충청농악은 '웃다리농악', 그에 반해 호남과 영남농악은 '아랫다리농악'이라고도 한다.

2) 전라북도의 농악

농악이 가장 성행했던 전라도농악의 뿌리는 모두 전라북도에 있다. 전라도 농악은 두 가지 종류로 구분되는데, 서쪽에 위치한 평야지대의 농악을 '호남우도농악'이라고 하고, 동쪽에 위치한 산악지대의 농악을 '호남좌도농악'이라 한다.

농악놀이

호남우도농악은 익산, 부안, 김제, 고창, 정읍, 군산, 장성, 영광, 나주, 광주, 함평, 무안, 목포, 영암, 장흥 등지에 전승되어 왔다. 호남좌도농악은 진안, 무주, 장수, 임실, 남원, 순창, 곡성, 구례, 화순, 광양, 순천, 보성, 승주 등지에 전승되어 왔다.

지형적인 면에서 보자면 소백산맥과

노령산맥의 동부 산악권을 따라 호남좌도농악이 분포하고, 동부산악권에서 발원하여 서해와 남해로 흘러드는 하천의 중하류지대에 속하는 드넓은 호남평야를 배경으로 호남우도농악이 분포한다.

농악대의 편성은 '앞치배'와 '뒷치배'로 나뉜다. 앞치배는 '농기', '영기', '날라리'(새납, 태평소)와 쇠, 징, 장구, 북의 '사물'(四物)을 이른다. 뒷치배는 '소고'(법고)와 '잡색'을 이른다. 앞치배는 주로 연주를 담당하고 뒷치배는 춤이나 연극적인 놀이를 담당한다. 지신밟기나 두레농악에서는 편성이 간소하나 전문적인 판굿을 벌일 때는 대편성을 한다.

상쇠는 농악단을 지휘하는 사람이기 때문에 옷이나 장식품이 가장 화려하다. 머리에는 화려한 부포상모를 쓰고, 흰바지 저고리 위에 반소매의 창옷(홍동지기)을 입는데 소매 끝을 오색동이로 치장하기도 하고, 등쪽에는 반짝이는 원형의 쇠붙이(거울)를 붙여 지위와 위엄을 나타내기도 한다. 또한 다른 치배들과 같이 화려한 삼색띠(색드림, 화복)를 어깨와 허리에 감고, 거울을 붙일 때는 등에 붙여 아래로 늘어뜨리기도 한다.

상모에는 채상모와 부포상모가 있다. 채상모는 전립 꼭대기 물채에 이어서 한지종이를 달아맨 것이다. 부포상모는 물채 끝에 부포(꽃상모)를 다는 것으로, 좌도농악에서는 물채 끝이 부드러운 노끈으로 된 부들상모가 쓰이고, 우도농악에서는 물채 끝에 철사를 넣어 뻣뻣하게 곧추 세울 수 있는 뻣상모를 쓴다. 좌도농악의 경우 대개 쇠꾼은 부포상모(부들상모)를 쓰고, 나머지 치배들은 채상모를 쓴다. 우도농악의 경우 대개 쇠꾼만 부포상모(뻣상모)를 쓰고, 나머지 치배들은 고깔을 쓴다.

우도농악의 뻣상모놀이

도시공간에서 농악놀이

이 밖에 판굿의 개인놀이에서는 열두발 채상모를 쓴 사람이 나와 열두발 상모놀음을 펼친다.

쇠에는 암쇠과 숫쇠가 있다. 숫쇠는 고음이 나고 금속성 소리가 강하다. 암쇠는 다소 저음이 나며 부드러운 소리를 낸다. 상쇠는 숫쇠를 치는 것이 상례이다. 장구는 열채로 두드리는 채편이 원통이 작고 얇은 가죽을 사용하여 높은 소리인 숫소리를 내고, 궁채로 두드리는 궁편이 원통이 크고 두꺼운 가죽을 사용하여 낮은 소리인 암소리를 낸다. 이 밖에 징에도 암징과 숫징이 있으며, 북은 예전에는 대북, 중북, 소북으로 나뉘었으나, 호남지방의 북은 좀 작고, 영남지방의 북은 좀 크다. 전라북도에서는 북놀음이 약화되고 장구놀음이 강화된 반면 영남지방과 전라남도에는 아직도 북놀음이 성행한다. 대개 외북채로 치나, 전라남도 진도와 경상도 금릉 그리고 김해 지방의 농악에서는 쌍북채 놀음을 한다.

호남좌도농악은 전원 상모를 써서 윗놀음(부포놀음)이 화려하나 상대적으로 밑놀음(굿가락)은 담백한 편이며, 가락이 빠르고 소박하며 단체연기에 치중하고 빠른 몸놀림을 특징으로 한다. 호남우도굿은 고깔을 주로 써서 윗놀음보다 밑놀음이 발달했으며, 느린 가락이 많아 치밀하고 다채로운 변주가 많고 개인놀음이 발달했으며 느린 춤사위를 특징으로 한다. 그러나 호남우도농악에서 뻣상모가 개발된 후로는 개인놀음에서 상쇠의 상모놀음이 중요한 비중을 차지하고 있다.

6. 전라북도의 민요

1) 민요의 구분

민요는 흔히 통속민요(대중민요)와 토속민요(향토민요)로 대별한다.

통속민요는 아리랑, 창부타령, 도라지 등과 같이 시기적·지역적으로 국한되지 않고 많은 사람들에 의해서 향유되는 민요이다. 보다 전문적인 민요 가창자들에 의해 넓은 지역에 전파되며 작곡자가 드러나기도 한다. 이에 반해, 토속민요는 거문도 뱃노래, 임실 두월 들노래 등과 같이 특정 시기, 특정 지역에서 특정한 사람들에 국한되어 불리는 민요를 말한다. 토속민에 의해 제한된 장소에서 불리며 오랜 세월동안 입에서 입으로 전해져 내려오며 정착된 민요라 할 수 있다.

또한, 민요는 기능요와 비기능요로 구분하기도 하는데, 기능요는 다시 노동요, 의식요, 유희요로 나눌 수 있다.

노동요는 농업노동요, 어업노동요, 그리고 그 외의 다른 잡다한 일과 관련된 잡역노동요로 나눌 수 있다. 농업노동요와 어업노동요는 대개 여러 사람이 함께 부르는 집단 노동요에 속하며, 잡역노동요에는 토목운반과 같은 집단노동요가 있는가 하면 수공업이나 집안일을 하면서 부르는 것과 같은 개인노동요도 있다. 대개 남자들이 부르는 민요는 집단노동요가 많고, 여자들이 부르는 민요는 개인노동요가 많다.

의식요는 사람이 일생을 살면서 거치게 되는 통과의례(通過儀禮)와 일 년 동안의 각 절기에 따른 세시의례(歲時儀禮)를 거행하면서 부르는 노래이다. 환갑노래, 상여소리, 지신밟기 등이 있다.

유희요는 그 주체에 따라 남성유의요, 여성유희요, 아동유희요로 나눈

다. 강강수월래, 놋도리밟기노래, 대문열기, 잠자리꽁꽁 등이 그것이다.

비기능요는 기능요가 일시 전용되거나 기능에서 파생된 것이 대부분이다. 전라도 지역의 모심기 소리(상사소리)가 판소리 춘향가에서 '농부가'로 변화한 것이 그 좋은 예라 할 수 있다.

2) 전라북도의 민요

달구질 소리

전라북도의 농요는 논파는 소리, 논꾸미는 소리, 물품기 소리, 모심는 소리, 김매기 소리, 장원질 소리, 벼베는 소리, 등짐 소리, 타작 소리, 방아 소리 등 그 종류가 매우 많다.

특히 가장 많은 노동력이 필요로 하는 김매기 작업에는 그만큼 많은 소리가 다양하게 분화되어 불리고 있다. 김매기는 지역에 따라 두세 벌만 매기도 하고 혹은 네다섯 벌을 매기도 하는데, 초벌매기, 두벌매기, 세벌매기, 만두레 등의 과정에서 불리는 소리가 각각 다르고, 혹은 하루 중에서도 아침과 점심 그리고 새참 전후의 소리가 모두 다른 경우도 나타난다. 이처럼 전라북도의 농요는 우선 전라남도 지역과 더불어 농요의 종류가 타 지역과 비교할 수 없을 만큼 많다는 게 중요한 특징 중 하나이다.

전라북도 농요에는 전라도의 대표적인 소리인 육자백이 토리가 많다. 실제로 서부평야지역의 농요에는 육자백이 토리로 된 노래가 많다. 그러나 전라북도 농요가 모두 육자백이 토리로 불리는 것은 아니다. 서부평야지역의 일부 소리들(만경산타령, 방아타령, 홍아소리, 등짐소리 등)에서는 한 곡조 안에 육자백이 토리와 남도 경토리가 동시에 나타나고 있으며, 충청도를 통해 유입된 것으로 보이는 만물산야(익산)는 메나리 토리로 불린다. 그런가하면 동부산간지역의 농요는 대부분 경상도와 같은 메나리 토리로 불린다. 그리고 서부평야지역과 동부산간지역의 접경지역(완주, 진안) 그리고 동남부 산간분지(임실, 순창, 남원)지역에서는 육자백이 토리와 남도 경토리의 특색이 공존하여 나타난다. 특히 동남부 산간분지인 순창과 남원은 판소리의 발생지로 이 지역의 기층음악인 농요에 판소리의 양대 선법 즉, 남도 계면조(육자백이 토리)와 우조(남도 경토리)가 고르게 분포한다는 사실은 판소리 음악 어법의 근원을 밝힐 수 있는 단서를 제공할 수 있다는 점에서 시사하는 바가 크다.

전라북도에서 문열가, 이슬털이, 만경산타령, 방아타령 등과 같이 초벌 논맬 때 부르는 소리는 이른바 '숨을 다할 때까지 늘여 부르는' 유장한 소리로 무장단의 불균등 박자로 불린다. 그 외에는 대개 3소박 4박자의 굿거리류나 자진머리류, 2소박 12박의 중머리류, 혹은 3소박 6박자의 진양류의 균등박자로 되어 있다. 그러나 풍장이나 못방구 등과 같은 반주악기를 동원하지 않고 부르는 농요의 경우에는 대체적으로 박자가 내재되어 있는 경우가 많다. 즉, 내재되어 있는 박자는 있으나 호흡에 따라 그때그때 박을 조금씩 늘이고 줄이는 박의 자유로운 변용을 많이 볼 수 있다.

익산, 전주, 완주, 군산, 김제, 부안, 정읍, 고창의 서부평야지역은 논농사가 중심이다. 드넓은 평야에 풍부한 일조량과 따뜻한 기후 그리고 기온의 연교차가 적어 논농사에 적합한 지역이다. 따라서 밭 매는 소리가 거의 소멸되고 없으며 남성 중심의 논농사에 관련된 농요 가창이 두드러진다.

서부평야지역에서는 다른 지역과 달리 논농사의 전 과정에 걸쳐 많은 소리가 불린다. 다른 지역에서는 찾아보기 힘든 논파는 소리, 모찌는 소리, 벼 베는 소리, 벼등짐소리, 타작소리, 방아소리 등을 서부평야지역에서는 쉽게 발견할 수 있다. 연행방식은 대규모 두레조직이 동원되어 대부분 풍물을 반주악기로 하며 거의 모든 노래가 한 사람이 앞소리를 맥이면 나머지 사람들이 후렴구를 받는 선후창 방식으로 불린다. 또한 대부분의 노래가 아래음을 굵게 떨고 중간음을 평으로 내며 윗음을 급격히 꺾어 내리는 특성을 지닌 남도 육자백이 창법으로 불린다.

무주, 진안, 장수, 완주 일부(운주면), 남원 일부(산내면, 운봉면, 아영면, 동명)의 동부산간지역은 좁은 농지에 산으로 둘러싸여 일조량이 적고 날씨도 낮으며 기온의 연교차도 상대적으로 크다. 전라북도에는 동부산간지역이라고 해도 답률이 40% 이하인 전작지대는 없다. 이곳에서는 논농사와 밭농사가 거의 같은 비율로 이루어지며 모심는 노래와 밭 매는 소리가 농요의 중심이 된다. 밭 매는 일은 주로 여성들이 담당하며 논농사에도 남성과 여성이 함께 작업하는 경우가 많다. 따라서 같은 소리를 밭 맬 때와 모 심을 때 동시에 부르는 미분화된 양상이 많다. 풍물은 거의 동원되는 일이 없고 가는 소리를 처량하게 길게 늘어뜨리는 메나리 창법으로 거의 모든 노래가 한 사람씩 혹은 그룹별로 한 절씩 나눠 부르는 교환창 방식으로 불린다. 후렴이 없기 때문에 앞 사람이 노래하는 사이사이 '어리씨구나', '좋구나', '이히히' 등의 추임새를 넣어 흥을 돋운다.

임실, 순창, 남원의 남동부 산간분지 지역은 서부평야지대보다는 지대가 높고 동부산간지역보다는 지대가 높아 평균기온과 일조량 그리고 기온의 연교차도 그 중간에 있다. 하지만 이 지역은 위도상 동부산간지역보다 아래쪽에 위치함으로써 실제 기후면에서는 서부 평야지역과 비슷한 조건을 갖추고 있어서 논농사가 발달한 지역이다. 이들 지역은 가창 방식에서도 서부평야지역의 선후창 방식과 동부산악지역의 교환창 방식이 섞여 있으며, 특이하게도 제창 방식도 많이 발달하여 가창방식이 가장 다양한 지역임을 알 수 있다. 음악적인 면에서도 서부평야지역과 동부산악지역의 선율 및 창법적 특징 외에도 남도 경토리의 특징이 두드러지게 나타나 가장 풍부한 음악적 내용을 담고 있음을 알 수 있다. 또한 김매기 소리가 가장 다양하게 분화되어 불리는 곳 또한 이 지역이다. 풍물은 최대한 간소하게 동원된다.

위도, 왕등도, 비안도, 말도, 무녀도, 선유도, 신시도, 횡경도, 어청도 등 서해에 위치한 많은 도서들과 전북 서해안지역은 어업노동요가 많고 이것들이 그대로 농요로 불리는 경우가 많다. 어업요에는 슬비 소리(그물당기는 소리), 가래질 소리(고기퍼올리는 소리), 배치기 소리(만선의 귀향 소리) 등이 있는데 이들 노래가 그대로 농요, 제의요, 놀이요로 전환되어 불리는 것이다.

연행 방식은 모두 선후창 방식이며 후렴에 대한 의존도가 높다. 또 작업의 특성상 계속 쉼 없이 소리를 해야 하기 때문에 장형의 사설로 이루어져 있으며 가창자 역시 모두 남성으로서 소리에서도 대단히 강렬하고 역동적인 힘을 느낄 수 있다. 만선으로 귀향하는 뱃길에 부르는 배치기 소리에는 풍물을 반주악기로 사용하나 실제 어로 작업에서는 모든 소리가 무반주로 불린다.

7. 전라북도의 무악

사람이 사는 곳에서는 어디나 음악과 종교가 있다. 이 양자는 긴밀한 친

부안 위도 원당굿

연성을 지니고 있다. 종교는 의식을 통하여 구상화되며 의식은 음악을 통하여 표현된다.

특히 우리의 전통적인 토속신앙은 굿이라는 의례를 통하여 구체화되는데, 종교와 음악의 결합체를 굿이라는 의식을 통해서 이를 확인할 수 있다. 이러한 현상은 멀리 상고시대의 가무전통에서부터 비롯되며, 그 맥을 잇고 있는 굿이라는 의식은 지금도 전국 각처에서 전승되고 있다.

굿에서 쓰이는 음악은 각 지역의 자생음악을 바탕으로 전승되어 왔다. 굿음악은 지역음악과 민속음악의 이해라는 차원 못지않게 예술음악의 뿌리라는 점에서도 중요성이 강조된다고 하겠다.

오늘날 전라북도 무가의 구송이 완결성을 갖추고 있는 굿거리는 많지 않다. 그만큼 무녀 자신이 이미 사설을 많이 잊어버린 상태이다.

근래 마지막까지 전라북도의 단골로 활동했던 사람으로는 군산 김봉순, 위도 조금례, 비안도 윤말례, 정읍 전금순, 순창 김옥남 등을 들 수 있다.

그러나 이들 대부분이 현재는 작고한 상태이며, 살아 있을 때도 일찍이 무업을 중단한 상태였거나 혹은 세습무의 전통적인 의례가 펼쳐지던 굿판이 아닌 점복(占卜)과 같은 방식으로 연명하고 있음을 확인할 수 있었다. 따라서 전라북도에서 세습무 무의식의 원형은 이미 단절되었다고 해도 과언이 아니다.

또한 전라북도의 전통적인 무업은 무악 반주자의 반주에 맞춰 가무를 수행하였다. 이들 반주자를 '고인'이라고 부르는데 이와 같은 전통적인 고인들 역시 급속히 굿판을 이탈한 상태이기 때문에, 이 역시 세습무의 굿 수행을 제대로 할 수 없게 만든 이유가 되고 있다. 따라서 세습무의 굿판은 인위적인 방법으로도 그 원형을 복원하기가 어려운 상황이다.

봉건시대 신분제도에서 최하층에 속했던 무업 당사자들은 지금도 극심한 피해의식에 젖어 있다. 일제강점기에는 혹세무민하는 '미신'으로 철저한 타파의 대상이 되었으며, 군사정권이 집권하면서도 근대화 정책에 역행된다는 이유로 철저히 배격되었다.

그러나 나중에는 민족문화에 대한 각성이 일면서 이들을 문화재 기능보유자로 지정하게 되었다. 그러나 전라북도에서는 이들 세습무들이 굿판으로부터 이미 너무나도 멀리 떠나 있어 굿을 예전으로 되돌리기 어려운 상황이 되어 버렸다.

한국의 무속을 지역적으로 구분하면 두 개의 권역으로 대별된다. 한강을 기준으로 그 이북지역은 강신무권에 해당하며 그 이남지역은 세습무권에 해당한다.

강신무는 자신의 선택과 상관없이 신이 들려 무당이 되는 경우이며, 세습무는 신들리는 현상과 상관없이 집안 대대로 세습되는 대물림 무당을 말한다.

이들은 굿이라는 의례를 수반하여 종교적 사제자의 역할을 수행한다는 점과 악가무(樂歌舞)라는 음률과 행위로 표현한다는 점에서는 공통점을 가진다.

그러나 굿에 대한 세계관이 서로 다르기 때문에 굿 의식(儀式)이나 음악적 표현양식이 다르게 나타난다. 단적인 예를 든다면 강신무권에서는 공수라고 해서 신의 예언이나 병을 고치는 등의 '신통한' 영험함의 능력을 중요시 한다. 그러나 세습무권에서는 음률로 표현되는 의식을 통하여 신을 감동시켜 문제를 해결하고자 하기 때문에 '예술적' 표현력을 중요시 한다.

참고문헌

鄭魯湜, 『朝鮮唱劇史』, 서울 : 朝鮮日報社出版部, 1940.
『全羅北道文化財大觀』, 도지정편(상) 전주 : 全羅北道, 1997.
박 황, 『판소리 200년사』, 사사연신서11, 서울 : 사사연, 1987.
『全羅北道誌』, 第一卷, 전주 : 全羅北道, 1989.
『全羅北道文化藝術資料集』, 전주 : 全北愛鄕運動本部, 1990.
『全北日報』, 『全州日報』, 『全北道民日報』, 『全羅每日』 기사 스크랩.
김익두, 『전북민요개관』, MBC, 『한국민요대전-전라북도민요해설집』, 1995.
김익두·노복순·임명진·전정구·최상화, 『호남좌도풍물굿』, 전북대 박물관, 1994.
김택규·류장영·박용재, 『한국의 농악』, 호남편, 서울 : 수서원, 1994.
류장영, 『益山 農樂』, 전주 : 대명출판사, 1995.
류장영·김성식·서경숙, 『전북의 민요마을』, 전라북도립국악원, 1998.
류장영·김성식·서경숙, 『전북의 무가』 전라북도립국악원, 2000.
류장영, 『익산목발노래와 삼기민요』 익산문화원, 1997.
류장영, 『익산농악』, 익산문화원, 1995.
송화섭·류장영 등 공저, 『전라북도 마을굿·산조』 전라북도, 2006.
류장영·양진성 등 공저, 『전라북도 농악·민요·만가』 전라북도, 2004.
김택규·류장영·박용재, 『한국의 농악-호남편』, (사)한국향토사연구전국협의회, 1994.
전라북도 편, 『전라북도지』 제1권, 1989.
정병호, 『농악』, 열화당, 1986.
백대웅, 『한국음악의 선율구조론』, 어울림, 1985.
백대응, 『한국전통음악분석론』, 도서출판어울림, 2003.
김해숙·백대웅·최태현, 『전통음악개론』, 도서출판 어울림, 2005.
류장영, 「판소리의 음악구조」, 『전북의 판소리』, 전라북도, 2003.
류장영, 「순창지역 김매기소리의 음악적 연구」, 『전북의 민속』, 전라북도, 2005.
류장영, "전라북도 민족예술무의 바른 평가를 위한 소고", 『금파의 호적구음 살풀이』 공연 팜플릿, 1992.
도문화재전문위원 보고 자료 '무형문화재조사보고서', 전라북도청 문화예술과, 1997.
'전주대사습놀이보존회 판소리 명창부 대통령상 수상 기념음반 자료집', (사)전주대사습놀이보존회, 1997.
오전수, 「전북 서부 평야지역의 농요연구」, 한국교원대학교 석사학위논문, 1994.
이영일, 「전북노동요 연구」, 전북대학교 석사학위논문, 2000.
장성렬, 「전북 동부 산악지역의 농요연구」, 한국교원대학교 석사학위논문, 1993.

Chapter ⓘ 전북지역의 통과의례와 관혼상제

1. 통과의례란 무엇인가

　일생의례는 출산의례, 성인의례, 혼례, 수연례, 상장례, 제례 등을 그 범위로 한다. 그동안 일생의례는 관혼상제와 동일시해왔다. 그리고 주로 예식에 비중을 두고 관례, 혼례, 장례, 상례, 제례라는 용어를 사용해왔다. 이 사례를 가례라 한다. 가례(家禮)는 집안 단위로 매우 중시하였으며, 동족촌을 중심으로 더욱 강렬하게 전승시켰다. 사례는 유교적인 시각에서 보는 측면도 있지만, 부계 중심의 혈연공동체의식을 강화하는 측면이 더 크다. 사례는 한국인으로 태어나서 죽음에 이르는 과정마다 전환적인 통과해야 하는 의례를 말하는데, 가례에서 제례는 일생의례의 이후까지를 범주화하고 있다. 통과의례(通過儀禮)는 시간적 통과의례와 공간적 통과의례가 있다. 가례는 시간적 통과의례에 든다. 사람이 일생을 살아가는 과정에서 삶의 단계마다 전환점이 있고, 그 전환점에서 통과의례를 치르는 관습적 행위가 일생의례이다. 사람들은 통과의례를 통해서 새로운 사회의 지위와 역할을 얻게 되고, 그에 따른 사회적 의무와 권리를 갖게 되고, 신분변화에 따라 다양한 사회집단에 속하게 된다. 인간이 삶의 전환기에서 신체적 변화에 따라 겪어야 통과의례도 있지만, 자기가 속한 집단과 사회계층에서 통과의례도 있다. 전자는 관혼상제를 말한다면, 후자는 입학식, 졸업식, 입사식, 이취임식 등을 예로 들 수 있다.

인간은 성장과정에서 신체적인 발달에 따라 연령집단에 속하는 통합과 분리를 지속적으로 전개하고, 사회집단에 속하여 통합과 분리를 거듭하는 사회적 동물이라 할 수 있다. 그 전환시기마다 사회적 의례행위를 반복한다. 모든 사회집단들은 통과의례의 원리인 통합-전이-분리라는 의례행위를 수행하면서 인간의 사회화 과정을 훈련시키고 경험을 하게 만들고 있다. 결국 인간은 육체적인 성장과 변화 과정에서 신분 계층과 소속집단으로 통합하고 분리하는 것을 지속적으로 반복하면서 살아가고 있다. 통과의례란 하나의 생활집단 구성원이 평생에 겪는 육체적 사회적 지위와 역할의 변화나 그들의 생활공간과 생활주기의 변화로부터 생기는 문제를 해결하기 위한 문화적 행위를 말하고 있다.

일생의례의 범위는 사람이 태어나서 죽음에 이르는 전 과정에서 반드시 통과해야 하는 관문 가운데 이승에서 거행하는 출산의례, 성인의례, 혼례, 수연례와 저승의 사람살이라 할 수 있는 상례, 장례, 제례로 구분할 수 있다. 제례는 이승에 살아가는 후손들과 저승에 계시는 조상들을 연결시켜주는 의식이다. 한국인의 제례 관습은 매우 강렬하고, 제사로 끝나는 게 아니라 직접 무덤을 찾아가 참배하는 성묘문화가 발달할 정도로 유난스럽다. 해가 바뀌면 조상에게 차례를 지내고, 한식날에는 묘소를 찾아 살피고, 추석에는 추수에 감사하는 참배의식을 거행할 정도로 계세의식이 강하다. 그래서 제례는 일생의례의 범주에 들지 않지만, 한국인의 가례에서 제례는 매우 중요한 의식을 차지한다.

이와 같은 한국인의 내세관은 이미 청동기시대부터 존재했었다. 청동기시대 고인돌의 부장품으로 토기, 석기, 구슬 등을 넣고, 석관묘에도 다양한 청동제품이 부장품으로 출토하고 있다. 삼국시대 고분에는 금동신발과 금동관모가 출토되기도 하고, 고구려 고분벽화에서 화사한 내세의 세계를 그림으로 표현하고 있다. 이러한 벽화고분은 한국인들이 청동기시대부터 이승과 저승을 분리하여 구분하는 것보다 하나로 연결되어 있다는 세계관과 영혼불멸의식을 갖고 있었음을 보여준다. 이러한 계세의식은 삶과 죽음을 연속선상에서 이어가는 조상숭배문화를 발달시켰으며, 문중조직과 가례문화를 발달, 전승시키는 요인으로 작용하였다고 할 수 있다. 조상제사가 동고조 8촌을 범위로 하여 제사권이 설정된다. 이러한 제사범위는 당내친이라고 하기도 하고, '집안'이라는 혈연의식이 형성되어 있다. 한국인들은 유난히 집안 의식이 강하다. 집안 단위로 4대봉사의 제사권이 설정되고, 그들이 하나의 친척의 범위가 된다. 이러한 한국인의 영혼불멸사상은 혈연공동체 생활에서 잉태한 것으로 가문을 중심으로 소집단사회가 형성된 것을 배경으로 한다. 한국에서 조상숭배가 강렬하게 전승하는 요인도 혈연 중심의 집안의식에서 비롯되었으며, 일생의례에서 상장례와 제례가 중시되는 것도 이와 같은 배경을 갖고 있다.

한국문화의 특징 가운데 하나가 바로 조상숭배와 계세의식이라 할 수 있다. 문중의식이 강한 집안일수록 가례를 매우 중시한다. 가례는 일생의례에서 관혼상제의 의례를 말한다. 가례가 고려 말 중국의 주희가 쓴 가례에 따라 수용되고 그 규범을 토대로 관습화된 것이지만, 부계 중심의 혈연사회에서 매우 적절한 집안운영의 원리를 제공하였던 것이다. 사람이 태어나기 이전부터 사후 이후까지 인간과 그 영혼에 대한 돌봄과 관리의 대상이 되는 것도 한국인의 독특한 일생의례관이라 할 수 있다. 서양과 달리 동양에서는 상장례에 의미를 부여하고 있으나, 한국인들은 제례를 일생의례에 포함시킬 정도로 내세의식이 강하다. 이것이 한국인의 전통주의적 가족관념이라는 관점에서 이해해야 한다. 일생의례에서 제례는 한국인의 삶의 지속성을 저승까지 연결시키는 生死一如의 통과의례라 할 수 있다.

2. 전북지역의 관혼상제와 통과의례

전라북도는 전주를 중심으로 좌도와 우도의 지역적인 구도로 구분되어 있고, 그 문화권에 대한 문화차이가 확연하다. 좌도는 산악과 산간 지대를 말하고, 우도는 평야와 해안 도서권으로 구분되고 있다. 전라북도에서도 좌도와 우도의 민속문화가 다르고 수계권에 따라 생활문화가 다른 만큼 좌도, 우도와 수계권 별 일생의례를 꼼꼼하게 살펴본다면 그 특징을 도출해낼 수 있을 것으로 보인다. 사람은 자연환경에 적응하면서 살아가는 관습을 갖고 있으며, 환경 적응에 따른 관습이 곧 일생의례를 통해서 도출될 수 있을 것으로 보인다.

1) 출산의례

출산의례는 기자, 산전, 산후, 생육까지 포함된다. 기자행위는 가부장제의 전통사회에서 조상의 대가 끊어지면 계세가 단절되기 때문에 매우 극성하였다. 기자의 대상은 남근형 입석이나 깊은 계곡의 절을 찾아가서 간절하게 기도하거나, 미륵불상과 남근의 상징인 돌부처의 코를 갉은 돌가루를 물에 타 먹기도 하였다. 심지어는 정월초에 마을 줄다리기에서 암줄과 수줄이 결합된 상태의 줄 일부를 끊어다가 물에 끓여서 마시기도 한다. 득남을 위해서는 기원행위는 물론 주술적인 행위도 마다하지 않았다. 조상숭배가 강렬한 한국사회에서 조상의 대가 끊어진다는 것은 불효 중에 가장 큰 불효라고 인식해왔던 것이다. 조상의 음덕으로 살아간다는 믿음을 가진 한국인들에게 득남은 필수적인 조건이었다. 남녀가 인연을 맺어 부부가 되면 반드시 아들을 낳아야 조상에 보은하는 일이었다. 가부장적 사회에서 집안의 대를 잇는 것은 한국사회에서 만큼은 절대적이었다. 특히 조선후기에는 더욱 심했다. 아들을 낳지 못하는 행위는 칠거지악의 하나이고, 심지어는 불임녀는 남편과 시집에서 쫓겨나기도 하였다.

기자행위는 주로 집안에서 '지앙맞이' 비손행위를 하는 방식으로 이뤄지기도 했다. 집에서 기자치성을 할 때에 단골이 와서 굿을 해주기도 한다. 기자행위가 단골이나 승려들에게 의탁함으로서 영험력이 발휘되기를 소망하는 기원의식이 있는가 하면 달리 주술적인 방법도 사용했다. 아들이 많은 집의 식칼을 몰래 훔쳐와 자신의 부엌에서 사용하면 아들을 낳는다든가, 속옷이나 밥주걱을 몰래 훔쳐와 사용하기도 했고, 아들 많이 낳은 집의 요강을 훔쳐다가 소피를 보면 아들을 낳는다 하여 이웃집 요강을 훔쳐서 오줌을 싸는 주술적인 의례가 행해지기도 했다.

태아의 성별은 보편적으로 임산부의 행동과 배의 모습을 보고 판별하기도 한다. 임산부가 음식을 가리지 않고 먹으면 아들이고, 음식을 가리거나 잘 먹지 못하면 딸이라거나, 딸은 빨리 놀아서 4개월이며 놀고, 아들은 늦게 놀아서 6개월이 되어야 논다고 하며, 임신 6개월이 지나서 아이가 활발하게 놀면 아들이고, 아이가 놀 때에 엄마의 옆구리가 아프면 딸이라거나, 임산부가 앉아서 머리를 숙였을 때 허벅지와 배 사이가 닿지 않으면 아들이고, 배와 허벅지가 닿으면 딸이라고 하였다. 이처럼 임산부가 태중의 아들과 딸을 구분하는 방법은 오로지 태중에 있는 아이의 움직임이 가장 크게 영향을 미친다고 본다.

그리고 임산부들은 태중 금기와 유산 방지에도 많은 정성을 쏟았다. 태중 금기는 음식물 섭취 금지가 가장 많았는데, 주로 오리고기, 닭고기, 개고기, 노루고기, 토끼고기와 상어, 병어 등 다양하다. 보편적으로 금기의 대상 동물은 오리, 개고기를 먹지 않는데, 주로 동물의 특징과 형상을 보고 금기시 하거나 관습에 따라 금기하는 성향이 강하다. 오리는 오리 발갈퀴처럼 손가락이 붙어서 나올까봐 먹지 않았고, 닭고기는 피부가 닭살처럼 생길까봐 먹지 않고, 토끼고기는 눈이 붉은색으로 될까봐 먹지 않고, 상어는 피부가 거칠고 검정색이 될까봐서 먹지 않는 풍토가 있다. 개고기는 부정 타는 음식이라는 먹지 않는 게 보편적이다. 그러나 막달에는 이미 태아의 신체가 완성된 뒤이기에 닭고기 같은 것은 영양보충을 위하여 먹기도 했다.

그리고 임산부는 행동과 말을 조심해야 한다. 말꼰대를 넘어다녀도 안 되고, 담을 넘어다니거나 불을 넘어 다녀도 안된다. 불난 곳을 보면 아이가 자라면서 불에 데인다고 금기하는 사항이다. 넘어다니면 임산부나 가족들도 상가집이나 궂은 데 가지 않아야 하며, 임신 중에는 집의 굴뚝이나 부뚜막 같은 곳을 고쳐서도 안 된다. 가능하면 부정 타거나 잡스런 짓을 보지 않기 위하여 가능하면 임신기간에는 출입하는 것을 꺼렸다.

산신은 안방을 쓰기도 하나 일반적으로 며느리가 거처하는 방을 그대로 쓴다. 산실에는 웃못목 삼신상이 차려지기도 하고, 아랫목에는 볏짚을 깨끗하게 씻어 자리로 깔고 태를 자를 소독된 가위와 태를 감을 무명실을 준비해둔다. 출산 후에 태는 볏짚과 함께 태우기도 하고, 땅에 묻기도 하며, 해안지방에서는 바다에 버리기도 한다.

출산 후에는 산모가 먹는 밥을 첫국밥, 삼신밥이라고 하는데, 이러한 삼신밥은 삼신상에 올려놓은 미역과 쌀로 밥을 짓는다. 산모가 먹는 미역국은 미역만 넣고 국을 끓이거나 소고기를 넣는 경우가 일반적인데, 처음에 미역을 살 때에 산모용으로 구입하여 쓴다. 산모는 보통 세이레까지 미역국과 밥만 먹는데, 몸을 보하기 위하여 매운 음식과 딱딱한 음식을 먹지 못하게 하였다.

아기가 처음 태어나서 처음 입는 옷을 배냇저고리라고 한다. 배냇저고리는 셋이레나 일곱이레까지 입고 있는 경우가 많다. 배냇저고리의 속신으로 잘 보관해두었다가 아이가 시험을 칠 때 가지고 가면 시험을 잘 본다고 하기도 하고 법정에서 재판을 할 때에 가지고 가면 재판에서 이긴다고 하여 잘 보관해두기도 한다. 출산 후에 산실의 웃목에 삼신상을 차려놓는다. 삼신상은 셋이레나 일곱이레까지 놓아두기도 한다. 삼신상에는 밥과 미역국과 물 한 그릇을 올려놓는데, 부정물림을 위하여 수수떡이나 팥시루떡을 올리기도 한다. 산모의 젖이 부족할 경우에 마을의 공동샘에 가서 용왕공을 드리기도 하지만, 보편적으로 돼지족을 삶아서 먹으면 젖의 양이 많아진다 하여 삶아먹기도 한다. 그래도 젖이 부족할 경우 쌀을 확독에 갈아서 숭늉처럼 아이에게 먹이기도 한다.

출생 직후에 대문에 금줄을 거는데, 외부인의 출입을 금하고 잡귀를 출입을 막기 위해서다. 금줄에는 고추, 숯, 솔가지, 출산 때에 방에 깐 지푸라기를 걸기도 하고, 연필이나 붓을 왼새끼에 끼워놓기도 한다. 아기가 금줄을 걷은 후에 처음으로 바깥나들이를 할 때 외갓집인 어머니의 친정나들이를 한다. 외갓집에 가면 맨 먼저 친정어머니가 아기를

출산 후에 대문에 내건 금줄

조선시대 풍속화(1800년대)의 돌잔치 모습

1980년대 돌잔치상의 모습

받아서 측간 앞에 나아가 세 번을 절을 한 후에 집안으로 들어가거나, 측간에 먼저 가는 것은 측신에게 인사드려야 좋다는 믿음 때문이다. 측간 외에 외양간이나 빈 돼지막에 들어가서 각 구석퉁이에 아기를 들이미는 식으로 뱅이를 하기도 한다. 일종에 기아의례와 같은 것인데, 천하게 키운 아이가 범상한 이름이 된다는 속신 때문이다. 이름을 개똥이, 쇠똥이라고 부르는 것도 같은 이치이다. 또한 이마에 숯검정을 칠해주거나 명태대가리를 아이옷에 메달아주기도 한다. 잡귀가 따라오지 못하게 하기 위해서다.

아기가 태어난 지 100일이 되면 백일상을 차려준다. 백일떡과 미역국을 끓여서 내놓는다. 백일은 가족끼리 조촐하게 하나 첫돌상은 돌떡, 미역국 외에 실과 연필, 돈, 공책 등을 놓고 아기의 장래를 점치는 놀이도 즐긴다. 돌떡을 찰떡으로 해놓는 곳도 있는데, 걸어다니면서 넘어지지 말라고 찰떡을 해놓는다. 돌날에는 가족과 친지들이 함께 모여서 아이의 돌잔치를 축하해준다.

2) 성인의례

　성인식은 청소년이 성인으로 전환되는 시점에서 치르는 통과의례이다. 성인식은 일정한 나이에 이르면, 사회구성원으로 일정한 자격과 권리를 부여하고, 성인이 된 자는 부여된 의무를 수행해야 한다. 성인식은 성년식이라고도 부른다. 성인식은 보통 15세에 이르는 청소년들이 사회적 공인의례로 치러진다. 15세는 전통사회에서 성인식을 치르는 나이이며, 전 세계적인 성인식의 기준 연령이다. 성인식의 방법도 다양하다. 신체 일부를 절단하거나 자해하여 육체적인 고통을 이겨내게 하는 방법이 있고, 무거운 돌을 들어 노동력을 시험케하는 방법도 있다. 우리나라에서도 삼한시대에 청소년들이 일을 하면서 등가죽에 끈을 꿰어 소리를 환호하면서 일하는 모습에서 성인식의 역사를 찾아볼 수 있으나 지금까지 전승되고 있지는 않다. 현재 농촌에는 마을 모정에 들독이 놓여 있어서 옛 성인식의 흔적은 찾아볼 수 있다. 이러한 들독은 농민층에서 거행한 성인식 모습이라면, 현재 전승되는 성인식은 유교적인 관례이다. 사대부층에서는 남자아이에게 상투를 틀어서 갓을 씌우는 관례를 치르고 여자아이에게는 쪽을 찌고 비녀를 가로지르는 계례의식을 치렀다.

　전통적인 성인식은 농촌에서 관습적으로 거행해 온 진서턱을 내는 방식이다. 진서턱은 사내아이의 나이가 15세에 이른 집에서 마을사람들에게 진서턱, 진쇠턱을 내야 성인 대접을 받는다. 성인의 신고식을 하는 방식이다. 진서턱은 성년에 이른 아들이 들독을 들어올려야 자신의 노동력을 인정받아 상머슴 대접을 받았다고 한다. 들독들기는 대체로 백중날이나 칠석날에 머슴들이 호미씻이를 하면서 힘자랑하는 하고 놀았는데, 이때에 15세에 이른 집안의 아이가 들독을 들어올리면 성인으로 인정받는 성인식을 치르는 것이다. 들독들기는 마을주민들이 개인의 노동력을 공인해주는 마을공동체의 풍속으로 진사 시험에 합격하는 거와 같은 등급으로 인식해왔던 것이다.

그래서 마을단위로 농번기인 백중날에 마을 단위로 장원례를 행하고 호미씻이 행사를 할 때에 농부들이 많이 모인 정자나무나 모정에서 술멕이를 하고 놀았는데, 들독들기로 성인식을 치른 집안에서는 노동의 품앗이를 인정받은 것에 감사하는 향응으로 술과 음식으로 내놓는다. 이러한 의식을 진서턱낸다고 하는 것이다. 진서턱은 마을 공동체조직에 가입하는 일종의 신고식이라 할 수 있는데, 진서턱을 내고 마을노동조직인 두레꾼에 편입되어 균등한 품값을 인정받아 진정한 성인의 대접을 받고 마을공동체의 성원으로 행세를 할 수 있는 것이다. 아무리 나이를 먹어도 들돌을 들지 못하고 진서턱을 내지 못하면 진정한 머슴으로 인정받지 못한다는 관행이 있었다.

들독들기의 성년식은 남자들에게 해당되는 것이며, 서민층의 여성들에게는 성인식을 치루는 관행은 없었다. 마을공동체신앙과 의식이 해체되면서 이러한 성인의식이 자취를 감추고 있으며, 종전에 양반가문에서 행해지던 관례와 계례가 성인식에서 행해지고 있는 것이다. 관례와 계례는 전통문화 일지언정 진정한 민속문화라고 보기는 어렵다.

3) 혼례

한국의 전통혼례는 육례 또는 사례로 진행된다. 육례는 납채, 문명, 연길, 납징, 청기, 친영의 과정이 있고, 사례는 의혼, 납채, 납폐, 친영의 과정이 있다. 일반 가정에서는 4례를 거행하였는데, 의혼 과정에서는 중매쟁이, 중신애비 등이 등장한다. 중신애비는 주로 단골이 나서서 중매를 하는 곳이 많았다. 단골은 통혼권을 단골판으로 설정하여 집집마다 돌아다니기 때문에 각 집안의 가족사항을 훤히 잘 알고 있어야 한다. 대체로 혼기에 이른 나이는 여자들이 17세 전후, 남자들은 20세 전후이다. 혼기에 이른 가문에서는 중신애비의 중매로 혼인 의사가 오가면 남자쪽에서 먼저 사성을 여자측에 보낸다. 남자의 사성을 한지에 써서 치마저고리 한 벌 옷감과 함께 여자 측에 보낸다. 이 과정을 납채라고 하는데 여자측에서 남자의 사주단자를 받아 사주를 보라는 것이다. 남자와 여자의 궁합이 맞는지를 보려는 것이다. 서로 궁합이 맞으면 여자 측에서는

1963년 전통혼례의 모습

연길이라 하여 허혼서를 보낸다. 허혼서에는 대례일과 시집에 들어가는 시각이 쓰여 있다. 대례일을 잡을 때에는 손 없는 날을 택하기도 하지만 여자의 생리일을 고려하지 않을 수 없다.

　신랑이 신부집으로 혼례식을 치르러 가기 앞서서 사당에 가서 조상에게 고한다. 이때 사당에 '근원떡'이라는 시루떡을 시루째 상에 올리는데, 근원떡은 결혼을 해서 부부간에 금슬이 좋고 잘 살겠다는 뜻으로 조상에게 고하는 제물떡이다. 사당에서 조상들에게 고한 다음 신랑은 신부집으로 향한다. 신랑의 부모가 상각, 상객으로 동행하는데 신랑은 가마를 타고 간다. 신랑이 정오경에 신부 마을에 도착하면 신랑 대반이 마중나와 신랑 일행을 맞이하는데 신부집에 못 미쳐서 신랑이 잠시 쉴 집을 마련해놓고 신랑의 대기소로 사용한다. 이곳을 좌정 또는 좌정방, 주점, 사처방이라고 부른다.

신랑과 상객은 혼례시까지 이곳에서 잠시 쉬고 혼인 시각이 다가오면 신랑은 사모관대를 갈아입는다. 혼인은 해가 질 무렵에 거행한다하여 혼례라는 용어를 사용하였다. 해가 질 무렵이면 신랑은 사모관대를 준비하고 대례청으로 향한다. 황혼이 질 무렵에 맺은 인연이라 하여 혼인이라고 한다. 그래서 여자집에서 황혼녘에 결혼식을 올리는 게 전통혼례의 관행이었다.

신랑이 대례청으로 향하기 앞서서 중방이 함을 짊어지고 신부집으로 향한다. 함을 전달하기 위해서다. 함이 도달할 무렵이면 신부집에서는 정화수를 떠놓고 함을 받는다. 함은 옻칠 궤짝으로 무명천으로 함띠를 만들어 함진애비가 짊어지고 간다. 마당에 쌀가마니를 쟁겨놓고 그 위로 함을 넘겨받으면 팔자 좋은 사람이 함을 받는다. 함 속에는 비녀, 은반지 등 폐물과 옷감, 신부혼례복, 빨강치마와 노랑저고리 등의 옷감을 백지에 싸서 넣는다. 폐물과 옷감, 혼서지 외에 마른고추, 미영씨, 팥, 대추 등을 주머니에 넣어서 함의 네 귀퉁이에 넣어준다. 이 주머니는 아들딸 많이 낳고 잘살라고 넣어주는 것이다.

함진애비는 함을 지고 나무로 만든 기러기를 두 손으로 받들고 간다. 기러기는 안목(雁木)이라 하여 나무로 깎아서 만든 기러기상을 말한다. 전안례는 목각 기러기상을 장모님에게 바치는 의식이다. 전안례의 의미는 기러기가 자기와 맺은 짝 외에 다른 짝과는 인연을 맺지 않는 조류이기에, 기러기처럼 신랑이 한눈 팔지 않고 신부와 한평생 함께 살겠다고 백년가약의 약조하는 뜻이 담겨있다. 신랑이 바람피지 않겠다는 서약이 전안례라 할 수 있다. 함진애비가 신부집에 들어갈 때에는 박바가지를 밟고 들어가거나 함진애비가 마당에 들어서면 볏짚을 두툼하게 깔아놓은 노적 모양의 볏짚단을 밟고 넘어가기도 한다. 함진애비는 대반에게 목안과 함을 건네면 목안은 대례상에 놓이고 함은 신부어머니에게 건네진다.

전안례가 끝나면 대례가 행해진다. 대례는 마당 가운데에 동례상, 혼례상이 차려지는데, 대례상에는 발목과 날개가 묶인 암탉과 수탉이 보자기에 싸여 올려지고 대나무, 청솔가지를 꽂은 병을 삼색실로 걸어놓고, 밤, 대추, 팥, 미영씨를 담은 그릇을 상위에 올려놓는다. 상 위에는 쌀을 담은 작은 함지와 마른명태, 목안과 촛불과 나물과 부침류의 음식을 올려놓는다. 대례는 집사의 홀기 낭독에 따라 진행하는데, 신랑은 사선으로 얼굴을 반쯤 가리고 대례상 앞으로 다가오고, '신부출'하는 소리에 맞추어 안가에서 홍삼족두리를 쓴 신부가 나온다. 신부의 양쪽에서 팔을 받들고 도와주는 사람을 대반, 대반각시라고 한다. 서로 맞절하는 교배례와 술잔을 주고받는 합근례를 마치면 대례식이 끝난다. 교배례는 보통 신부 4배, 신랑재배를 하고, 합근례는 신랑이 술을 따라 대반을 통해서 신부에게 넘기면 신부는 입에 대기만 하고 신랑에게 넘겨준다. 신랑은 이 술을 받아서 마시는 것으로 합근례는 끝나고 대례를 마치게 된다.

대례가 끝나고 나면 신부집에 차린 신방으로 들어간다. 혼례식이 황혼녘에 치러지기 때문에 신부집에서 첫날밤을 맞이한다. 첫날밤을 맞이하는 것을 합궁례라고 한다. 평생을 함께 살려면 무엇보다 궁합이 맞아야 한다. 첫날밤은 간단한 근원상, 요기상이 들어가는데, 술과 간단한 안주와 근원떡을 올려놓기도 한다. 근원떡은 팥찹살떡으로 부부금슬이 좋기를 바라는 뜻에서 올린다. 간단하게 요기를 마친 신랑, 신부는 잠자리에 드는데 대개 남자가 저고리 옷고름을 풀어주면 나머지 옷은 신부가 스스로 벗는다. 그러나 예전에는 중매장이가 나서서 결혼이 치러지는 만큼 결혼식날 부부가 처음 얼굴을 대면하는 경우가 있다. 이러한 쑥스러움으로 첫날밤은 부끄럽고 매우 어색한 모습이 연출되기도 한다. 첫날밤에 신방 앞에서는 신방엿보기 풍습이 있는데, 옛날에 신부를 보쌈하는 불상사 등이 있었기에 신방을 지킨다는 뜻에서 신방 앞에서 서성거리며 잠들 때까지 지킨다고 한다.

첫날밤을 지내고 나면 다음날 동상례라 하여 신랑다루는 의식이 있다. 신랑다루기는 처남이 많은 집으로 장가를 들면 처남들이 신랑다루기를 하는데, 이때에 동내 젊은이들도 합세하여 신랑의 발목에 광목천으로 묶고서 거꾸로 메달아 놓고 다듬이 방망이, 빨래방망이로 발바닥을 때리며 '술 몇 말 내놓을래' 하면서 발바닥을 때리는 의식을 치르는 것인데, 신랑다루기는 마치 놀이처럼 즐긴다. 이 신랑다루기는 처남들이 주도하는 경우가 많은데, 여동생 또는 누나를 신랑에게 그냥 넘겨주는 것이 보내는 것이 안타까워서 부부 간에 잘살아달라고 다짐을 받는 놀이였다고 한다.

혼례식을 마친 후에 신랑과 신부가 시댁으로 들어가기도 하거나 넉넉한 집에서는 삼일 정도 쉬었다가 가기도 하며, 아예 한 해 동안 신부를 친정에서 묵혔다가 시댁으로 가기도 한다. 신부를 묵힐 때에는 추석과 설 명절에는 신부 아버지가 이바지음식을 해서 시댁에 다녀오기도 한다. 신행길에 상객과 함께 신부를 도와줄 하님이 따라가기도 한다. 신행길에 폐백을 들고 가기도 하는데, 폐백은 신부집안의 체면과 관련되는 것이기에 음식 솜씨가 좋고 모양새도 좋게 하여 장만하는 풍습이 있다. 신부가 타는 가마에는 요강을 넣어준다. 요강 속에는 여물을 썰어서 넣어주는 지혜도 보인다. 신부가 가마를 타고 갈 때에 잡귀가 따라 붙지 않도록 색색의 헝겊으로 빨강, 노랑, 흰색의 작은 주머니 3개를 만들어 쌀을 넣은 뒤 가는 도중에 신부가 나뭇가지에 걸어두거나 가는 길에 성황당을 지나치게 되면 그곳에도 쌀주머니를 걸어놓기도 한다.

신부집에 당도하여 일진이 좋지 않으면 가마에 소금을 뿌리거나 대문에 놓은 바가지를 놓았다가 가마꾼이 밟고 들어간다. 부안군에서는 행찬물림이라 하여 단골이 와서 징을 두들기며 맥이를 하기도 한다. 가마에서 내린 신부는 부엌으로 들어가 솥뚜껑을 세 번 손으로 쓸거나 조왕신에게 쌀바가지를 들고 절을 한 후에 뒷문을 통해서 큰 방으로 들어간다. 신부가 안방에 들어가 앉으면 신부가 해온 폐백음식으로 놓은 음식상을 내놓고 시부모와 시댁 친척들에게 인사를 한다. 이 인사를 안인사라 한다. 안인사는 시부모, 조부모 외에 다른 모든 집안사람들에게 절을 한다. 신행간 다음날부터 시부모님에게 문안인사를 올리는데 보통 3일 정도만 하고 사흘이 지나면 부엌에 나가서 일을 하기 시작한다. 신부가 시댁을 간지 3년 만에 근행이라 하여 친정나들이를 한다. 친정에 가게 되면 시댁에서 음식을 장만하여 보내고, 친정에서도 다시 음식을 장만하여 3년근행에 감사하는 의사 표현을 한다.

4) 수연례

1965년 회갑연의 모습

수연례는 회갑과 회혼례, 생일잔치 등으로 구분할 수 있는데, 만 60세에 이르면, 환갑연, 회갑연이라는 잔치를 베푼다. 옛날보다는 훨씬 덜 하지만 환갑날에는 환갑상을 차려 놓고 친지 이웃을 불러서 식사를 하기도 한다. 환갑상에는 삼실과, 인절미, 찹쌀가루로 만든 웃지지를 올린 시루떡, 조기, 홍어, 병어, 준어 등 생선과 밥, 소고기 미역국, 삶은 닭을 잔치상 위에 올린다. 전라도에서는 잔치상에 홍어가 빠지지 않는다. 회혼례는 결혼한지 60년이 되는 해에 신랑 신부처럼 사모관대와 홍삼족두리를 쓰고 회혼례를 올린다. 회혼례는 부부 간에 금슬이 좋은 집안에서 자식들이 백년해로 하시라고 올려준다.

 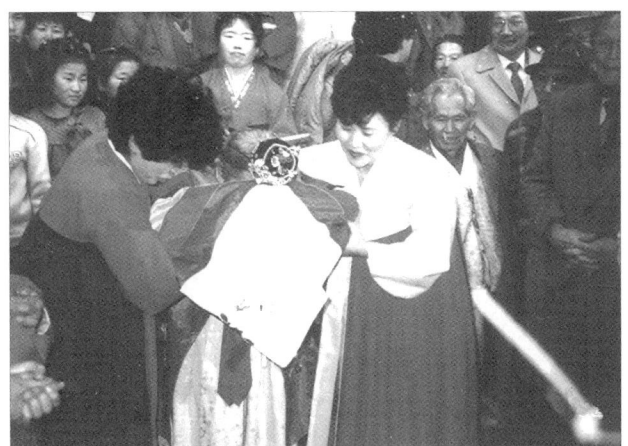

회혼례에서 맞절하는 신랑　　　　　　회혼례에서 맞절하는 신부

5) 상장례

　　상장례는 상례와 장례의 합성어이다. 상례는 사람이 세상에서 사라진다는 예식이고, 장례는 시신을 땅에 묻는 예식을 말한다. 상례와 장례는 절차상 연속적으로 이어지고, 그 과정에서 영육분리 현상이 나타난다.

　　임종이 가까워지면 망자가 평상시에 머물렀던 안방으로 모신다. 안방으로 모셔놓고 임종을 맞이한다. 사랑채나 대청마루에서 임종을 해도 객사라 하여 반드시 안방에서 임종을 맞이하게 한다. 망자가 임종을 맞이하기 3~4일 전에 집에서 초저녁에 혼불이 나간다. 혼불이 옛날 다리미처럼 꼬리가 달리면 남자의 것이고, 여자의 혼불은 둥근 모양이었다고 한다. 혼불은 1개월 전에도 나가는 경우가 있는데, 혼불이 나간 사람은 눈동자가 초점을 잃어 넋 나간 사람처럼 보인다고 한다. 혼불이 멀리 떨어지면 좀 더 오래살고 가깝게 떨어지면 빨리 죽는다고 한다. 사람 몸에서 혼불이 떠나가는 현상은 죽음을 의미하고, 영혼은 조상령으로 남고 육체는 무용지물이 된다.

초상이 나면 시신이 있는 방은 절대 쓸어서도 안 되고 시신이 있는 방에는 불을 피우지 않고 굴뚝에 고양이가 들어가지 못하게 굴뚝을 막아버리기도 한다. 고양이가 굴뚝 안으로 들어가면 시신이 일어서 버

1987년도 상장례의 빈소

린다는 속신 때문이다. 또한 초상이 난 집에서는 가장 먼저 벌통을 치워야 한다. 그렇지 않으면 벌이 나갔다가 돌아오지 않는다고 한다. 벌과 관련하여 벌을 키우는 집에서 부고장을 받으면 부고장을 벌집에 붙여놓는다고 하는데, 이렇게 하면 벌들이 머리에 흰띠를 두른다는 말이 있다.

망자가 돌아가시면 초혼을 한다. 망자가 평소에 입고 있던 옷을 손에 들고 어디에 사는 누구가 죽었다는 것을 알리는 뜻에서 '복복복!' 외치고 지붕에다가 옷을 던져 놓는다. 이러한 행위를 '혼백부른다'고 하는데 초혼을 부를 때 지붕에 던져놓았던 옷은 태우기도 하고, 관에 넣어 주기도 하고, 무덤 앞에 파묻어 주기도 한다. 망자가 임종을 하면 사자밥을 차리고 짚신 세 켤레를 가져다 놓는다. 사자밥은 반찬 없이 밥 세 공기만 올리고, 짚신은 먼 길을 가는 것이니 떨어지면 갈아신으라는 뜻에서 세 켤레를 놓는다.

상주는 대체로 장손이 맡는다. 호상은 마을사람 가운데 성실한 사람이 맡기도 하고 근친 가운데 한 사람이 맡는다. 부고는 머슴이 돌리는데, 부고장은 집안으로 들이지 않고 대문설주에 걸린 새끼줄에 꽂아둔다. 출가한

상복을 입고 손님을 맞는 상주들

딸이 부고를 받았을 때에는 바로 방으로 들어가서 머리를 풀고 곡을 한다. 그리고 친정집에 들어가면서도 머리를 풀고서 '아이고' 하는 곡을 하면서 들어간다. 아이고는 애이고라는 용어로서 어머니가 돌아가셨을 때에는 '슬프다', 아버지가 돌아가셨을 때에는 '외롭다'는 뜻에서 곡을 했다고 한다. '아이고' 소리는 실은 한자 '애이고(哀而孤)'라는 말이다.

망자가 죽으면 마을사람들이 수의와 상복을 준비해준다. 수의는 공달 든 해에 장만한 것으로 마포를 소재로 만든다. 수의는 남자와 여자가 다르다. 남자는 중의, 적삼, 바지, 두루마기를 만들고, 여자는 속치마, 속바지, 치마, 속저고리, 저고리 등을 준비한다. 그 이에 남녀 모두 손싸개, 머리싸개, 조발낭, 신, 홑이불을 만든다. 관은 미리 장만해서 헛간이나 광에 보관해둔다. 관의 소재는 소나무이다.

습염은 본래 상주가 맡아서 한다. 습은 시체를 목욕시키고 수의를 입히고, 염은 시신을 묶어서 입관하는 것을 말한다. 망자는 돌아가신지 둘째날에 입관하며, 입관 직전에 몸을 씻어주는데 향물을 만들어 한지로 물을 묻혀서 망자의 얼굴과 몸을 형식적으로 닦아준다. 다음으로 수의를 입히는데 옷들을 한 번에 입히기 좋도록 여러 종류의 옷을 하나로 꿴 다음 한 번에 입힌다. 이후 버선과 손사개와 얼굴사개 등 모두 갖춘다. 발톱, 손톱, 머리카락도 형식적으로 잘라서 하나의 주머니에 넣어 입관할 때에 관 속에 넣어준다. 입관 직전에 망자의 입에 엽전과 쌀을 복숭아 나무로 깎은 숟가락으로 떠서 망자의 입에 넣어준다. 엽전도 세 개, 쌀도 세 번 넣는데, 쌀을 넣을 때에 '천석이요, 이천석이요, 삼천석이요' 하면서 넣는다. 엽전을 넣을 때에도 '천냥이요, 이천냥이요, 삼천냥이요.'라고 소리를 하면서 넣는다. 엽전과 쌀을 모두 넣은 다음 입관 직전에 망자의 귓구멍, 콧구멍, 입에 솜으로 틀어막는다. 입관 후에는 빈 공간을 사자의 옷가지로 채워 넣는데, 입관 후에는 나무못으로 못질을 한다. 전관살이라 하여 광목천을 일곱 매듭으로 관을 묶는다.

과거에는 혼백상자와 혼백을 만들었다. 혼백상자는 마포에 종이를 입혀서 뻣뻣하게 만든 다음 그것을 사통오달로 잘 접어서 삼실로 묶는다. 이것을 혼백상자라고도 부른다. 부안지역에서는 영어, 영위라고 부르며 혼백상자는 오늘날 영정사진과 같은 것인데, 혼백상자를 안치할 영좌, 영위틀을 만들어 놓는다. 상여 나갈 때에는 맨 앞에 영좌를 들고 간다. 영좌와 혼백은 묘 앞까지 갔다가 입관 후에 묘 앞에서 쓴 지방을 다시 모셔온다. 명정과 영좌와 혼백상자를 탈상할 때까지 3년 동안 지청에 모셔놓고 조석으로 자신들이 먹는 밥과 찬을 떠놓고 곡을 했다고 한다. 제각이 없을 경우에 부엌쪽 방문 입구 마루 끝에 지청을 마련하여 삼년상을 차려서 올린다.

성복을 한 후에 성복제를 지내고 조문객을 맞이한다. 성복하는 사람은 상주와 가족, 사촌까지 관 앞에서 성복제를 지내

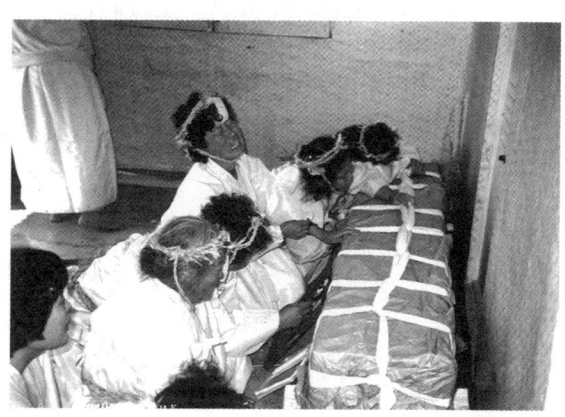

입관 후에 관을 붙들고 슬퍼하는 모습

는데, 그 외의 일가 친척은 건과 행장을 끼면 된다. 상복을 입으면 입관하기 전까지 한쪽 팔을 빼고서 입는 관행이 있다. 망자가 부친일 경우에는 왼쪽팔을 빼고서 입고, 모친일 경우에는 오른쪽 팔을 빼고서 걸쳐 입는다. 망자를 입관한 후에는 상복을 올바르게 입고 굴건을 쓰고 지팡이를 든다. 상주가 짚는 지팡이를 상죽이라고 하는데, 상주의 굴건은 앞뒤로 세 겹의 주름을 잡아서 쓰고, 일반 친척들은 주름을 잡지 않는다. 굴건을 쓴 다음에 백지를 꽂은 왼새끼를 허리에 두른다. 부친상 시에는 대나무를 들고, 모친상 시에는 오동나무 또는 버드나무를 든다.

조문은 방안에 관을 모셔놓고 방문을 반쯤 열어놓은 채 관 앞에 병풍을 치고서 마루에 상을 차려놓고 조문객들을 맞이하였다. 지금은 조문시에 부조를 돈으로 하지만 예전에는 쌀, 양초, 담배, 계란, 두부, 술, 종이 등 장례식에 필요한 물품을 갖고 갔으며, 죽을 끓여갖고 가기도 했다. 조문객을 받는 동안에 상여놀이가 행해진다. 상여놀이를 빈상여놀이, 대호라기라고 하는데, 상여계 계원들이 발인을 앞두고 선소리와 메김소리를 맞추어 보는 방식으로 진행한다. 상여가 낡으면 새롭게 제작하지만 마을에 보존된 상여를 메고 논다. 빈상여놀이는 대체로 12명의 유대꾼, 상부꾼이 메게 되는데, 12명이 빈상여를 메고서 선소리꾼의 상여소리에 맞추어서 뒷소리를 맞추어 보는 정도인데, 유대꾼들이 굶지 않도록 음식(팥죽, 닭죽 등)과 술을 대접하는 관행이 있다.

발인시에 관이 방에서 나갈 때에는 자손들이 관을 든다. 관이 방에서 나가기 전에 관의 네 구석을 치고 나오는데, 이 의식을 '주당멕이', '중방멕이'라고 한다. 주당맥이는 복숭아 나무를 끊어다가 관머리를 치면서 한다. 각각 세 번씩 네 구석을 쳐서 귀신을 쫓는다. 동서남북으로 구석치기를 한 다음 관이 나갈 때에 머리 방향이 바깥으로 해서 나가는데, 방문 앞에 박바가지를 엎어놓고 선소리 하는 사람이 바가지를 발로 밟아 깨고서 나간다. 바가지를 깨뜨리는 것은 방과 인연을 끊는다는 의미를 갖는다. 발인제가 끝나고 관이 가족, 자손들에게서 유대꾼들에게 인도되면, 상여대열을 갖춘다. 영위가 제일 앞에 서고 그 뒤로 명정, 공포, 동전,

장지로 떠나는 운구 행렬

삽전 등이 따르고 그 뒤로 만사와 상여, 상주, 제물을 든 사람들이 따라 나선다. 명정의 예를 들면, '학생남원윤공지구', 여자일 경우 '현비광산김씨지구'라고 쓴다. 상여가 나갈 때에는 백지로 동전처럼 동그랗게 만들어 대나무 막대기에 달아서 들고 가기도 하며, 상여가 가는 동안에 동전을 든 사람이 조금씩 길에 널려 놓는데, 이 돈이 망자의 노자돈이다. 노자돈은 상여꾼들이 중간 중간에 다리 아파서 못가겠다고 쉬면 상주는 '노수'라 하여 돈을 내놓는다.

   상여 나가는 도중에 노제를 지내는데 미처 문상을 하지 못한 사람은 이 때에 조문한다. 노제를 지낸 후에 여자들은 집으로 돌아오고 남자들은 장지까지 함께 간다. 만장은 고인의 친구들이 자기 이름과 애통해하는 글을 써서 들고 가는 것인데, 운아삽은 '구름 雲자와 버금 亞자'를 쓰는데, '구름 같이 사그라져라'라는 의미로 두 개를 만들어 들고 간다. 이 삽전은 하관을 할 때에 구름운자를 위로 가게 하고 버금 아자를 밑으로 가게 하여 '구름같이 사라져버리고 해를 주지 마라'는 의미로 관 위아래에 놓고 흙을 덮는다. 하관에 앞서서 치장을 하는데, 땅을 파기 전에 산신제를 지내고 지관이 방

위를 잡아주면 삽으로 땅을 파서 하관할 수 있는 공간을 마련한다. 하관 후에는 운아삽을 놓거나, 종이를 삼각형으로 두 번 접은 돈인 피백을 명정위에 놓는데, '큰아들 피백이요', '작은 아들 피백이요' 하면서 피백을 관의 가운데에 놓는다. 그런 후에 취토를 하는데 큰 상주부터 흙을 삽으로 떠서 뿌리는데, 상복에 흙을 담아 그 흙을 세 번씩 떠서 관에다 뿌리기도 한다. 부안지역에서는 하관시에 한번 쓸어낼 때에 사용한 공포를 사람들이 가져가 보관하면 사업도 번창하고, 배를 가진 사람이나 운전하는 사람도 사고를 방지한다 하여 가져가는 풍속이 있다.

인부들이 흙으로 메운 뒤에 평토제를 지내고 나서 봉분을 만든다. 인부들이 봉분을 만드는 사이에 상주와 상인들은 혼백상자를 들고 집으로 돌아온다. 집으로 돌아오기 전에 지관이 써준 '현고학생부군신위'라는 신위명을 쓴 혼백상자에 넣어가지고 온다. 장지에 갈 때에는 혼백 두 개를 준비하여 가는데 하나는 무덤 앞에 묻고 나머지 하나에 지관이 지방을 써 준다. 이 혼백을 영위에 넣고 집으로 돌아와 지청(영호)에 영위를 안치하고 3년 동안 산사람과 똑같이 밥과 찬을 올리며 예를 갖춘다. 지금은 장례식의 현대화로 지청을 차리는 모습은 자취를 감추었지만, 옛날에는 집안의 마루에 지청이 마련되기도 하였다.

산에서 내려온 날 저녁에 초우제, 우제를 지내고, 삼일 째 되는 날에 묘에 가서 음식을 진설해놓고 삼우제를 지낸다. 삼우제를 지낸 뒤에는 발인하면서 도와주었던 선소리꾼과 상여를 멘 상여꾼들을 모셔서 술과 음식을 대접한다. 삼우제를 끝으로 상주가 곡하는 소리도 멈추게 된다. 삼년동안 소상과 대상을 치르고 삼년 뒤에 탈상하는 날에는 마당에 불을 피워놓고 물을 한 그릇 올린 다음 절을 하고서 상복, 지팡이 등 태워버린다. 탈복한 다음에 묘에 가서 탈상을 망자에게 고한다.

6) 제례

제사는 집안에서 모시는 기제사와 설과 추석 명절에 모시는 차례, 산에서 모시는 시제가 있다. 제사는 집안에 사당이 있으면 사당에서 지내지만 없을 경우 방에서 지방을 써놓고 제사를 지낸다. 제사를 지낼 때에는 제사상에 복숭아를 놓지 않고, 비늘 없는 생선도 올리지 않는다. 제물은 고기류, 나물류, 탕류, 어물류를 올린다. 탕국을 올리는데 탕은 새우와 홍합 등을 넣어서 끓이고 국은 무와 쇠고기 등을 넣어서 끓인다. 명절에 차례를 지낼 때에 차례상과 성주상, 삼신상도 함께 차려놓는다. 명절 차례는 사대봉사하는 모든 조상들을 섬기는 제사상을 마련한다. 차례상은 기제사 상처럼 제물을 차리고, 성주상은 기제사 상음식을 축소하여 올려놓는다. 삼신상은 짚을 깔고 그 위에 밥과 국과 물을 올려놓는다.

기제사는 조상이 돌아가신 날 전날 저녁 자정 무렵에 장남집에서 지낸다. 상황에 따라서는 작은아들 집에서 지내기도 한다. 기제사는 밤 10시가 넘으면 제물을 진설하기 시작하여 다음날 닭울음소리를 듣고서 '물에밥'을 해서 올린다. 기제사 시에는 성주상과 삼신상을 올리지 않고 기제사상만 올려놓는다. 기제사 시에는 홀기를 사용하기 한다. 기제사 시에 삼초반이라 하여 물그릇에 밥을 말아놓는 것은 물을 말아서 조금 더 드시라는 뜻이 있다고 한다. 이것을 '물기'라고도 한다. 기제사시에 집안에서 총각으로 죽은 사람이 있을 경우에, 마루에 간단하게 상을 차려놓는다. 기제사가 끝난 후에는 지방을 불 사루고 '물에밥'이라 하여 바가지에 반과 반찬을 골고루 담아서 대문 밖에 짚을 깔고 부어놓는다. 돌아가신 분의 생일은 삼년상이 끝날 때까지만 차린다. 삼년동안에는 망자의 생일 아침에 음식을 장만하여 상을 차리고 제사를 모시는 것과 같이 지낸다. 묘 앞에서 음식을 차려놓고 제를 지낸 뒤에 망자의 새 옷을 한번 가지고 가서 태워준다.

　5대조 이상 제사는 산에 가서 묘제를 모신다. 주로 봄, 가을에 모시는데 삼월삼진날(음 3. 3)이나 중구일(음 9. 9)에 지내는데, 최근에는 봄에 줄로 모신다. 봄의 시제는 음력 3월 3일 또는 음력 3월 15일이 들어간 주 일요일에 지낼 때가 많다. 공휴일에 시제를 지내야 문중사람들이 많이 모이기 때문이다. 시제는 문중남자들이 참석하는 것이 원칙이지만 느슨하다. 시제 음식은 문중답을 짓는 사람이 소득의 일부로 장만하는 게 상례이다. 그래서 시제에서는 문중답을 관리하는 사람이 유사를 맡는다. 시제 음식은 시제를 마친 후에 조금씩 담은 '음식꺼랭이'를 나눠주었다. 시제를 지내기 앞서서 산신제를 간단하게 거행한다. 그 다음에 낼 때에는 맨 윗대의 조상묘부터 제사를 지내고 차례로 내려온다. 그러나 요즘은 집안의 제각에서 한꺼번에 시제를 지내는 성향이 많으면 묘제를 지내는 것은 점차 줄어가고 있는 경향이다. 만약 집안에 사당이 있으면 시제를 산에서 모시지 않고 집에서 모신다. 시제가 끝나면 모든 음식을 골고루 나눠주고 결산을 한 뒤에 끝낸다.

3. 한국문화의 특질은 조상숭배

　전북지방의 일생의례는 다른 지역과 큰 차이를 보이는 것은 아니다. 한국에서 관혼상제의 가례가 17세기경 서민생활에 정착한 것으로 유교풍의 관습이 지배적이다. 비록 관혼상제가 유교적 관습이라 할지라도 한국인의 공동체생활에서 잉태되어온 생활관습을 유교적 규범과 생활방식으로 적용했을 뿐이지, 유교적인 관념에 너무 편협적인 시각으로 보는 것은 경계해야 한다. 한국인의 전통적인 가족주의의 규범이 가례를 통해서 유교풍을 띤 것일 뿐 정통의 유교의례라고 말하기는 쉽지 않다. 일생의례에 조상숭배와 계세사상이 돋보이고, 영혼불멸사상이 깃든 것도 한국인의 전통적인 생사관에서 비롯된 것으로 보아야 한다. 일생의례에 제례가 포함되는 사실도 한국인의 조상숭배 관념이 강한데서 기인한 것이지 유교풍은 아니다. 이 땅에 살아온 사람들은 일찍부터 정착생활을 하면서 벼농사를 생업으로 해온 탓에 혈연의식이 강하고, 조상숭배의 관행이 강할 수밖에 없었다. 이러한 전통적인 계세의식은 청동기시대 무덤의 부장품과 고분시대 금제류의 장식물과 삼국시대 고분벽화를 통해서 확인되고 있다. 이러한 전통이 오늘날까지 지속되고 있다고 보아야 한다. 오늘날 전통명절 가운데 다른 관습은 거의 유명무실해도 설날, 한식, 추석 등 조상숭배와 관련된 전통은 흔들림 없이 전승되고 있는 것도 혈연의식과 조상숭배에서 비롯된 것으로 보아야 한다.